实用演讲词大全

实用演讲词大全

问道 编著

中国华侨出版社
北京

图书在版编目（CIP）数据

实用演讲词大全/问道编著. —北京：中国华侨出版社，2010.9（2022.1重印）
ISBN 978-7-5113-0681-4

Ⅰ.①实… Ⅱ.①问… Ⅲ.①演讲学②演讲—世界—选集 Ⅳ.①H019②I16

中国版本图书馆CIP数据核字（2010）第177641号

实用演讲词大全

编　　著：	问　道
责任编辑：	高文喆
封面设计：	阳春白雪
文字编辑：	肖玲玲
美术编辑：	宇　枫
经　　销：	新华书店
开　　本：	1020毫米×1200毫米　1/10　印张：24　字数：324千字
印　　刷：	唐山楠萍印务有限公司
版　　次：	2010年11月第1版　2022年1月第4次印刷
书　　号：	ISBN 978-7-5113-0681-4
定　　价：	68.00元

中国华侨出版社　北京市朝阳区西坝河东里77号楼底商5号　邮编：100028
发 行 部：（010）88866079　　　传　真：（010）88877396
网　　址：www.oveaschin.com　　E-mail：oveaschin@sina.com

如发现印装质量问题，影响阅读，请与印刷厂联系调换。

前 言
PREFACE

　　演讲是有声语言和无声的态势语言有机结合起来向听众传递信息的一种社会活动，是交流思想感情、表达主张见解的有效方式，它还被人视为一种思想的武器，早在4000多年前，古埃及的一位法老就曾说：演讲比打仗更有威力。在古希腊，那些能登台演讲的人常常被推选为城邦的首领。自古至今，深谙演讲术的人通过这一武器，或在社会、政治、军事、文化等诸多领域掌握了话语权，或在许多重要场合下为自己赢来机遇，实现了自己的理想。

　　人类自有演讲以来，演讲活动一直绵延不绝，方兴未艾。其重要原因，就是演讲有着强烈而广泛的社会作用，有着不可估量的社会价值和极其深远的历史意义。通过演讲，可以祛邪扶正，形成正确的舆论，促进社会文明发展。通过演讲，能培养民众高尚美好的情感，促进人类文明建设。通过演讲，能唤起民众的行动和实践。在人类历史上，此类例子不胜枚举。在中国古代，演讲术和论辩术盛行，孔子向三千弟子授业，苏秦向各国君主推行合纵的思想，诸葛亮舌战群儒力挽狂澜于将倾。在"二战"时期，作为三军统帅的美国总统罗斯福，在国耻日所作的慷慨激昂的战前演说，曾燃烧起多少热血男儿的火热激情，义无反顾地走向为国捐躯的战场。在1994年5月10日，著名黑人运动领袖曼德拉在南非发表总统就职演讲，引领民众走向民族自由解放之路。

　　演讲对个人的作用同样是巨大的，它能促进个人综合能力的发展。演讲者必须促使自己不断提高和完善，只有具备精深的思想、渊博的知识、丰富的经验、敏锐的观察力、敏捷的思维力、准确的判断力、迅速的应变力和较强的记忆力，才有可能在台上口若悬河，仪态优雅，声音悦耳，演讲动人心弦，甚至在台上"振臂高呼"便"应者云集"，处处鲜花、掌声、荣誉。演讲还可以激励一个人多做贡献，一个学识渊博的人，如果不善言辞，常常在一定程度上影响他的成就和贡献。此外，拥有一流的演讲才能，常常有助于演讲者大大提升个人魅力，更好地融洽人际关系，赢得他人信任和赏识，获取成功的机遇。

在当今社会，竞争激烈，演讲的重要性尤其突出，演讲已成为现代人的必备技能。"二战"期间，美国人把"原子弹、金钱、演讲"当作三大战略武器；今天，美国人把它换成"舌头、金钱、计算机"了。所谓"舌头"，便是指演讲和口才，并被提到了第一位。在西方国家，许多大型企业在选用人才时，往往当众进行招聘口试；政府工作人员必须经过口才训练，才能从事工作；许多学校都把演讲与口才作为必修课开设。这足见当今社会是一个越来越注重"说"的时代！资料显示，80%的成功人士靠口才打天下！毫不夸张地说，生活中演讲无处不在，无人不用：各级党政领导开会作报告，各公司企业的负责人开会激励员工、提升士气，人文学者、科学家作学术报告，教师向学生传授知识，大学生在校竞选学生干部、工作时求职应聘，推销员的产品销售，主持人的主持，检察官提起公诉，律师为当事人辩护等，这些都是形式不同的演讲。

演讲离不开演讲词，没有精彩的演讲词，再优秀的演讲家也无法以情动人，以理服人，无法实现演讲的目的。一篇好的演讲词，或事实有据、逻辑严密，或慷慨激昂、豪气凌云，或声情并茂、引人入胜，或机智幽默、妙趣横生，或数者兼而有之，足以使人坚定对崇高理想之信念；足以使人增加知识，明白道理；足以动人心弦，催人奋发；足以给人欢乐，得到美的享受。演讲词，是演讲的灵魂，优秀的演讲词可以为你的个人形象加分，甚至为你的未来赢得无数机遇。因而，演讲词的写作是演讲成功的一个关键因素。现实生活中，有多少人写作演讲词时毫无灵感、绞尽脑汁？有多少人念着干巴巴的演讲词令台下听众昏昏欲睡？一篇蹩脚的演讲词导致演讲失败，继而导致了个人形象尽失、竞选失利、升迁无望……

本书是一部囊括演讲词写作规范、技巧和范例，以及演讲知识、技巧、方法的大全集，旨在为读者提供各类场景、各类主题的最佳范文参考，深入探讨演讲词的写作方法、技巧，讲解各类演讲词的写作规范，读者完全可以即学即用，或从中获得灵感和思路以指导创作，或将范文稍做改动便可快速成文，无论哪种选择，均能在最短的时间里写就精彩的演讲词，轻松应对不同场景不同主题的演讲需要。同时，还科学系统地阐述了提高演讲技巧的方法，诸如演讲声音训练、控制场面的方法等，打造了一个演讲技能训练课程，帮助读者既能写出精彩的演讲词，又能上台出色地完成演讲，取得演讲成功。

目 录
CONTENTS

理 论 篇

第一章　什么是演讲 ……………………………………… 2

第一节 演讲的概述 ………………………………………… 2
　一、演讲的概念 …………………………………………… 2
　二、演讲的条件 …………………………………………… 3
　三、演讲的主要表达手段 ………………………………… 5
第二节 演讲的特点和功能 ………………………………… 6
　一、演讲的特点 …………………………………………… 6
　二、演讲的功能 …………………………………………… 8
第三节 演讲的目的 ………………………………………… 11

第二章　演讲的类型 …………………………………… 13

第一节 演讲的分类 ………………………………………… 13
　一、从演讲的内容上分类 ………………………………… 13
　二、从演讲的表达形式上分类 …………………………… 14
第二节 政治演讲 …………………………………………… 15
　范文：奥巴马竞选演讲 …………………………………… 15
第三节 经济演讲 …………………………………………… 17

范文：在全乡经济工作会议上的讲话…………………… 17

第四节 军事演讲…………………………………………… 20
范文：一旦出击，必歼顽敌…………………………… 21

第五节 学术演讲…………………………………………… 21
范文：发生认识论（节选）…………………………… 22

第六节 法律演讲…………………………………………… 33
范文：支持"物种起源"的学说………………………… 33

技 巧 篇

第一章 演讲语言……………………………………………36

第一节 演讲语言的意义………………………………………36

第二节 演讲语言的重要性……………………………………38
一、真诚是打开心扉的钥匙……………………………38
二、自信是能言善辩的尚方宝剑………………………40

第三节 演讲语言的原则………………………………………42
法则一：说话一定要准确………………………………42
法则二：说话要讲究诚信………………………………42
法则三：说话要尊重对方………………………………43
法则四：说话必须有修养………………………………43
法则五：说话要讲究规矩………………………………45
法则六：说话也要讲分寸………………………………46
法则七：说话不要踩上"雷区"…………………………48

第四节 改正语言的不良习惯…………………………………48
一、是否使用鼻音说话…………………………………49
二、改变过尖的声音……………………………………49

三、克服讲粗话的坏习惯 …………………………… 50
　　四、克服说话"结巴"的毛病 ………………………… 50
　　五、检测说话的速度 ………………………………… 51
　　六、铲除"口头禅" …………………………………… 51
　　七、停止过于频繁的动作 …………………………… 52

　第五节 使用生动的语言 ……………………………… 52
　　一、丰富的语言来自灿烂的内心 …………………… 52
　　二、让语言充满魅力 ………………………………… 54
　　三、说话迷人的六个要素 …………………………… 55

第二章 演讲及社交语言使用技巧 …………………… 57

　第一节 语言要真诚 …………………………………… 57
　　一、先为对方着想 …………………………………… 57
　　二、说话的魅力在于真诚 …………………………… 59
　　三、关怀的理念 ……………………………………… 60
　　四、温语相求化冷面 ………………………………… 62
　　五、乡音难改，游子情深 …………………………… 62
　　六、感激之情要溢于言表 …………………………… 63

　第二节 语言要点到为止 ……………………………… 64
　　一、给对方留个退路 ………………………………… 64
　　二、给批评裹上"糖衣" ……………………………… 65
　　三、用逻辑点化对方 ………………………………… 66

　第三节 语言要赞美得当 ……………………………… 67
　　一、真诚是赞美的内核 ……………………………… 68
　　二、赞美的话并不是多多益善 ……………………… 69
　　三、赞美要分清对象 ………………………………… 71
　　四、赞美最好有新意 ………………………………… 74

五、背后赞美更有力度……………………………………… 75
　　六、推测性赞美，妙上加妙…………………………………… 76
　　七、夸人有讲究………………………………………………… 76

第四节　语言要充分激励……………………………………………… 78
　　一、信任是最好的激励………………………………………… 79
　　二、激起对方的欲望…………………………………………… 79
　　三、利益能使人"心动"……………………………………… 79
　　四、机言巧语，达到激励的目的……………………………… 80

第三章　演讲前的准备……………………………………………… 82

第一节　注意仪表和风度……………………………………………… 82
　　一、面带微笑可拉近同听众的距离…………………………… 82
　　二、得体的穿着可以给听众留下一个良好的印象…………… 85

第二节　注意演讲的姿态……………………………………………… 92
　　一、手势的配合………………………………………………… 92
　　二、用眼睛表达自己…………………………………………… 94
　　三、摆正体姿…………………………………………………… 97

第三节　克服紧张、怕羞情绪………………………………………… 100
　　一、心病还须心药医…………………………………………… 105
　　二、胆子是练出来的…………………………………………… 106
　　三、主动营造减压的气氛……………………………………… 108

第四章　掌控听众的情绪…………………………………………… 110

第一节　使演讲深入人心……………………………………………… 110
　　一、研究听众的需求…………………………………………… 111
　　二、分析听众的心理…………………………………………… 112
　　三、和观众套近乎……………………………………………… 113

四、征服听众的方法 …………………………………… 114
　　五、选择亲身经历过的事情作为话题 ………………… 115
　第二节　使听众关注演讲 …………………………………… 116
　　一、声东击西 …………………………………………… 116
　　二、投石问路 …………………………………………… 118
　　三、欲正故谬 …………………………………………… 119
　　四、欲实先虚 …………………………………………… 119
　第三节　使演讲具有兴奋点 ………………………………… 120
　　一、满足求知欲的话题 ………………………………… 120
　　二、刺激好奇心的话题 ………………………………… 120
　　三、与听众利益密切相关的话题 ……………………… 120
　　四、有关信仰和理想的话题 …………………………… 121
　　五、娱乐性话题 ………………………………………… 121

第五章　演讲词的准备 …………………………………… 122

　第一节　演讲稿的作用 ……………………………………… 122
　　一、减少妄说，避免出丑 ……………………………… 122
　　二、引发灵感，如有神助 ……………………………… 123
　　三、抛砖引玉，博采众长 ……………………………… 124
　　四、"有恃无恐"，百战不殆 …………………………… 124
　　五、演讲稿可以限定演讲进度 ………………………… 125
　第二节　演讲稿的现场感 …………………………………… 125
　　一、利用不同的演讲稿风格来加强演讲稿的现场感 … 125
　　二、利用蒙太奇的效果增强现场感 …………………… 129
　第三节　演讲稿的撰写 ……………………………………… 130
　　一、演讲提纲的作用 …………………………………… 131
　　二、撰写演讲大纲的步骤 ……………………………… 132

第四节 演讲稿表述观点的要求 ………………………………… 132
一、观点简明 ………………………………………………… 133
二、精心组织 ………………………………………………… 133
三、宁短勿长 ………………………………………………… 133
四、结构合理 ………………………………………………… 133
五、真情实感 ………………………………………………… 135
六、风格明确 ………………………………………………… 135

第六章 设计演讲的内容 ……………………………………… 136
第一节 搜集资料 ………………………………………………… 136
一、收集材料的原则 ………………………………………… 136
二、有计划查阅、研究相关资料及找他人求教 …………… 139
三、采访的技巧 ……………………………………………… 142
四、演讲材料的收集范围和具体方法 ……………………… 143
第二节 整理资料 ………………………………………………… 146
一、整理资料的原则 ………………………………………… 146
二、正确安排要点的方法 …………………………………… 149
第三节 演讲写作 ………………………………………………… 151
一、为什么说演讲词要亲自写 ……………………………… 151
二、演讲稿应如何选题 ……………………………………… 153
三、演讲稿应如何选材 ……………………………………… 153
四、演讲题目应怎样确定 …………………………………… 154
五、演讲稿的选词原则有哪些 ……………………………… 155
六、演讲稿的炼句技巧有哪些 ……………………………… 156
七、演讲稿中的修辞 ………………………………………… 157
八、语气规范和谐 …………………………………………… 160
九、演讲稿如何引用史料 …………………………………… 161

第四节 叙事型演讲 ··· 161
    一、叙事型演讲的基本要求 ··· 163
    二、叙事型演讲的声腔处理 ··· 165
第五节 抒情型演讲 ··· 166
第六节 议论型演讲 ··· 169
    一、议论型演讲的"三要" ··· 171
    二、议论型演讲的基本要求 ··· 172
第七节 说服性演讲 ··· 173
    一、临场机会的把握及技巧 ··· 173
    二、日常演说中应注意的两个问题 ································ 174

第七章 演讲现场的技巧 ·· 176
第一节 情感沟通的技巧 ·· 176
    一、训练有素不留痕 ··· 176
    二、全力以赴，争取好感 ·· 178
    三、把握听众心理的技巧 ·· 179
第二节 控制场面的技巧 ·· 182
    一、表达自己的技巧 ··· 182
    二、旁征博引的技巧 ··· 184
第三节 演讲中的语言技巧 ·· 187

场景应用篇

第一章 竞选、竞聘演讲 ·· 198
第一节 竞选演讲的适用范围 ·· 198
第二节 竞选演讲的写作要求 ·· 199

一、竞选演讲的结构…………………………………… 199

　　二、竞选演讲稿的特点………………………………… 199

　第三节　竞聘演讲的适用范围…………………………… 200

　第四节　竞聘演讲的写作方法…………………………… 201

　　一、竞聘演讲稿的开头方法…………………………… 201

　　二、竞聘演讲稿的结尾方法…………………………… 202

　第五节　竞选、竞聘演讲的注意事项…………………… 203

　　一、目标的明确性……………………………………… 203

　　二、内容的竞争性……………………………………… 203

　　三、演讲的技巧性……………………………………… 203

　　四、实事求是，言行一致……………………………… 204

　　五、调查研究，有的放矢……………………………… 204

　　六、谦虚诚恳，平和礼貌……………………………… 204

　第六节　竞选演讲的实际应用…………………………… 204

　　范文：里根竞选演讲…………………………………… 204

　　范文：竞选市长………………………………………… 209

　　范文：竞选县财政局副局长演讲稿…………………… 210

　　范文：镇政府团委书记竞职演讲……………………… 213

　第七节　竞聘演讲的实际应用…………………………… 215

　　范文：市政法系统办公室主任竞聘演讲……………… 215

　　范文：省委办公厅综调室处长竞聘演讲……………… 217

第二章　就职演讲……………………………………………… 221

　第一节　就职演讲的适用范围…………………………… 221

　第二节　就职演讲的特征………………………………… 221

　　一、对症………………………………………………… 222

　　二、真挚………………………………………………… 222

三、简洁 ··· 222
　　四、真实 ··· 222
第三节 就职演讲的作用 ··· 222
　　一、有督促干部实践诺言的作用 ····························· 222
　　二、有提高干部素质的作用 ··································· 222
　　三、有树立威信的作用 ·· 223
　　四、有自我约束作用 ··· 223
　　五、有桥梁纽带作用 ··· 223
第四节 就职演讲的写作要求 ······································ 223
　　一、标题 ··· 223
　　二、称谓 ··· 223
　　三、正文 ··· 224
　　四、落款 ··· 225
第五节 就职演讲的注意事项 ······································ 225
　　一、礼貌是一切的基础 ·· 225
　　二、演讲要具有清晰的条理 ··································· 225
第六节 就职演讲的需用礼仪 ······································ 225
　　一、男性 ··· 226
　　二、女性 ··· 226
第七节 就职演讲的实际应用 ······································ 227
　　范文：肯尼迪《就职演说》 ··································· 227
　　范文：尼克松《就职演说》 ··································· 229
　　范文：丘吉尔《热血、辛劳、眼泪和汗水》 ················ 231
　　范文：市长就职演讲 ··· 232
　　范文：县民政局局长就职演讲稿 ····························· 233
　　范文：市卫生局局长就职演讲 ································ 234
　　范文：市发改委主任的任职演讲 ····························· 236

范文：县长就职演讲……………………………………… 238
范文：公司总经理就职演讲…………………………… 241

第三章　述职演讲……………………………………… 243

第一节　述职演讲的适用范围 …………………………… 243
第二节　述职演讲的写作要求 …………………………… 243
一、充分反映出自己在任期内的工作实绩和问题……… 243
二、实事求是地评价自己………………………………… 244
三、抓住重点，突出个性………………………………… 244
四、述职演讲的写法……………………………………… 244

第三节　述职演讲的主要特征 …………………………… 246
一、述职演讲的目的……………………………………… 246
二、述职演讲的作用……………………………………… 246
三、述职演讲的种类……………………………………… 247

第四节　述职演讲的注意事项 …………………………… 247
一、有鲜明的个性………………………………………… 247
二、报喜也要报忧………………………………………… 248
三、做到全面与重点相结合……………………………… 248
四、以叙述为主，兼用议论……………………………… 249

第五节　述职演讲的实际应用 …………………………… 249
范文：区人民法院党组书记述职演讲…………………… 249
范文：村党支部书记述职演讲…………………………… 257
范文：校长述职演讲……………………………………… 261

第四章　开幕、闭幕演讲词…………………………… 267

第一节　开幕词的适用范围 ……………………………… 267
一、开幕词的特点………………………………………… 267

二、开幕词的种类 ………………………………………… 267

第二节 开幕词的写作要求 ……………………………… 268

一、标题 …………………………………………………… 268

二、称谓 …………………………………………………… 268

三、正文 …………………………………………………… 268

四、结尾 …………………………………………………… 269

第三节 闭幕词的适用范围 ……………………………… 269

一、总结性 ………………………………………………… 269

二、概括性 ………………………………………………… 269

三、号召性 ………………………………………………… 269

四、口语化 ………………………………………………… 270

第四节 闭幕词的写作要求 ……………………………… 270

一、闭幕词的组成 ………………………………………… 270

二、正文 …………………………………………………… 270

第五节 开幕词的实际应用 ……………………………… 271

范文：市政协会议开幕词 ………………………………… 271

范文：中国国际××展览会开幕式演讲 ………………… 272

范文：全国摄影工作会议开幕词 ………………………… 273

范文：校园艺术节开幕词 ………………………………… 274

范文：晚会开幕词 ………………………………………… 275

范文：运动会开幕词 ……………………………………… 277

第六节 闭幕词的实际应用 ……………………………… 278

范文：省职代会闭幕词 …………………………………… 278

范文：网络媒体论坛闭幕词 ……………………………… 279

范文：运动会闭幕词 ……………………………………… 280

第五章 欢迎、答谢演讲词 … 282

第一节 欢迎词的适用范围 … 282
第二节 欢迎词的写作要求 … 283
第三节 欢迎词的注意事项 … 284
第四节 欢迎词的详细分类 … 284
第五节 欢迎词的特点 … 285
第六节 答谢词的适用范围 … 285
第七节 答谢词的写作要求 … 286
第八节 答谢词的注意事项 … 287
第九节 欢迎词的实际应用 … 288
范文：老板对新员工的欢迎致辞 … 288
范文：新生入校欢迎词 … 289
第十节 答谢词的实际应用 … 290
范文：福克纳接受诺贝尔奖时的演说 … 290
范文：升学答谢宴家长答谢词 … 292
范文：升学答谢宴答谢词 … 292
范文：小儿满月酒答谢词 … 293
范文：元旦、春节答谢词 … 294

第六章 祝酒词 … 295

第一节 祝酒词的起源和发展 … 295
一、祝酒词的起源 … 295
二、祝酒词的发展 … 296
第二节 祝酒词的适用范围 … 298
第三节 祝酒词的写作方法 … 298
第四节 祝酒词的注意事项 … 301
第五节 祝酒词的实际应用 … 303

范文：婚礼祝酒词 ………………………………………… 303

　　范文：集体婚礼祝酒词 ……………………………………… 304

　　范文：生日祝酒词 …………………………………………… 304

　　范文：恩师寿宴祝酒词 ……………………………………… 306

　　范文：妻子生日丈夫祝酒词 ………………………………… 307

　　范文：朋友生日祝酒词 ……………………………………… 307

第七章　纪念、悼念词 ……………………………………… 309

　第一节　纪念词的适用范围 …………………………………… 309

　第二节　纪念词的写作要求 …………………………………… 309

　第三节　纪念词的注意事项 …………………………………… 310

　第四节　悼念词的适用范围 …………………………………… 311

　第五节　悼念词的写作要求 …………………………………… 311

　第六节　悼念词的注意事项 …………………………………… 312

　第七节　纪念词的实际应用 …………………………………… 313

　　范文：在殉国将士葬礼上的演说 …………………………… 313

　　范文：纪念1830年波兰起义17周年演说 ………………… 314

　　范文：在《人民报》创刊纪念会上的演说 ………………… 315

　　范文：纪念长征胜利70周年演讲稿 ……………………… 317

　　范文：纪念"九一八"演讲稿 ……………………………… 318

　第八节　悼念词的实际应用 …………………………………… 320

　　范文：福煦《悼念拿破仑》 ………………………………… 320

　　范文：恩格斯《在马克思墓前的讲话》 …………………… 321

　　范文：老人悼念词 …………………………………………… 323

　　范文：汶川地震哀悼演讲稿 ………………………………… 324

第八章　节日演讲词 ………………………………………… 326

　第一节　节日演讲的适用范围 ………………………………… 326

第二节 节日演讲的写作要求 …………………………………… 326
第三节 节日演讲的实际应用 …………………………………… 327
　范文：元旦节演讲 ……………………………………………… 327
　范文：春节演讲 ………………………………………………… 328
　范文：三八妇女节演讲 ………………………………………… 329
　范文：清明节扫墓献词 ………………………………………… 332
　范文：卫生日演讲稿 …………………………………………… 333
　范文：五一国际劳动节演讲 …………………………………… 334
　范文：五四精神演讲 …………………………………………… 335
　范文：端午节演讲 ……………………………………………… 338
　范文：六一国际儿童节演讲 …………………………………… 339
　范文：中秋节演讲 ……………………………………………… 340
　范文：教师节演讲 ……………………………………………… 342
　范文：重阳节演讲 ……………………………………………… 344
　范文：国庆节演讲 ……………………………………………… 345

第九章　校园演讲词 …………………………………………… 347

第一节 校园演讲的适用范围 …………………………………… 347
第二节 校园演讲的作用 ………………………………………… 348
第三节 校园演讲词的实际应用 ………………………………… 350
　范文：布什在耶鲁大学的演讲 ………………………………… 350
　范文：黑格尔海德堡大学演讲 ………………………………… 352
　范文：爱默生演讲 ……………………………………………… 354
　范文：梁启超清华演讲 ………………………………………… 355
　范文：北大百年校庆演讲稿 …………………………………… 358
　范文：北邮校长开学典礼上的演讲 …………………………… 361

理论篇

第一章
什么是演讲

第一节 演讲的概述

一、演讲的概念

什么是演讲？也许大家的第一反应就是——用嘴说话。但是只要仔细想想，就会发现演讲和讲话有很大的区别。抗日战争时期，经常有些爱国人士、学生经常会在人潮汹涌的地方，面向听众，凭借自己的口才，运用有声语言和态势语言的艺术手段阐明道理、抒发感情、发表个人见解，感召听众，这是我们所熟悉的演讲。其实早在古希腊时期游吟诗人荷马，游走希腊各地传唱特洛伊战争中英雄们的事迹；我国的大思想家孔子也是周游列国，推广他的学说，劝告各国诸侯；它们在形式上都是所谓的演讲。

所以演讲和说话的区别应该在于，演讲的目的是：因疑作答、寻根问底、明辨是非、释疑解惑、阐明观点。而说话，是人们的自言自语，日常的寒暄聊天，或者一般性的个别交谈。

首先，演讲是一种语言，这种语言不单纯等同于书面用语也不单纯等同于口语，它是既兼有书面用语的正式，又具有口语的特点和感染力。

其次，演讲的目的就是发表见解、阐明道理。

再次，演讲是一个互动的过程，演讲是面对听众的讲话，在演讲现场演讲者与听众进行着信息交流和感情互动，这样就形成了一个特定的时空情境。

最后，为了打动人心，演讲具有一定的表演成分，演讲者在演讲过程中，要借助相应的艺术手段来增强演讲感染力。

但要注意的是，演讲不能单纯地表演，在传递信息的时候，要用表演来演绎和阐释演讲的目的。不能单纯朗读，"演"与"讲"在演讲实践活动中，是以"讲"为主，以"演"为辅，互相交织、互相渗透、互相促进的统一。在这里"讲"是起主导作用，起决定因素的，而"演"则必须建立在"讲"的基础上，否则它就失去了存在的意义。

所以我们可以给演讲下这样一个定义：演讲是一种对众人有计划、有目的、有主题，系统的、直接的带有艺术性的社会实践活动。亦可被视为"扩大的"沟通。

二、演讲的条件

演讲是在社会实践的直接需求下产生的一种活动，它是一种人与人之间的公共交往，在这样的交往中，人们在展开的各种活动如政治活动、经济活动、科学文化活动以及其他种种社会交往活动中，必然要发表见解，提出主张，释疑解惑，抒发感情，以达到说服人、感染人、教育人、激励人的目的。

（一）演讲作为一种社会实践活动，具有现实性和艺术性

人们在开展这种活动时，无论是演讲者、主持者抑或是听众，都有自己的目标指向和心理定势，都十分重视演讲的实际效果。就演讲者来说，当然力求当场感召听众，说服听众，达到其预定的目的和任务。就听众而言，从社会价值观念出发，同样也希望从演讲中获得知识和启示。至于演讲主持者，本来就承担有根据特定的目的对演讲活动进行组织和安排的任务，更希望演讲活动各方面协调，圆满成功，达到最佳的实际效果。

一场富有吸引力的好的演讲，不仅可以生动地反映生活，揭示真理，帮助人们正确认识客观规律，同时也可以培养人们美好的道德情操，促进人们奋发向上，给人以强烈的美的享受。演讲活动所发挥的认识作用、教育作用、美感作用，正是社会实践的直接需求，同时，这本身也正是实实在在的社会现实生活，具有直接的现实指导意义。

演讲，不仅是一种现实性的社会实践活动，而且是一种带有艺术性的社会实践活动。科学通过生动的逻辑思维使人认识抽象的真理，艺术往往通过形象使人认识真理。在演讲活动中，演讲者为了最大限度地达到自己的目的，使听众心悦诚服，精神感奋，必须做到"晓之以理，动之以情，喻之以利，导之以行"。为此，常常要借助于戏剧、音乐、绘画、相声、小说、诗歌等多种文学艺术手段为其服务。当然，它虽然具有多种文学艺术形式的一些特点和因素，但它毕竟不同于小说、诗歌、戏剧、音乐、绘画、雕塑等文学艺术现象。文学艺术作品常常运用典型化手法，形象地间接地反映社会生活，其本身并不等于现实生活；而演讲则是直接地表现生活，其本身直接体现着现实生活内容。

（二）演讲必须在特定的时空环境中进行

所谓"特定时空环境"，一般指的是演讲者和听众处在一定的时间和空间环境中，如"街头演讲"，演讲者与听众同时处在街头；"法庭论辩演讲"，演讲者与听众同时处在法庭的氛围之中。

一般说，演讲活动都要有相应的场合、相应的听众、适当的布置、合适的讲台、良好的音响效果和一定的时限。一定的时空环境反作用于演讲，制约着演讲的内容、语言和表情动作，等等。一旦时空环境发生转移和变化，演讲的内容、语言和表情动作等也必须随之转移和变化，以适应新的时空环境。在科学飞跃的发展的今天，时空观念发生了离异性变化，时间在超强度地缩短，空间在奇迹般地扩大。

广播、电视，拓宽了人们的空间范围。同时也缩短了人们的时间差距，运用广播、电视可以把不同时间、不同地点的演讲者和听众组合起来，使传统的演讲出现了新的发展和突破。如广播电视演讲，从表面上看，听众、观众并未直接与演讲者处在同一时间和同一环境中，但从根本上仍是处在特定的时空环境中，演讲者仍然必须有强烈的现场感，宛若置身于听众之中，也要考虑听众对演讲的情绪反映和态度评价，尽管各种反映和评价不一定立即在现场流露出来。

因为在设置着麦克风和摄像机的演播室内演讲,本身也就是处于特定的时空环境中,从客观的角度来讲,任何一个演讲者都无法逃脱他所处的时代环境对他的制约,离开了这些,演讲也就失去了它的存在价值。

(三)演讲必须依托语言来展开

语言是人们彼此交流思想以达到互相了解的一种极其重要的交际工具,人类社会生产的任何方面,都直接或间接以语言为工具。有声语言就是演讲活动中传递信息、表达思想最主要的媒介和物质表达手段,它是演讲者思想感情的载体,以流动的方式,运载着演讲者的主张、见解、态度和感情,将其传达给听众,从而产生说服力、感召力,使听众受到教育和鼓舞。离开了口语表达,就无所谓演讲。要达到以理服人、以情感人、以智育人、使听众心领神会的效果,演讲者的语言必须流畅易懂,富有魅力。

好的有声语言不仅准确清晰、圆润和谐,而且绚丽多彩、生动有趣,以其跌宕起伏、音意兼美的艺术魅力,形成一种境界,使言辞的表现力和声音的感染力均达到最佳的状态。

三、演讲的主要表达手段

演讲顾名思义,就是有演还要有讲。"讲"是讲明道理,诉说对某一问题的看法。"演"是借助声音、表情、动作来加强演讲的生动性。演讲以讲为主,以演为辅,运用有声语言,加上动作、体态和表情,巧妙结合,通过这样的方式来强调自己的观点看法,加强演讲的力度和感染力,是每个演讲者都会做的事情,所以,演讲的主要表达手段,我们可以概括为:声音表达、态势表达和形象表达。

1.声音

一般来说,声音是构成演讲的基本条件。声音是演讲活动最主要的表达手段。声音承载演讲者的思想和情感,直接传达到听众的耳朵,因为听众是直接听到演讲者的声音,所以要求演讲者吐字准确清晰、声音圆润清亮、语音语调具有节奏性、语气富有感情色彩。

2. 态势

态势是指演讲者的姿态动作、手势眼神以及表情等表演活动。

演讲者通过形体动作辅助声音的工具，来传达演讲者的思想和感情，直接传达给听众的视觉器官。它可以加强声音感染力和表现力，弥补声音的不足。它要求演讲者动作准确到位、自然协调、个性鲜明。

3. 形象

形象是指演讲者的容貌体形、衣冠服饰以及举止神态等方面。

主体形象的好坏、美丑，直接影响听众在视觉方面的欣赏感受和演讲者思想感情的表达。它要求演讲者在符合演讲思想感情的前提下，注意服饰朴素得体，举止神态优雅，风度翩翩，仪态大方，给听众一个视觉美的外部形象，使听众产生倾听的欲望。

第二节 演讲的特点和功能

一、演讲的特点

作为一个演讲者，一定要对整个演讲活动负起责任，因为，演讲者是演讲活动的主体部分，在整个演讲过程中，起着主导地位，而听众始终处于接受地位。因此真正意义上的演讲是一个个性化的活动，它体现了一个人的个人魅力，是一个人的性格、气质、形态、口才的综合反映。

（一）演讲是真实的活动

一些演讲者站在讲台上时，虽然侃侃而谈，旁征博引，有时还能插入一些令人捧腹的俏皮话，说理透彻明白，但是如果没有体现出个人的特点，一样无法激起听众热烈的反响。反之，如果一个演讲者讲的虽然都是具有乡土气息的朴实的语言，但是这些语言中，包含了真情实感，这也会成为一个感人的演讲。

正是因为这样，演讲的一个首要特性就是真实性。

演讲是一种现实活动，它是面向公众、面向社会的，虽然演讲中可以有一些表演的成分，但究其根本，都是为了达成演讲者通过对社会现实的判断和评价，直接向广大听众公开陈述自己的主张和看法的一种手段。

（二）演讲中可适当地加入一些艺术效果

虽然演讲是事实的产物，但是演讲的目的简单来说就是使人认同自己的观点，所以，在演讲的过程中可以加入一些现实活动的艺术。

演讲为了达到启迪心智、感人肺腑的目的，需要借助一些艺术的表现手段创造艺术感染力。演讲的艺术性在于它使得演讲具有了文学特征、朗诵艺术色彩和富有感召力的体态语言，这样就形成了统一的整体感和协调感。也就是说，演讲中的各种因素，例如语言、声音、表演、形象、时间、环境等，形成一种相互依存、相互协调的美感。同时，演讲还具备着戏剧、曲艺、舞蹈、雕塑等艺术门类的某些特点，演讲与这些因素融为一体，就形成了具有艺术感的演讲活动。

（三）演讲具有鼓动人心的力量

我们知道，人们通过演讲活动来宣传真理，统一思想，赢得支持，从而引导他人。尤其在战争年代和政治斗争中，演讲活动一向被喻为是进行宣传教育、政治斗争的有力武器。

所以演讲需要使得听众产生感情上的共鸣，没有鼓动性，就不成为演讲。在演讲中，演讲者需要用自己的形象、语言、情感、体态以及演讲词的结构、节奏、情节等去引发听众的共鸣，以此来抓住听众的心。可以说，鼓动性是演讲是否成功的一个重要标志。

（四）演讲是人们日常生活中的一种工具

演讲从最初的面对公众讲话，演变到今天已经成为了一门单独的学科，它是人们交流思想的工具。

现今社会中人们的任何思想、任何学识、任何发明和创造，都可以借助演讲这个工具来传播。可以说，演讲是最经济、最实用、最方便的传播工具。

（五）演讲可以针对明确的目标

演讲是一种社会活动，它所面对的听众也是社会的成员。因此，演讲应具有社会现实的针对性，能够针对特定的人群、问题展开，取得公众的认同。

演讲者的观点来源于对现实社会生活的归纳和提炼，只有这样，演讲才有说服力、感召力，才能引人深思，发人深省。

演讲的观点明确，泾渭分明，容不得一点沙子。演讲，要求旗帜鲜明，主题显露；赞成什么，提倡什么，反对什么，泾渭分明，毫不含糊。

（六）演讲能够适应任何环境

演讲是人们为了表达自己观点的一种活动，所以它能包括的内容也是包罗万象，社会生活事无巨细，古今中外纵横千里，它适合于男女老幼，不同背景、文化层次、职业、身份、种族、阅历的所有人；同时，它不受时空、设备等限制，可以随时随地进行。因此，演讲是具有很强适应性的宣传教育形式之一。

二、演讲的功能

演讲虽然也是讲话的一种，但是和我们日常的讲话是完全不同的。我们日常的讲话，是人们为了交流思想、联络感情、协调行动而说的。这样的讲话，都是人们你一言我一语地讨论。并且日常的讲话，对于逻辑性的要求并不高，人们的交谈是相互地交织进行，所以是散漫的、随意的。

但是演讲就不同，它具有明确的逻辑性和目的性。需要演讲者的精心准备，它是由演讲者、听众两部分组成的。

（一）演讲在演讲者和听众之间建起联系

正如我们之前说到的一样，演讲时有演讲者把自己的观点和看法系统地统合到一起，有计划、有组织传达给听众，在演讲的过程中除了设计好的互动之外，基本上是不需要听众插话的。即使是我们熟悉的辩论赛，也是一个人一个人的阐述，中途一般是不能被打断的。

在这样特殊的模式中，演讲者和听众、听众和听众、听众和演讲者之间就形成了多种多样的联系，这是传播的必然发展。

这些多种多样的联系，也以各种不同的形式展现在了听众和演讲者的面前。听众可以在这些表现之中找到感情的共鸣，同时便于听众理解和记忆演讲的内容。演讲者在台上滔滔不绝地发表演讲时，他的思想感情、举止神态都直接作用于听众，听众接收到这些信息，或欣然赞许，开怀大笑；或心存疑义，无动于衷；或惊或喜，或悲或叹，都会在现场流露出来。

而对于演讲者，这样的联系，可以使他随时确认演讲的进度和效果，对于听众对演讲的情绪反映和态度评价，会自然地反馈给演讲者，为其所察觉。所以一个成功的演讲者能够协调与听众的关系，使他的演讲具有吸引力，演讲就可望成功。

（二）演讲是一种典型的传播活动

我们知道一个传播活动必须是这样：

　　　　介质
传播者⇌受众
　　　　介质

传播源通过一定的介质将所要传递的消息传递给他的目标受众，而受众在得到消息后再将他的想法、感情通过一定的渠道反馈给传播者，这样传播者就知道了他是否得到了他的预期效果。

所以说演讲是一个典型的传播过程，是演讲信息循环流通的过程。

在这个过程中，演讲者通过声音、体态、形象的特殊的媒介，将演讲信息传达给听众，听众在得到这些信息之后，必然会出现一定的反应，高兴、悲伤或者漠不关心，等等。

显然，要使演讲顺利进行，必须使各方面联系和各个环节有效地连接，密切配合。尊重演讲的传播性，尊重听众才能更好地完成演讲。

（三）演讲者独白的语言要具有准确性和生动性

我们在上面说过，演讲是一种靠演讲者独白来打动听众、感染听众的传播方式，没有了互动、交谈，就避免了内容的杂乱不统一，可以使得演讲者能够明确地阐述自己的观点，但是同样是因为这样，在演讲中要注意语言的准确、清晰和生动。

就像教师讲课一样，是要将全新的内容使得学生了解、掌握。这就要求演讲者必须通过自身的有声语言材料和相应的体态语言来逐条逐款层层展开。要讲清思想观点的来龙去脉，就不是三言两语可以奏效的。

因此，演讲者的语言必须经过认真组织、仔细斟酌、要有着很强的内在逻辑。

开头要精彩，引人入胜，结尾要恰到好处，耐人寻味。而中间部分要求层次清楚，论点明确，完美地将自己和听众的情绪推向高潮；同时运用叙事、抒情、说理等多种方式将自己的论证做到天衣无缝。如何以其深刻的思想性和精巧的文采美来吸引听众、感染听众、拨动听众的心弦，弹奏出最动听的乐曲，这一切都要求演讲者苦心构思，巧妙结合。

演讲者这种独白式的言态表达方式，又是有声语言和体态语言的结合体，它要求语言、声音、眼光、动作、姿态有机地结合，浑然一体，做到吐词准确、语调动听、表情丰富、动作适度、仪态大方、感情充沛，使人产生一种"思风发于胸臆，言泉流于唇齿"的美感。因此，它必须遵循一定的美学原则，讲究音韵、修辞、气度等等，具有一定的艺术色彩。总之，一次成功的演讲，其语言必须具备以下要素：措辞准确，声调清晰，体态得当，感情真挚，结构完美。

值得说明的是：演讲虽然是艺术化的独白式的言态表达，但这种"艺术化"有一定的"度"，它是受现实活动的目的和效果制约的有限的艺术，实际上只是一种手段性的艺术，如同技能技巧一般。如果超越了这个"度"，就把演讲搞成评书、单口相声或诗朗诵一般，那就不伦不类，失去了演讲的真实性。评书、单口相声、诗朗诵虽然也是"一人讲，众人听"，但是它们属于艺术范畴，是艺术活动，是艺术活动中的言态表达形式；而演讲是现实活动，"它是现实活动的言态表达艺术，而不是艺术活动的言态表达。"

（四）演讲是一种常用工具

在我们的生活中，演讲是无处不在的，政治、经济、军事、外交、法律，也无论是学术、理论、宗教、道德或其他社会问题，都可以作为演讲的题材，帮助演讲者发表自身的意见和看法。

同时，演讲不像文字和书籍，要求受众具有一定文字和文学功底，不论是老、中、青、少，还是工、农、兵、学、商，只要具有听讲能力，都能成为演讲听众。

演讲对于对场地的要求也不高，电台、电视台、礼堂、课堂、广场，甚至街头巷尾，只要是有人流的处所都能成为演讲的场地。

因而，它能紧密地配合形势，适应现实任务的多种需要，及时地开展宣传鼓动、就职施政、争取民众、发号施令、激励斗志、传道授业、答疑解惑、布置任务、安排生产等等活动。事实上，演讲是最经济、最灵便、最直接、最有效、最实用的宣传教育形式之一。

第三节 演讲的目的

第一次世界大战之后，帝国主义操纵巴黎和会逼迫中国签署不平等条约，这样的行为使得北京大学等众多高校的学生愤慨，他们游行、示威、公开演讲。

这时期的演讲的目的非常明确，要求取消"二十一条"、拒绝签字，"外争国权，内惩国贼"。通常演讲都具有以下几种目的：

（一）使更多人了解演讲的信息

演讲是一种传播活动，它的主旨就是：演讲者说明、解释或阐明有关人或事或物的某些状况或特征等，使听者理解、明白演讲者传递的信息。

在这样的传播活动中，演讲者不能支配听众的想法和感情只能传达自己的目的和感情。

（二）使更多人信服接受演讲的信息

这是演讲的目的进一步发展，在演讲将信息传达出去后，他的工作并没有完成，他要确保他的目的和希望能够被听众接受和理解。这要靠演讲者在观察听众的神态、表情等信息来判断。

（三）使人们按照演讲的要求行动起来

这是在前两种基础上产生的一种更高阶段的演讲，这个阶段听众们已经完全接受了演讲的内容，并把演讲者的要求贯彻到了行动当中去。演讲的目的是影响听者的举止，影响其去做某件事或停止做某件事。在这类演讲中，演讲者首先要使听者明白和接受自己的思想、观点、建议，然后，必须以某种激情呼吁的方式，支配或驱策听者的行为，使其按照演讲者提出或传达的要求去行动。

（四）使人们从演讲中得到激励和鼓励

在这类演讲中，演讲者的目的一般不是要影响听者的思想、信念，而主要是希望更强烈、更深刻、更动人地再现听者已经具有的思想、观点、感情、愿望、信念等，使听者的思想感情得到进一步升华和强化，从而受到鼓舞和激励。在"使人激"演讲中，演讲者必须使自己成为听者的代言人，全面通晓、真挚地表达出听者的思想感情。此外演讲者还应当要求自己成为能对听者进行引导的长者。可以说，"使人激"演讲是演讲技艺的顶峰，一些彪炳史册的著名演说，如林肯的葛底斯堡演说、恩格斯在马克思墓前的讲话、丘吉尔首相的就职演说等，都是"使人激"演讲的成功范例。"使人激"演讲与"使人动"演讲有着极其密切的联系，真正能"使人激"的演讲必先能"使人动"。

（五）使人们从演讲中感到快乐

在"使人知""使人信""使人动"的演讲里，都可能穿插一些幽默而富有趣味的内容，以活跃气氛、增强听者的兴趣，使其更乐于理解，接受某些观点或按某种观点去行动。"使人乐"演讲能够寓思想教育于娱乐之中，使听者摆脱紧张和疲劳，达到一种轻松的心境。

第二章

演讲的类型

第一节 演讲的分类

每次演讲的主题、形式、内容、观众都不尽相同,所以每次演讲前,演讲者都要煞费苦心地根据这次演讲的实际情况来制定相应的对策,而对演讲的分类能够帮助演讲者更加了解自己要做的演讲是什么。

对于演讲的分类,我们可以从内容和表达形式两个方面来讨论。

一、从演讲的内容上分类

1. 政治演讲

政治演讲就是指具有鲜明思想、逻辑清楚的一种演讲,它具有强烈的感染力以及鼓动性,其目的就是尽可能多地吸引人们的兴趣,拉拢更多的人站在自己的阵营。

2. 经济演讲

经济演讲就是在经济的环境中,对于如何发展自己、推销自己,或者是对于整体经济环境进行研究和探讨。

3. 学术演讲

学术演讲一般是学者或者研究人员对于自己的研究成果进行讲解,其目的是为了加强公众对于一些专业性比较强的内容的理解和认识。

4. 法律演讲

法律是国家或地区用来规定人们行为的一种规范,而法律演讲则是从事与法律相关的行业的专业人士对于各种事件的辩论、研究的演讲。

5. 宗教演讲

在宗教国家中，宗教演讲是生活中非常重要的一个组成部分，它的目的是规范人们的行为。

二、从演讲的表达形式上分类

主要有命题演讲、即兴演讲和论辩演讲等。

1. 命题演讲

所谓命题演讲，就像学生们的命题作文。演讲者所要演讲的内容不能随心所欲、按照自己的意愿来选择题目，命题演讲由别人拟定题目或演讲范围。

对于这样给定的演讲题目，有些正好是演讲者熟悉的，这样演讲者往往得心应手，但是对于一些演讲者不熟悉或者不太涉及的题目，演讲者就要经过一定时间的准备后再做演讲。

命题演讲包含两种形式：全命题演讲和半命题演讲。

全命题演讲题目，大多是由组织演讲的单位指定的，这样的命题，通常多是为某些活动而准备的，所以它主题鲜明、针对性强、内容稳定、结构完整。

半命题演讲题目，给予演讲者的自由要大得多，这种演讲只是划定了一个大概的范围，在这个范围内，演讲者可以根据自己的喜好再细致划分。

2. 即兴演讲

即兴演讲指演讲者在演讲前毫无准备的情况，因为一些临时突发的情况，主动或者被动发表的演讲。这是因为当我们面对一些场面、情境、事物、人物等情况时，经常会临时起兴发表的演讲冲动，例如婚礼祝辞、欢迎致辞、丧事悼念、聚会演讲等。

这样的演讲因为没有详细的准备，所以在逻辑上难免会有所缺失。所以它要求演讲者要紧扣主题，抓住由头，迅速组合，言简意赅。

3. 论辩演讲

最常见的辩论演讲就是我们最常见的辩论赛，因为有人与人的互动性，所以要求演讲者具有非常强的应变能力和逻辑性。两方或两方以上的人们因对某个问题产生不同意见而展开面对面的语言交锋都是辩论演讲的代表。在某些方面它和即兴演讲有些相似，但是它比即兴演讲更难些，因为它不但要有即兴演讲的能力，还要同时应对各种提问和质疑。

第二节 政治演讲

政治演讲顾名思义，凡是为了一定的政治目的，出于某种政治动机，就某个政治问题以及与政治有关的问题而发表的演讲。它包括外交演讲、军事演讲、政府工作报告、各种会议上的总结报告、政治评论、就职演说、集会演讲、宣传演讲等。

范文：奥巴马竞选演讲

Hello，芝加哥

美国是一个一切皆有可能的地方，如果还有人对这一点心存怀疑，如果还有人怀疑美国奠基者的梦想在我们时代是否还有活力，还有人怀疑我们民主制度的力量，那么，你们今晚正是对那些疑问作出了回答。

在学校和教堂周围所出现的前所未有的长队是答案，这个国家从未见过这么多的人前来投票，人们排三四个小时的队来进行有生以来的第一次投票，因为他们相信这一次将会不同，他们发出的声音可能就是那个差别。

这是一个年轻人和年老人、富人和穷人、民主党人和共和党人、黑人、白人、西班牙裔人、亚裔、印第安人、同性恋和异性恋、残障人士和健全人士所作出的回答。美国人向世界发出一个信息：我们从不只是一些个人的累加或者"红色州"和"蓝色州"的累加。

我们是，我们永远是美利坚合众国。

这是一个引导人们的答案，太多的人在很长的时间内给他们说这个答案，以至于他们对此持愤世嫉俗的态度，对我们是否可以再一次把握历史的希望感到担心和怀疑。已经过去了很长时间，但是今晚，由于我们今天在这场选举所采取的行动，在这个决定性的时候，变革来到了美国。

今晚早些时候，我接到来自参议员麦凯恩的一个特别有风度的电话。麦凯恩在这场选战中进行了长期和艰苦的努力，他为这个他所爱的国家战斗了更长的时间，作出了更艰苦的努力。他为美国承受了我们中的大多数人无法想象的牺牲。由于这位勇敢和无私的领导人的服务，我们的生活变得更好。

我向他表示祝贺，我向佩林州长表示祝贺，向他们所取得的成果表示祝贺，我盼望与他们共事以继续这个国家在未来岁月的承诺。

我想感谢我在竞选旅程的伙伴，一位用心竞选的男士，一位为和他一起在斯克兰顿街头一同长大的男人和女子代言、经常坐火车回特拉华州的男士，美国当选副总统拜登。

如果没有我过去16年最好的朋友、我们家庭的中坚、我生命中的挚爱，我今天晚上不可能站在这里，美国下一位第一夫人米歇尔·奥巴马。

萨沙和马莉娅，我爱你们，我对你们的爱超出了你们的想象。你们已赢得了新的宠物狗，它将和我们一起前往新的白宫。

尽管她没能和我们在一起，但我知道，我的祖母和养大我的家人在看着我，我今晚很想念他们，我知道我欠他们的东西是无法计量的。我的妹妹马娅、我的姐姐奥玛，我其他的兄弟和姐妹，非常感谢你们对我的支持，我感谢他们。

我的竞选经理大卫·普劳夫，这位竞选活动的无名英雄，他进行了最好的政治竞选活动，我认为这是美国历史上最棒的。我的首席策略师大卫·艾克斯罗德，他一直是追随我的伙伴。你们组建了政治史上最好的竞选团队，是你们成就了今天，我永远感谢你们为此所作出的牺牲。

但最重要的是，我永远不会忘记这场胜利真正属于谁，它属于你们，它属于你们。

第三节 经济演讲

经济演讲服务于经济,其所传递的经济理念和信息在经济领域起着越来越重要的作用。一般来讲,经济演讲就是指具有经贸内容性质的演讲。这类演讲大致可分为公关型、总结型、动员型、经验介绍型几种。公关型是指企业家洽谈贸易,阐述本企业的对外政策,宣传本企业的发展形势和产品特色等;总结型就是指企业领导向被授权的大会汇报工作并分析评价工作成绩等;动员型就是指企业领导向职工解释生产计划以及计划实施的意义和效益以便最大限度地调动职工的积极性;经验介绍型就是指围绕产品质量、销售、管理等经济活动所进行的科研探讨等。

范文:在全乡经济工作会议上的讲话

同志们:

新年伊始,万象更新,今天,我们在这里召开全乡经济工作会议,目的是贯彻全县经济工作会议精神,动员全乡广大干部群众,以良好的精神状态、昂扬的斗志,迅速投入到工作中去,全面加快我乡经济社会发展步伐。刚才全乡2009年经济工作进行了实事求是地总结,对2010年经济工作进行了周密细致地部署,希望大家认真贯彻落实。下面,我再讲三个方面的意见。

一、认清形势,增强维护稳定和加快发展的使命感和责任感

2009年是我乡发展极不寻常的一年,特别是8月以来,新一届党委领导班子带领全乡广大党员干部,不畏艰难,开拓进取,努力工作,开创了我乡社会大局稳定,经济较快增长,人民群众安居乐业的新局面。总体来看,有以下几个特点:

一是经济社会发展十分迅速。2009年,全乡生产总值达7.6亿元,增长14.1%;财政收入完成282万元,增长8%;非农户50万元以上固定资产投资2.12亿元,增长63%,农民人均纯收入达4560元,增长10.5%。

二是工业、农业发展步伐加快。工业方面:2009年,全乡工业经济发

展态势良好，新上投资百万元以上的工业项目7家，其中投资千万元以上项目2家。这些项目的相继投产，增强了经济发展后劲。农业方面：养殖专业户、专业村和养殖小区规模不断扩大；速生丰产林基地建设步伐加快，建成6个生态园林村；蔬菜种植进一步扩大，建成9个蔬菜生产专业村，蔬菜种植成为我乡经济发展的新亮点。目前，肉鸡、肉牛养殖和蔬菜生产已成为群众致富的主导产业。基础设施方面：投资700万元的××变电站、投资680万元的土地整理项目、投资260万元的引黄入福工程和投资75万元的××至××、××村至××两条公路等项目相继完工，极大改善农民生产生活条件。

三是各项惠农政策全面落实。种粮直补、良种补贴、"村村通"工程、沼气池建设、卫生改厕、农村合作医疗、白内障复明工程、"两免一补"、农村低保、五保户供养、大型农机具补贴等各项支农惠农政策均得到全面落实，广大群众得到很大实惠。

四是社会稳定局面明显好转。因稳定问题，乡里近几年吃了大亏，很多优惠政策、项目资金争取不到，严重制约了乡里的经济发展，严重影响形象。致使多项工作在全县甚至全市排名落后。8月以来，新一届党委领导班子狠抓信访稳定工作。开展"下访"活动，入村到户，排查矛盾纠纷，掌握信访动向，及时化解矛盾；实行信访责任追究制，按照"谁包的区谁负责，谁包的村谁负责"的原则，自己的村自己管，自己的事自己干，做到问题出现不上交，矛盾来了有人解，及时将信访问题处理在萌芽状态，有效化解了上访隐患；规范信访程序，对信访群众反映问题确实属实的，我们千方百计予以帮助和解决，对缠访、闹访、非法上访、无理上访的，依照有关法律法规坚决严厉打击。通过近半年的工作，我们乡信访量明显下降，11月实现零上访，深受县领导的好评。

五是乡村干部作风较大转变。聘请市、县党校教师，召开科学发展观领导辅导报告会，组织乡村干部到各县各庄实地参观考察。建立健全学习、值班、考勤、财务管理等各项工作制度，严肃会议纪律，严格遵守县委县政府五项规定，用制度约束干部行为，用理念转变干部作风。切实解决了在思想、作风、纪律等方面存在的突出问题，实现了干部作风和精神面貌的大转变。树立了乡村干部良好形象，深受群众的支持和领导的肯定。

这些成绩的取得，这一良好局面的形成，是乡党委、政府团结一心，狠抓落实的结果，是全乡广大干部群众团结一致，拼搏实干的结果，尤其是在座的诸位共同努力，扎实工作的结果。在此，我代表乡党委、政府向大家表示衷心的感谢，对获得表彰的单位和个人表示热烈的祝贺！

在总结成绩同时，我们还必须清醒地看到，目前全乡还存在很多问题和不足：一是稳定形势还不容乐观，一些信访问题还没有得到彻底解决，各种利益诉求引发的信访问题时有发生，维护稳定的压力很大。二是基层组织建设有待进一步加强，部分乡村干部工作作风需要进一步转变。三是工业项目规模小、档次低、不规范，存在脏、乱、差现象，形不成聚集优势。四是农业标准化水平低，农业结构有待优化，农民增收的有效途径有待拓宽，等等。对这些问题，我们必须高度重视，采取切实有力措施，认真加以解决。

二、明确目标，努力加快经济社会发展

今年全乡经济社会发展的总体要求是：全面贯彻党的十七大和十七届三中、四中全会精神，深入落实科学发展观，坚持"围绕农业抓工业，抓好工业促农业"的整体思路，大力实施"工业兴乡，畜牧强乡，蔬菜富民"战略，不断开创××经济社会发展新局面。

按照总体要求，落实目标任务，办好大事实事，我们必须突出四个重点，全力做好今年的工作

（一）加快推进"工业兴乡"步伐

按照"围绕农业办工业，办好工业促农业"的发展思路，发挥优势，加压驱动，全面加快"以工兴乡"步伐。

一要抓项目建设。一是积极引导企业向县产业集聚区发展，2010年在县产业集聚区新上一家投资千万元的饲料加工项目。二是力争盘活××肉业。采取灵活多样的方式，想尽一切办法，尽快使××公司早日恢复生产，产生效益。三是全力整合资源，实施大企业大集团战略，重点扶持食品加工

企业，引导其横向联合，共同发展。

二要抓招商引资。一是引进来。全面推行全员招商，全民创业机制。想尽一切办法吸引外资，充分挖掘外出务工人员的潜力，充分利用党政干部、企业老板、知识分子等知名人士的关系，想尽办法引进项目、引进资金。二是服务好。对引进的资金和项目，我们要服务到位。政府给企业制定的优惠政策执行到位，不能打折扣；政府给企业制定的保护措施要落实到位，不能搞变通；政府为新来企业办理手续要及时，不能拖延。切实做到以诚招商、以情感商。真正使引来的资金项目立身、扎根、开花、结果。三是重奖励。乡党委政府制定奖励制度，对招商引资工作突出的单位和个人不仅经济上要重奖，并且在政治上予以倾斜，激发全体干部招商引资的积极性。

（二）加快实施"畜牧强乡，蔬菜富民"战略

积极推广良种种植，大力发展优质、高产、高效农业，确保粮食增产增收。制定扶持措施，争取上级项目和资金，用足用活上级优惠政策，大力发展蔬菜产业，高标准规划以××村为中心的蔬菜生产示范园区，完善示范园区水、电、路等配套设施建设。积极争取资金，力争筹建蔬菜批发市场，解决群众卖菜难问题。今年，乡党委、政府将在蔬菜专业村承包扶持一个蔬菜大棚，抽调精兵强将全程进行无公害技术管理和指导，以起到示范带动作用。出台优惠政策，加大扶持力度，重点扶持养殖小区、养殖专业村和规模养殖户，提高规模化饲养水平，继续走"公司+基地+农户"的道路，积极推进畜牧产业化经营。

第四节 军事演讲

军事演讲是每个国家都必不可少的一部分，它是告诉公众军事方面的一些信息和现状，这正是对于平时不能接触国防军事的一般大众了解各地军事情况的一种演讲。

范文：一旦出击，必歼顽敌

美国人能成为自由人，还是沦为奴隶；能否享有可以称之为自己所有的财产；能否使自己的住宅和农庄免遭洗劫和毁坏；能否使自己免于陷入非人力所能拯救的悲惨境地——决定这一切的时刻已迫在眉睫。苍天之下，千百万尚未出生的人的命运取决于我们这支军队的勇敢和战斗。敌人残酷无情，我们别无他路，要么奋起反击，要么屈膝投降。因此，我们必须下定决心，若不克敌制胜，就是捐躯疆场。

祖国的尊严，我们的尊严，都要求我们进行英勇顽强的奋斗，如果我们做不到这一点，我们将感到羞愧，并将为全世界所不齿。所以，让我们凭借我们事业的正义性和上帝的恩助——胜利掌握在他手中——鼓励和鞭策我们去创造伟大而崇高的业绩。全国同胞都注视着我们，如果我们有幸为他们效劳，将他们从企图强加于他们的暴政中解救出来，我们将受到他们的祝福和赞颂。让我们相互激励、互相鞭策，并向全世界昭示：在自己国土上为自由而斗争的自由民胜过世上任何受人驱使的雇佣兵。

自由、财产、生命和荣誉都在危急存亡之中，我们正在流血受辱的祖国寄希望于我们的勇敢和战斗，我们的妻儿父老指望我们去保护。他们有充分理由相信，上苍一定会保佑如此正义的事业获得胜利。

敌人将炫耀武力，竭力恫吓，但是，别忘了，在许多场合，他们已被为数不多的勇敢的美国人所击败。他们的事业是邪恶的——他们的士兵也意识到了这一点，如果我们在他们开始进攻时，就沉着坚定地予以反击，凭着我们有利的工事和熟悉的地形，胜利必将属于我们。每一位优秀的士兵都将枕戈待旦——整装待命，一旦出击，必歼顽敌。

第五节 学术演讲

学术演讲指演讲者针对某些专业性比较强的内容进行演讲。大部分是学校和其他场合的专题讲座、学术报告、学术发言、学术评论、科学讨论、科学报告或信息报告、学位论文的答辩等。

学术演讲具有很强的专业性，它有深刻的论证、很强的逻辑性、严谨的语言风格。

范文：发生认识论（节选）

皮亚杰，瑞士心理学家、哲学家，发生认识论创始人。主要著作有《儿童的语言与思维》《发生认识论原理》《心理学与认识论》等。本文是1968年作者在美国哥伦比亚大学一系列讲演的第一讲。

发生认识论试图根据认识的历史、它的社会根源和它所依据的概念和运算的心理来源来解释认识，特别是解释科学知识。这些概念和运算大部分是从常识中抽出来的，因此，这些概念和运算的来源能够阐明它们对于较高阶段的知识的重要意义。但是发生认识论，只要有可能，也要考虑形式化的问题，特别是要考虑应用于平衡的思想结构和在某些情况下应用于思维发展中从一个阶段到另一阶段的转变的逻辑形式化的问题。

关于认识论的性质，我们所作的这种描述碰到了一个主要的问题，即如何对待认识论的传统哲学观点。在许多哲学家和认识论者看来，认识论是对当前此刻存在的知识的研究；它是为知识而分析知识，是在本身范围内，不管它的发展而分析知识。在这些人看来，追索观念的发展或运算的发展，也许历史学家或心理学家对这有兴趣，而不是认识论者所直接关心的。这是对我在此地所概述的发生认识论这门学科的主要反对意见。

但是在我看来，对于这种反对意见，我们能提出以下的答案：科学知识处在持续的进展之中，它每天都在变化。结果，我们不能说：一方面有认识的历史，另一方面它又有今天当前的状态，似乎它的当前状态是确定的，乃至是稳定不变的。知识的当前状态乃是历史中的一瞬间，好像过去的知识状态那样迅速地变化着，而且在许多情况下甚至变化得更快些。于是科学思想就不是某一顷刻的事情，它不是一种静止的情况，它是一个过程。特殊一点讲，它是一个继续不断构造和重新组织的过程。这一点几乎在所有科学研究的支流中都是真实的。我们愿意引述一两个例子。

第一个几乎可被公认的例子是关于当代物理学领域的，或者，比较特殊地讲，是有关微观物理学的。在这门科学方面，知识状态逐月发生变化，而且肯定在一年的历程中就有重要改变。这些变化在某一个作者的著作中也时常发生，他在他一生的事业中对他的题材改变了看法，我们不妨以巴黎的德·布罗格里作为一个特殊的例子。几年前，德·布罗格里尚坚持尼尔·玻尔的非决定论的观点。他随着哥本哈根学派相信：在微观物理事件的非决定状态背后，人们就不能发现决定的状态；非决定的状态乃是很深刻的实在，而且人们甚至能够提出理由来证实这种非决定状态的必然性。嗯，后来发生了这样的情况，新的事实使德·布罗格里改变了他的想法，以致现在他采取了一种十分相反的观点。因此，这是科学思想转变的一个例子，这种转变不是经过了连续几代人发生的，而是发生于一个有创造性的科学家的一生之中。

让我们从数学领域中举出另一个例子。几年以前，布尔巴基数学家小组试图把所有数学的基本结构分隔开来。他们确立了三个母结构，代数结构、有序结构和拓扑结构，而这三个母结构就是数学的结构学派所根据的基础，而且被视为一切其他数学结构所由派生的基础。他们的这些有效的努力现在已经在一定程度下遭到了破坏或者说至少是受到修改了，因为麦克兰和爱伦伯发展了范畴的概念，即许多元素聚合起来的集合以及根据这些集合所定义的一切函数的集。结果，今天布尔巴基小组的一部分成员已经不再是正统的了，而不得不考虑更新范畴概念。因此，这里又在科学思想的另一个更基本的领域内，有了非常迅速的变化。

让我们再重复一遍，我们不能说，一方面有科学思想的历史而另一方面又有今天的科学思想体系；只有一个连续不断的转变，继续重新组织的过程。在我看来，这个事实意味着：在这些变化中历史的和心理的因素对于我们试图理解科学思想的性质是有用的。

还有一些领域中根据心理学和社会学的因素我们能更好地理解当代科学观念的起源，在这方面，我们愿意举一两个例子。第一个例子是康托尔的集合论的发展。康托尔是根据一对一的对应这样一个基本运算来发展他的理论的。特殊点讲，通过在整数系列和偶数系列之间建立一对一的对应关系，我们所得到的数目既不是整数，也不是偶数，而是第一个超穷的基数，即aleph 零。就是一对一的对应关系的基本运算使康托尔能够超过有穷数的系统，而这个有穷数系列是到那时为止唯一的运用中的系列。现在，追问一下这种一对一的对应关系的运算是从哪里来的，是有意义的。康托尔并未发明这一对应关系的运算，这是就一个人发明一个完全崭新的构造这一意义而言的。他是在他自己的思维中发现了它；甚至在他转向数学很久以前，这种一对一的对应运算早就是他的心理装备的一部分，因为极初步的社会学或心理学观察就揭示出来了一对一的对应是一个原始的运算。在所有一切早期社会中，它是经济交易的基础。而在年幼的儿童中，甚至在具体运算阶段之前，我们就发现它的根基了。第二个问题是：这种一对一的对应基本运算的性质是什么？

这立即导致另一有关问题：在一对一的对应和自然数这个概念的发展之间有什么关系呢？一对一的对应的运算流传很广，这是否有助于证明罗素和怀特海的主题，即数是诸等值类的类（所谓等值即指诸类里面的各个单元是一对一的对应）吗？或者说，实际的数，除了一对一的对应以外，还根据某些别的运算吗？这个问题我们将在以后作比较详细的研究。现在根据这一鲜明事例来说，如果认识了一个概念的心理学基础，也就蕴涵着对这个概念在认识论上的理解。在我们研究儿童中数的概念的发展时，我们就能看出：这个概念只是以等值类的类为根据，还是包含有其他的运算？

现在我愿意继续讲第二个例子，而且提出这样一个问题：爱因斯坦怎样能够对于远距离的同时性给予一个新的运算定义？他怎样能够批评牛顿关于普遍时间的概念而不至于在物理学中产生深刻的危机？当然，毫无疑问，他的批评是根据实验发现的，如迈克尔逊—莫雷实验。虽然如此，如果对彼此远离的事件有同时发生的可能性所重新下的定义和我们的逻辑根本是冲突的，那么在物理学中就会出现很大的危机。我们势必在两种可能性中接受其一：要么是物理世界是不合乎理性的，要么是人的理性是软弱无能的——不能掌握外界的实在。但是事实上并没有发生过这种事情，并没有这种混乱的情况。有少数玄学家（我对在场的哲学家们表示歉意），如柏格森或马利坦等人，曾为物理学中的这种进展所吓倒，但就大多数玄学家而论，以及在科学家们中间，这并不是什么巨大的危机。为什么事实上它不是一种危机呢？

因为同时性并不是一个原始的概念，甚至不是一个原始的知觉。以后我将进一步讨论这个题目，但是眼前我只想申述一下，我们的实验发现已经显示出来，人类并不是明确地感知到同时性，如果我们看到两个以不同速度移动着的对象，而它们同时停止下来了，这时，我们并没有确切地感知到它们是同时停止的。同样，当儿童对于同时性没有确切观念的时候，他们并不脱离对象移动的速度去理解同时性。那么，同时性就不是一个原始的直觉，它是一种智慧的构造。

远在爱因斯坦以前，彭加勒在分析同时性这个概念以及揭示其复杂性时，已经做了大量的工作。他的研究事实上使他几乎已经到达了发明相对论的边缘。现在如果我们阅读他关于这个题目的一些论文（顺便讲一句，从爱因斯坦后来著作的角度来看，这些论文就更加有趣了），我们便知道，他的思想几乎完全是以心理学的论点为基础的。以后我将表明，时间的概念和同时性的概念都是以速度的概念为基础，而速度的概念乃是一种更为原始的直觉。因此，有各种各样的理由，心理学上的理由，能够解释为什么相对论所带来的危机对物理学来讲并不是致命的，毋宁说，它是一种再适应，而且我们既可以在实验的和逻辑的基础上达到这种再适应，也可以找出心理学的途径去达到这种再适应。实际上，爱因斯坦本人也承认同心理学因素的关联，而且当我在1928年第一次有机会遇见他时，他曾向我建议，如果我能研究时间的概念，特别是同时性的概念在儿童中的来源，那将会是有益的。

以上所述可以暗示出，当我考虑知识的性质时，利用心理学上的数据可能是有所助益的。现在我想说，它不只是有所助益，而且是必不可少的。事实上，所有认识论者在他们的分析中都参照过心理学的因素。不过他们对心理学因素的参照大多数是思辩性质的，而不是以心理学的科学研究为根据的。我深信，所有的认识论提出了事实的问题，也提出了形式的问题，而且一旦遇到事实问题时，心理学的发现便是有用场的了，必须加以考虑。对于心理学，极不幸的事情就是，每一个人都以为他自己是一个心理学家。在物理学或哲学领域内并没有这种情况。结果，当认识论者需要考虑某些心理学方面时，他并不参考心理学的科学研究，也不去请教心理学家，而只凭自己的思考。他把一些观念和关系收集到自己的思想内，试图由自己去解决所产生的心理学问题。我愿意引述几个认识论上的例子，说明即使一些心理学发现初视之下似乎与讨论的问题无关，但这些心理学上的发现是能够和有关问题关联起来的。

我的第一个例子是关于逻辑实证主义学派的。逻辑实证主义者在他们的认识论中从来不参考心理学，他们认为，逻辑实体和数学实体只是一些语言结构。这就是说，当我们进行逻辑或数理运算时，我们只是利用一般的句法、一般的语义学或莫利斯所谓的一般性语用学，即一般性语言用法的规则。一般讲来，他们的主张是：逻辑的与数理的实体是从语言派生出来的。逻辑和数学只是一些特殊化了的语言结构。现在，在这里，这就与考查事实密切关联起来了。我们能够考查，在语言发展以前，儿童是否就有了逻辑的行为。

我们能够发现，儿童动作的协调是否揭示出一种类的逻辑；是否揭示出一个序列系统；是否揭示出种种一对一的对应结构。如果在语言发展之前，我们在幼儿的动作协调中的确发现有逻辑结构，那么我们就不能说，这些逻辑结构是从语言中派生出来的。这是一个事实问题，不能用思辩，而只能用实验的方法及其客观发现去探索。

于是发生认识论的第一个原理就是严肃地对待心理学。严肃对待心理学的意思就是说，当发生一个有关心理事实的问题时，我们应该向心理学的科学研究请教，而不应试图通过自己的思辨去发明一个答案。

附带说一句。值得指出的是，在语言学本身的领域内，自从逻辑实证主义进入黄金时代以来，理论的地位已经颠倒过来了。布卢姆费尔德在他的时代完全坚持逻辑实证主义者的观点，逻辑的语言学观点。但是目前，如你们所知道的，乔姆斯基已经站在相反的立场了。乔姆斯基肯定，逻辑不是根据于和派生于语言，相反，语言是以逻辑为基础，以推理为基础的，而且他甚至认为这种推理是先天的。他主张推理是先天的，这也许走得太过了，这个问题又是需要参照事实，参照科学研究加以解决的。这是心理学领域内另一个需要决定的问题。在乔姆斯基今天所辩护的理性主义（根据这个理论，语言是根据于理性而理性又被认为是人类天生的）和实证主义的语言学观点（根据这种观点，逻辑只是语言学里面约定俗成的结果）之间还有一整套可能的答案以供选择，而要在这些答案中作出选择，就必须以事实为基础，即以心理学的科学研究为基础。这些问题是不能用思辨去解决的。

我不想给人们这样的印象，觉得发生认识论只是以心理学为基础的。反之，每当我们能够从事某种形式化的工作时，每当我们在思想发展过程中碰到某些业已完成的结构时，逻辑的形式化是绝对必要的；我们总是在逻辑学家和我们正在探讨的领域内的专家们的协助之下，努力使这种结构形式化。我们的假设是说，以心理学的形成为一方面和以形式化为另一方面，而在这两者之间存在着一种对应关系。但是即使我们承认形式化在认识论中的重要性，我们也明白，光有形式化本身也是不够的。我们正在指出，在一种领域内，要阐明某些认识论的问题，心理学的实验工作是必不可少的，但是甚至就形式化本身而论，仍然还有一些理由证明为什么形式化本身永远是不够的。我愿意来讨论三个理由。

第一个理由，不仅有一种逻辑，是有许多不同的逻辑。这就是说，没有任何单一的逻辑有足够的力量支持人们知识的整个构造。但是它也意味着，当所有不同的逻辑结合在一起，它们彼此间又不够充分地连贯一致，以致不能用来作为人们知识的基础，于是任何一个单一的逻辑力量太薄弱，而把所有的逻辑结合在一起又太复杂了，以致不能使逻辑为知识奠定一个单一的价值基础。这是第一个理由，证明为什么单有形式化是不够的。

第二个理由是在哥德尔定理中发现的。形式化是有限度的。这是事实。

任何连贯一致的系统即使丰富得足够包含初等算术，也不能证明它自己内部是连贯一致的。因此，便发生了下列的一些问题：逻辑是某些事物的一种形式化，一种公理化，但到底是哪些事物的形式化、公理化呢？逻辑的形式化是什么呢？这是一个重大的问题。这里甚至还有两个问题。任何公理系统一开始就包含着一些不可演证的命题或公理，而其他的命题则能从这些公理演证明白；这种公理系统也包含有不可定义的、根本的概念，而其他的概念则是根据这些根本概念来定义的。那么，就逻辑而言，在这些不可证明的公理和不可定义的概念下面的又是什么呢？这是逻辑中的结构论的问题，而且这个问题表明以形式化作为根本的基础是不恰当的。它表明既要考虑公理化的逻辑系统，又得考虑思想本身的必要性，因为逻辑系统尚在发展而且仍然常有直觉性质的这一事实，正是来源于人类的思想。

形式化不够的第三个理由是，认识论开始解释知识时是按照它在科学领域内的实际情况解释的，而这类知识事实上并不只有形式的方面，还有其他的方面。与此有联系的，我愿意引用我的一位逻辑朋友，已故贝思的事例。他强烈地讨厌一般的心理学并且反对把心理学的观察引入认识论的领域，因此，他也讨厌我的著作，因为我的著作是以心理学为基础的。虽然如此，由于学术对照的关系，贝思参加了一次我们关于发生认识论的座谈会，并且仔细地考查了我们所关心的这些问题。在这次座谈会后，尽管他害怕心理学家们，但他同意和我合写一本我们称为《数学认识论和心理学》的著作。这本书是用法文出版的，后来翻译成英文。他在对这一卷书的结论中，写了下面的几句话："认识论的问题是要解释真正的人类思想是怎样能够产生科学知识的。为了做到这一点，我们就必须在逻辑和心理学之间建立一种协调关系。"这个宣告并不暗示心理学应该直接干预逻辑——这当然是不真实的——但是它却主张，在认识论中对逻辑和心理学两者都应加以考虑，因而讨论人类知识的形式的和经验的这两方面都是重要的。

总之，发生认识论既研究知识的意义，也研究它的形成，我们可以用下列的语词来陈述我们的问题：人类心理是用什么手段从一个比较不足的知识状态转向一个较高的知识状态的呢？决定什么是较低的或不很恰当的知识和什么是较高的知识，当然有其形式的和规范的方面。决定一定的知识状态是否高于另一知识状态，并不是心理学家的事情。这是由逻辑学家或某一科学领域内的专家们所决定的事。例如，在物理学的领域内，要由物理学家去决定某一理论是否比另一理论有些进步。从心理科学的观点来看，从发生认识论者的观点看来，我们的问题是解释一个较低的知识阶段是怎样过渡到被判断为较高的阶段的。这种过渡的性质是一个事实问题。这种过渡是历史性的或心理学性质的或者有时甚至是生物学性质的，这一点我将试图在以后加以说明。

发生认识论的根本假设是：在知识的逻辑的、理性的组织和相应的心理形成过程之间有一种平行状态。好，现在，如果这就是我们的假设，那么我们的研究领域是什么呢？当然，最有成果、最显明的研究领域乃是史前人类的人类思想史。不幸，我们对于尼安德特人的心理或泰拉尔·德·夏尔丹的"北京人"的心理，还没有很好的知识。既然我们还没有研究生源说这个领域，我们就将像生物学家一样行事，转向个体发生学。概念在个体中的发生是我们最容易研究的。我们所有的人周围都有儿童。在儿童们身上，我们有最好的机会去研究逻辑知识、数理知识、物理知识等方面的发展。这些东西，我们将在本书后面研讨。

关于这个研究领域的导言，就讲这些。现在我愿意转向某些专题并从研究儿童逻辑结构的发展开始。开始时我将在思想的两个不同而又互相补充的方面加以区别。一个是形象的方面，而另一个我称为运转（算）方面。形象方面被认为是模仿瞬间的和静止的状态。在认识领域内，形象的机能首先是知觉、模仿和心理影象，事实上即内化的模仿。思想的运算方面并不研究状态,而是研究从一种状态向另一种状态的转化。例如,它包括转化对象或状态的动作本身;它也包括智慧的运算,这种智慧运算实质上就是转化的体系。

它们是动作,而这些动作是可以和其他动作互相比较的,可以逆转的,即它们能够向着两个方向进行〔这就是说,动作A的结果能够被另一动作B(A的反演)所排除:A同B的结局将导致同一性的运算,而未改变其状态〕,而且是能够内化的;这些动作能够通过表象而不通过实际动作进行。形象的方面总是从属于运算方面的。任何一种状态只能理解为某一转化的结果或另一转化的出发点。换言之,按照我的思维方式,思想的根本方面是它的运算方面而不是它的形象方面。

用另一种方式来表达同一观念,我认为:人的知识本质上是能动的,认识就是把现实同化于一些转化系统。认识就是转化现实,从而理解某一状态是如何产生的。由于这个观点。我发现自己是对立于把知识当作实体的摹本,一个被动摹本的观点的。实际上,这种把知识当作实体的摹本的观念是以一种恶性循环为根据的:为了制造一个摹本,我们就得去认识我们所描摹的模型,但是按照这种认识论的看法,我们认识模型的唯一方法就是去描摹它,于是我们便陷于循环之中了,而不能知道我们描出的摹本是否像那个模型。

按照我的思想方法,认识一个客体并不意味着去描摹它——而意味着作用于它,这意味着构造转化系统,而这些转化系统只能在施作用于这个客体之上或同这个客体一道才实现的。认识现实意即构造着转化系统,而这些转化系统多多少少恰当地符合于现实。这些转化系统在一定程度上和现实的转化是同构的。构成知识的转化结构并不是现实中的一些转化的摹本,它们仅只是一些可能的同构的模型,而经验使我们能够从中作出选择。于是,知识就是一种转化系统,它继续前进地变得更加恰当一些。

大家都同意,逻辑数理的结构是抽象的,而物理的知识——根据一般经验的知识——是具体的。但是让我们请问逻辑数理的知识是从什么东西抽象出来的,有两种可能性。第一种可能性是:当我们对于客体施加作用时,我们的知识就从客体本身派生出来了。这是一般经验论的观点,而且在实验的或经验的知识方面，这个观点大部分是有效的。但是还有第二种可能性：当我们对于客体正在施加作用时，我们也会考虑到这种动作本身，也可以说，会考虑到运算，因为转化工作能够在心里进行。根据这个假设，抽象不是从受到作用的客体中抽绎出来，而是从这种动作本身抽绎出来的。在我看来，这就是逻辑的和数理的抽象的基础。在包括物理知识的情况中，抽象是从客体本身抽绎出来的。例如，儿童能够在他手里举起物件并且知道它们有不同的重量——大的东西通常比小的东西重些，但有时小的东西比大的东西重些。所有这一切他是从经验中发现的，而他的知识是从物体本身抽绎出来的。

但是我也愿意提出一个例子说明有一种情况和上面的情况是同样原始的，在这种情况下，知识是从动作的协调，而不是从物件抽绎出来的。这个例子，即我们曾对许多儿童相当彻底进行过研究的一个例子，它原是一位数学家朋友提示给我的，他曾引用这个例子作为他对数学发生兴趣的出发点。当他是一个儿童时，有一天他在数鹅卵石，他把它们排成一行，从左边数到右边，他得到十。然后，他为了好玩，又从右边数到左边，看他将得到什么数目，他很奇怪他又得到了十。他又把这些鹅卵石排列成一个圆圈，结果又是十。他从另一方向，围着这个圆圈数，他又得到十。而且不管他把这些鹅卵石排成什么形状，当他数它们时，数目总是十。在这里他发现了数学中的所谓可换性，即总数与秩序无关。但是他是怎样发现这一点的呢？这种可换性是这些鹅卵石的本性吗？不错，似乎鹅卵石让他可以按照各种不同的方式排列它们；而对于水滴，他就不能这样做。因此，从这个意义讲来，他的知识有其物理的方面。但是秩序并不在鹅卵石之中，而是他，这个主体，把鹅卵石排列成行，然后又排成圆圈的。此外，总数也不在这些鹅卵石本身之中，而是主体把它们联结起来的。这位未来的数学家那一无所发现的知识便不是从鹅卵石的物理性质中抽绎出来的，而是从主体作用于鹅卵石的动作中抽绎出来的。这种知识，我们称为逻辑数理的知识，而不是物理的知识。

从客体中抽绎出来的这种类型的抽象，我们将称为简单的抽象，而第二种类型我们将称为反省的抽象，我们是从双重意义去使用这个名词。在这里，

"反省的"一词除它在物理学中所具有的意义外，在心理学领域内至少还有两个意义。在物理学中，"反射"是指一条光线从一个表面反射到另一表面的这种现象。按照心理学里面的第一个意义，（反省的）抽象是从一个等级转移于另一个等级（如，从动作阶段转移于运算阶段）。按照心理学里面的第二个意义，反省（的抽象）是指反复思考的心理过程，即在思维运算阶段发生了重新组织的活动。

现在我愿意在两种类型的动作之间加以区别。一方面有个别的动作如掷、推、触、搓。这些个别动作产生于从对象中作出抽象的大部分时间。这是我在上面所说的那种抽象的简单类型。然而，反省抽象却不是根据个别的动作，而是根据许多协调的动作。动作能够在各种不同的方式中加以协调。

例如，能够把它们联合在一起，我们称之为相加性协调。或者把它们按照时间顺序先后排列起来，我们称之为有序的或序列的协调。例如，当某些动作是达到一个目标的必要手段时，在我们把动作组织起来去达到这个目标的过程中，便有一个先，一个后。另种类型的动作协调是在两个行动之间建立对应的关系。第四种形式是在许多动作中建立的交点。所有这些协调形式在逻辑结构中都有其对应的平行物，而且照我看来，当这些形式以后在思维活动中发展时，在动作阶段的这种协调便是逻辑结构的基础。事实上，我们的假设是这样的：逻辑思维的根源不单是在语言中发现的，即使语言的协调是重要的，而更一般地是在作为反省抽象基础的动作协调中发现的。说得完备些，我们可以补充说，在单个的动作和协调的动作之间的区别自然是一种逐渐发生的区别，而不是一种突然中断的区别。甚至推、触、搓也是由一些较小的细致动作所组成的一种简单类型的组织。

这只是回溯分析的开始，这种分析还能进一步做下去。像在发展心理学中一样，在发生认识论中永远没有一个绝对的开端。我们永远不能回溯到这样一点上，在这里我们能说："这里就是逻辑结构的开端。"一旦当我们开始讲到一般的行动协调时，我们就会觉察到。当然，还可以更进一步追溯到生物学领域里面去。我们可立即进入神经系统和神经原网络内部协调的领域

（如麦卡洛克和皮茨所讨论的内容）。然后如果我们再寻找这些科学家们所讨论的神经系统的逻辑根源，我们就要作进一步的追溯。我们会发现更基本的有机协调。当我们再进一步进入比较生物学领域时，我们就到处发现具有依次包含的对应关系的结构。我不想进入生物学；我只想把这种回溯分析追踪到它在心理学领域内的开端，而且再一次强调人类逻辑的和数理的结构的形成并不能单用语言去解释，而是在一般的动作协调中有其根源的。

第六节 法律演讲

法律演讲包括了和法律相关的一些内容，像是公诉人、辩护代理人在法庭上所作的演讲、律师的辩护演讲。它主要包括检察官的演讲(起诉词)、律师的演讲(辩护词)、社会起诉词、社会辩护词、被告的自我辩护等。这样的演讲针对性强，具有明确的目的性。

范文：支持"物种起源"的学说

赫胥黎，英国生物学家、教育家。其名著有《进化论与伦理学》（旧译《天演论》）。本文是他在许多权威学者的一片反对声中为达尔文的进化论辩护的辩护词。

我曾经说过，科学家是在理性的最高法庭上对自然界最忠实的诠释者。

但是，假如无知是法官的顾问，偏见是陪审团的审判长时，科学家诚实的发言又有什么用呢？就我所知，几乎所有伟大的科学真理，在得到普遍接受以前，那些最有地位的大人物总坚持认为被研究的现象是直接以神意为依据的。谁要是企图去研究这些现象，不但枉费心机，而且简直是对神的亵渎。

这种反对自然科学的态度，具有异常顽固的生命力。在每次战役中，上述的反对态度都被击溃、受到重创，但却似乎永远不会被消灭。今天，这种反对态度已经遭到上百次的挫败，但是仍然像在伽利略时代那样猖獗横行，幸而危害性已经不那么大了。

请让我借用牛顿的一句名言：有些人一生都在伟大的真理海洋的沙滩上拾集晶莹的卵石；他们日复一日地注视着那股胸怀包藏着无数能把人类生活装点得更高尚美好的珍宝的海潮。这股气势磅礴的海潮的行进虽然缓慢，但确定无疑地会上涨。要是这些注视着海潮上涨的人们看到那些现代的克纽斯式小人物俨然坐在宝座上，命令这股巨大的海潮停止前进，并扬言要阻止那造福人类的进程时，他们会觉得这种做法即使不那么可悲，也是可笑的。

海潮涨上来了，现代的克纽斯们只好逃跑。但是，他们不像古时那位勇敢的丹麦人，他们学不会谦虚。他们只是把宝座挪到似乎是安全的远处，便又重复地干着同样的蠢事。

大众当然有责任阻止这类事情发生，使这些多管闲事的蠢人声誉扫地。

物种起源的问题并不是在科学方面要求我们这一代人解决的第一个大问题，也不会是最后一个。当前人类的思潮异常活跃，注视着时代各种迹象的人看得很清楚，19世纪必将如16世纪一般发生伟大的思想革命与实践革命。但是，又有谁能知道，在这新的改革过程中，文明世界要经受什么样的考验与痛苦的斗争呢？

然而，我真诚地相信，无论发生什么情况，在这场斗争中，英国会起到伟大而崇高的作用。她将向全世界证明，至少在一个民族中，专制政治和煽动宣传并不是治国的必要选择，自由与秩序并非必然互相排斥，知识高于威严，自由讨论是真理的生命，也是国家真正统一的生命。

英国是否会起这样的作用呢？这就取决于你们大众对科学的态度了。珍惜科学、尊重科学吧，忠实地、准确地遵循科学的方法，将其运用到一切人类思想领域中去，那么，我们这个民族的未来就必定比过去更加伟大。

假如听从那些窒息科学、扼杀科学的人的意见，我恐怕我们的子孙将要看到英国的光辉像亚瑟王在雾中消失那样黯淡下来，等到他们发出像圭尼维尔那样的哀哭时，反悔已经来不及了。

技巧篇

第一章
演讲语言

第一节 演讲语言的意义

> 说话的能力是成名的捷径。它能使人显赫，鹤立鸡群……受人爱戴，得人拥护。它使一个人的才学充分拓展，熠熠生辉，事半功倍，业绩卓著……发生在成功人物身上的奇迹，一半是由口才创造的。
>
> ——汤姆士

在我们探讨语言的意义之前，我们先回答下面的 15 个问题：

1. 你在开始与别人交谈时，会感到很困难吗？
2. 与对方交谈时，你还会想其他事情吗？
3. 你和不熟的人说话时，会觉得忐忑不安吗？
4. 你是否时常会有找不到话题的时候呢？
5. 你不喜欢别人为你介绍陌生人吗？
6. 你是否时常会有想不出好措辞的时候？
7. 你是否常常想中断对方的谈话？
8. 即使和亲朋好友谈话，也会有没有话题的时候吗？
9. 当你讲话时，是否感觉到其他人的坐立不安？
10. 你是否常常会中断对方的谈话？
11. 你与人交谈时，争执的情形是否比较多？

12. 你觉得用家常话会很难和别人交谈吗？
13. 你是否很少使用幽默的话语？
14. 在会谈的时候，你是否会认为提早结束比较好呢？
15. 你是否常常请求对方赶快说明情况呢？

以上这些问题，如果你有 5 个以上的回答"是"，那么你就有必要注意说话的技巧了。掌握正确的说话方法，能使我们判断出自己的想法是否合乎情理；同时也能让别人对我们有一个正确的评价，时间一长，自然能给人们留下良好的印象。

拥有卓越的口才，是每个人心中的梦想和不懈追求的方向，更是建立良好人际关系和走向成功的通行证。公元前，埃及一个年迈的法老，谆谆告诫即将继承王位的儿子说："当一个雄辩的演讲家，你才能成为一个坚强的人……舌头就是一把利剑，演讲比打仗更有威力。"不言而喻，口才的作用是巨大的，千百年来，口才一直受到人们的重视。

我国南北朝时期的大评论家刘勰在《文心雕龙》一书中，曾高度评价口才的作用："一言之辩，重于九鼎之宝；三寸之舌，强于百万之师。"春秋时，毛遂自荐使楚，口若悬河，迫使楚王歃血为盟；战国时，苏秦游说诸侯，身挂六国相印，促成合纵抗秦联盟；东汉末，诸葛亮出使东吴，舌战群儒，说服吴主孙权联刘抗曹，终获赤壁大捷；中华人民共和国成立初，周恩来奔走各国，谈笑风生，言谈间卷舒风云，树立了中国外交新形象；"二战"时，罗斯福、丘吉尔慷慨陈词，雄辩滔滔，唤起千万人民与法西斯决一死战的信心，扭转了世界局势；20 世纪 80 年代，撒切尔夫人妙语连珠，精心打造"铁娘子"时代……口才在他们那里，已然成为一种攻无不克的法宝。

如今，随着思想文化、科学技术日益广泛的交流，传播手段的越加现代化，社会竞争的日趋激烈以及人与人之间关系和交往的密切，在社会生活的各个领域，能说会道、能言善辩、口才卓越的人越来越显现出一种特有的优势。他们在各种场合充分发挥着自己的聪明才智。

美国学者戴尔·卡耐基说："一个人的成功，有 15% 取决于知识和技术，

85%取决于沟通——发表自己意见的能力和激发他人热忱的能力。"而大文豪蒙田也说过:"语言是一种工具,通过它我们的意愿和思想就得到交流,它是我们灵魂的解释者。"越来越多的人把口才和原子弹、计算机并称为当今社会制胜的三大武器,并提出"知识就是财富,口才就是资本"的新理念。

第二节 演讲语言的重要性

语言,不但是人类有别于其他动物的主要标志之一,而且是人类数十万年来得以繁衍生息、生存发展的一种重要手段。在人类发展已经步入新世纪的今天,科技与信息革命所掀起的新浪潮正汹涌澎湃,巨浪滔天,说话不仅成了人们日常生活的一个重要组成部分,更是人们事业成败的一个举足轻重的先决条件。

一、真诚是打开心扉的钥匙

1952年,美国前总统尼克松曾在政治上出现严重的危机。当时他是最年轻的参议员。在他为竞选奔忙时,《纽约时报》突然抛出抨击他在竞选中秘密受贿的文章。新闻飞遍全国,顿时舆论大哗,压力越来越大。就在此刻,尼克松举行了一次震撼美国的演说,使他奇迹般地化险为夷。

当时,尼克松在电视台发表了半小时的讲话。全国64家电视台、754家电台,将各种镜头、话筒对准了尼克松。当他在电视屏幕上出现时,整个美国都安静了下来。他采取了一个罕见的行动,把自己的财务史全部公开,从自己的家产一直谈到他的欠债。这样,尼克松首先得到了听众的同情。紧接着,他详细说明自己的经济收入情况,连自己如何花掉每一分钱都告诉听众。他还告诉大家:"这次竞选提名之后,确实收到了一件礼物,这就是得克萨斯州有人送给我孩子的一只小狗。"当他讲完时,到处都响彻欢呼声。有100万人打电话、发电报或寄出信件,从邮局汇来的小额捐款达6万美元,全美国收听、收看这次演讲的竟达6000万人。

尼克松的演讲,使事实得以澄清,还得到了大批的同情者。这说明,只要说话者情真意切，就一定能够打动听者的心弦。

唐代大诗人白居易说："动人之心者莫先于情。"一个说话者如果感情不真切，是逃不过成百上千听众的眼睛的，同时也是难以打动听众的心的。很多著名的政治家，他们的交际之所以出色，特别注意培养自己说话、演讲的真切情感，可谓他们的成功之法。美国著名政治家林肯乃是其中杰出代表之一。1858年，他在一次竞选辩论中说："你能在某些时候欺骗所有的人，也能在所有时候欺骗某些人，但不能在所有的时候欺骗所有的人。"这句著名的政治格言，成了林肯的座右铭。

第二次世界大战期间，年近70岁的英国首相丘吉尔在对秘书口授反击法西斯战争动员的讲稿时，讲到激动之处，热泪盈眶。他的这一次演讲，动人心魄，极大地鼓舞了英国人民的反法西斯斗志。一个说话者如果讲话华而不实，只追求华丽的辞藻，开出的只能是无果之花；缺乏真挚而热烈的情感，只是"人工仿制"的感情，虽然能欺骗听众的耳朵，却永远骗不到听众的心。而说话者一旦讲话袒露情怀，敞开心扉，就会达到语调亲切、激情迸发、内容充实的效果，也就会字字吐深情，句句动心魄。

秦市义老师是山西省临汾地区教委督学。他自愿放弃城市生活和机关工作，深入贫困山区，走村串户，鼓励群众集资办学，使临汾地区7000多所学校的教学条件得以改观，被称为"当代武训"。下面是他的一次演讲的片断：

我来过咱们村好几回啦！咱这里山在变，水在变，工农业生产都在变；家在变，户也变，就只咱学校没有变。咱们的学校依旧是明朝的桌子，清朝的凳，阎锡山时代的土窑洞。（大笑）毛主席他老人家在世的时候，把我们小学生比做祖国的花朵，解放40多年了，花朵没有被栽到花盆里，接受党的阳光雨露的滋润而茁壮成长，而是栽到了土盆盆、烂碗碗，罐头盒子一点点、一个盎盎还没眼眼。咋不心疼？……

我这么些年，一见到咱娃娃在那古庙破窑里，就禁不住老泪纵横！人家有福人生在京圣地，无福人生在穷山苦沟。人家生在城里的娃娃，上学坐电车，上楼坐电梯！吃的是饼干、葡萄加苹果，喝的是牛奶、果茶、营养液。

咱娃娃也是娃娃，咋就该坐在这石头块块、土蛋蛋上。阴暗潮湿，通风不良，采光不足，把咱娃害得近视眼、关节炎、罗圈腿、背锅腰，浑身上下全闹病。这都是教室不标准、桌凳不规格造成的。咱那破教室，老实说还不如县大牢哩！要是我的娃在那儿坐一天，我都舍不得。（秦市义哭了，大伙跟着哭）咱大家好好想一想，大人们住的是好房子，可娃娃们咋就在这地方受洋罪？咱娃可要对你们说哩。（大哭）我看咱山里有的是煤，有的是土，有的是树，加起来就等于几间明亮灿烂的大教室。我看花不了多少钱。（鼓掌）咱们有钱的出钱，有物的出物，有力的出力，没有力就干些力所能及的……盖学校咱要家家有份，人人尽责，学校竣工之后，咱要根据不同情况树碑立传挂匾。

秦市义老师的演讲以真实的感受讲出了自己对孩子们的关爱和一片深情，字里行间无不跳跃着一颗善良而真挚的金子般的心。这颗心感染了在场的每一个人，激发了村民们集资办学的热情。

二、自信是能言善辩的尚方宝剑

自信心指的是一个人对自身能力与特点的肯定程度。这种肯定程度直接影响到人们的说话胆量。自信，就意味着对别人的信任、欣赏和尊重，意味着胸有成竹，处事有把握。充满信心的语言，往往会因其内在的力量而具有特别的动人魅力。在某大学学生干部竞选中，有位身材弱小的学生面对云集的强手，大声疾呼："请投我一票，我将竭尽全力，为大家服务。"强烈的自信心和切实可行的措施，使他的语言具有很强的吸引力和感召力。

高度的自信心，不仅可以直接增加说话的吸引力，而且还可以弥补自身某方面的不足，增强个人魅力。菲律宾前外长罗慕洛，穿了鞋才1.3米，比其夫人还矮一截。可他凭借强烈的自信心，一次次地在外交事务中出色地完成任务，创下了许多业绩；也正是其充满自信心的语言，使他获得了全世界的注目。众所周知，美国历史上唯一连任四届总统的罗斯福，是美国历史上继开国总统华盛顿和南北战争的胜利总统林肯之后最伟大的政治家。他把美国人民带出了大萧条的泥潭，并推动世界反法西斯力量打赢了第二次世界大战。就是这样一位纵横万里、大刀阔斧、敢作敢为的政治家，竟然是一位高度残疾的人。他拖着瘫痪之躯，克服自卑心理，凭着高度的自信心，战胜常人难以想象的种种困难，最终成为一位著名的政治家。

一位大企业的领导在谈到成功前的经历时感慨道："过去我总是担心自己的文化水平低，所受教育不够好，别人会看不起我，不敢在众人面前讲话，即使在班组会上也放不开。后来，我就和周围的人们作比较，发现我的优势不少：业务熟练，经验较多，人缘不错，有一定的号召力，看问题比较全面。我想我不比别人差，干任何事都比他们干得好。慢慢增强了信心，敢于在众人面前讲话了，乐意找机会表达自己的观点。当了总经理后，面对几百名公司职员讲话，也不怯场，即使讲一两个小时也不用稿子。"

可见，自信是一个人事业取得成功的重要前提。

美国诗人爱默生说："自信是成功的第一秘诀。"一个人事业成就的大小往往与自信心的强弱有直接的关系。要想成为一名优秀的讲话者，必须具备良好的心理素质，克服自卑，树立坚定的自信心。如果你在登台演讲时，脑海里总是盘桓着"你的口才太差""你天生就不是讲话的料""你的讲话听众不喜欢听""你讲的都是些老生常谈的东西"等，这些声音只会严重刺伤你的自尊，削弱你的自信，使你产生恐惧心理。在这种时候，最重要的莫过于信赖自己。有位演讲家曾这样告诫讲话怯场者：你上台时，要"目中无人""老子天下第一""全场只有我一人对这讲题最有研究，最有发言权，最能讲成功"；你下台时，要"目中有人"，虚怀若谷，谦虚地听取意见，不断改进。

假如你一上台，就怕自己讲不好，自己不相信自己，自己否定自己，肯定要失败。美国演讲家戴尔·卡耐基说得更形象有趣："你要假设听众都欠你钱，已要求你宽限几天；你是个神气的债主，根本不要怕他们。"

上述两位演讲家的忠告，也是他们自身的经验之谈，害怕是紧张情绪之根源。另外，你不妨在心里默念一些警句，诸如："自信是胜利的第一秘诀。""不屈不挠是取胜的必经之路！""勇敢、沉着、顽强、坚定，光明就在前面。""避免失败的最好办法，就是下决心获得成功。""每一个善于溜冰者的成功之道都是：跌倒了爬起来，成功也就来了！""没有目标，就没有成功可言；没有决心，就注定要失败！"熟记一些警句，能让讲话的人充满力量，易于获得启迪，把紧张情绪驱散。

第三节 演讲语言的原则

语言我们每个人都会使用，同时我们以为我们都会说话，但是正是因为这样我们才更应该了解使用语言的原则，这是约束我们的一个准则，避免我们说出不合时宜的语言，影响整个演讲的效果。

法则一：说话一定要准确

说话的目的就是要让别人听懂，这是对说话最基本的要求，如果一个人说的话别人听不懂，语言不准确或者意思表达不清楚，就不能反映出他的现实面貌和思想实际，听者也就不能理解和接受，结果不仅会给你带来不少麻烦，还会引起无法挽回的误会。

在遇到这种言辞时一定要慎重处理，切勿模糊不清，否则它会成为你与他人沟通的障碍，甚至会得罪人。

一个说话准确的人，总可以准确、流利地表达出自己的意图，也能够把道理说得很清楚、动听，使别人很乐意接受。当然，说话能够做到雅俗共赏是最理想的，那将使你拥有更多的听众。但无论如何，为了准确传达你的信息，应尽量不说有歧义的话。

从语言上来讲，说话要通俗易懂。如果听者不是专家学者，应改用浅显、平易、朴实的语言，少用专业术语，更不可咬文嚼字，故作高深，否则无异于在难为听众。如果听者是具有较高文化素养的人，语言可以稍微文雅些，让自己的谈吐适应他们的水平。由此可见，准确地把你的意思表达出来，是与他人交流的语言基础。

法则二：说话要讲究诚信

诚信原则是说话中必备的原则。诚信，就是诚挚、信用。它要求说话人所表达的言辞是诚恳、真挚而又有信用的。

庄子说过："至信辟金。"他认为，最大的诚信是不需要用金玉来作为信物的。孔子也主张"轻千乘之国，而重一言之信"，俗话中也有"一言既出，驷马难追"的说法。说话人如果能够以诚信对待接受者，就会联络感情，赢得信赖，加强沟通，直至化解矛盾。而出口巧舌、哗众取宠、夸夸其谈、浮泛聒噪、口惠而实不至，只会令人反感，失去信任，使你沟通交流的愿望落空。

法则三：说话要尊重对方

尊重原则就是说话人所表达的言辞要能尊敬、重视接受者以及与接受者有关的人，而不能以侮辱、歧视、损害人的态度说话办事。

汉代徐干专著《贵言》提出："君子必贵其言，贵其言则尊其身，尊其身则重其道，重其道所以立其教。"晋代葛洪也说："伤人之语，有剑戟之痛。"事物都是相辅相成的，尊重别人，别人才会尊重你。俗话说，你敬我一尺，我敬你一丈，就是此理。你不尊重别人，别人也不会尊重你，结果，彼此都不沟通、合作，显然达不到交际的目的。

尊重原则，在下级对上级、学生对老师、孩子对父母这些方面，是容易做得到的。但倒过来，就不那么容易了。因为他们彼此间分明存在着一种身份地位的不平等，稍不注意，就会表现出不尊重的色彩。这一点，我们应该认真对待。

法则四：说话必须有修养

众所周知，美国出色的政治家富兰克林的口才很好，事实上，这和他十分重视语言修为有很大关系。早年的富兰克林曾做了一张表，上面列举出各种他所要改善自己的美德。经过几年的实践力行，获得了相当成就。可是，他又找出了一件和谈话艺术有极大关系且应该实行的美德。我们来听听他的自述吧。

我在自我完善的计划里，最初想做到的有十二种美德，但有一个做教徒的朋友，有一天前来向我说大家都认为我太自傲，原因是我的骄傲常在谈话中吐露。当辩论一个问题时，我不但固执地满足我自以为正确的主张，而且有些轻蔑别人的样子。我听了他这话，立刻就想矫正这种缺点，因而在我表上的最后一行加了"虚心"这一条。

这样不多久，我发觉改变后的态度使我获益不少。因为事实告诉我，我无论在哪里，若陈述意见时用谦虚方式，会令人家容易接受而绝少反对；说错了的话，在自己也不致受窘了。

在我矫正的过程中，起初的确用了很大的毅力，来克服本性而去严守这"虚心"两个字；但后来习惯渐成自然，数十年来恐怕很少有人见过我显露骄傲之态吧！

这全是我行为的方式所致。但除此以外，在我改善这个习惯的过程中，我更能处处地注意到谈话的艺术。我时常提醒自己，别去做一个擅长雄辩者，因而我和人谈话时字眼的选择常常变成迟疑，技巧也时常有意愚拙，不过结果是我仍然什么意思都可以表达出来的……

言语能力并非人天生的本能，而是后天练习的结果。口才的完善是很长一段时间思想、语言行为、仪态、情绪等各个方面综合磨炼的过程，也是内在修养的过程。

（一）尊重他人的意见

说话是人的思想的反映，尊重他人的意见，也就如尊重他这个人。但有些人为使自己的意见突出，引起他人对他谈话价值的充分认同，常自觉不自觉地对他人意见加以贬低、否定。结果引发了对方的不满和对抗，不仅自己意见未得到重视，反而遭到冷落和否定，自己的形象也受到贬损。有些善说话者，在发表己见时，恰恰采取相反的态度，他们会巧妙地从不同角度对已发表出来的意见加以肯定和褒扬，甚至采取顺势接话、补充发言的方式陈明己见，这样别人就会保持一个积极的良好的心态倾听他们的高论，他们的意见圆满发表了，他们的风格也显示出来了。

（二）不与他人抢话争话

自己有真知灼见希望尽快发表出来，这种心情是可以理解的。但你同样也要给别人发言的机会，不能迫不及待，在他人侃侃而谈时，硬是打断他的话头，让自己一吐为快；或者他人正欲发言时，你捷足先登，把别人已到嘴边的话硬是挤回去，让自己畅所欲言。发表己见首先应具备的修养就是耐心，待别人充分发表了意见之后，或轮到你的次序时，你再发言也不迟，这不仅不会减轻你发言的分量，还会调动大家的情绪。

（三）不说侮辱性话语

说到口才修养，不得不提口德，"德"可以说是口才的灵魂。生活中，有些词语我们应尽可能避而不用，尤其是有关生理特点的胖猪、矮冬瓜、瘸子、聋子，身份卑贱的乞丐、私生子、拖油瓶、妓女、白痴……

一个注重言语修为的人，一个有益于他人的人，自然易于为他人所接受，他的话也就可能被别人奉为圭臬。"文如其人"是从写作角度说的，我们也完全有理由说"言如其人"。心理上的专注力、耐受力、进取心等品质，也将使你更具个人魅力，使你的口才更富内涵。

在与人交往时，口才是非常重要的才能，但仅仅靠口才是不够的，更重要的是一个人的风度。

法则五：说话要讲究规矩

说话必须符合一定的语言规矩。它是指说话人在言辞交际过程中，必须遵守语言规范的要求，不能因为语言表达的混乱、不完整而词不达意，让人不知所云。

语言的规矩主要包括两方面：

（一）语音清晰准确

说话人要表达什么，必须是不含混、不模糊，清清楚楚、明明白白地说出来，让接受者一听就明，一听就懂。这样，表达才有作用，交际的目的才能实现。

做好下列三个方面，有助于达到语音清晰准确的要求。

1. 与非本方言区的接受者交谈，最好不要用方言。

我国地域辽阔，方言千差万别。如果都属北方方言区域，交流基本没有问题。而其他区域就有些麻烦。像长沙、南昌、上海、广州、福州、宁波等城市以及这些省份的人，与外区域的人交谈就大成问题。

2. 遇到容易产生歧义的读音，应予以适当解释。

3. 对一些关键字词的发音，尽量说得慢一些，说快了、急了，容易产生声音共振而使语音含混，让人听不清楚，或产生误听。

（二）语句通顺明了

主要指用词前后协调准确、意思完整，不多余、不错乱等。

要做到语句通顺明了，以下两点应该注意：

1. 不生造词语。生造，是指按照自己的意愿杜撰、编造出谁也不懂的语词。虽然语词在人民群众的交际实践中不断丰富、发展，但它的产生应有一定社会基础，必须经过一段时间的运用，为交际区域的群众所接受才行。绝不是任何人都可以随便生造。像这几年出现的"打的""打工""撮一顿""大款""倒爷"等已被人们熟悉，用于言辞交际当然可以。但如有人说："我来迟了，实有抱惭。"其中"抱惭"就是生造。何不用通俗的"抱歉"或"抱愧"呢？

2. 符合习惯要求。习惯是人们在长期的社会生活中逐渐形成的规矩、风尚，有些虽然从逻辑或语法的角度看并不规范，但既然已经在长期的社会生活中形成，就应当按约定俗成的原则来处理。比如"打"，其词义一为用手或器具撞击物体——打人、打鼓；一为发生与人交涉的行为——打官司、打交道；一为制造——打毛衣、打镰刀，等等。但"打的""打工""打瞌睡""打酱油""打折扣""打圆场"之"打"，就无上述意义。使用这些词汇时，只能是约定俗成，大家都按习惯办。还有像"打扫卫生""救火""养病""晒太阳"之类，也属此种情况。

由于国别、民族、地域、信仰等差别。习惯要求也不是一致的。表达者需要入乡随俗，使自己言辞合于接受者的习惯。否则就要出差错、闹笑话。

法则六：说话也要讲分寸

"分寸"二字无处不在，日常生活中，不管是与人说话、交往，还是办事，时时处处都蕴藏着分寸的玄机。如果一个人在社会上不会把握分寸，就说不好话，办不好事，更不用说愉快地与人交往了。

综观古今，凡是有作为的人，都把说话讲分寸作为必备的修养之一。蜚声海内外的周恩来，他应变机敏睿智，言辞柔中有刚，就连谈判对手也情不自禁地露出赞许之态。美国前总统尼克松称赞周恩来在谈判时"显示出高超的技巧，在压力面前表现得泰然自若，恰得分寸"。

什么是"分寸"？从一定意义上说，分寸是一种不偏不倚、可进可退的中庸哲学。但中庸之道的抽象，不足以恰当地把握其中的内涵，而分寸之道，却是一种被形象化了的尺度，更易于让人明确地把握，具有可为人所用的实际操作性。

通常所说的"掌握火候""矫枉过正""过犹不及""欲速则不达"等讲的都是这种"火候"和"分寸"的问题。一方面，话说不到位不行，说不到位，别人可能悟不明白，理解不透，琢磨不出你的真实用意，你提出的想法或要求也不会被人重视和接受，非但事情办不成，也常常不被人瞧得起，这样怎么能换取别人的欣赏与亲善呢？怎么能赢得别人的友谊和器重呢？另一方面，话说得过头不行，要求太高，言辞太尖刻，让人听了不愉快，觉得你不识大体，不懂规矩，不知好歹，这样的人常常被人敬而远之，也同样无法与人正常交往。还有一个方面，就是话说得不巧妙不行，太憨实，有时会招来嗤笑；太絮叨，有时会招来反感；太直露，有时会招来麻烦；太幼稚，有时会令人瞧不起。

懂得讲话技巧的人，能把一句原本并不十分中听的话，说得让人觉得舒服。有一位著名企业的总裁，当他要属下到他办公室时，从来不说："请你到我的办公室来一趟！"而是讲："我在办公室等你！"

中国人办事讲人缘，中国人成功靠人缘。没有好的人缘，不知要失去多少成功的机会，干多少事倍功半的事情。人缘靠什么来维护？靠的就是嘴上有分寸。一句话说对了，可能扶摇直上，平步青云。而一句话说过了，则可能"一着走错，满盘皆输"，毁掉一生前途。因此，要想立足于社会并取得成功，就一定要把握好说话的分寸。

法则七：说话不要踩上"雷区"

"雷区"也就是一个忌讳，说话时千万不可以踩上"雷区"。因为你一旦踩上"雷区"，极易造成交际的失败，往往也会浪费你的一片苦心，从而引起别人强烈的反感。因此，了解他人的"雷区"是在人际交往中左右逢源、游刃有余的不可忽视的环节。

"雷区"主要有生理和心理两种。

（一）生理"雷区"

一些有生理缺陷的人都会对他们的生理缺陷非常敏感。因此在与这类人交往时，要特别谨慎。不要对秃顶的领导说："你真是聪明绝顶。"也不要对缺胳膊的领导说他"两袖清风"。也尽量不要当着腿残废的人赞美别人说"我佩服得五体投地"之类的话。这样会使他们的心里留下阴影，甚至会使有生理缺陷的人误以为你有意嘲笑他。但一般说来，生理缺陷比较容易发现，只要稍加留意便可避免。

（二）心理"雷区"

心理"雷区"往往是由于某些人因为一些特殊的经历所形成的，那些不愉快的记忆隐藏在人们的心中，无形中会形成一种忌讳。

在与朋友相处时，有时会因为二人关系密切，习惯成自然，对对方的忌讳满不在乎，结果往往使朋友陷入尴尬的境地，有时甚至会致使二人的感情破裂。

在与他人交谈时，应该对于交谈对象的一些忌讳有所了解，千万不要自讨没趣地往"雷"上踩。

第四节　改正语言的不良习惯

当今世界，亦有不少领袖、企业家、名人凭借口才而名震一时的佳话。懂得如何说话已经成为一个人综合能力的重要标志，成为个人在社会上生存的重要能力之一。在生活中，通过出色的语言表达，可以使陌生的人产生好感，结成友谊，可以使相互熟识的人之间情更浓、爱更深，可以使意见分歧的人互相理解，消除矛盾，可以使彼此怨恨的人化干戈为玉帛，友好相处。

如果你的脸上长有瘢痕，你可以从镜中窥见，可以使用化妆品或药品加以治疗弥补。谈吐缺陷也同样可以去除，但治疗之前，你必须发现自己的这些缺陷。如果你使用一面镜子，可以看见自己说话的姿态，可以从镜中看出：你是否手势过多，是否翘起嘴角，是否表情难看，是否过于冷漠、紧张、僵硬，是否强抑声调，是否说话时唇角纹丝不动。

以下几点是我们说话中常见的缺陷，你可以检查一下自己是否具有这些缺陷，并加以改正。

一、是否使用鼻音说话

用鼻音说话是一种常见且影响极坏的缺点，当你使用鼻腔说话时，你就会发出鼻音。如果你使用大拇指和食指捏住鼻子，你所发出的声音就是一种鼻音。在电影镜头里，如果演员扮演的是一种喜欢抱怨、脾气不好的角色，他们往往使用的就是鼻音的说话方式。如果你使用鼻音说话，当你第一次与人见面时，就很难吸引他人的注意。你听起来像在抱怨、毫无生气、十分消极。不过，如果你说话时嘴巴张得不够，声音也会从鼻腔而出。当你说话时，上下齿之间最好保持半寸的距离。鼻音对于女人的伤害比对男人更大，你不可能见到一位不断发出鼻音，却显得迷人的女子。如果你期望自己在他人面前具有极大的说服力，或者令人心荡神移，那么你最好不要使用鼻音，而应使用胸腔发音。

二、改变过尖的声音

当我们受到惊吓或者恐惧时，当我们大发脾气时，当我们呼唤孩子时，往往会提高嗓门，发出一种尖叫的声音，女人尤其如此。尖锐的声音比沉重的鼻音更加难听难受，也许人们老远听见你的声音就避而远之。你可以通过镜子发现自己的这一缺点，你说话时脖子是否感到紧张？血管和肌肉是否像绳索一样凸出？下颌附近的肌肉是否看起来明显紧张？如果出现上述情形，你可能就会发出像海鸥一样的声音。

三、克服讲粗话的坏习惯

俗话说，习惯成自然。随便什么事情，只要成了习惯，就会自然地发生。讲粗话也是如此。一个人一旦沾上了讲粗话的习惯，往往是出口不雅，自己还不知道。习惯是长期条件反射累积的结果，因此要改变一种习惯，就需要中止原有的条件反射，努力建立新的语言习惯。

1. 要认识到讲粗话是一种坏习惯，是不文明的表现，从思想上强化克服这种习惯的动机。实践表明，动机越强烈，行动的决心越大，效果也越明显。

2. 找出自己出现频率最高的粗话，集中力量首先改掉它。可以通过改变讲话频率，每句话末停顿一下，讲话前提醒自己等办法，改变原有的条件反射。出现频率最高的粗话改掉了，其他粗话的克服也就不难了。

3. 要有实事求是的思想准备。习惯的形成不是一朝一夕的事情，它的克服当然也要待以时日，不可能在一两天内把长久以来形成的习惯迅速改掉。有时，讲话中仍然漏出几句粗话，也是在所难免的。如果一下子要求把所有的粗话统统改掉，反而会因难以办到而感到失望，动摇克服讲粗话习惯的信心。

4. 请别人督促。由于有时自己讲了粗话还不知道，请别人督促就能起到提醒、检查的作用。督促还有另一层心理意义：造成一种不利于原有条件反射自然发生的外界环境，以促进旧习惯的终止。当然，这里的"别人"最好是了解自己的人，这样督促起来可以直截了当。

四、克服说话"结巴"的毛病

"结巴"是口吃的通称。口吃就是说话时字音重复或词句中断的现象，其产生的原因是多方面的。

"结巴"对于极个别的人来说是一种习惯性的语言缺陷，是一种病态反应，他们也被称为口吃患者。要想治愈他们的"结巴"，除药物治疗外，更重要的是去除他们的心理障碍。对待他们，首先不可取笑，更不能以此逗乐。其次要努力创造条件，不断变换方式，消除其自卑心理，培养其说话的兴趣。

例如，我们可以有意识地和他们交谈，态度要和蔼，放慢速度，耐心倾听，不时加以赞赏。可以请他们说一些亲身经历或耳闻目睹的事，这样会增强他们说话的信心。另外，有口吃的人不能消极地一味依靠外部力量，还要不断地训练自己。日本前首相田中角荣少年时代就是口吃患者，为了克服这个缺陷，他常常朗诵、慢读课文，为了发音准确，就对着镜子纠正口形，后来他成了一个著名的政治家、演说家。有口吃的人不妨试一试田中的方法，只要坚持不懈并保持良好的心态，相信一定会产生好的效果。

五、检测说话的速度

即使是一些职业演说家或政治家，有时也不容易把握好自己说话的速度，如果你说话太快，别人就听不懂你在说些什么，而且听得喘不过气来。如果太慢，人们就会根本不听你说，因为他们缺乏一种耐心。适当的说话速度约为每分钟120~160个字之间，当我们朗读时，其速度要比说话快。而且说话的速度不宜固定，你的思想、情绪和说话的内容会影响你表达的快慢。说话中把握适度的停顿和速度变化，这会给你的讲话增添丰富的效果。

为了测量自己说话的速度，你可以按照正常说话的速度念上一段演讲词，然后用秒表测出自己朗读的时间。如果你说话的速度每分钟不到110个字，那说明你说话的速度需要调整。

六、铲除"口头禅"

在我们平常与人讲话或听人讲话之时，经常可以听到"那个、你知道、他说、我说"之类词语，如果你在说话中反复不断地使用这些词语，那就是口头禅。有口头禅的人很多，即使是一些伟大的政治家在电视访谈中也会出现这种毛病。

有时，我们在谈话中还可以听到不断的"啊""呃"等声音，这也会变成一种口头禅，请记住奥利佛·霍姆斯的忠告——切勿在谈话中散布那些可怕的"呃"音。如果你有录音机，不妨将自己打电话时的声音录下来，听听自己是否出现这一毛病。一旦弄清自己的毛病，那么在以后与人讲话的过程中就要时时提醒自己注意这一点，当你发现他人使用口头禅时，你会感到这些词语是多么令人烦躁，多么单调乏味。

七、停止过于频繁的动作

检查一下自己，你是否在说话时不断出现以下动作：坐立不安、蹙眉、扬眉、歪嘴、拉耳朵、摸下巴、搔头皮、转动铅笔、拉领带、弄指头、摇腿等。这都是一些影响你说话效果的不良因素。当你说话时，听众就会被你的这些动作所吸引，他们会看着你的这些可笑的动作，根本不可能认真听你讲话。

在你讲话时，完全可以自我提示，一旦意识到自己出现这些多余的动作，赶紧改正。

第五节 使用生动的语言

说话对人类来说，具有无法估量的作用，在现代社会里，人之离不开说话，犹如鱼离不开水。我国著名散文家朱自清说："人生不外言动，除了动就只有言，所谓人情世故，一半是在说话里。"

说话，看似简单的一项活动，只要没有生理缺陷，两片嘴唇一碰，原始语言便生成了。说话容易，但要把话说的有水平、有意思、有效果却不那么简单，而要做到口吐莲花、能言善辩、巧舌如簧，打动人心就更加不容易了。

俗话说：一句话让人跳，一句话让人笑。说话能力体现着一个人的内涵、素质。一个说话讲究艺术的人，常常是说理切、举事赅、择辞精、喻世明；轻重有度、褒贬有节、进退有余地、游刃有空间；可陶冶他人之情操，也可为济世之良药；可以体现个人的雄才大略，更能提高个人的社会地位。因而，一个人能否把握说话的艺术，对其人生的成败是非常重要的。

一、丰富的语言来自灿烂的内心

古人云："腹有诗书气自华。"俗话说："巧妇难为无米之炊。"这句话中的"米"，就是各种各样的知识。广博、严谨的知识结构是表达者妙语连珠、左右逢源的坚实底蕴。培根在他的《论学问》中说："学问变化气质。"

当一个人在某些方面的经验和知识多于周围其他人时，他就对该方面的问题取得了发言权，并且有充分的自信心。因此，只有具备多方面的知识，我们才能赢得更多的发言权。要求一个人什么都懂并不现实，但至少要在自己本专业知识和职业知识方面有足够的了解，尤其要多掌握一些文史哲方面的知识，这样，你就能出口成章，言之有物。

知识丰富会扩大一个人的想象力，而想象力会为思维和语言插上翅膀。要在语言表达中"飞"起来，就必须通过学习和实践长出这样的翅膀不可。"不要等待运气降临，应该努力去学习知识。"在现代商业活动中，好的企业家或者商人，都应该充分掌握产品或商品方面的知识，成为内行，甚至专家。唯有如此，你才能迅速而又准确无误地解答顾客的疑问，使你的产品或商品在顾客的心目中具有重要的价值，从而轻易做成一笔生意。

如果你想拥有出众的口才，就要像酿蜜的蜜蜂那样，终日在生活的百花园里采撷；要像淘金的老汉那样，在沙砾中筛出真金。中国历代的丰富语言宝库，五湖四海的优秀语言财富，鲜明生动的民间语言，精心雕琢的书面语汇，都是我们应开掘的"富矿"。

首先，可直接从生活中向人民群众学习语言。生活是语言最丰富的源泉，要使自己的语言丰富起来，就要从生活中汲取。老舍说："从生活中找语言，语言就有了根。"

学习语言要博采口语。俄国伟大的批判现实主义作家列夫·托尔斯泰称赞农民是语言的"大家"。语言的"天才"，的确存在于人民群众之中。比如我们讲话常用程度副词"很"字，如"很黑"。在人民群众的口语中，却用更精确、更形象、更简练的表达法："漆黑"。

学习语言还要多看，即勤于观察、体验，真正熟悉你的对象，掌握他的声调、声色等，而不是生搬硬套。

其次，要多读中外名著。"熟读唐诗三百首，不会做诗也会吟"的经验之谈，是大家所熟悉的。它告诉人们要提高口才技巧，就应多读名著。"群书万卷常暗诵"，心领神会，自会产生强烈的兴味；体味语言的精微之处，就能唤起灵敏的感觉；熟悉名篇佳作的精彩妙笔，可以获得丰富的词汇，演说和讲话时优美的语言会不招自来。这件事并不是办不到的。只要潜心苦读，持之以恒，勤记善想，不断地应用，久而久之就可以像郭沫若所说的那样"于无法之中求得法，有法之后求其化"了。

最后，知识贫乏是造成语言贫乏，特别是词汇贫乏的一个重要原因。如果《水浒》作者不懂得江湖勾当，不知开茶坊的拉线及趁火打劫的种种口诀，他就不可能绘声绘色地写出那个成了精的虔婆王干娘。这个例子生动地说明，掌握丰富的知识和学习语言是紧密地结合在一起的。

功夫在"讲"外。优秀演讲者张健为了准备好演讲稿，曾先后翻阅上百册书，摘录了7万多字的资料。为熟记地名、人物，他在家里挂上地图面壁演讲，他的爱人便是第一位忠实的听众。功夫不负有心人，在不长的时间里，讲稿中的133个地名、94个年代、131个数据，他都能准确无误地脱口而出。他为使演讲有吸引力和感染力，平时认真学习群众语言，还研究评书演员刘兰芳说评书的技巧，探讨艺术家们的演讲艺术，终于使自己的演讲技能不断提高。

二、让语言充满魅力

声音——我想它肯定要比其他任何东西，都更为深刻地烙印在我们心里。我常常幻想：那天堂，可能就是由声音组成的。

——乔治·艾略特

幽默是一种特性，一种引发喜悦、以愉快的方式娱人的特性；幽默感是一种能力，一种了解并表达幽默的能力；幽默力量是一种艺术，一种运用幽默和幽默感来增进你与他人的关系，并可对自己作真诚的评价的一种艺术。

现代人需要幽默，如同鱼需要水、树木需要阳光一样。具有幽默感和幽默力量，是现代人应具备的素质之一。

获取幽默的途径很多，我们可以从以下几方面努力：

（一）用"趣味思维方式"捕捉生活中的喜剧因素

"趣味思维"是一种"错位思维"，不按照普通人的思路想，而是"岔到有趣的一面去。演说家罗伯特是个光头,有人揶揄他总是出门忘了戴上帽子,他说:"你们不知道光头的好处,我可是天下第一个知道下雨的人。"罗伯特并不为自己的"秃顶"苦恼,反而"美化"光头,他这是用"趣味思维方式"捕捉自己身上的"喜剧因素"。他的思维"错位"使他想到的同别人就是不一样。

(二)要在瞬息构思上下功夫,掌握必要技巧

幽默风趣是一种"快语艺术",它突破惯性思维,遵循反常原则,想得快,说得快,触景即发,涉事成趣,出人意料之外,又在情理之中。比如,有位将军问一位战士:"马克思是哪国人?"战士想了会儿说:"法国人。"将军说:"哦,马克思搬家了。"对于这常识性问题都答不出,将军当然不快,但这一"岔",构成了幽默,其实也包含了对战士的批评教育。

(三)要注意灵活运用修辞手法

极度的夸张、反常的妙喻、顺拈的借代、含蓄的反语,以及对比、拟人、移就、对偶……都能构成幽默。另外,用词的俏皮、句式的奇特也能构成幽默。表达时,特殊的语气、语调、语速,以及半遮半掩、浓淡相宜或者委婉圆浑、引而不发,甚至一个姿势、一个心照不宣的微笑,都能表达意味深长的幽默和风趣。

(四)注意搜集素材

我们的生活丰富多彩,提供了许多有趣的素材,这些素材无意识地进入我们记忆仓库的也很多,我们如果做个"有心人",就会使自己的语言材料丰富起来。例如谚语、格言、趣闻、笑话等,我们可以提取、改装并加工利用,这样我们的语言就会增加许多趣味性的"调料"了。

三、说话迷人的六个要素

有些谈话者虽然在内容上不占优势,但有时他的说话方式却会给人一种非常迷人、令人舒服的感觉。毕竟说话者有其本性,每一次对话会因为说话技巧的不同而有各种不同的回响、反应。那么,使对方愿意听我们说话且达到预期效果的迷人说话技巧,具体而言,究竟是指什么呢?

（一）说话风格明快

大多数人不喜欢晦暗的事物，即使草木也需要阳光才能生长。同样，给人阴沉感的谈话，会让人有疑虑、厌恶感及压迫感。

（二）拥有个性的声音

有的女人说话的声音能使人觉得是一种享受，她的优美嗓音实在是很动人的。她们谈话时，非常注意说话的声音，而选择说话的声音，完全依她们的天赋、个性、场合及她所要表达的情感而变化。有条件的话，你可自我充当对象。把自己的话录下来再仔细地听，你可能会吃惊地发现，自己说话竟有那么多毛病。这样经常检查，发音的技巧就会不断提高。

（三）语气肯定

每个人的自尊心都很强，很容易因为某些微不足道的事就感到自尊心受损。如此一来，会反射性地表现出拒绝的态度。所以要对方听你说话，首先得先倾听对方要表达些什么。所谓"说话语气肯定"并不是指肯定对方说话的内容，而是指留心对方容易受伤害的感受。

（四）语调自然而变化

自然的声音总是悦耳的，你要注意，交谈不是演话剧，无论你是什么样的语调，都应自然流畅，故意做作的声音只能事与愿违。当你交谈的对象不是一个人，而是许多人时，应采用以下的技巧：当前一个人声音很大时，你开始说话时就可以压低声音，做到低、小、稳。当前一个人音量小时，你的开始句就要略提高嗓门，清脆响亮，以引起大家注意。

（五）思路有条理

当前面的谈话争论不休，而且没有头绪时，你站出来讲话，就要力求词句简短，声音果断，显得有条理。

如在大众场合下选择发言的形式时，你的发言最好不要夹在中间，要么赶在前面，要么最后再讲，这样才能使人印象深刻。

第二章
演讲及社交语言使用技巧

第一节 语言要真诚

美国心理学家诺尔曼·安德林在1968年曾设计过一张表格，他列出555个描写人的形容词，让人们指出其中哪些人品最为人喜爱。结果表明，被人喜欢选项中，位居前几位的竟有6个是与"真诚"有关的，而在评价最低的人品中，虚伪居首位。这说明了真诚的人能让人产生一种安全感，从而受人欢迎；虚伪的人为人讨厌，难结良友。

一、先为对方着想

与对方沟通交流时，最重要的就是能够以真情感动对方。说话的时候先为对方着想，无疑是很好的办法。

因为一般情况下，自己对某一件事所认为的"对"或"好"并不能代表别人的看法。在沟通时最好先得知对方的看法。看别人怎么理解情势，你就能以对方了解的方式讲话和行事。若你径自表现出"好"或"对"，而不去弄清楚对方是否有相同的看法，你可能会惊讶于对方的反应。

所以在谈话之前你所要做的就是尽你所能查出别人的背景、观点和热诚，你因而可以知道：

什么使他们兴奋，什么使他们睡眠。

什么惊吓他们。

他们上班时是什么人，他们下班时是什么人。

他们生活中真正要什么——他们认为怎么能获得。

你可以通过别人的判断知道很多他们的事，研究他们从前的决定。

知道这些问题的答案，不仅避免你犯难堪的错误，还让你设计自己的表达方式，因而你的意见可以跟他的需要和要求结合，这样就会使你们的沟通更加融洽。

但平时我们最常听见人们对工作环境的三项抱怨却是：

他们认为别人不听他们的话。

他们觉得受不到尊重。

他们认为别人想办法要控制或操纵他们。

在与别人谈话的过程中，如果你先提自己的需要，这三种情况最可能发生。你先提别人的需要，它们就最不可能发生。

大部分人对自己的兴趣大过对别人的兴趣，对自己的需要，热衷程度远强于对别的需要。但是如果你先提对方最有兴趣的、他们需要的事情，就能掌握他们的注意力，建立联系，且赢得他们的信任和尊敬。

当你提对方所需，为对方着想时，你会发现许多可喜的变化，而这些变化对你也是有利的。

当你先提对方的需要时，对方会有以下表现：

1. 较快开始聆听。

2. 比较注意。

3. 听得较久。

4. 对你说的记得较多。

5. 比较尊重你。

6. 认为你是比较聪明的人，甚至较好的人，因此你得到较大的活动空间和自由。

7. 等你在说你自己的需要时，会听得较专心。

相比较而言，这对先提对方需要的小投资，是相当好的回报。

另一方面，若你先提自己的需要，人们常不愿聆听、保护自己或使冲突升级。他们可能以愤怒的眼神和僵硬的表情回答你,怀疑你有任何意愿考虑他们的需要,你的话一句也不听。这种恐惧和不信任,很容易就爆发公开的敌对。

此外,人通常在冲突开始时会焦虑。任何能缓和他们恐惧的方法,都会使情形变得较轻松和对每个人较有利。在这种时候,如果你先为对方着想,提出他人的需要就是一种很好的解决途径。在一些重大事情中,先提对方的需要,也会使你们成为合作伙伴。你们合作,联合对抗问题,而不是互相对抗。

所以,在与对方交往沟通时,如果想取得较为满意的结果,你就必须先为对方着想,满足对方所需。

二、说话的魅力在于真诚

真诚的语言是最能打动人的,巧妙地运用充满真情诚意的话语,可以促使说者与听者产生情感共鸣,可以使双方的关系变得融洽,从而营造出一种良好的沟通氛围,赢得广泛的人际关系,为成功创造有利的条件。

1915年,小洛克菲勒还是科罗拉多州一个不起眼的人物。当时,发生了美国工业史上最激烈的罢工,并且持续达两年之久。愤怒的矿工要求科罗拉多燃料钢铁公司提高薪水,小洛克菲勒正负责管理这家公司。由于群情激奋,公司的财产遭受破坏,军队前来镇压,因而造成流血,不少罢工工人被射杀。

那种情况,可说是民怨沸腾。小洛克菲勒后来却赢得了罢工者的信服,他是怎么做到的呢?

后来,小洛克菲勒花了好几个星期结交朋友,并向罢工者代表发表了一次充满真情的演说。那次的演说可谓不朽,它不但平息了众怒,还为他自己赢得了不少赞誉。演说的内容是这样的:

这是我一生当中最值得纪念的日子,因为这是我第一次有幸能和这家大公司的员工代表见面,还有公司行政人员和管理人员。我可以告诉你们,我很高兴站在这里,有生之年都不会忘记这次聚会。假如这次聚会提早两个星期举行,那么对你们来说,我只是个陌生人,我也只认得少数几张面孔。由于上个星期以来，我有机会拜访整个附近南区矿场的营地，私下和大部分代表交谈过，我拜访过你们的家庭，与你们的家人见过面，因而现在我不算是陌生人，可以说是朋友了。基于这份互助的友谊，我很高兴有这个机会和大家讨论我们的共同利益。由于这个会议是由资方和劳工代表所组成，承蒙你们的好意，我得以坐在这里。虽然我并非股东或劳工，但我深觉与你们关系密切。从某种意义上说，也代表了资方和劳工。

这样一番充满真诚的话语，可能是化敌为友最佳的途径。假如小洛克菲勒采用的是另一种方法，与矿工们争得面红耳赤，用不堪入耳的话骂他们，或用话暗示错在他们，用各种理由证明矿工的不是，那结果只能是招惹更多怨恨和暴行。

此外，在人际交往中，我们经常会遇到"祝贺"这种交往形式，一般是指对社会生活中有喜庆意义的人或事表示良好的祝愿和热烈的庆贺。通过祝贺表示你对对方的理解、支持、关心、鼓励和祝愿，以抒发情怀，增进感情。

祝贺的语言要真诚、富有感情色彩，语气、表情、姿态等都要有情感性。这样才会有较强的鼓动性与感染力，才能达到抒发感情、增进友谊的目的。

道歉也是人际交往中常见的交流活动。为人处世，犯错误总是难免的，毕竟"人非圣贤，孰能无过"。但是犯错误后的态度人们却非常重视。所以犯错误时，我们首先要坦率承认、真诚道歉。

你道歉的时候态度真诚，别人就会很轻易地原谅你。相反，有的人在犯错时态度极差，道歉时让人看不到一丝真诚，有的甚至根本就不道歉，只是一味地为自己辩解不休。结果是彼此之间的裂痕越来越大。

古人云："有朋自远方来，不亦乐乎！""最难风雨故人来。"都道出了朋友间所凝聚的真情厚谊，反映了他们肝胆相照，充满真诚的交往过程。可以说，充满真诚，以诚暖人是交友说话打动人心的重要因素，是赢得知心朋友的重要所在。

三、关怀的理念

对人关心和体贴，自然会让人感到温暖。多说这一类的话，会赢得真心的感动和感激。体贴，代表了对别人的爱护、关切和照顾。有首歌唱道："只要人人都献出一点爱，世界将变成美好的人间。"对别人体贴就是对别人献出了爱，别人受爱的感化，也会以爱相回报。体贴的话会换来友爱，换来真诚，而"友爱"和"真诚"是每个人都需要的。有些人不是慨叹这世上"友爱"和"真诚"太少了吗？其实，只要问问他："你又给过别人多少体贴呢？"恐怕回答起来就很尴尬了。

此外，你平时对别人表现出的关怀，还会成为你求别人办事的一种途径。想想你平时对别人那么好，谁还能拒绝为你办些事情呢？

与别人交往时为了表达出自己的关怀之情呢，在说话的时候，你可以参考下面的几种方法：

（一）示之以鼓励

给遇到磨难或陷于某种困境的人指出希望，让他振作精神，乐观地从困境中走出来，对方会对你的善意表示感激。

（二）示之以关心

不拘位卑位尊，贫贱富贵，人人都珍视感情。在必要的时候向别人表示关爱的感情，别人也会把同样的善意之球抛掷给你。

（三）示之以同情

如果周围的人遇到了什么挫折和不幸，我们真诚地给以同情的表示，就可以让他感受到我们对他的体贴和关心。这样就能多少减轻一些他内心的痛苦。

当然，同情不是无原则的附和。如果对方的情绪产生于错误的判断，就不应当随便表示同情，以免助长其错误情绪。比如说评定奖金，张三本来劳动态度不好，因而未评上一等奖，他发起了牢骚，你如果在这时表示同情，那就等于助长他的错误思想，也不一定会起到安慰的作用，这时需要的倒是劝导他正确对待，好好工作，下次争取。

不管采用什么办法，相信如果你的话语中充满了关怀之情，对方就一定会被你所折服，你们的友谊也就更加牢固。

四、温语相求化冷面

会说话同会办事是相辅相成的。话说得好听，说得到位，对方才乐意接受你提出的条件和要求。只有温言相求，拣对方爱听的话说，才有利于事情的解决。

有谁会忍心拒绝别人的温语相求呢？正所谓"情之所至，金石为开"就是这个道理。

现代社会，求人办事的地方有很多，很多人因为怕麻烦都会冷言冷语地拒绝帮忙。此时，你大可不必懊恼，你完全可以另寻理由，温言相求。人都是有感情的，在你的温和"攻势"下他就冷不起面来拒绝你了。

五、乡音难改，游子情深

人都是有感情的，尤其是对故乡有着一种天然的割舍不断的情愫。如果游子在他乡遇到了自己的老乡，那么思乡之情就会油然而生，随之而来的就是对老乡的一种认同感。

那么，该怎样利用老乡关系呢？"乡音"就在这时派上了用场。

老乡与其他关系的不同之处就在于，老乡之间的关系是以地域为纽带的，有一份"圈子"内的情存在心上，既然是老乡，就必须有共同点存在于双方之间，而"乡音"又是一种最好的表达形式。

用家乡话做见面礼，可以说是独树一帜，它不需要物质上的东西。在这里有一点相当重要，那就是运用这种方法的场合，最好是在异乡，因为在异乡才会有恋乡情结，才会"爱乡及人"，这时再来个"他乡遇老乡"，哪有不欣喜之理。对方离乡越久，离乡越远，心中的那份情就越沉、越深。因此，越是这种情况，越要运用"乡音"这种技巧，你就会得到老乡所给你的种种好处。

如此看来，要与一个久离家乡的老乡处好关系，有一种特有效的技巧就是：运用你的语言技巧，与老乡谈起家乡的话题，以此来触动他的思乡情结，达到共鸣，从而使老乡之间的关系更进一层。

六、感激之情要溢于言表

中国是有五千年文化传统的礼仪之邦,中国人向来是重感情的,但含蓄内敛的天性又使得我们不善于表达自己内在的感情。在人们的日常生活和社会交往中,"谢谢"这两个字具有非凡的社交魅力。

很多人并非不想表达他们的感激之情,只是不知道该如何开口,所以选择了沉默。还有些人,他们充满感情的表达却让对方感到不自在。善于表达,懂得说谢谢的社交高手总是在表达的时候让人感到内心的愉悦。

当然,在人际交往中,说"谢谢"应注意以下几点:

(一)角色意识

不同的人心理是不同的。对什么人说"谢谢"和怎样说"谢谢"都很有讲究。因此,你在说"谢谢"时要讲究点"角色意识"。例如,小伙子对大姑娘表示感谢,要采取慎重的态度。那种说"谢谢你,想不到你一直在想着我"之类的话很容易造成误解。此外,感谢还要针对对方的不同身份特点而采取相应的方式。老年人自信自己的经验对青年人有一定的作用,青年人在表示感谢时就应感谢对方言行的结果,"谢谢您,您的这番话使我明白了许多道理……"这会使老年人感到满足,并对你产生好感,认为"这个小青年不错,孺子可教也"。对大一点的女性,感谢她们时,可以说:"你真好!"这比简单地说"谢谢你"更好一些。

(二)言为心声

"谢谢"应该是心中一腔感激之情在语言上的自然流露。要做到声情并茂,语调欢快,吐字清晰,而不能含混不清、嘟嘟哝哝。而且说"谢谢"时,眼睛要看着被感谢人,脸上应有诚恳、生动的表情,并配以恰当的手势动作。不过,动作不要夸张死板。可以设想一下,你在感谢时,倘若手舞足蹈,举止轻浮,一下子拍拍对方的肩,一下子拉拉对方的手;或者表情木然,低着头或看着别人,那么,对方肯定会心生不快之感。

(三)注意场合

如果与对方单独在一起时,对他(她)表示感谢,一般会有好效果,也不会使被感谢人难堪。同时，还要注意双方的关系。例如双方是一般熟人或同事关系，可以用直接"感谢您""非常感谢"之类的话。可用称赞语或陈述语来表达谢意。儿子对妈妈就可以说："妈妈，您真好，是天底下最好的妈妈。"

（四）形式多样

感谢从不同的角度分，有不同的种类：有对对方个人的感谢，也有对对方单位的感谢；有对对方行为的感谢，也有对对方人品的感谢；有个人之间的感谢，有群体之间的感谢，还有国家之间的感谢；有语言的感谢，有礼物的感谢；有口头的感谢，有电话感谢，有信函感谢……应选用恰当的类型与渠道，例如做客时受到盛情款待，可以在第二天打电话表示感谢。如果是公事访问，可以在访问之后用电报信函方式表示感谢。要记住：与别人交往时，"感激之情要溢于言表"，一声源自内心的感激，一定会赢得别人的心。此外，表达感激时最重要的是要端正自己的态度，表达你的感激时最好要专注地看着对方，这样你的话才显得是出于真心的，你的感情才显得真挚。

第二节 语言要点到为止

一、给对方留个退路

在与人交往的过程中，如果想指出对方的错误，也要给对方留个退路。这样才能使他既不感到难堪，又不会感到十分唐突，很自然地就容易改变自己的做法。大部分人都是通情达理的，只要能照顾对方的自尊心，对方通常都不会固执己见。

除此之外，言语要简练扼要。如果话讲多了，会起到相反的作用，令对方反感，产生事与愿违的后果。点到为止才是最佳方案。

在现实生活中，人们普遍存在吃软不吃硬的心态。特别是那些性格刚烈、很有主见的人，你如果说硬话，比如用命令的口吻，对方不但不会理睬，说不定比你更硬；因此，不妨把话说得点到为止，给对方留有一个退路。

二、给批评裹上"糖衣"

有很多时候,你对家人、对朋友,总觉得有些话不得不说,可是说了,反而把感情给伤害了,把事情给弄糟了。于是你就引用古语,替自己辩解。说什么"良药苦口,忠言逆耳"。

但是,为什么良药就非要苦得让人难以下咽呢?忠言为什么就一定要让人听了难受呢?医药科学发展至今,许多"良药"或包糖衣,或经蜜炙,早已不苦口。语言科学发展至今,讲究批评的方式方法与语言艺术,也可做到"忠言不逆耳",老少皆喜欢听。

我们做了事情,说了话,写了文章,自己不放心,不敢下判断,这时候我们何尝不希望有人出来告诉我们哪点好,哪点不好。有的时候,我们会遇到一个人,他能够忠实地、大胆地指出我们的许多错误,正因为如此,我们就敬佩他、感激他,甚至永世不忘。

可是为什么也有些批评和忠告我们不爱听,我们听了就难受、就气愤,甚至感到自己的自尊心、自信心都受到了损伤?我们还会感到受了委屈、诬蔑以及侮辱?

一种苦味的药丸,外面裹着糖衣,使人感到甜味,容易一口吞下肚子里去。于是,药物进入胃肠,药性发生了效用,疾病就治好了。我们要对人说批评的话,在说以前,先给人家一番赞誉,使人先尝一点甜头,然后你再说批评的话,人家也就容易接受了。

那么怎样的批评才能够做到忠言不逆耳呢?以下是语言大师们多年以来总结的一些原则,希望能够帮助你在批评别人时,既能提醒到别人的错误,但又不至于让对方不高兴,甚至因为理解你的批评从而与你的关系更加融洽。

1.真诚。在善意地批评别人时,用这样的话开头,可能效果更加好:"我曾经也犯过这样的错误""可能你也不明白什么地方出了错"等,真诚往往最能够打动人。

2.适度。批评最好点到为止,既往不咎。"事情不发生也发生了,我们最重要的还是从中吸取教训吧。"

3. 理解对方。谁愿意犯错误呢？特别是当事人内心已经很自责时，他们更加需要别人的心理支持。因此，多说说这样的话，远比批评更重要："我想你现在可能很难受。""抽空，我们找个时间，一起分析一下失误的原因，好吗？""我相信你下一次一定会做好的。"

4. 切勿指责。指责只会让人陷入恶劣的情绪之中，导致影响理智和判断力。这样的话最好以后不要再说了："我都跟你说过多少遍了？""你为什么总犯同样的错误呢？""我看你真的是无可救药了！"

5. 委婉暗示。面对直接批评时，任何人内心的第一反应都会不舒服，因为批评就是惩罚。暗示如同苦药丸外面的"糖衣"，利用含蓄的、委婉的方式，更能达到治病救人的最终目的。

6. 分清场合时机。批评的时机与场合十分重要，千万不要进行批斗会式的批评。

7. 分清对象。跟什么样的人沟通，肯定要说不同的话。对长辈说的话跟晚辈不一样，男性跟女性不可能都一样，对朋友与对对手更是立场不一样，对家人与对同事考虑的问题不一样。千万不要使角色混乱，说出不合适的话，否则，批评的效果不但达不到，还伤了和气。很多话本身并没有问题，但用在不同场合、不同对象身上，就有可能闹大笑话。

例如，一个很自卑的人犯错时，我们给予其适当的安慰会胜过千言万语，因为他本身已经非常自责。对于一个很爱面子的人，我们一边批评一边给其台阶下，他会及时纠正自己的失误。而对于一个心服口不服的人，我们没有必要死抓不放，重要的还是看他的行动。

很多沟通失误，其症结在于角色不清。

如果很好地做到以上几点，那我们就可以让别人很高兴地接受我们的批评了。

三、用逻辑点化对方

只是要说明在人们说话口才的历史与现实中，严谨的逻辑语言是有巨大威力的。众所周知的伟大思想家孟子生活的时代，正是我国百家争鸣的战国时代。在那样一个时代，孟子在与墨家、道家、法家等学派的激烈交锋中，利用自己强大的逻辑语言，很好地维护了儒家学派的理论。这大概也就是为什么儒家学说在此后 2000 多年的历史长河中始终居于正统的一个重要的原因吧！

第三节 语言要赞美得当

在人的一生中，有无数让他们引以为自豪的事情，这些都是人一生的闪光点。这些东西又会不经意地在他们的言谈中流露出来，例如，"想当年，我在朝鲜战场上……""我年轻的时候……"等等。对于这些引以为荣的事情，他们不仅常常挂在嘴边，而且深深地渴望能够得到别人由衷的肯定与赞美。

对于一位老师而言，引以为荣的往往是他教过的学生在社会上很有出息，你为了表达对他的赞美，不妨说："你的学生×××真不愧是你的得意门生啊！现在已经自己出书了。"对于一位一生都默默无闻的母亲，引以为荣的往往是她那几个有出息的孩子，你可以对她说："你有福气啊，两个儿子都那么有出息。"她一定会高兴不已。对于老年人来说，他们引以为荣的往往是他们年轻时的那些血与火的经历。

真诚地赞美一个人引以为荣的事情，可以更好地与之相处。

他人最想要的赞美一定是真诚的，不是那种公式般的赞美，千篇一律，最让人反感。

言之有物是说一切话所必具的条件，与其泛说"久仰大名、如雷贯耳"，不如说"您上次主持的讨论会成绩之佳，真是出人意料"等话，直接提及对方的著名工作。若恭维别人生意兴隆，不如赞美他推销产品的努力，或赞美他的商业手腕；泛泛地请人指教是不行的，你应该择其所长，集中某点请他指教，如此他一定高兴得多。恭维赞美的话一定要切合实际，到别人家里，与其乱捧一场，不如赞美房子布置得别出心裁，或欣赏墙壁上的一幅好画，或惊叹一个盆栽的精巧。若要讨主人喜欢,你要注意投其所好,主人爱狗,你应该赞美他养的狗,主人养了许多金鱼,你应该谈那些鱼的美丽。赞美别人最近的工作成绩,最心爱的宠物,最费心血的设计,这比说上许多无谓的虚泛的客套话更佳。

一、真诚是赞美的内核

不真诚的赞扬,给人一种虚情假意的印象,或者会被认为怀有某种不良目的,被赞扬者不但不感谢,反而会讨厌。言过其实的赞扬,不能实事求是,会使受赞扬者感到窘迫,也会降低赞扬者的水准。虚情假意的奉承对人对己都是有害而无利的。

赞扬他人是一种能力,是根据心理学和组织行为学研究出来的,这是职场上的一种能力,不等于溜须拍马,溜须拍马可以说是虚假的,但赞扬必须是真诚的发自于内心的实话。有一句话大家记下来:真实的赞扬是拂面清风,凉爽怡人;虚假的赞扬像给人吃大块的肥猪肉,让人烦腻不堪。

真诚的赞美和"拍马屁"最大的区别在于是否发自内心。真诚的赞美起源于内心深处的一种"美感"、一种冲动,它反映了一个人对另一个人的认可:外表漂亮,言谈合自己的口味,行动敏捷,品格高尚……即在两个人之中,其中一个人在另一个人身上发现了符合自己理想和价值标准的可贵之处。我们认识这个人、了解这个人的时候,已经有一种无形的力量促使自己要去赞美他的一些优点。

但是"拍马屁"却不同,它不是发自内心地对另一个人的认可和钦佩,而是基于内心世界早已存在的一种目的,一种对眼前或日后能够收到"回报"的投资。"拍马屁"者在"赞美"他人的时候,脸上虽眉飞色舞,但却有几分不自在;他的词语是火辣辣的,但他的内心却是一片冰冷。他在赞美一个人的时候,心里想着的只是如何顺利办完对自己利益攸关的事,如何获得自我满足。

因此,真诚成为赞美与拍马屁的区分线,它是赞美的必要组成元素。

真诚的赞美应该是合乎时宜的,在合适的氛围里发出的赞美会让人内心明亮，灿烂无比。当别人感觉到你的赞美是由衷的，那赞美的话就很容易被接受。

正是这种出自内心的由衷赞美，使勃拉姆斯的自卑消失得无影无踪，也赋予了他从事音乐艺术生涯的坚定信心。在那以后，他便如同换了一个人，不断地把心底里的才智和激情流泻到五线谱上，成为音乐史上一位卓越的艺术家。

由衷的赞美是源于心灵深处的，它是深刻而强烈的；要入木三分地表达出来，将是绝佳之语。对于发自内心的由衷之感，尽量用准确、贴切、深刻、生动、完整的赞语去说出来。

二、赞美的话并不是多多益善

一个气球再漂亮再鲜艳，吹得太小，不会好看；吹得太大则容易爆炸。赞美就如吹气球，应点到为止，适度为佳。

哥尔多尼曾说过："过分地赞美会变成阿谀。"因此在赞美他人时一定要坚持适度的原则。夸奖或赞美一个人时，有时候稍微夸张一点更能充分地表达自己的赞美之情，别人也会乐意接受。但如果过分夸张，你的赞美就脱离了实际情况，让人感觉到缺乏真诚的东西在里面。因为真诚的赞美往往是比较朴实的，发自内心的。只有恭维、讨好才是过分夸张和矫揉造作的。

据说有一个年轻人曾经给恩格斯写了一封热情洋溢的信，信中称赞恩格斯是一位无与伦比的革命导师，一位伟大的思想家，甚至称其为马克思的再现等，恩格斯并没有因为这封信而有丝毫的感动，反而生气地回信说："我不是什么导师、思想家，我的名字叫恩格斯。"恩格斯作为一位杰出的思想家，他不喜欢别人在赞美他时用似乎有些夸张的词汇，又因为他和马克思近几十年的友谊，他是非常尊敬马克思的，当然会忌讳别人称他为"马克思的再现"。

要做到点到为止、褒扬有度是有技巧的。

（一）比较性的赞美

两个人或两件事相比较，在夸奖对方的同时，让他意识到自己的优点和存在的差距，使对方对你的赞美深信不疑。

刘邦曾说过，统一指挥百万军队，战无不胜，攻无不克，他不如韩信。这是他做了皇帝以后对自己的评价。韩信对刘邦曾有一番坦诚的赞美，话中首先肯定了刘邦控制大臣为自己效命的能力，但又指明了他在带兵作战方面与自己相比有不足之处，正与刘邦的自我评价相吻合。话说得很实在，很坦诚，刘邦不但不怒，反而很满意。此时，韩信与刘邦关系已很紧张，如果他违心地恭维刘邦，调兵遣将无所不能，恐怕刘邦不愿意听，甚至会怀疑他在吹捧、麻痹自己。

（二）根据对方的优缺点提出自己的希望

金无足赤，人无完人。有所保留的赞美既要看对方的优点和长处，同时还要看到他的弱点和不足，讲究辩证法。常言道："瑕不掩瑜。"指出对方的缺点和不足，并提出一定的希望，不仅不会损害你赞美的力度，相反，却使你的赞美显得真诚、实在，易于被人接受。尤其是领导称赞下属时，要有一是一，有二是二，把握分寸，要有所保留。可以多用"比较级"，千万慎用"最高级"。领导可以在表扬时，把批评和希望提出来。

有效的赞美不应该总是绝对化。像"最好""第一""天下无双"这类的帽子别乱戴。有个企业的广告词说："只有更好，没有最好。"就显示了企业的真诚承诺，而不是哗众取宠，华而不实，在消费者中影响很好。实际上，一般人都对自己有个客观的认识和评价，如果你的赞美毫无遮拦，就会让人感觉你曲意奉承，难以接受。赞美时必须记住：一个人的成绩和优点毕竟是有限的。因此，赞美别人，应当一分为二，有成绩肯定成绩，有不足也要说明不足，控制好赞美的度。

过分的夸张对于被赞美者来说也是百害而无一利的。高尔基曾经说过："过分的夸奖一个人，结果就会把人给毁了。"因为过分的夸奖，往往会使被赞美者不思进取，误以为自己已经是完美无缺了，从而停止前进的脚步。众所周知的方仲永，小的时候因为天资聪慧，被别人称为天才，其父则四处带他去走访宾客，结果等到他长大以后，才能跟别的人没有什么两样了。

三、赞美要分清对象

人人都懂得赞美别人的重要性，但是赞美也要分清对象，主要表现在对男人和女人的赞美是不同的。

男人喜欢听的赞美词多表现在追逐功名、显示能力、展示个性以显潇洒和能人之形象方面，而女人则喜欢听有关于对容貌、衣着或个人魅力方面的赞美词。

因此赞美他人时要分清对象，对男人和女人的赞美要区别对待。

比如，赞美一个女人漂亮就大有学问。对于容貌绝佳的女性，她已习惯了别人的赞叹，不妨用些新颖的方式，如用比喻去赞美她；对于一个明显较丑的女性，如果你虚假地夸赞她的容貌，她会认为你在讥讽她，而引起她的反感。你最好是去发掘她的气质、能力或性格；而普通的女性是最需要赞美的，因为她身上也有美，并且也最向往美，最渴望被人肯定。

你还可以赞美女人的修养。有许多女人，虽然长得漂亮，但是缺乏修养，没有内涵，稍一相处，便会让人感到俗不可耐。因而，花瓶式的女人虽然可赢得一时的赞美，却不能使男人长久地爱慕她，更无法获得男士的尊敬，而一种好的气质，则可以使一位非常普通的女人变得十分迷人，令人心驰神往。因为一个女人的修养是一种内在美、精神美、升华美，它可以永久地征服一个男人的心。

作为男人，更要学会赞美女人。能够做到张口赞闭口也赞。这样，你才能在女人面前受欢迎，变得魅力无穷。

男人赞美女人是对女人价值的肯定，更是对女人魅力的一种欣赏。在男人眼里，女人身上总有美丽动人之处，或者是皮肤细腻，或者是身材苗条，或者是眉目含情，或者是穿着得体。所以你一定要善于去发现、去捕捉她的美。许多女人都会对自己的缺憾有所了解，但她们也十分了解自己的最动人之处，只要你能慧眼独具，赞美得体，一定会博得她的赏识与青睐。

现代注重个性，夸赞一个女人有个性已成了一种时尚。固执的性格可当此人有个性来赞，孤傲的性格也可以用有个性来赞，像男人一样不拘小节、有些泼辣的女性也能用有个性来赞。只要是稍稍区别于大众的性格，你用"个性"二字来赞她，无论是哪种女性，她都会觉得你这个人很有品位。

最后，你还可赞美女人的能力。现代社会，在各种事业中女人都表现出了她非凡的能力。她们不仅能把自己分内的事完成得十分得体，还会凭她们细心的洞察力去发掘工作中出现的问题，把各部门的事情都安排得十分妥当，有时工作能力大大地超越了男性。而女人在取得很大的成就时，她是需要被这个社会所肯定的。她们希望这个社会能认同自己，肯定自己的能力，也希望在男人眼中她们不再是处处依附于男人的人，而是能够独当一面，把事情处理得完好无瑕有能力的人。于是，她们就需要男人的赞美，希望自己所做到的，能够得到男人的认同与赏识。如果，你是她的老板、上司，或是同事，你可千万别忽视她的业绩，常常激励她、赞美她，换取她更大的工作积极性吧。

除此之外，生活中女人们的能力也值得你一赞。日常家务，如烧饭做菜，收拾房间，照顾孩子，这些虽是一些细小的事情，但却能表现出女人的动手能力、审美能力、教育能力。只要你在日常生活中也不忘记赞美一下女性，你定会得到女性们一致的好评。

但是你要记住的是，女人喜欢甜言蜜语，但并非是喜欢太过花哨的话，所以赞她时多用些实际的语言，不用刻意去修饰，不然会让人觉得你很肤浅。

上面说的是对女人的赞美，其实对于男人来说，赞美同样重要。他们一样喜欢听到他人对自己的肯定和赞美，因为这会让他们有一种价值感，并由此充满自信。可以说，恰到好处的赞美是打在男人身上的一针强心剂。作为女人，可以从以下几个方面来打造对男人的赞美之词：

（一）赞美他是成功的男人

由于传统社会对男性角色的定位是顶梁柱，使得男人非常在乎自己在别人心目中的形象，任何人对他的工作做出的评价都会让他反应敏感。因此，无论男人从事的是怎样的工作，他都希望能得到别人的认同。

不过你得注意，不管一个男人有多成功，多得意，他内心深处最渴望的还是别人的理解和关怀。一般的理解和关怀都是无可厚非的，可一定要注意把握"度"的原则。过犹不及，说得太夸张、太过分、太直白，就会被人当成追逐名利、爱慕虚荣的女人，会成为男人心底讨厌的势利女人。因此，即使是赞美，也要掌握分寸。通常从以下几个方面入手来赞美别人，是比较容易被接受，而且会收到预期效果的。

1.在赞美男人的同时，注意表达关心与体贴。关心与体贴是女人善良天性的表现，也是女人细腻温柔的体现。女人的关心，如吹面而过的柔和的春风，又如沁人心脾的淡淡花香，会在不知不觉中悄悄渗入男人的心灵之中，融化他们的心怀。男人们最喜欢的是那种会关心、会体贴、善解人意的女人，女人的关心和温柔会让男人从心底感激她。

2.在赞美男人的时候，恰当地表达出崇拜的思想。不管男人还是女人，都希望有人崇拜自己，都希望被人用尊敬、仰视的眼光看待，这也是人之常情。被人崇拜是无法拒绝的，被人崇拜意味着对"自我"的肯定，是一种人生价值的体现。对一个春风得意的男人来说，他最自豪的是"自我"，也就是他的成功之源。

3.别忘了在赞美的同时予以鼓励。一个女人鼓励一个男士，既是对他过去的肯定，对他以前创业生涯的一种肯定，又是对他未来充满信心的一种表现。人在任何情况下都是希望有支持和鼓励的，人不仅对自己有信心，更需要别人对自己有信心。现在的社会，竞争激烈，压力大，成功是需要付出很大代价的。一个成功的、春风得意的男士，即使在一定程度上达到了自我价值的展现，但也还是需要鼓励的，尤其需要别人对他有信心。

还有一些男士，春风得意的时候，往往会在别人的一片颂扬声中沾沾自喜、自高自大、忘乎所以，而女性的委婉的激励，有时就像一剂良药，给头昏脑热的春风得意者一点不动声色的提醒，进一步激发起他的冷静和投入下一次竞争的热情。

（二）赞美他是一位绅士

所谓风度，是男人在言谈举止中透出的一种味道。不要以为男人真的是散淡随意、潇洒不羁,其实他们是很在乎别人对自己举止的评价。曾经有一位女士说起她和男友分手的原因,只因为她在一次朋友聚会上调侃了男友的局促,就大大伤了对方的自尊心,男友便扔了句:"既然你认为我没风度,那么分开好了。"

事实也如此,行动比语言更有说服力,只有当女方对对方的举止言谈很满意、很欣赏时,女方才会爱上他。而在这方面赞美男人的聪明之道,也是拿他和别的男人比较,表现出你的欣赏。

(三)赞美他仪表堂堂

许多男性承认,他们在关注女人闭月羞花之貌的同时,也希望自己貌比潘安。但是同样因为社会角色定位,男人特别害怕女人把他们当作绣花枕头,因而他们对女人对他们外在形象的夸赞是特别敏感的,让女人兴奋的"你长得真漂亮""你穿得真好看"之类的话,会让男人觉得特别不舒服,按他们的理解,这里透着一种嘲讽,好像说:"你有些娘娘腔,你怎么像女人一样爱打扮。"

所以说,要真的想对男人表达你对他外形的欣赏,还需审时度势。但你可以对他的某个部位做出较高的评价,例如,你的鼻子好有个性等。

另外在赞美一个男士的时候,有一点特别忌讳的是,不要当着这位男士的面大肆指责他的竞争对手,这样做也许当时能让这位春风得意的男士十分高兴,但过后,他就会清楚地意识到这种以贬低一个人来衬托另一个人的手法是多么的笨拙,并且让人感到的只是巴结和恭维。所以,建议那些想要锦上添花的朋友,一定注意,添花要小心,要把握好分寸,不要搞出笑话来,以免遭人反感。

四、赞美最好有新意

人人都有自己的长处,也都有短处。人们一般都希望别人多谈自己的长处,不希望多谈自己的短处,这是人之常情。跟初识者交谈时,如果直接或间接赞扬对方的长处作为开场白,就能使对方感到高兴,对你产生好感,交谈的积极性也就得到了激发。

有一个周游世界的妇女，她走到哪个国家，都会立刻结识一大群的朋友，一个青年问她其中的秘诀，她说："我每到一个国家，就立刻着手学习这个国家的语言，并且只学一句，那就是'美极了'或者'漂亮'这句话，就因为我会用各种不同的语言表达这个意思，因此我的朋友遍天下。"

说一句简单的赞美话，实在不是一件难的事情，只要你愿意并留心观察，处处都有值得你赞美的事物。我们对陌生人要加以赞美时，如果能悉心挖掘那种鲜为人赞的地方，对方会非常开心，陌生人很快就变成挚友。

五、背后赞美更有力度

世上背后道人闲话的人不少，大家都很清楚，被说之人一旦知道便会火冒三丈，轻则与闲话者绝交，重则找闲话者当面算账。因此，要引以为戒，不要犯背后说他人闲话的忌讳。但是，背后说人优点却有佳效。

背后说别人的好话，远比当面恭维别人或说别人的好话，效果要明显好得多。不用担心，我们在背后说他人的好话，是很容易就会传到对方耳朵里去的。

赞美一个人，当面说和背后说所起到的效果是很不一样的。如果我们当面说人家的好话，对方会以为我们可能是在奉承他，讨好他。当我们的好话是在背后说时，人家会认为我们是出于真诚的，是真心说他的好话，人家才会领情，并感激我们。

在日常生活中，背着他人赞美他往往比当面赞美更让人觉得可信。因为你对着一个不相干的人赞美他人，一传十，十传百，你的赞美迟早会传到被赞美者的耳朵里。这样，你赞美的目的也就达到了。

在日常生活中，如果我们想赞扬一个人，不便对他当面说出或没有机会向他说出时，可以在他的朋友或同事面前，适时地赞扬一番。

据国外心理学家调查，背后赞美的作用绝不比当面赞扬差。此外，若直接赞美的度不足会使对方感到不满足、不过瘾，甚至不服气，过了头又会变成恭维，而用背后赞美的方法则可以缓和这些矛盾。因此，有时当面赞扬不如通过第三者间接赞扬的效果好。

当你面对媒体时，适当地赞美你的同行，是一种风度，也是一种艺术。

多在第三者面前去赞美一个人，是你与那个人关系融洽的最有效的方法。假如有一位陌生人对你说："某某朋友经常对我说，你是位很了不起的人！"相信你感动的心情会油然而生。那么，我们要想让对方感到愉悦，就更应该采取这种在背后说人好话、赞扬别人的策略。因为这种赞美比一个魁梧的男人当面对你说："先生，我是你的崇拜者。"更让人舒坦，更容易让人相信它的真实性。

六、推测性赞美，妙上加妙

借用推测法来赞美他人，虽然这种方式有一定的主观意愿性，未必是事实，但是能从善意的想象中推测出他人的美好东西，就能给人以美好的感受。

推测性赞美有两种，一种是祝愿式的推测，一种是预言式的推测。

祝愿式推测，主要强调一种美好的意愿，用一种友好的心情去推测对方，带有祝愿的特点。这种推测也未必很可行，但推测者是诚挚而善意的。

预言式推测，带有一些必然性、预见性，可以针对工作、生活中可能会取得的成绩进行预测。

当然，推测并不等于明确的结果，而是具有多种可能性，但前提是被赞美者本身有实力，有可能获得好结果。

预言式推测较适用于同事与同事之间，或父母对孩子的推测，总之，是对身边较熟悉的人所采用的方式。它起到一定的激励作用。

七、夸人有讲究

赞美的话，人人都会说，但要说好，不仅要掌握许多小窍门，而且还要有所讲究。

首先，赞美要有根据，比如根据对方的为人或处事来赞美。有根有据、有板有眼才能避开阿谀之嫌。

每个人在为人方面都有其优势，笼统的词语难以说明什么；有事实作根据将变得真实可信、生动形象。

其次，不要假充内行。

有句歇后语叫作："不是船工乱弄篙——假充内行。"肯定和赞美他人必须建立在理解的基础之上，特别是一些专业要求比较强的方面，尤其如此，如果你不懂装懂，就难免会出洋相。赞美是一门学问，其中一个重要的法则就是要懂行。只有"懂行"才能抓住赞美之事的特点与实质，才能不说外行话。如果不懂装懂，则经常会发生讲外行话，语言不到位等情况。

在现实生活中常常发生这种情况：在一个书法展上，常常听到有人感叹，"这字写得真是漂亮"。但究竟好在哪里，他却什么也不知道，这就是知其然，而不知其所以然。在一个画展上，一位参观者站在一幅抽象画前说："这幅画不错，可惜看不出它是画的啥东西。"这让内行的人听见了，岂不是笑掉大牙。

一些人明明自己是外行，还不自量力，没有自知之明，甚至厚着脸皮装内行，结果让别人看笑话。既达不到赞美他人的目的，而且还暴露了自己的无知。一位男士陪他的女朋友去听音乐会，而实际上他只会听一些流行音乐，对于高雅音乐一窍不通，当音乐会结束时，主持人希望在座的人能发表一些看法，这位男士站起来说："演得实在太好了，让人听起来欢欣鼓舞。"这时，四下响起一片哄笑之声，事后他看到女朋友脸上挂满了泪痕，原来演奏的是一支非常伤感的曲子，女朋友一气之下与之分手了。

因此，在赞美他人时，要懂得适可而止，不必画蛇添足。在措辞上，选择一些大而空的赞词，这样才不至于走嘴。

再次，赞美必须从性别、性格、知识等全方位来考虑。

"一母生九子，九子各不同"，即使是亲兄弟彼此的性情脾气也有所不同，更何况是来自五湖四海不同的人士。

每个人由于其个性的差异，其所喜欢的赞扬方式也就有所不同，有的人喜欢含蓄委婉，有的人喜欢直露，有的人喜欢日常工作中一个眼神及一个手势的赞扬，有的人喜欢在正式场合的称赞。如果，你对喜欢含蓄的人，用直来直去的赞语，就难以达到赞美的预期效果；若你对喜欢直露的人用较为含蓄的赞语，也许他根本不能领会。

最后，赞美不要冲撞他人的忌讳，弄巧反成拙。

忌讳就是世界各国、各民族长期以来形成的对于某些事物的禁忌，它常常反映着一个国家和民族的文化传统和生活习俗。对于个人来讲，忌讳往往是一个人内心的永久的伤痕，每个人都有自己的忌讳。每个人对于自己的忌讳往往又不允许别人轻易侵犯。

在赞美他人时，了解他人的忌讳是在人际交往中左右逢源、游刃有余不可忽视的环节。

另外，在与不同民族、不同国家的人交往时，要注意不要冲撞他的忌讳。

数字的忌讳。如西方人普遍忌讳"13"。因此，在祝贺西方人成功时，送鲜花千万别送13支。

动物的忌讳。中国人忌讳乌鸦和猫头鹰，俄国人忌讳兔子。

此外还有颜色的忌讳、花朵的忌讳等。

在赞美他人时，应该对赞美对象的一些忌讳有所了解，千万不要自讨没趣地往人家的枪口上撞。

第四节 语言要充分激励

很多人都在苦苦找寻使别人进步的方法，那么如何让别人不断前进呢？试一下用赞扬激励来代替批评吧！当批评减少而多多鼓励和夸奖时，人们所做的好事会增加，而比较不好的事情会被忽视而萎缩。每个人都渴望受到赏识和认同，并会不惜一切地得到它。当然，我们鼓励别人，必须是真诚的，或者至少看上去是真诚的。

如果你要对你的孩子、另一半或者下属员工们说他或她在某一件事情上显得很笨，很没有天分，那么你就是做错了，因为那等于毁了对方所有要求进步的心。任何人的能力，都会在批评下萎缩，却能在激励下绽放。激励正如阳光一样，能促进我们成长。因此，要希望对方做到某一件事情，那么，就赞美其最细小的进步，而且是每一次的进步吧！每个人都需要诚恳的认同和慷慨的赞美。

一、信任是最好的激励

如果对某个人表现出充分的信任，那对方就会在你的这份信任下努力达到你所期望的目标。

除此之外，在现实生活中，信任也是一种最好的激励。比如说家长想要孩子达到某一目标时，他并不是谆谆地对孩子进行说教，而是说一句"你能行"这样的表达充分信任的话，或者做一个信任的手势等。孩子就会因此而努力达到目标。所以要想激励别人时，不妨拿出你的信任。

二、激起对方的欲望

无可否认，每个人都有各自的欲望，一个人在不同时期又有着不同的欲望。而人们的欲望总是深深埋藏在心底，不易被人们觉察，只有通过我们的头脑和嘴巴，用我们的话来刺激顾客的购买欲望，使这种欲望原形毕露，再利用它达到推销的目的。

三、利益能使人"心动"

说服他人时，从对方的利益出发，很容易让别人"心动"。例如，医院在给肿瘤患者做放疗时，每周测一次血常规，有的患者拒绝检查，主要是因为他们没意识到这种监测的目的是保护自己。

说服他人时，需要用一种激励的手段，要尊重对方的自尊心，不要随意批评对方。因为考虑问题的角度不同，人们会选择不同的行为来维护自己的权益。就像上述例子中，如果医生说"那你不能这样做！""你怎么能这样做呢？""你怎么又不抽血呢？就你的主意多！"……这些批评人的话，非常容易引起患者反感，也不会配合他。反而达不到说服的目的。

虽然用利益来说服对方是一种很有用的方法，但是当你说一些有利于对方的事情时，人们还是会怀疑你和你所说的话。这种时候，如果你以另一种方式去说有利于对方的事情时，却可以消除这种怀疑。这种方式就是：不要直接阐述，而是引用他人的话，让别人来替你说话，即使那些人并不在现场，也会达到所要的效果。

因为人们通常很少怀疑你间接描述的事实的真实性，会认为你是站在他的角度看待和分析问题。但是，如果你直接说出来，他们就会深表怀疑。因此，要通过第三者的嘴去说服他人。

四、机言巧语，达到激励的目的

孟子曾是这样激励齐宣王推行王道的：

当齐宣王要求他讲述关于齐桓公和晋文公称霸诸侯的事情时，他却说孔子的弟子没有记述过这些事情，所以后来就没有传述下来。就这样很自然地就搪塞过去了，还迅速地将话题转移到了王道上来，将话语的主动权抢先掌握在自己的手中。

当齐宣王问他品德达到了什么样的程度才可以成王时，他简洁、干脆而又有力地回答："保民而王，莫之能御也。"他很清楚这一次谈话的中心，这时也使齐宣王有了和他进一步谈话的兴致，马上就又问道："若寡人者，可以保民乎？"孟子只用了一个字"可"来回答，这又进一步撩拨了齐宣王认识到王道的兴致。

齐宣王问"何由知吾可也？"孟子很清楚齐宣王的心理，充分地考虑到了作为高高在上的君王的一种个性，所以他通过齐宣王亲身经历的一件事情来打开话题。

在讲述齐宣王用羊易牛这件事情上他也不忘夸耀齐宣王的仁慈之心，所以齐宣王马上高兴起来。因此孟子大谈王道才不会对牛弹琴。

齐宣王这个时候也认为他和孟子有共同语言，孟子的话一出就在他的心里掀起了几丝的波澜，而且与此同时也对他的心灵产生了一种触动，所以就主动地询问不忍心和王道二者之间的关系。

孟子没有立刻就此做出回答，他只是很机智地暂时转移话题，还讲述了"不能"和"不为"两者之间的关系，没有空洞的说教，只是运用比喻，将齐宣王未推恩给百姓比作力足举百钧而不能举一羽，明察秋毫之后却未见舆薪，让他不得不承认自己不是"不能"而是"不为"。

当齐宣王想要彻底地搞清楚"不能"和"不为"到底有什么样区别的时

候，孟子还是运用比喻，将"挟泰山以超北海"比作"不能"，将不能"为长者折枝"比作"不为"。

语言很简单，但是意思很明白，并且说理还很透彻清楚。接着孟子还顺利地劝导了孟子推恩于天下并让他好好地思考一下，认真地想想自己为什么不能够做到。

到这个时候齐宣王多少应该明白不忍之心和王道两者之间的关系，他也应该知道"不忍之心"也是推行王道的一个很重要的条件。

当齐宣王或许还在继续思索的时候，孟子又一次转移了话题，他询问了齐宣王"难道大兴战争，危害土臣，在诸侯间结怨就是为了能够满足心里快活吗？"这样的问话，就逼着齐宣王说出他并不是为了内心的快活而是为了寻求自己所最想要的东西。

孟子还是追问下去："大欲是什么？"当齐宣王笑着而不说什么的时候，孟子就运用了排比的句式进行了一连串的发问，当齐宣王全部否认了以后，孟子便一针见血地道明他的"大欲"——称霸中原、称霸天下，让其他诸侯国和边夷俯首称臣。

说过之后，他马上又运用了一个比喻，把此举比作缘木求鱼，忠告齐宣王这样的野心是很难得逞的，而且后果也是很严重的。齐宣王听了以后内心自然特别慌张，所以就急着问究竟会有什么样的恶果。

然后孟子就用类比的手法，举出了邹与楚战的例子向他来阐明后果，并劝导齐宣王推行王道，还向他展示一幅美丽的画面：天下贤士到那时都归于他，耕者、商贾、旅行者都来靠近他，天下的百姓都很憎恨他们的君王也就会都到你这里来控诉他们君王的罪过。在这里他的语言运用了排比和修辞手法，这也使得齐宣王听起来心里觉得美滋滋的。

齐宣王最后还是心悦诚服的，等到他醒悟过来后，他还主动地请求孟子告诉他如何具体地推行这种王道。

现代社会中，如果我们想激励别人去做某一件事，而事情又不宜直说，这种时候就不妨采用一下孟子的方法达到目的。

第三章
演讲前的准备

第一节 注意仪表和风度

作为一个演讲者,不但要有良好的语言表达能力,同样需要注意自己的仪表和风度。作为一名演讲者给人的第一印象是非常重要的,而听众正是通过观察一名演讲者的仪表来决定了对他的第一印象。所以注重仪表和风度是演讲迈向成功的第一步,同时是对听众的最基本的礼貌。

一、面带微笑可拉近同听众的距离

笑是大部分人能够做出的一个动作,我们在生活中总是不停地重复着各种笑容,所以说笑是人脸上一种最棒的表情,它能够反映出一个人的内心世界。

当一个考生,面对考官时,考官的微笑可以缓解他的紧张的情绪。当一个顾客遇到问题时,服务员的一个微笑可以安抚他的情绪。一个推销员,微笑可以为他赢得客户的信任。一名教师,一个微笑可以拉近他与学生们的距离。

在运用微笑传情达意时,要真诚自然,适度得体。微笑是一个人自信的标志、是待人接物时最基本的礼貌之一,同时一个人的涵养和情感都可以通过微笑表现出来。微笑可以沟通情感,消融"坚冰",是善意的标志、友好的使者、成功的桥梁。服务业的老板大都喜欢能够面带微笑的员工。

在大部分人中,能够展现出发自内心的微笑的人,也是心地非常善良的人，这样的人所说的话是可以相信的。

作为一名演讲者，在演讲中可以面带微笑，这样不但可以给听众一种温和开朗的印象，同时可以建立一种融洽气氛。

在所演讲的内容和听众的认知有所偏差，或者有刻意刁难的问题出现时，微笑可以消除听众抵触情绪，激发听众的感情，缓解场面的矛盾，避免冲突的发生。

值得我们注意的是演讲中的微笑是要讲究时机的，如果时机不对，同样是无法取得良好的演讲效果的。

首先，在上台和下台时，要面带微笑。上台时的微笑可以给听众一个良好的第一印象，拉近演讲者与听众的关系。下台时的微笑可以给演讲做一个良好的结尾，使听众感到温馨和意犹未尽。

其次，在赞美歌颂一些人、一些事时一定要面带微笑，因为只有微笑才能代表演讲者的赞美是发自内心的，才能加强演讲的感染力。如果演讲者面无表情的发表赞美，那么就会在听众里留下有个演讲者只是虚伪的赞美，并没有加入感情的印象，那么演讲的效果和影响力就大打折扣了。

第三，在面对听众提问时一定要面带而笑，这样做的原因有两个，一是表示对听众的尊敬，二是通过微笑鼓励听众说出自己的想法。

第四，即使遇到反对的声音，也要微笑面对。有这样一个例子，一个女交警在执勤站岗时遇到了一名喝醉酒的男子的纠缠，尽管如此，女交警依然微笑着回答了男子的问题。这名女交警的态度为她赢来了赞誉。在演讲中同样是如此，听到了不同或批判的声音，就更应该微笑着聆听。因为每个人的观点和看法都是不尽相同的，通过听众的反对意见，同样可以使我们学到很多东西，同时能够使得演讲现场气氛活跃起来。

第五，如果遇到了大声喧哗，或者捣乱的听众，演讲者也不能大声训斥，因为一方面这是在公共场合的基本礼仪，另一方面，怒目相对，也会影响其他正常听演讲的听众，使得他们觉得扫兴。所以在这种时候，作为一名演讲者，可以略略停顿一小会，这时一些听众会自发地维持会场的纪律，等待会场稍微安静一些时，可以面带微笑地对扰乱了演讲的人进行含蓄的批评。

微笑是我们在日常生活交谈中、辩论中、演讲中，都会用到的一种表情，那么要如何微笑，微笑训练都有哪些技术上的要求呢？

我们可以借鉴摄影师在拍摄照片时，常会问的问题，例如，问："肥肉肥不肥？"答："肥！"问："糖甜不甜？"答："甜。"或者说"田七""茄子"等，都可以使我们自然地做出微笑的动作。

在平时，我们可以在空闲的时候，面对镜子作微笑的练习。

看看口腔开到什么程度为宜；嘴唇呈什么形态，圆的还是扁的；嘴角是平拉还是上提。要注意，口腔打开到不露或刚露齿缝的程度，嘴唇呈扁形，嘴角微微上翘。如果能每天面对镜子练习30分钟，就能成为一个具有得体微笑的演讲者了。

同时，每天的微笑练习还能够帮助我们找出平时容易犯的毛病。

1. 笑过了头，这种情况就是在微笑时嘴咧得太大。嘴咧得过大，会给人一种不礼貌的感觉。同时，嘴咧得太大会给人一种傻乎乎的感觉。所以微笑要以不露或刚露齿缝为最佳。

2. 假笑，也可以叫作皮笑肉不笑，这种情况在我们在摄影师的要求下拍照时，最经常出现。这是因为，我们并没有投入感情，只是机械地按照要求在摆动作。

在演讲中也是一样，听众们是很敏感的，他们能够分辨出真笑和假笑，假笑看上去让人觉得难受。所以，我们的微笑不单单是要做出个形式，还要以完全平等的态度对待对方，尊重对方的感情、人格和自尊心，只有这样，微笑才是真诚的、美丽的，才具有强大的凝聚力。

最后要注意的一个问题就是，不是所有的演讲都要有笑容，微笑也要分清场合，如召开重要会议、处理突发事件、参加追悼大会时，就不能脸带微笑。同时，其他的演讲，演讲中不能从头到尾一味微笑，否则让人感到你像一个弥勒佛，觉得你带了一个假面具上台演讲，没有感情。尤其在不该笑的感情表达时更不能笑。

二、得体的穿着可以给听众留下一个良好的印象

肢体的动作同语言一样是演讲的重要组成部分，是一种重要的无声语言。而肢体语言语言又包括了个人的形象和动作这两个方面。

肢体语言是补充语言传播的不足的、作用于人的视觉的一种手段。

演讲者给予听众的第一印象，是十分重要的，甚至可以决定听众对演讲者的态度和是否愿意认真听取演讲者的演讲。

一般人在面对一个陌生人时，只能凭着这个人的服装和仪表来判断这个人。所以要有一个好的形象，就必须从最基本的做起，注意自己的服装穿着。

中国有句古话说得好："人靠衣服马靠鞍。"其意思就是指一个人穿上好的衣服这个人的气质风度都会变得不一样。服装和仪表，并不仅仅是一个外在形象的问题，也是一个人内在涵养的表现和反映，良好的形象是外表得体和内涵丰富的统一。

对服装和仪表最起码的要求，就是要干净、端庄、整齐，给人以清爽、精神的感觉，使人看了比较舒服。

当你意识到着装打扮的重要性时，还完全不够，如果你不会挑选、搭配，恐怕你的形象意识也是起不了作用的。

恰当的着装能够弥补自身条件的某些不足，树立起自己的独特气质，使你脱颖而出。从礼仪的角度看，着装不能简单地等同于穿衣。它是着装人基于自身的阅历修养、审美情趣、身材特点，根据不同的时间、场合、目的，力所能及地对所穿的服装进行精心的选择、搭配和组合。在各种正式场合，注重个人着装的人能体现仪表美，增加交际魅力，给人留下良好的印象，使人愿意与其深入交往，同时，注意着装也是每个事业成功者的基本素养。

首先，文明大方：忌过露、过透、过短、过紧。

整洁的衣着反映出一个人振奋、积极向上的精神状态；而褴褛、肮脏的服装，则是一个人颓废、消极、精神空虚的表现。因此，衣服要勤换、勤洗、熨平整，裤子要熨出裤线；衣扣、裤扣要扣好、裤带要系好；穿中山装应扣好风纪扣；穿长袖衬衣衣襟要塞在裤内，袖口不要卷起，短袖衫、港衫衣襟

不要塞在裤内。

服饰必须端庄、大方，要让对方感到可亲、可近、可信、乐于与你交往。在演讲前，应适当打扮一下，把脸洗干净，头发梳理整齐。男士应刮胡子，女士还可化一点淡妆。一般来说，女服色彩丰富，轮廓较优美，面料较讲究，显示出秀丽、文雅、贤淑、温和等气质。男服则要求线条简洁有力，色彩沉着，衣料挺括。

其次，搭配得体：完美和谐、色彩搭配、鞋袜搭配。

服饰礼仪中所说的服饰，不完全是指我们日常生活中的衣服和装饰物，而主要是指在着装后构成的一种状态。它包括了它所表达的人的社会地位、民族习惯、风土人情以及人的修养、趣味等因素。所以不能孤立地以衣物的好与坏来评价人在着装之后的美与丑恶。必须从整体综合的角度来考虑和体现各因素和谐一致，做到适体、入时、从俗。

适体，就是追求服饰与人体比例的协调和谐。服饰是美化人体的艺术，服饰只有与人体相结合，使服饰的色彩、式样、比例等均适合人体本身的"高、矮、胖、瘦"，从而把服饰与人体融为有机统一的整体。因此，过肥或过紧的衣衫，过小或过大的裤腿，过高的"高跟鞋"以及不得当的颜色搭配等，都会扭曲人的形体、影响人的形象。

入时，就是追求服饰和自然界的协调和谐。人与自然相适应，有春夏秋冬、风雨阴晴的不同服饰；根据四季的变化穿着衣物，不但很合时宜，而且还可保证人体健康。一般来说，冬天衣服的质地应厚实一点，保暖性强一点，如呢毛料等，而春秋衣服的质地则应单薄些。可以设想，一个人在寒冷的天气穿着单薄，浑身颤颤抖抖；在炎热的天气里穿着厚实，满头大汗地出现在交际场所时那种难堪模样。

从俗，就是追求服饰与社会生活环境、民情习俗的协调和谐。应努力使服饰体现出新时代的新风貌和特征，各民族的不同习俗和特色，各种场合的不同气氛和特点。

最后，个性鲜明：与年龄、体形、职业、场合相吻合，保持自己的风格。

选择什么样的服饰，能够在很大程度上体现出穿着者的个性。在服饰整体统一要求中，追求个性美，可以说是现代生活的一大趋势。

个性特征原则要求着装适应自身形体、年龄、职业的特点，扬长避短，并在此基础上创造和保持自己独有的风格，即在不违反礼仪规范的前提下，在某些方面可体现与众不同的个性，切勿盲目追逐时髦。

那么，如何使自己的穿着得体呢？

（一）服饰礼仪

1. 着装应与自身条件相适应

选择服装首先应该与自己的年龄、身份、体形、肤色、性格和谐统一。年长者，身份地位高者，选择服装款式不宜太新潮，款式简单而面料质地则应讲究些才与身份年龄相吻合。青少年着装则着重体现青春气息，朴素、整洁为宜，清新、活泼最好，"青春自有三分俏"，若以过分的修饰破坏了青春朝气实在得不偿失。形体条件对服装款式的选择也有很大影响。身材矮胖、颈粗圆脸形者，宜穿深色低"V"字领，大"U"形领套装，浅色高领服装则不适合。而身材瘦长、颈细长、长脸形者宜穿浅色、高领或圆形领服装。方脸形者则宜穿小圆领或双翻领服装。身材匀称，形体条件好，肤色也好的人，着装范围则较广，可谓"浓妆淡抹总相宜"。

2. 着装要合体，讲究线条配置、搭配合理、色调和谐

瘦高体型的人，不宜选用竖条纹的服装，否则会夸大纤细的身形。太薄的衣服也会给人以呆板、缺乏韵味的感觉，而质感、厚实一点的衣料会使体瘦的人看上去精神抖擞。体型丰满的人则相反，衣服质地太厚显得笨重，当然也不能太薄，否则体型弱点就暴露无遗了，衣料以薄厚适度为宜。胖人切忌穿大花纹、横花纹、大方格图案的服装，否则只会夸张体型。

3. 衣着服饰要投听众所好

有的演讲者总是喜欢根据自己的爱好穿着服装，这样的好处是面谈时感到自然轻松。

一般说来，着装不必赶时髦，不必求流行，尤其不能浓妆艳抹，花枝招展。

许多人心理上都认为"过分追时髦的人往往是不求上进的人"。专家告诫，当不知道穿什么好时，与其追求新潮，不如穿得正统一点。

（二）服装的选择

1. 男性

春、秋、冬季，男士最好穿正式的西装，西装的色调要用给人稳重感觉的深素色为主，如藏青色、蓝色、黑色、深灰色等。夏天要穿长袖衬衫，衬衫最好选择白色，系领带，领带应选用丝质的，领带上图案可以根据自己的爱好选择，最好是单色的，它能够和各种西装及衬衫相配。单色为底，印有规则重复的小型图案的领带，格调高雅，也可用。斜条纹的领带能表现出你的精明。领带在胸前的长度以达到皮带扣为好。如果一定要用领带夹，应夹在衬衫第三和第四个扣子中间的位置。不要穿短袖衬衫或休闲衬衫。

要穿深色的袜子、黑色的皮鞋。皮带要和西装相配，一般选用黑色。皮鞋、皮带、皮包颜色一致，一般为黑色。眼镜要和自己的脸型相配。镜片擦拭干净。如果选用钢笔一定不要插在西装上衣的口袋里，西装上衣的口袋是起装饰作用的。

2. 女性

要穿简洁、大方、合体的套装，裙子不宜太长，这样显得不利落，但是也不宜穿太短、低胸、紧身的服装，过分时髦和暴露的服装都不适合演讲，春秋的套装可用较厚实的面料，夏季用真丝等轻薄的面料。衣服的质地不要太薄、太透，薄和透有不踏实、不庄重的感觉。色彩要表现出青春、典雅的格调。用颜色表现你的品位和气质。不宜穿抢眼的颜色。

丝袜一定要穿，以透明近似肤色的颜色最好。要随时检查是否有脱线和破损情况。穿式样简单、没有过多装饰的皮鞋，后跟不宜太高，颜色和套装的颜色一致，如果你不知道如何配色，最简单的办法就是穿黑色的皮鞋。

3. 服装的色彩搭配

不同的色彩有着不同的象征意义：暖色调——红色，象征热烈、活泼、兴奋、富有激情；黄色象征明快、鼓舞、希望、富有朝气；橙色象征开朗、欣喜、活跃。冷色调——黑色象征沉稳、庄重、冷漠、富有神秘感；蓝色象征深远、沉静、安详、清爽、自信而幽远。中间色——黄绿色象征安详、活泼、幼嫩；红紫色象征明艳、夺目；紫色象征华丽、高贵。过渡色——粉色象征活泼、年轻、明丽而娇美；白色象征朴素、高雅、明亮、纯洁；淡绿色象征生命、鲜嫩、愉快和青春，等等。

4. 色彩搭配原则和方法

服装的色彩是着装成功的重要因素。服装配色以"整体协调"为基本准则。

全身着装颜色搭配最好不超过三种颜色，而且以一种颜色为主色调，颜色太多则显得乱而无序，不协调。灰、黑、白三种颜色在服装配色中占有重要位置，几乎可以和任何颜色相配并且都很合适。

着装配色和谐的几种比较保险的办法：一是上下装同色——即套装，以饰物点缀；二是同色系配色。利用同色系中深浅、明暗度不同的颜色搭配，整体效果比较协调。

年轻人着上深下浅的服装，显得活泼、飘逸、富有青春气息。中老年人采用上浅下深的搭配，给人以稳重、沉着的静感。

服装的色彩搭配考虑与季节的沟通，与大自然对话也会收到不同凡响的理想效果。

同一件外套服装，利用衬衣的样式与颜色的变化与之相衬托，会表现出不同的独特风格，能以简单的打扮发挥理想的效果，本身就说明着装人内在的充实与修养。利用衬衣与外套搭配应注意衬衣颜色不能与外套相同，明暗度、深浅程度应有明显的对比。

着装配色要遵守的一条重要原则，就是根据个人的肤色、年龄、体形选择颜色。

肤色黑，不宜着颜色过深或过浅的服装，而应选用与肤色对比不明显的粉红色、蓝绿色，最忌用色泽明亮的黄橙色或色调极暗的褐色、黑紫等。

皮肤发黄的人，不宜选用半黄色、土黄色、灰色的服装，否则会显得精神不振和无精打采。脸色苍白不宜着绿色服装，否则会使脸色更显病态。而肤色红润、粉白，穿绿色服装效果会很好。白色衣服任何肤色效果都不错，因为白色的反光会使人显得神采奕奕。体形瘦小的人适合穿色彩明亮度高的浅色服装，这样显得丰满。而体形肥胖的人用明亮度低的深颜色则显得苗条等。大多数人体形、肤色属中间混合型，所以颜色搭配没有绝对性的原则，重要的是在着装实践中找到最适合自己的搭配颜色。

（四）发型的搭配

大多数人关注一个人，目光首先的落点都是对方的头发。所以，注意保持头发的清洁，并修饰整齐。

发型不仅要符合美观、大方、整洁和方便生活、工作的总体原则，而且要与自己发质、脸型、体形、年龄、气质、四季服装以及环境等因素很好地结合起来，才能给人以整体美的形象。

发型设计可以使人活泼年轻，也可以让人变得端庄文雅，起到修饰脸型、协调体型的作用。就不同的脸型来说，椭圆形脸是东方女性的标准脸型，可选任意发式。长脸看起来面部消瘦，发型设计上应适当遮住前额，并设法使双颊显得宽一些。圆脸型的人应将头顶部的头发梳高，使脸部在视觉造型上增加几分力度，并设法遮住两颊。而方脸型应设法掩饰棱角，使脸型显得圆润些。额部窄的脸型，应增加额头两侧头发的厚度。长脸形的人不宜留太短的头发，下巴较长的人可以留些鬓发，矮胖或瘦小的人头发不宜长，瘦高的人应留长一点的发型。

就季节来说，春秋两季的发式可以自由活泼一些，而冬夏季的头发则由于受到气候因素的影响，需要做一些格外的注意。

夏天天气炎热，可留凉爽、舒畅的短发，如果是长发，则可以梳辫了或将头发盘起。由于多数人夏天面部油脂分泌都很旺盛，而额前的头发过多往往容易使热量不便于散发，反过来更加使得面部油光光的。因此，夏季的发型一定要考虑前额、两颊的头发不能留得过多，应尽量把头发向后向内梳理。同时，搭配一个浅色的上衣领，能够把脸部衬托得光亮鲜活一些。

冬天人们的衣着较厚，衣领高，留长发既美观又保暖。在冬季较爱刮风的地方，参加演讲前最好用帽子、头巾或者干脆用发带把头发束缚起来，等达到演讲地点前，利用上卫生间的机会将头发理顺。

女性如果再在头发的适当部位装饰花色款式、质地适合的发夹、发带或头花等饰物，那么就对整体美起到"画龙点睛"的作用，从而增添无限魅力和风韵。但要注意饰物不可过多，色彩也不能过于光亮耀眼，形成堆砌，则给人一种俗气的感觉，反而失去自然美。

男性的发型也要体现出一个人的性格、修养和气质。短发型可以体现男性朝气蓬勃的精神面貌，具体来看，寸发适合于头型较好，面部饱满的男性；前额较宽的人应该梳"三七开"的分头，以便更多的头发能够遮盖前额；选择"四六开"或"中分"发型的男性面部一般都不会过长，而且发质偏油性的较为合适。

（五）化妆的重要性

肤色十分重要，面色红润昭示着你的青春健康。

脸部皮肤的整体妆饰，除了要体现出自然光泽，还要注意脸部各器官妆饰的整体协调，否则便难以达到美容的效果。比如：有一双又黑又大的眼睛和长长睫毛，为了突出眼睛的魅力，口红的颜色就应该有所限制，尽量使用与肤色接近的口红。

女性在化妆时一定要懂得如何把握淡雅适度的分寸，如果把口红抹得过浓，加上粉底较厚，整个面部便愈发夸大了一张喋血红唇。

为了达到美容的效果，妆饰还应考虑到不同季节和不同时间，根据自身的性格气质、职业特点、年龄、场合而采用不同风格的化法。

对于女性来说，化淡妆比较适宜，这样能显得端庄、秀丽，给人以自然、含蓄、舒适、得体的感觉。人们常说"化过妆就好像没有化一样"的效果就是化妆的最高境界。

少数男性也喜欢用一些化妆品，除非你很内行，而且确实无人能识破你的"伪装"，否则大多数人会认为男性涂脂抹粉显得缺乏阳刚之气。

第二节 注意演讲的姿态

演讲的姿态，是演讲者的重要辅助工具，帮助演讲者加强演讲的效果，对听众有重要的引导作用。

一、手势的配合

手势是人们演讲态势的主要形式。借助手势说话的关键在于"助"，它既不同于烘托语，可代替讲话，又不同于演节目，可以用手势演出情节。

手势有两大作用，一能表示形象，二能表达感情。许多演讲家的手势语独显其妙。伟大的革命导师列宁常习惯于用左手大拇指横插于坎肩，右手有力地挥动的手势：以右手坚定地探向前方，身体微倾向听众，构成了一种独特的姿态。

可见，恰当的手势不仅有助于表达情感，而且有很大的包容性，往往是"无声胜有声"。

论辩，尤其是赛场论辩与法庭论辩时，手势运用能构成论辩者丰富多彩的主体形象，使表达富有感染力量。自然而安稳的手势，可以帮助表达者平静地说明问题；急剧而有力的手势，可以帮助表达者升华感情；稳妥而含蓄的手势，可以帮助表达者表明心迹。

林肯在做律师时的老朋友赫恩登曾回忆林肯在进行法庭论辩时说："他对听众恳切地发表讲话时，那瘦长的右手指自然地充满着动人的力量，一切思想情绪完全贯注在那里。为了表现欢乐的情绪，他把两手臂举成五十度的角，手掌向上，好像已抓住了他渴望的喜悦。他讲到痛心处，如痛斥奴隶制时，他更紧握双拳，在空中用力挥动。"

手势语"词汇"丰富，千变万化，没有一个固定的模式。作为一个出色的演讲者，平时要认真观察生活，刻苦训练，积极付诸实践。下面介绍一些常用的手势：

1.拇指式。竖起大拇指，其余四指自然弯曲，表示强大、肯定、赞美、第一等意。

2. 小指式。竖起小指，其余四指弯曲合拢，表示精细、微小或蔑视对方。

3. 食指式。食指伸出，其余四指弯曲并拢。用来指称人物、事物、方向，或者表示观点甚至表示肯定。胳膊向上伸直，食指向空中则表示强调，也可以表示数字"一""十""百""千""万"……食指弯曲或钩形表示九、九十、九百……齐肩画线表示直线，在空中划弧线表示弧形。

4. 食指、中指并用式。食指、中指伸直分开，其余三指弯曲，这一手势一般表示二、二十、二百……在一些欧美国家与非洲国家表示胜利的含义。

5. 拇指、食指并用式。拇指、食指分开伸出，其余三指弯曲表示八、八十、八百……如果并拢表示肯定、赞赏之意；如果二者弯曲靠拢但未接触，则表示"微小""精细"之意。

6. 拇指、食指、中指并用式。三指相捏向前表示"这""这些"，用力一点表示强调。

7. 仰手式。掌心向上，拇指自然张开，其余弯曲，这一手势包容量很大。区域不同，意义有别：手部抬高表示"赞美""欢欣""希望"之意；平放是"乞求""请施舍"之意；手部放低表示无可奈何，很坦诚。

8. 俯手式。掌心向下，其余状态同仰手式，这是审慎的提醒手势，同时表示反对、否定之意；有时表示安慰、许可之意。

9. 手切式。五指并拢、手掌挺直，像一把斧子用力劈下，表示果断、坚决、排除之意。

10. 手啄式。五指并拢呈簸箕形，指尖向前，表示提醒注意之意，有很强的针对性、指向性，并带有一定的挑衅性。

11. 挥手式。手举过头挥动，表示兴奋、致意；双手同时挥动表示热情致意。

12. 掌分式。双手自然撑掌，用力分开。掌心向上表示"开展""行动起来"等意；掌心向下表示"排除""取缔"等意；平行伸手则表示"面积""平面"等意。

13. 拳举式。单手或双手握拳，平举胸前，表示示威、报复；高举过肩或挥动或直锤或斜击，表示愤怒、呐喊等意。

14. 拳击式。双手握拳在胸前做撞击动作，表示事物间的矛盾冲突。

15. 拍肩式。用手指拍肩击膀，表示担负工作、责任和使命的意思。

16. 颤手式。单手或双手颤动，必须与其他手势配合才表示一个明确的含义。

手势语言是人类在漫长进化历程中最早使用的一种交际工具。在原始社会里，先民们主要是依靠手势语言进行交际的。尔后，人类社会出现了有声语言和文字，手势语言才降为对有声语言辅助、补充和修饰的从属地位。

在各种交际场合，遇到了相识的人，如距离较远，一般可举手招呼，也可点头致意，还可脱帽致意；遇到不熟悉的朋友，可点头或微笑致意；送别客人或朋友时，可举手致意，或挥手致意，也可挥手帕致意，或挥动帽子致意。手的挥动幅度越大，表现的感情也就越强烈。此外，一般场合都需要握手，这也是平日运用得最多的一种手势语言，它承载着丰富、深邃而微妙的信息。一般说来，上级与下级、长辈与晚辈、女性与男性、主人与宾客之间，应由上级、长辈、女性、主人先伸出右手，下级、晚辈、男性、宾客才能伸出右手与之相握。握手力度要均匀适中，这是礼貌、热情、友善和诚恳的表示；而握手用力太轻，被认为是冷淡、不够热情；用力太重，又会显得粗鲁无礼。

手势语言运用得是否恰当自然，这直接关系到口才表达主体的形象。在日常交际中，既要避免像石头人一般的站立着，两手无力地下垂或在后背相交，自始至终只用一个手势动作，也不更换一个姿势，显得呆滞死板；也要防止手势动作泛滥，轻佻作态，前松后紧，前紧后松，前后脱节等现象；更要纠正用手玩弄扣子或不断地用手抚摸茶杯，或老是重复同一动作，或用手指对方鼻子等不良习惯。应在口才实践中不断地加强自身的修养，努力做到手势动作优雅、适当贴切、准确干练、舒展自如、因人而异、因地制宜、协调一致、恰到好处。这样，才能充分发挥手势语言传情达意的功用，增强口才表达的效果。

二、用眼睛表达自己

心理学研究表明，在人的各种感觉器官可获得的信息总量中，眼睛要占

80%以上。人内心的隐秘，胸中的冲突，总是自觉不自觉地在不断变幻的眼神中流露出来，它犹如一面聚焦镜，凝聚着一个人的神韵气质。泰戈尔说："一旦学会了眼睛的语言，表情的变化将是无穷无尽的。"

高尔基在回忆列宁的演讲时写道："在他那蒙古型的脸上，一双锐利的眼睛在闪闪发光，表现出一个不屈不挠的战士对谎言的反对以及对生活的忠实，他那双眯缝着的眼睛在燃烧着，使着眼色，讽刺地微笑着，闪烁着愤怒。这双眼睛的光泽使得他的演讲更加热烈、更加清晰，有时仿佛是他精神上有一种不可战胜的力量，从他的眼睛里喷射出来，那内容丰富的话语在空中闪光。"当代演讲家彭清一演讲时，总是以自己的亲身体验现身说法，把饱满的热情淋漓尽致地"写"在眼里，其眼窝、眼睑、虹膜和瞳孔组成一台完整的戏。

刘鹗在他的小说《老残游记》中有一段关于艺人王小玉上台说唱的描写："……她将鼓槌子轻轻地点了两下，方抬起头来，向台下一盼。那双眼睛如秋水、如寒星、如白水银里头裹着两丸黑水银，左右一顾，连那坐在远远墙角里的人都觉得她看见自己了。那坐得近的，更不必说。她的眼神的意思是：我已经注意到各位了。"

这眼神奇妙绝伦，就像无声的问候和命令，比高叫一声"请大家安静"更起作用。

眼神是运用眼的神态和神采来表达感情、传递信息的无声语言。在面部表情中，是最生动、最复杂、最微妙、也最富有表现力的。眼睛是心灵的窗户，最能倾诉感情，沟通心灵。眼神千变万化，表露着人们丰富多彩的内心世界。正如苏联作家费定的小说《初欢》中所描写的那样："……眼睛会发光，会发火花，会变得像雾一样暗淡，会变成模糊的乳状，会展开无底的深渊，会像火花和枪弹一样投射，会质问、会拒绝、会取、会予、会表示恋恋之意……"眼睛的表情，远比人类的语言来得丰富。

在与人交谈中，正视对方，表明对对方的尊重；斜视对方，表明对对方的蔑视；看的次数多，表明对对方的好感和重视；看的次数很少或不屑一顾，表明对对方的反感和轻视；眼睛眨动的次数多，表示喜悦和欢快，也可表示疑问或生气；眼睛眨动的次数少甚至凝视不动，表示惊奇、恐惧和忧伤；如果不敢直视对方，也可能是因为害羞，可能有什么事不愿让对方知道；如果怀有敌意的双方互相紧盯着，其中一方突然把眼光移向别处，则意味着退缩和胆怯；如果谈判时有一方不停地转动着眼球，就要提防他打什么新主意或坏主意；如果是频繁而急促地眨眼，也许是表示羞愧、内疚，但也可能表明他在撒谎……

配合着眉毛的变化，眉目传情意义更广泛。欢乐时眉开眼笑，眉飞色舞；忧愁时双眉紧锁；愤怒时横眉怒目；顺从时低眉顺眼；戏谑时挤眉弄眼；畅快时扬眉吐气等。

演讲目光语最主要的是强调眼神的运用。一般来说，不同的眼神表达着不同的情感。目光明澈表现胸怀坦荡；目光狡黠表现心术不正；目光炯炯表现精神焕发；目光如豆表现心胸狭窄；目光执着表示志向高远；目光浮动表现轻薄浅陋；目光睿智表现聪明机敏；目光呆滞表现心事重重；目光坚毅表示自强自信；目光哀颓表示自暴自弃。除此之外，故弄玄虚的眼神乃是高傲自大的反映；神秘莫测的眼神则是老奸巨猾的反映；似宝剑出鞘咄咄逼人的目光是正派敏锐的写照；如蛇蝎蛰伏灰冷阴暗的目光是邪恶刁钻的写照。坦诚者目光像一泓清泉，悠然见底；英武者目光如电掣雷奔，波澜壮阔；典雅者目光似云雾初开，林鸟相逐；俊秀者目光如玉，珠胎含月；妖媚者目光似春花始香，夏梅初笑；豪放者目光如风云波浪，海天苍茫……

眼神的表达丰富多彩。有诗人描述说："眼睛是心灵的窗户，不会隐藏更不会说谎。"得体地运用目光语会令你的演讲增添光彩。

眼睛是"心灵的窗户"，眼神的奇妙变化倾诉着一个人微妙的心曲，它是会"说话"的。在演讲中，让眼睛说话，就需要注意以下几点：

1. 以明亮有神、热情友善、充满智慧的眼神，向听众表明你的坦诚、灵活、自信和修养，获得良好的第一印象。

2. 用眼神的变化表达自己内在的丰富感情。比如，讲到兴奋的时候，睁大眼睛，让它散发出兴奋的光芒；讲到哀伤处，眼皮下垂，或让眼睛呆滞一会儿，以渲染哀伤的情绪；讲到愤怒时，瞪大眼睛，怒视前方，让其充满着逼人的神色……总之，什么样的思想感情，就应当配以什么样的眼神。

3. 三种视线交替使用。三种视线分别是指环顾的视线、专注的视线、模糊的视线。环顾的视线，可以照顾全场，关心每一位听众，增强听众的"参与感"，表明演讲者是同所有听众交谈；专注的视线，就如同进行"典型调查"，把准听众的心理，可以用来启发引导听众，或者赞扬、鼓励听众，或者制止个别听众的骚动，调整、控制会场；模糊不清的视线，可以向听众表现演讲者在认真思考，加强话语的价值，也可以借此为视线变化的过渡，稳定自己激动的情绪，同时向听众表明自己有较好的经验与修养。

三、摆正体姿

通过人的身体姿态传递信息，在当今社会，不仅是"修身养性"的基本要求，还是用来表示仪表、传递信息的重要体态语言。

在社会交际中，雅俗的表现与显露，姿势是一个衡量的重要标志。姿势在礼节上是一种文明修养的表现，也是一个人良好素质的反映。优美的姿势联系着一个人的心灵，可以说是心灵舞姿的外化。形体动作的词汇是非常丰富的，它不仅可以传情达意，更可透露一个人的心态。不同的姿势可以反映一个人特定条件下的心态，通过姿势可以准确地窥测其心灵的俗与雅。

姿势是雅俗表现与显露的必要标尺，人的身体的每一个姿势变化通常都反映了交际者的文明程度。比如，社会交往中，步伐矫健，轻松敏捷，能让人感到年轻、健康和精神焕发；步伐稳健，端正有力，给人以庄重、沉着和自信的印象；步履蹒跚，弯腰弓背，垂首无神，摇头晃膀，往往给人以丑陋庸俗、无知浅薄或是精神压抑的印象。又比如，交谈时高跷二郎腿，随心所欲地搔痒，习惯性地抖腿；或是将两手夹在大腿中间和垫在大腿下，或是撒开两腿呈现"大"字形，或有女性在场时，半躺半坐，歪歪斜斜地瘫在坐椅上，都是失礼而不雅观的，会给人留下缺乏教养、低俗轻浮、散漫不羁的不良印象。

体姿对一个人整体形象的塑造有着很重要的作用。人的体姿与人的相貌有同等的重要性，共同显示出一个人的气质和风度。如果"站无站相""坐无坐相"，即使相貌再漂亮也会大打折扣。外表相貌是天生的，而体姿可以通过后天的训练向理想姿态转变。

体姿语由两部分组成。一是指说话双方的空间距离，二是指各种不同的身体姿势。体姿语运用的总体要求是准确、适度、自然、得体、和谐、统一。

首先，准确、适度。所谓的准确、适度，就是要根据说话内容、说话环境、说话对象、说话目的需要，准确恰当地运用。

其次，自然、得体。就是要求体姿语的运用不故作姿态，要适合自己的身份和交际场合。无论是从审美的角度，还是从表达功能的角度，体姿语的运用都要自然、得体，做到既符合审美的原则，给人以美感，又符合特定的情况。

最后，和谐、统一。包括两个方面：一是体姿语言和有声语言配合统一，才能准确地表达自己的思想感情和愿望，否则，就不能收到既定的效果。二是各种体姿语言要求一致而协调。

"坐如钟，站如松，行如风"，这是古人提出的姿势范式。在社会交际中，对姿势的基本要求是：秀雅合适，端庄稳重，自然得体，优美大方。

具体地说，对各种姿势有以下要求：

（一）稳重的坐姿

在各种场合，都要力求做到"坐如钟"，即坐得端正、稳重、温文尔雅。这是坐姿的最基本要求。

入座时，应轻、缓、稳，动作协调柔和，神态从容自如。人应走到椅子前，转身背对椅子平稳坐下，若离椅子较远，可用右脚向后移半步落座。女子入座尤其要娴雅、文静、柔美，若穿裙子则应注意收好裙脚。一般应从椅子左边入座，起身时也应从椅子左边站立，这是一种礼貌。如要挪动椅子的位置，应当先把椅子移到欲就座处，然后坐下去。坐在椅子上移动位置，是有违社交礼仪的。

落座后，应双目平视，嘴唇微闭，面带微笑，挺胸收腹，腰部挺起，重心垂直向下，双肩平正放松，上身微向前倾，手自然放在双膝上，双膝要并拢。亦可双脚一脚稍前，一脚稍后。两臂曲放在桌子上或沙发两侧的扶手上，掌心向下。坐椅子时，一般只坐满 2/3，脊背轻靠椅背。端坐时间过长，可以将身体略为倾斜，头面向主人，双腿交叉，足部重叠，脚尖朝下，斜放一侧，双手互叠或互握，放在膝上。若是着西装裙的女子，最好不要交叉两脚，而是并靠两脚，向左或向右一方稍倾斜放置。起立时，右脚先向后收半步，然后站起。

（二）端正的立姿

在各种场合，都要力求做到"站如松"，即站得端正、挺拔、优美、典雅。这是立姿的最基本要求。

站立时，应头正颈直，双眼平视，嘴唇微闭，下颌微收，挺胸直腰，上体自然挺拔，双肩保持水平，两臂自然下垂，手指并拢自然微屈，双手中指压裤缝，腿膝伸直，脚跟并拢，两脚尖张开夹角45°，身体重心落在两脚之间。男女的立姿略有不同。男子站立时身体重心放在两脚中间，不要偏左或偏右；双脚与肩同宽而立；手可自然下垂，向体前交叉或背后交叉也可以。女子站立时身体重心在两足中间脚弓前端位置，双脚呈倒"八"字站立；手自然下垂或向前向后交叉放置。

站立后，竖看要有直立感，即以鼻子为中线的人体应大体成直线；横看要有开阔感，即肢体及身段应给人以舒展的感觉；侧看要有垂直感，即从耳与颈相接处至脚的踝骨前侧亦应大体成直线，给人一种挺、直、高的美感。男女的立姿亦应形成不同侧重的形象，男子应站得刚毅洒脱，挺拔向上，舒展俊美，精力充沛；女子应站得庄重大方，亲切有礼，秀雅优美，亭亭玉立。

（三）优雅的走姿

在各种场合，都要力求做到"行如风"，即行得正确、优雅、轻盈、有节奏感。这是走姿的最基本要求。

行走时，应昂首挺胸，收腹直腰，两眼平视，肩平不摇，双臂自然前后摆动，脚尖微向外或向正前方伸出，行走时脚跟成一条直线。起步时身体微向前倾，身体重量落于前脚掌，行走中身体的重心要随着移动的脚步不断向前过渡，不要让重心停留在后脚，并注意在前脚着地和后脚离地时伸直膝部；迈出每一步都应从胸腔开始向前移动，而不是腿独自伸向前。男女的走姿及步态风格亦有所区别。男子的步履应雄健、有力、潇洒、豪迈，步伐稍大，展示出刚健、英武的阳刚之美；女子的步履应轻捷、蕴蓄、娴雅、飘逸，步伐略小，展示出温柔、娇巧的阴柔之美。还应看到，现代女性穿高跟鞋，主要目的不仅在于增加身高，而在于能收腹挺胸，显示自身走路的动人的身姿和曲线美；而步态高度艺术化的时装模特儿，与其说是展示千姿百态的时装，不如说是在显露高雅美妙的走姿。

人的形体在运动中构成种种姿势，良好的姿势形成优美的仪态。英国哲学家培根认为，相貌的美高于色泽的美，而秀雅合适的动作的美，又高于相貌的美，这是美的精华。秀雅合适的姿势在社会交际中有十分重要的作用。因此，我们应当注意体姿的培养。

第三节 克服紧张、怕羞情绪

在公众面前讲话时感到恐惧、怯场是一种较为普遍的现象。20世纪80年代，美国的心理学家曾进行过一次有趣的测验，题目是："你最害怕的是什么？"测验的结果竟然是"死亡"名列第二，而"当众演讲"却名列榜首。有41%的人对在公众面前讲话比做其他事情感到恐惧。可见，在大多数人看来，当众讲话是一件令人害怕的事情。

一位代表本单位参加演讲比赛的年轻姑娘，一站到讲台上，脸就涨得通红，两腿微微颤抖，说话的声音变调，呼吸也显得急促起来。她刚说了几句就忘词了。她越发感到恐惧，好像所有人的目光都像利箭一样射向她。她想尽快躲避，但又不甘心临阵脱逃。她不能当众出丑，给本单位丢脸，可她唯一能感觉到的是心跳加快，而脑子里一片空白，早已背熟的语句全都飞得无影无踪。她放弃了这次演讲,跑回自己的座位坐下。直到演讲会结束,她也没敢把头抬起来。

一位即将毕业的研究生,作为见习老师第一次登上讲台,当学生起立,师生互致问候时,他想好的开场白不知跑到哪儿去了。惊慌中,他用颤抖的声音说了句:"同学们,再见!"同学们莫名其妙,面面相觑,见老师满脸通红,不知所措,不由得哄堂大笑。他努力让场面安静下来,但换来的不是镇静,而是脑门上涔涔的汗珠。当他下意识地掏出"手帕"揩汗时,台下又是一阵哄堂大笑。这是为什么?经一位学生暗示,他才发现自己手里拿的不是手帕,而是一只袜子——啊?!真该死!大概是昨晚洗脚时,不知怎么鬼使神差地把袜子装进衣兜了。他想避开几十双眼睛的注视,抓起板擦擦黑板,整个课堂闹得翻了天。他窘得无地自容,只好跑下了讲台,慌乱中一抬脚又踢翻了讲台旁的热水瓶……

在日常生活中,我们常常可以听到:

"我听过许多报告,多数报告都有答疑的时间。即使我坐在听众中间,大多数人甚至不知我是谁,但每当我考虑提出一个问题时,我的心就怦怦地跳个不停,整个胳膊感觉像木棍一样,连举手都很困难。"

"我的老师在每堂课上都喜欢提问。无论何时被叫到,我都会口干舌燥。如果是一对一闲谈,我能感觉好一点,但仍然紧张,我不愿说蠢话或去表达一个与众不同的见解。"

"没有比求职更糟的了。我花了6个月来找工作,真是令人痛苦。在等待会见时,我总是冒冷汗,额头布满汗珠,腋窝也湿了,衬衫贴在后背上。还没进办公室就这副样子。"

具体来讲,造成这种紧张、恐惧心理的原因主要有两种:

第一种,不想献丑。

这些人的想法是,只要我不在他人面前暴露自己的短处,别人也就不会知道我的缺点。一旦在众人面前说话,自己的粗浅根底、拙劣看法都会暴露出来,那么从此以后,哪里还有自己的立足之地?所以,不说话更稳妥。

不过，持有这种想法的人应该想一想，一个人尽量不暴露自己的短处，那么其长处又能充分发挥无遗吗？如果自己的长处发挥受到影响，无疑也会影响别人对你的看法——别人有时会以较低的水平来评价你。其实，只要你认真地发挥全力，诚诚恳恳地把话说出来，不必踮高足尖来充内行，相信必会有不错的表现。

同时，现代社会的个体人具有高度的社会化特性，一个人无论是生活还是工作，都绝对免不了要与社会接触、与他人接触，而说话则是人与社会接触、与他人交流的最重要手段。所以，可想而知，一个不想说话的人肯定会为现代社会所不容，被现代社会所淘汰。

第二种，不知道该如何组织说话的内容，就像被硬拉到一个陌生的世界一样，所以会感到惊惶。

有的人是因为先天原因。有些人生来性格内向，气质属于黏液质、抑郁质类型，他们说话低声细语，见到生人就脸红，甚至常怀有一种胆怯的心理，举手投足、寻路问津也思前想后。

还有一些教育不当的因素也占其中。有些家长对儿童的胆小不加引导，孩子见到生人或到了陌生的地方，便习惯性地害羞、躲避，没有自信心。儿童进入青春期后，自我意识逐渐加强，敏感于别人对自己的评价，希望自己有一个"光辉形象"留在别人的心目中，为此，他们对自己的一言一行非常重视，唯恐有差错。这种心理状态导致了他们在交往中生怕被人耻笑，因此表现得不自然、心跳、腼腆。久而久之，便羞于与人接触，羞于在公开场合讲话。对此，应给予正确指导，鼓励青少年大胆、真实、自然地表现自己。

纵览古今中外，很多政治家、演说家都是最初被认为说话笨拙的人，遭受过无数次的失败，然而他们却凭着胆量和勇气，经过无数次的磨炼，最后成为优秀的演说家。如林肯、狄里斯、丘吉尔、田中角荣等，年轻时口才都不算好，都经历过许多次的失败。但后来他们都成了令世人瞩目的一流演讲家和政治家。他们除了勤学苦练之外，敢于面对现实，不怕失败，大胆实践，勇于创新，这是他们成功的重要原因。就拿林肯来说，他当年在演讲台上窘迫不已，甚至恐惧得连一句话都说不出来，直到被轰下台去。但他并未就此消沉下去，而是勇敢地面对现实，勤讲多练，绝不放过每一次讲话机会，演讲水平日益提高。后来他的就职演讲被誉为最精彩的总统就职演讲之一。

又如雅典著名的演讲家狄里斯，在最初走上演讲台时，尽管经过周密细致的思索，做了充分的准备，但仍然遭到了失败。极度的恐惧让他语无伦次，别人不知他在说什么。但他并没有就此灰心泄气，丧失信心，而是比过去更努力地训练自己的讲话胆量。他每天跑到海边，对着岩石呐喊，向着浪花抒怀；回到家里对着镜子做发声练习，反复矫正，坚持不懈。经过几年的努力，功夫不负有心人，他终于成功了，被誉为"历史的雄辩家"。可见，克服恐惧是演讲成功者的必备素质，是迈向卓越口才的第一步。

平时做一些抗怯场练习，对于改善神经系统的状态，减缓紧张和压力，提高工作效率，增强抗怯场的能力是非常有好处的。

害怕当众讲话，没有谁会是特例。在卡耐基的成人演讲训练班里，经调查得出80%至90%的学员在上课之初会感到上台的恐惧。许多职业演讲者都向卡耐基坦白过，他们从来没有完全消除对登台的紧张情绪。在他们发言之前，总是会害怕，而且这种害怕在演讲开始阶段一直持续着。

俗话说：树要皮，人要脸。所谓"要脸"，就是特别关注自我形象在别人心目中是个什么样。每个人都有一种理想的自我形象，总是希望别人都以赞许的目光看待自己；每个人还都有一种社会的自我形象，总是希望在群众中和社交中大家都能喜欢自己；每个人都有一种性别上、年龄上、职业上、家庭上，以及经济上的自我形象，总是希望自己在各个方面都能融入社会，对经验很少的年轻人来说，这种渴望更是十分自然而强烈的。年轻人总有一些从未体验过的欲望和不便公之于众的弱点和心愿。于是，自信与自卑、开朗与烦恼、大胆与怯懦、立志和消沉等互相矛盾的心理在他们身上往往混合存在，交替出现，因而他们也就特别关心自我形象在别人心目中会是什么样子，对周围的一切也就特别敏感。

由于害怕丢面子，被人议论，所以胆怯、腼腆、惊慌和恐惧便涌上心头。

这种胆怯心理，不是少数人的问题，而是大多数人都程度不同地存在，其比例数字还相当高：在青少年中大约占80%以上，而在已经工作多年有一定阅历的人当中差不多也占50%以上。这不能不说是一个社会性的普遍难题。

可以毫不夸张地说，人人都可能在说话前后或说话过程中出现紧张、恐惧心理：性格内向、沉默寡言者如此；天性活泼、思想活跃者如此；即便演说专家、能言善辩者也不例外。

每当我们打开电视机时，往往会被一些潇洒大方、表达自如的节目主持人所折服；每当我们拧开收音机时，也往往会被一些口若悬河、音色优美的播音员所倾倒。其实，他们也并非我们所想象的那样在说话时无忧无虑，应付自如。他们也一样常常怯场。据闻，日本某演员临近自己拍片的时候就想上厕所，甚至一去就是5分钟。美国某播音员，起初每临播音，都要先到浴池去洗一次澡，不这样，播音时就不能镇定自若。如果碰到外出进行现场直播，他便不得不提前到达目的地，并在直播现场寻找浴室。

日本有位专家认为，人类用以视觉为首的五官来感知外界的动态，随即采取相应的行动。所谓"怯场"一事，乃人体器官正常动作的一种先兆，这种动作是当见到大庭广众，或见到意想不到的陌生面孔等之后，五官感受到了，并对之做出反映，明显症状是脸红、心扑通扑通地跳、语无伦次、词不达意，等等。如果此刻说话者想到："怯场啦！怎么办呀！"他就会因慌张而说不出话来。但是，如果他当时想到的是："换了任何一个人遇此情景，都有可能怯场！"那他心里就会踏实多了，并随之而镇静下来，很快恢复正常。所以，正确地对待怯场非常重要。

我们可以把平时生活中关于怯场之类的事反复地思量一下，认真清醒一下自己的头脑，正确对待怯场这件事。

问问自己为什么怕人笑呢？自己说的话真的值得被人取笑吗？怎样才能避免被人笑话呢？是不是自己说话缺乏自信而致使别人笑话呢？究竟怎样才能克服自己的弊端，提高自己的语言交际能力呢？如果说话者能够真正地把这些问题分析清楚了，查出了问题的症结，一切也就容易解决了。

说话怕羞的人甚至可以这样想想：如果某一个人取笑了你说话，不等于每一个人都取笑过你；如果你的话可笑，那并不是你所说的每一句话都会让人取笑；如果你的话可笑，那别人笑的只是那句话，而不是你本人；而且，谁都被他人笑过，这是很平常的事。还有，如果那个笑你的人是一个以取笑别人为乐的人，那么大部分错不在你身上，而在喜欢取笑人的那个人身上。况且，古今中外那么多名人大家都有过怯场的经历，你只是一个普通人，紧张是在所难免的。

当你真正认识到说话怯场的真实状况，就不再那么担心会"丢脸"，心情放松下来，你的谈吐自然会随之舒畅起来。

一、心病还须心药医

俗话说："心病还须心药医。"心理的毛病用心理的方法去矫治是最直接、最有效的。心理卑怯现象是心理夸张性感受所致，必须让心理感受重新归位。要达到这一要求，需要采用心理暗示的方式，对对方有客观、正确的认识，对自己做准确、公正的评估，这样就能保持清醒，树立信心。如当别人说话显示出我们没有的优势时，我们可做这样的暗示：这是他的优势所在，我同样也有优势，一样是他比不上的。

对于一个要当众讲话的人来说，首先要对自己的讲话的内容和讲话的效果充满自信，要在精神上鼓励自己去争取成功。你可以用如下几句话反复暗示、刺激自己："我的讲话对别人具有极大的价值，他们一定会喜欢。""我非常熟悉这类题材，我一定会成功。""我准备得非常充分了。"讲话者不应在讲话前过多考虑可能导致演讲失败的因素，如："我忘了词怎么办？""别人嘲笑我怎么办？"这种负面的自我暗示往往会产生消极的影响。

关于克服当众怕羞的心理，卡耐基先生最有经验，而在他的众多经验中最基本的经验就是："你要假设听众都欠你的钱，正要求你多宽限几天；你是神气的债主，根本不用怕他们。"

现代实验心理学表明，由自我启发、自我暗示而产生的学习、行为动机，即使这动机是佯装的，也是导致学习、工作取得良好效果的有力手段。

树立自信的方法之一,就是要记住自己是被邀请来做讲话的。有人相信你的能力,相信你对这一论题十分精通。提醒自己,如果在座的观众中有人比你更权威,他们早就该被邀请来做演讲了。

我们应该想到恐惧是后天的反应。两岁大的孩子在过马路时不会懂得害怕,直到有人猛地把他拽回来,警告他过马路有多么危险。同样,当我们第一次看见同学站起来背诵诗歌,发现他突然哽住了,变得慌张窘迫,以致全班发出阵阵的窃笑时,我们懂得了当众讲话时害怕。既然紧张害怕是后天造成的,那么它也是可以被忘却的,或者至少是可以被控制的。

二、胆子是练出来的

胆量不会与生俱来,也不会从天而降,就像庄稼需要施肥、道路需要整修,它也需要不断磨炼。有人曾对丘吉尔的口才进行各种分析,他的儿子却一语中的:"我的父亲把自己一生中最宝贵的年华都用在写演讲稿和背诵演讲稿上了。"

世界上没有天生的演说家!毫无疑问,丘吉尔被誉为"世纪的演说家"是当之无愧的,但人们可能忘了,他原先讲话结巴,口齿不清,根本就不是当演说家的材料。他本人身高五英尺半左右(约1.65米),没有堂堂的仪表和风度,他那难听的叫喊声又不像道格拉斯·麦克阿瑟或是马丁·路德·金那样洪亮。丘吉尔没有受过大学教育,他曾经在下院最初的一次演讲中,讲了一半便垮下来了……然而,他并不为此而自卑,并没有从此一蹶不振、认为自己就不是这块料。在经过多次的主动练习后,经验和胆量都大大增加的他终于成了举世皆知的雄辩的演说家。

英国的现代主义戏剧家萧伯纳才华杰出,并且以幽默的演讲才能著称于世,显示了渊博的知识、深邃的思想。但是,在他年轻时却胆子很小,羞于见人。初到伦敦,上朋友家做客,总是先在人家门前忐忑不安地徘徊良久,却不敢直接去按门铃。有一次,一位朋友邀请他参加一个学会的辩论会,他在会上怀着一颗忐忑不安的心站了起来,做出了有生以来的第一次公开演讲。当他讲完时,迎接他的不是掌声,而是喝倒彩和讥笑。这次下来,萧伯纳感到蒙受了莫大的耻辱。但是，萧伯纳并没有从此不在公开场合演讲，而是化自卑为动力，化弱点为长处，鼓足勇气，面对挑战。他越挫越勇，拿出超人的毅力，参加了许多社团辩论，并且在社团辩论中总是参与发言，据理力争。他每星期都找机会当众公开演讲，在市场、在教堂、在公园、在码头，无论是面对成千上万的听众还是寥寥无几的听众，都慷慨陈词。终于，萧伯纳成了一名世界级的演说家。

面对陌生的事物或人，我们总是很容易退缩、害怕，想要让自己大胆表达，最好的方法就是让自己习惯开口说话，怎么样让自己习惯开口说话呢？在任何场合，你都应该积极把握或创造与人交谈的机会，试着与他人闲聊、寒暄、攀谈，说话的次数多了，自然也就成了习惯，胆怯就会逐渐消失。

成功的推销员、演说家并非一开始就对说话习以为常，无所畏惧。一名成功的推销员很可能在历经多次失败之后才建立起说话的勇气，著名的演说家也是从无数次演说经验中才掌握演讲的技巧，才能赢得满堂彩。第一次的尝试总是比较艰难，但是一回生、二回熟，熟悉之后就能泰然处之，游刃有余。

如果一个人能抓住机会努力练习口才，那他的说话胆量一定会得到很好的训练。

家庭是练习口才的第一个场所。家庭不免会有些经济收支问题、子女教育问题、卫生保健问题、饮食起居问题，你能平时就这些问题与你的妻子好好谈一谈吗？如果你能时常提出一些有益的意见或帮助她解决一些或大或小的困难，那说明你的口才练习有了明显进步。社会是由男性和女性组成的，男女间的相互交往、夫妻间的良好相处，都是练习口才的极好途径。同时，从和自己最熟悉的人开始练习，也不会有太大的难度，这样很方便训练说话的胆量。

广结良友，与朋友频繁往来，是练习口才的又一途径。我们的朋友可能来自不同的地方，处于不同的年龄，属于不同的阶层，从事不同的工作，因而与他们相处时会遇到一些各种不同的问题。如果想练习好自己的口才，训练自己的说话胆量，就最好去了解他们的各种情况，好好找他们谈谈，尽量想出如何帮助、开导、启发他们的谈话内容来。这样，无形之中，你拥有的朋友，你了解的谈话内容，都会渐渐地增多起来，你说话的胆量也会渐渐大起来。

在陌生人聚会的场合也可以训练说话的胆量。每个人都免不了会参加一些社交活动，如果我们参加的社交活动是陌生者的聚会，又要我们尽量去寻找与人说话的机会，那可以说是训练说话胆量的很好机会。在这种陌生者聚会的场合，我们想与人说话的机会和方法很多。大家相聚时，不外乎出现两种情形：一是有的人在交谈，而有的人却孤零零地待在一边；二是大家都三五成群地在一起交谈。如果我们仔细一观察，发现有人也像自己一样，孤孤单单地坐在某个角落，那么就大胆地走上前去，向对方介绍自己。打完招呼可由天气等无关紧要的话题说起，逐渐加深话题力度。这时候，除了某些特殊原因之外，对方多半是欢迎我们的。如果在这种陌生人聚会的场所多锻炼几次，下次再碰到陌生人，也就不至于生疏和胆怯了。只要自己愿意主动开口，并掌握好说话的有效时机和方法，就一定不会被拒绝，这也无疑是对你下一次主动出击的最大鼓励。

总之，胆子是练出来的，要想拥有好的口才，就要抓住一切机会，锻炼自己的胆子。只有不懈地锻炼才能取得最后的成功。

三、主动营造减压的气氛

有时候，有的人在单位里见到以前在一起玩过的同事，竟然低头不语，装作没看见，自顾自地走过去。乍看起来，似乎觉得这种人很没有礼貌。其实不然，他们并不是高傲不理人，而是害羞、胆小，连很普通的招呼都不知道该怎么打，也不喜欢有事没事都露出一脸微笑，所以，见人只好假装没看见。像这种没有表情的人，除了可以和三四个密友谈天说笑之外，面对其他的人，就不知道该说些什么，无法像闲聊那样，与不熟悉的人自如畅谈。

其实，一个人说话胆量的大小，说话水平发挥得如何，与说话时的气氛很有关系。说话时的气氛好，人的兴致便高，情绪便较高昂，谈兴也会较浓，这样便会使人放下包袱，倾心畅谈。反之，说话时的气氛不好，人的情趣就很难调动起来，人一觉得乏味，也就不会有什么好的兴致说话了。比如，当我们在与自己的家人或亲友交谈时，一般气氛都较好，这样几乎不需要思考，就能根据报上看的、广播里说的、街上听的关于昨天、今天或明天的重要的或一般的事情，聊个没完，越聊越起劲。但是，当我们在遇到初次见面的人、地位显赫的大人物、神秘的谈话对象时，往往大家都很拘束，很难一下子就形成良好的轻松气氛，这样谈话就没有那么顺利了，而且因为气氛不好，还有可能使自己脑中一片空白，完全想不出该说什么话。

所以，为了使我们的说话胆量得到提高，为了能使自己成为一名具有较好口才的人，我们在与他人说话时，要设法创造一种轻松和谐的说话气氛。

热情是这种气氛所必不可少的元素。你最好钻出自己的壳，热情主动地与人交往，不要使冰霜结在你的脸上。要把冰霜融化掉，方法是说些有趣的事。热情的力量都会帮助你营造一种愉快气氛，并且使它有人情味儿。

你也可以适当开开玩笑，在笑声中解开紧张的情绪，这种方式很容易使气氛达到高潮。你也许在电影或在日常生活中看过男女双方第一次见面时手足无措的情节。男女相亲，双方默默无语，好不容易一方正要开口说话时，另一方也正好想说些什么，于是两人同时张开嘴巴，又尴尬地同时闭了口。过了一会儿，同样的事情又重演了。不过这都是出现在别人身上，如果真发生在自己身上，其慌张失措的窘态是可想而知的。

我们现在所处的社会，是具有高度民主的社会，再怎么有名的大人物，也跟我们一样是人。我们应该对他们表示敬意，但却不必畏缩、恐慌。只要把他们当成自己的亲戚或师长，很自然地与之进行对话，就可以了。我们说话的时候，不必害怕或紧张，应该泰然自若，以尊敬而明朗愉快的语调，和知名人士交谈。这样就可以营造出一种轻松和谐的气氛了。

总之，我们无论在什么情况下与什么人说话，营造轻松和谐的说话气氛都是非常重要的。

第四章

掌控听众的情绪

第一节 使演讲深入人心

我们常见的听众一般分为四种：

1. 对演讲内容完全不了解的。
2. 观点与演讲者相同的。
3. 观点与演讲者相反的。
4. 对于演讲漠不关心的。

对于这四种类型听众，想要使他们接受演讲者的观点其方法也是不尽相同的。

第一种听众，是演讲者比较喜欢的听众，这样的听众是一张白纸，因为对于演讲者的观点，他是茫然不知的，所以可以很容易地接受演讲者的观点。

第二种听众，是演讲者最喜欢的听众，因为观点相同，非常容易产生共鸣。听众也不会产生排斥情绪。对于这样的听众需要注意的就是即使是细小的观点、看法也不能出现错误，因为会被听众发现，同时演讲的内容还要有所新意。

第三种听众，是比较棘手的听众，因为他们在听演讲者的演讲之前就已经否认演讲者的观点，在这样的演讲中演讲者就是试图影响听者的观点和信念，或者使听者建立起新的观念和信念，对于这样的听众，论点一定要明确，事实依据一定要真实有说服性，同时演讲者要有真情实感。

第四种听众，其实是最难以打动的听众，因为他们对于演讲者的内容，既不像赞同者一样喜欢，也不想否定者一样讨厌，而是没有添加任何的感情。

一、研究听众的需求

演讲是讲给听众们听的，是反映人们的心声、愿望的一种推动时代发展的活动，所以作为一名演讲者应该懂得人们想了解什么，想知道什么，不能闭门造车，不问世事，不了解群众。演讲的内容只有贴近生活，贴近人们的需要、需求，才能打动听众的心。

有一个著名的例子，曹操一次在行军时，走到了一个荒芜缺水的地方，将士们因为干渴而士气低落，这时曹操就说前面有一片杨梅林子，里面的杨梅有酸有甜，水分丰富。兵士们因为想到了杨梅的酸甜而大量地分泌了唾液，这样就不觉得干渴了，这样这支部队才成功地走出了这片地区。

这就是望梅止渴这个成语的来历，这就是因为曹操了解人们的需求是什么而做出的决定。

爱国主义教育是时代的主题，是一个古老而永恒的主题。不管是工厂企业、学校、政府机关都要定期进行爱国主义教育。

在进行有关爱国主义的演讲时，如果我们只是单纯地喊口号，就显得不务实际，变成了唱高调、不求实效的空洞的说教。这样的演讲容易使人们产生厌烦情绪，这样就很难起到教育的目的。但是如果我们邀请一些参与过某些战役或者有一定影响的人来进行演讲，由他们来以自己的亲身经历道出一个人是如何爱国的生动事迹，紧紧围绕爱国这个主题，阐明了祖国、事业、人生的关系，这样就能够深深地感染听众，由这些德高望重的人们来传达爱国主义思想，就能够达到宣传爱国主义的目的。

作为一名演讲者怎么样才能了解听众的需求呢，这首先要求演讲者了解我们当今社会的特点和需求，同时不要把自己当成高高在上的发话者，而是要把自己当成一个听众，设身处地地想想，听众有什么需求，演讲者应该以朋友和对话者的身份，提出听众想要提出的问题，然后给出自己对这个问题的看法与解决它们的办法。只有这样才能使听众觉得演讲者是在和他们讨论一个问题，而不是在发号施令。

二、分析听众的心理

所谓的分析听众的心理，是一个演讲者的最基本的工作，我们分析听众的心理，并不是为了迎合观众，而是为了了解听众，贴近听众，是为了保持演讲的真实性、独立性，以及演讲的公正性。

之所以这么说，是因为观众来听演讲者演讲首要的目的是为了从演讲中得到心灵的安慰。这也就是我们说的"好的演讲能给予人们心灵的共鸣"。

演讲者通过语言来安抚听众的情绪。所以，作为一个演讲者通过分析演讲者的心理之后，在准备材料时多寻找些能够符合听众的煽动感情、安抚心情的材料。

分析听众的心理的另一个重要的作用，在于诱导听众听演讲的时候，可以通过选择听众喜欢的材料来引起他们的兴趣。

想要诱导人们听取演讲，先得给对方一点小胜利；引导对方做一件很重大的事情时，就得给对方一个强烈的刺激，使之对此事有着一份企求成功的希望。因为当他被一种成功的意识刺激着，他就会为接受更严峻的挑战而去再次尝试一下。

人们在这个世界上，大部分时间都是在思考自己，我们会思考我们的生活、工作、学习、家庭。同时我们还会幻想，幻想我们的未来，或者产生一些奇异的梦。

对于一个男士，有时和他讨论经济危机不如和他讨论怎样用刀片刮胡子不会刮伤皮肤；对于一名女士，和她讨论世界杯比赛，不如和她讨论什么化妆品更适合她。

那么对于这样的人，我们在进行演讲时只要选择和自身发展等相关的方向，就能够引起他心灵的共鸣。所以，想要得到听众的赞同与支持，演讲者应该谈论的话题就是听众最关心的话题。一旦听众产生了与演讲者感同身受的共鸣，可以说演讲已经有了一个成功的开篇。

曾经有一个青年，向一个大文学家说："我需要活着。"但是这位文学家却回答他:"我看不出你有活着的必要。"

这位文学家说这样的话,并不是希望这位青年人去死,只是青年人的话无法感动文学家的心灵,是文学家感觉不到青年话中活力。

这个实例说明一个演讲者,或许他脑子里有许多精妙的题材,有优秀的演讲稿,他设计了生动形象的现场表现方案。然而他每次讲起话来却是死板而缺乏生气,就像是背稿一样,这样的演讲稿首先不能感动演讲者自己,又怎么能感染听众呢。

这种现象出现的原因就在于演讲者不够了解听众的喜好,不能用脑中的题材,结合听众的需求表达出来。他缺乏一种精神活力,他对于自己所要讲的话,总觉得好像没有一说的必要。这样他的演讲无法感动自己,更无法感动听众。

所以,华丽的辞藻仅能耀人眼目,对于演讲者而言,却不能感动人心,需要把自己的活力爆发出来,将自己的情感投入到演讲当中去。演说必须伴以热诚和真诚。

当一个演讲者发现听取他演讲的听众们总是昏昏欲睡时,首先他要检讨一下自己的演讲是不是没有打动人心的力量,这时就要学习像许多著名的演说家那样,学会在台上刺激一下听众。

这种刺激可以通过语言、动作、神态等多种手段来实现。

三、和观众套近乎

所谓的套近乎,并不是要求演讲者放弃自尊一味地讨好听众,而是帮助演讲者拉近和听众的关系。听众的心理是变化多端、复杂多样的,通过和听众套近乎,可以放松听众在遇到陌生人时本能的防备心理,使得听众能够在心情放松的情况下听取演讲者的演讲。同时,在演讲者和听众在某个问题上存在分歧时,套近乎可以帮助演讲者安抚听众的情绪,使得听众能够平心静气地听取演讲者的讲解。

最常见的套近乎方式一般在演讲开始时就可以进行,例如:

各位朋友:我是翻山越岭,历经千难万险才来到这里为大家来进行演讲的，虽然辛苦，但是我一点都不后悔，因为到这里我就发现，这里是山美，水美，人更美，在座的每一个人都非常热情，你们都是我的亲人啊。

短短几句话，一下子牢牢地吸引了听众的注意力，使听众的心里暖和和的，赢得了全场热烈掌声。当然，"套近乎"并不是一味讲赞美的话，光说好听的。否则，会给人哗众取宠，油嘴滑舌之嫌。"套近乎"应该有感而发，有感而"套"，做到以情托声，声中有情。

运用心理控制调动听众情绪。前面讲到演讲首先必须了解听众的心理需求，但当进入演讲过程中，就更应该注意心理控制及听众情绪的调动。只有当演讲者做好了心理控制和听众情绪的调动工作，才能使演讲者与听众心心相通，达到演讲的最佳效果。"套近乎的方法"，是一种非常好用的拉近和听众距离的方式，但是这样的方式并不能每次都用一套方案，要根据不同听众的社会阅历、兴趣爱好、思想感情等方面的特点，结合自己的实际，给观众描述一段与听众相似的生活经历或在学习工作上相同或相似的事例，有时也可以将自己的内心烦恼、趣事展现给听众。

四、征服听众的方法

有时候演讲有其非常明确的功利目的：演讲需要"征服听众"，让他们的心随着演讲者的思考而思考，让他们的行动跟随演讲者的脚步。

这种"征服"的效果，不能通过混淆视听、欺骗蒙蔽的手段来达到目的，而要靠真情实感来感染听众。

古往今来，"尊重"都是能够"征服公众"的一个重要条件。自尊心与安全感是人的共性。要征服一个人首先要尊敬这个人，这是征服听众的必要条件。演讲者登上演讲台之后，他的一举一动都一览无余地展现在了别人面前，每一个下意识的动作都会影响到听众的感受和对演讲者的评价。所以只要演讲者怀有一丝一毫的骄傲，就会在演讲台上被无限放大。因此应谦虚谨慎地向听众表示你的诚意。这样，听众才不会小看你，相反还会认为你是一位诚实坦白、值得信赖之人，你的演讲即能在一种融洽的氛围中进行并取得成功。

孔子是中国著名的思想家、文学家，是儒家的代表，但他从未以他渊博的知识向别人炫耀，他总是以包容一切的博爱精神来感化别人、教化世人。作为演讲者，必须懂得这个简单的道理，并采取相应的措施。

其次，要征服听众，就应有卓越的演讲才能。所谓演讲才能就是一个演讲者的口才和语言能力。这是通过长期的锻炼和学习来实现的。作为一名演讲者，可以从这几个方面来加强自己的语言魅力：有新颖奇特的观点；所有论述都是真情实感；有的放矢，尊重事实；思维清楚，加强语言的逻辑性；合理地安排演讲的布局；运用多种修辞来加强影响力；保持语言生动形象，有活力；语言简洁有力；声情并茂，感人至深。

如果你能较好地掌握这些要求，那么就有了征服听众的较大把握。同时还要注意环境、音响、时间等因素的作用。

五、选择亲身经历过的事情作为话题

对于人们来说，自己亲身经历过的事情说起来总会比较得心应手，一个人说得最生动、激昂、富有吸引力的，必定是自己最熟悉、最了解、最清楚的事物。

而作为听众最为关心的是与其生活息息相关的现实问题，是他们在生活中能够见到听到的熟悉的事情，空泛的理论是无法吸引他们的注意力的，所以有真情实感的演讲总是比单靠从书本、报纸、杂志上东拼西凑的东西要感人。

每个人的生活和经历都不尽相同，以个人的生活经验为话题展开演讲，演讲者往往以个人生活中的小事为例子，这样的小事往往是神秘、特殊而隐秘的，带有鲜明的个性，很少能和其他人相重复，同时可以满足人们的好奇心。

善于演讲的人可以很轻易地从生活中寻找到自己想要的例子，或者能够将别人身上发生的事，生动地转述出来，但是作为一名经验较少的演讲者，怎么样才能寻找到合适的事例，使得自己的演讲不会显得干巴巴的呢？

这时我们可以从自己的生活背景中寻找主题。一般和家庭、幼年及学校生活相关的回忆，都能引起听众的共鸣。因为这是每个人都经历过的生活，都有自己独特的感受，人们都是希望从演讲中寻找到自己过去的影子。

当然，作为演讲者还可以谈自己个人的兴趣和爱好，这样能引起听众的好奇心，并能够引起听众的共鸣。这是因为，演讲者所讲述的爱好或者兴趣总会和一些听众的喜好相吻合，而另一部分的听众则有可能对演讲者所讲述的内容产生兴趣。

另外，一些特殊的经历也能够成为演讲的话题，同样能够达成吸引听众的目的。这些特殊的经历可以是在严酷的环境中求生存，或者接触过伟人、名人。因为大部分听众没有这样的经历，能够引起听众强烈的好奇心。

第二节 使听众关注演讲

听众的注意力是有限的，无论演讲者怎样努力，总会遇到听众注意力不集中的情况，在这种情况下，演讲者就需要想一些办法把听众的注意力吸引回来，否则就会导致演讲的失败，会场秩序的混乱。

一、声东击西

所谓声东击西，兵法原文是这样写的："凡战，所谓声者，张虚声也。声东击西，声彼而击此，使敌人不知其所备。则我所攻者，乃敌人所不守也。"它的意思是：凡是作战，所谓声，就是虚张声势。在东边造声势而袭击的目标是西面，声在彼处而袭击此处，让敌人不知道如何来防备。这样我所攻击的地方，正是敌人没有防备的地方。

我没有踌躇过一刹那，去放弃那遵循格律的戏剧。地点的一致对我犹同牢狱般地可怕，情节的统一和时间的一致是我们想象力的沉重桎梏。我跳进了自由的空气里，这才感到自己（生长了）手和脚。现在，当我认识到那些讲究规格的先生们从他们的巢穴里给我硬加上了多少障碍时，以及看到有多少自由的心灵还被围困在里面时，如果我再不向他们宣战，再不每天寻找机会以击碎他们的堡垒的话，那么我的心就会愤怒得碎裂。

法国人用作典范的希腊戏剧，按其内在的性质和外表的状况来说，就是这样的：让一个法国侯爵效仿那位亚尔西巴德却比高乃依追随索福克勒斯要容易得多。

开始是一段敬神的插曲，然后悲剧庄严隆重地以完美的单纯朴素（风格），向人民大众展示出先辈们的各个惊魂动魄的故事情节，在各个心灵里激动起完整的、伟大的情操；因为悲剧本身就是完整的、伟大的。

在什么样的心灵里啊！

希腊的！我不能说明这意味着什么；但我感觉出这点，为简明起见，我在这里根据的是荷马，索福克勒斯及忒俄克里托斯；他们教会我去感觉。

同时，我还要连忙接着说：小小的法国人，你要拿希腊的盔甲来做什么？

它对你来说是太大了，而且太重了。

因此所有的法国悲剧本身就变成了一些模仿的滑稽诗篇。不过那些先生们已从经验里知道，这些悲剧如同鞋子一样，只是大同小异，它们中间也有一些乏味的东西，特别是经常都在第四幕里，同时他们也知道这些又是如何按照格律来进行的。这方面我就无需多花笔墨了。

我不知道是谁首先想出把这类政治历史大事题材搬上舞台的。对这方面有兴趣的人，可以借此机会写一篇论文，加以评论。这发明权的荣誉是否属于莎士比亚，我表示怀疑；总而言之，他把这类题材提高到至今似乎还是最高的程度，眼睛向上看（的人）是很少的，因此也很难设想，会有一个人能比他看得更远，或者甚至能比他攀登得更高。

莎士比亚，我的朋友啊！如果你还活在我们当中的话，那我只会和你生活在一起；我是多么想扮演配角匹拉德斯，假如你是俄来斯特的话！而不愿在德尔福斯庙宇里做一个受人尊敬的司祭长。

这是歌德为了纪念莎士比亚所做的一篇演讲，但是他在并没有直接说明莎士比亚的作品有多么的优秀，而是在说明另一些作品的特点，最后通过这样的比较来达到了赞美莎士比亚的目的。

声东击西，是忽东忽西，即打即离，这是一种演讲方式。如果我们发现听众对于演讲的内容出现了疲劳和厌倦,采用正攻的方法是无法取得预期效果的,而采取佯攻,突然说些表面上和演讲没有太大关系的内容,反而能够引起听众的好奇心。

因此,在同听众的接触中,不要太急于暴露自己的意图,尽量将对方的注意力转移到他所感兴趣的地方,使对方逐渐对你产生信任感,从而建立起良好的关系,此时演讲才能取得良好的效果。

二、投石问路

当演讲者不确定某个论点是否能吸引观众时就可采用这种方式。

有时,为了了解对方心中的秘密,又不便直问,可以用"投石问路"的曲问法进行试探。对于一些敏感的人来说,问者便显得谨慎。投石问路之法也被广泛运用于审讯之中。

尊敬的 Bok 校长、Rudenstine 前校长、即将上任的 Faust 校长、哈佛集团的各位成员、监管理事会的各位理事、各位老师、各位家长、各位同学:

有一句话我等了三十年,现在终于可以说了:"老爸,我总是跟你说,我会回来拿到我的学位的!"

我要感谢哈佛大学在这个时候给我这个荣誉。明年,我就要换工作了……我终于可以在简历上写我有一个本科学位,这真是不错啊。

我为今天在座的各位同学感到高兴,你们拿到学位可比我简单多了。哈佛的校报称我是"哈佛大学历史上最成功的辍学生",我想这大概使我有资格代表我这一类学生发言……在所有的失败者里,我做得最好。

但是,我还要提醒大家,我使得斯特夫·鲍尔莫(Steve Ballmer)也从哈佛商学院退学了。因此,我是个有着恶劣影响力的人,这就是为什么我被邀请来在你们的毕业典礼上演讲。如果我在你们入学欢迎仪式上演讲,那么能够坚持到今天在这里毕业的人也许会少得多吧。

这是比尔·盖茨在哈佛大学 2001 年毕业典礼上所做的演讲的开篇,我们都知道比尔·盖茨,1973 年进入哈佛大学,大三时辍学,与同窗保罗·艾伦一起创办了微软公司,成为世界巨富。但是这都不能改变他没有大学毕业的事实，他采取这种方式开始演讲，一方面可以缓解气氛，同时可以试探听众对他的态度，可谓一举两得。

三、欲正故谬

当演讲者发现听众走神时，可以故意将一些简单的问题说错，这样不但能吸引没有走神的听众们的互动，同时能将走神的听众的注意力吸引回来，还能够缓解演讲现场的气氛。

当我们要启发听众思考某一个问题时，与其告诉他们答案或者给予提示，不如我们故意说一个错误的答案来刺激他们思考问题，因为当演讲者说错时，就能够激发听众思考的欲望，这方面最显著的代表就是教师在教学时的提问方式，学生在上课时，注意力大约只能集中20到30分钟，但是通常教师都要讲上45分钟，这样就会导致学生在后半段的课程上经常会走神，作为教师，为了保证教学质量，就要想进一切办法把学生的注意力吸引回来，这时欲正故谬就是一种非常有效的方法。

四、欲实先虚

所谓欲实先虚，是演讲者为了让对方顺着自己的意愿来展开话题而设下的一个圈套。这是因为平铺直叙地将道理讲述出来，有时无法打动听众的心，不能吸引听众的注意力。在这种时候，由演讲者先虚设一问，这一问乍一看与演讲内容毫无关系，或者让对方摸不清虚实，当对方出答案后，这种答案其实正是演讲者想要的，这时演讲者就可以抓住对方的话柄，以此为契机，得出想要的结论。这时，听众也就无法否认自己刚才说过的话了，这样也就无法否认演讲者的结论了。通过这样的小圈套来达到演讲的目的。

历史上墨子曾经给楚惠王讲过这样一个故事，他说："有这样一个人，他自己家有非常珍贵的宝物，但是他却觉得这些都没什么，反而特别喜欢邻居家的破烂的物品。"墨子问楚惠王："你觉得这是个怎么样的人啊。"楚惠王觉得好笑，他觉得这个人大概是有病，还喜欢偷东西的病，这是一个不识货的笨蛋。楚惠王的答案正中了墨子的下怀，墨子接着问，楚国是不是一个物产丰富、土地肥沃的强大的国家，楚惠王当然回答是的，接着墨子又说到了宋国，他认为宋国是一个地域窄小，物产贫乏，弱小的国家，楚惠王当然不会夸奖其他国家，所以他又回答是的。

至此，墨子好像问了三个毫不相干的问题，这就使得楚惠王十分好奇，而他的这些答案和他好奇的心理，就是墨子问这些问题的目的。最后墨子问道，如果大王守着强大的楚国，而去攻击弱小的宋国，这样的行为是不是和之前的那个人一样呢。

这时楚惠王才知道自己中了墨子的圈套，但是此时也是无能为力了，只能回答他"是的"。这样，墨子就通过几个简短的故事，化解了宋国的危机。

第三节 使演讲具有兴奋点

所谓的兴奋点就是最能够吸引听众注意力的关键点，这是一个演讲的亮点所在，也是一个演讲成功与否的重要因素。

最常见的话题有以下这几个：

一、满足求知欲的话题

陌生的知识领域或神秘不可及的事物总是能引起人们的求知欲，使人们兴起探索的欲望，对于不知道的东西，想要弄清楚其工作原理，这是人们的本能，针对这种奇闻轶事展开话题可以大大地吸引听众的注意力。

二、刺激好奇心的话题

西方有句俗语：Curiosity killed the cat（好奇心害死猫）。西方传说猫有九条命，怎么都不会死去，而最后恰恰是死于自己的好奇心，可见好奇心有时是多么的可怕！

可见好奇心是每个活着的生物都具备的特征。演讲者可以利用每个人都有好奇心，通过各类趣闻、名人轶事、突发事件、科学幻想、传奇经历等等内容，来激发听众的好奇心。

三、与听众利益密切相关的话题

在很多单位都会有这样一种现象，公司的一些大的发展方向或者整体规划往往不能得到每个员工的重视。相反的，每个小的细节例如年终奖金的评定方法、午餐的标准啊，这样的事情反而能赢得大部分人的关注，这是因为群众最关心的无非就是涉及自己切身利益的事情。所以，纵观各类演讲，一旦关系到吃、穿、住、行、生活琐事的都会非常受欢迎。所以高明的演讲者常常能将要演讲的问题和人们生活中的实际利益集合到一起，例如在讲解全球变暖，号召大家爱护环境时，可以不用空洞的说明，而是根据现实生活中的实际情况来说明：夏天气温越来越闷热等。

四、有关信仰和理想的话题

在物质生活越来越丰富的今天，人们对于理想和信仰的追求也越来明确，没有探索、没有理想的人几乎是没有的。古今中外，人们都在为信仰和理想而不停地奋斗着。

因此，有关这方面的话题能够被大多数的群众所接受，尤其是青年听众，他们正是人生观、价值观形成的时期，关于信仰和理想的演讲对于他们正是良好的启迪。同时也要注意演讲的内容必须要有针对性、现实性，符合现实生活，符合时代的需求，只有这样才能达到励志的目的。

五、娱乐性话题

现代人的生活节奏越来越快，工作生活的压力也越来越大，这样的生活使得人们的生活也越来越苦闷。娱乐性的演讲正好可以缓解人们的压力。一般娱乐性的演讲大都是选择一些社会上热议的话题，通过演讲者在演讲中穿插些幽默、笑话或娱乐性故事以达到在短时间内提起听众兴趣的目的，礼仪场合或者社交场合人们大都喜欢用这种话题来缓解或者活跃气氛。

第五章

演讲词的准备

第一节 演讲稿的作用

演讲稿是演讲的依据。演讲稿能够帮助演讲者确定演讲的目的和主题；梳理演讲思路；提示演讲内容；把握演讲节奏；限定演讲时速；斟酌演讲用语；提高语言表达能力；促进演讲稿写作的研究；等等。具体来说，演讲稿的作用主要表现在以下几个方面。

演讲前认真写演讲稿，有如下几点好处：

一、减少妄说，避免出丑

在演说时当众出丑，是非常难堪的事。由于种种原因而当众出丑的情况常常存在，但听众往往会宽容演说者的技巧失误，而对那些"无知妄说"的演讲、演说时的胡说八道是不会原谅的，出现后面一种失误的原因除少数人是由于"无实事求是之心，有哗众取宠之意"外，多数人是由于没有经过深思熟虑，事前没有字斟句酌，他本人对问题还处于模模糊糊、不甚了解的状态所造成的。"以其昏昏"焉能"使人昭昭"？再加上上台以后过度紧张，血压增高，使头脑发热，故而信口开河、胡说一气。

如果事先写了演讲稿，则不会犯这方面的错误。因为撰写讲稿时，演讲者就会认真思考，进入分析、综合、归纳、推理状态。原本散乱、模糊、似是而非或似非而是的理解，就会眉目清楚，如同在一缸混混沌沌的水中加进了明矾，立刻会变得清澈见底。冷静思考，一般会出现两种情况：一种是觉得自己对问题还没有真切的见解,又不能马上解决,便明智地婉言谢绝演讲,从而避免当众出丑;一种是立即补充知识,抓紧时间学习,再上台演讲,就不会无知妄说,胡扯一气。

二、引发灵感,如有神助

撰写讲稿的过程,其实是一种反复思考、广征博引的过程。这时,你就会充分发挥自己的智慧,对往日所有的"库存",包括已有的知识、学问、经验、理论进行搜索和全面整理,如同电子仪器所进行的全方位、多角度、多层次的"扫描"过程。

我们可以把人的思维过程分成以下几个步骤。

1. 收集资料。这时演讲者沉浸在对问题的思考中,正是在这个阶段,收集那些创造活动可能要利用的材料。有些材料也许已经存在演讲者的头脑中了。这些一般性材料在以后将与具体的演讲主题资料相互融会贯通。

2. 分析资料。一旦原始资料收集充分,演讲者就可以开始分析和研究这些材料,这就是大脑消化阶段的主要工作。

3. 酝酿。当演讲者将材料分析妥当之后,可以完全地放开自己的思维,转移一下注意力,休息一下,这就是酝酿,也可以说是在"做白日梦"。所以好的演讲者要随身携带一个笔记本来记下突然出现的灵感。好的主意或点子,都是在不经意中一闪而过的。

1993年,日本的一家研究所对821名日本发明家的灵感产生地做了一次调查:

枕头上52%,家中桌旁32%,浴室18%,厕所11%,办公桌前21%,资料室21%,会议室7%,乘车中45%,步行中46%,茶馆中31%。

4. 灵感闪现。当你不经意时,念头有时就会冒出来。及时地把握所产生的观点才能做出成功的演讲。

5. 应用阶段。要求演讲者把想法放到现实世界中测试,看看是否切实可行。例如,检查一下在演讲中是否有低俗的语言,或者对于民族、性别的歧视等现象。

这一阶段的工作要求耐心和坚韧，只有这样才能使演讲最终取得成功。许多人喜欢出主意，但大多数人的耐心和坚持奋斗的精神不足。

三、抛砖引玉，博采众长

要想获得演讲的成功，除了充分发挥自己的智力潜能外，还需要得到他人的指教和帮助。因为演讲要面对众多的听众，"众口难调"已是不容争辩的事实。你所作的演讲，从主题到语句，如果稍有疏忽，稍失分寸，就会得罪听众。要想使之周密并有分寸，最好能预先向你的亲友、同事、上级、老师征询意见，请他们指出谬误之处，以便改正。当然，并非是用众人的意见代替你自己的思索，"谋在于众，断在于独"，最后结论还得你自己做主，但众人的意见可以给你启发（包括正面的启发和反面的启发）。

征询众人的意见时采取何种方式呢？将众人邀请到一起，让他们作听众做一预演吗？这种办法显然不行。虽然此举能做出科学的评价，提出中肯的意见，但是要把大家同时请到场是非常困难的。如果你把演讲稿分别给大家看，情况就不一样，但所起的效果是同样的。大家不用集中便能提出讲稿的优缺点，然后给你出主意、想办法，为你提供新的材料、证据、理论，甚至帮你进行文字润色，这就是所谓"众人拾柴火焰高"。你的演讲稿便会像吸水的海绵一样，博采众人的智慧。这对你是多么幸运的事！除了少数自命不凡的傻瓜之外，人们都愿意接受别人的帮助。这种预先写好演讲稿，然后再征求、汲取众人意见的方法，对初学演讲的人是绝佳的途径，对有经验的演讲者也是有益处的。

四、"有恃无恐"，百战不殆

演讲者临场失常，不能将水平正常发挥出来，往往是因为心情过于紧张。而造成紧张的原因之一，是自己心中没有把握。尤其对于初次登台的演讲者来说，有了演讲稿，心中就有了底，就可以大胆沉着地进行演讲。即使恐惧心理较重，但由于有演讲稿作依据，也可以继续坚持下去，不至于出现中断演讲的现象。

如果登场前手上已握着一份精妙的演讲稿，这份演讲稿即使让听众自己阅读，听众都能被感染，那么演讲至少就有了 70% 的把握，心情也就不会紧张，登台演讲就不会发挥失常。他心里会想："现在我用不着害怕，也用不着粉饰，也用不着过多的表情、拿姿态、做手势，更用不着拿腔拿调，只要对着麦克风，一字一句把意思表达完整，就足以感动听众了，我还怕什么呢！"这就叫"有恃无恐"。在演讲的过程中，当演讲者卡住了壳，临时忘记了某些内容，随时看一眼演讲稿，就会把演讲内容连贯起来。但演讲者一定要做到，除长篇演讲外最好不要带讲稿上台，而是应该背熟记在脑海里。

戏剧界有句行话叫作"剧本，剧本，一剧之本，它决定剧场演出一半的生命。"演讲也可以借鉴这个道理，其实演讲稿就是登台演说的"剧本"，这个"剧本"的好坏，决定着演讲 50% 的成功。所以，有好的演讲稿在手，演讲者一般都能镇定自如，如同吃了定心丸。

五、演讲稿可以限定演讲进度

每一个演讲都是有时间限定的，短的几分钟、十几分钟，长的一两个小时甚至半天或一天，总是要在一定的时间范围内讲完的，不能永远不停地讲下去。所以同一主题的演讲，在不同的时间限定下，其稿件也是不相同的。

第二节 演讲稿的现场感

每个演讲者都有自己不同的演讲风格，想要成为一名成功的演讲者就一定要形成自己的演讲风格，不同的时代、民族和阶级都有自己不同的特点，每个演讲者的风格也都会受这些因素的影响。演讲者的个人风格可以通过演讲稿的写作来逐步细致和完善的。

一、利用不同的演讲稿风格来加强演讲稿的现场感

（一）激昂型演讲

这种演讲风格就如同字面上的意思一样，是一种充满了激情、豪放、爽朗、干脆、刚健的演讲稿。激昂型的演讲稿要求具有真情实感，案例丰富，具有极强的说服力，并不能单纯地认为，激昂就是大吼大叫。

在演讲过程中，演讲者的情绪一直处于一种亢奋的状况。这样的演讲稿，为了能够产生慷慨激昂的演讲效果，在演讲稿的写作中，经常要加入非常多引人入胜的情景描述成分，营造出一种神秘、紧迫的氛围。这样的演讲稿，一般会大量的运用比喻、设问和反问等修辞手法，通过这样的描写来加强语气，使演讲稿语言简洁明了，表达通俗易懂。同时，在演讲稿中经常会用大量的排比句，这是因为，排比的句子在朗读的过程中读音是逐步加重的，这样就能够起到一个语气逐渐加强的感觉，使得演讲者的音域宽广，音色宏亮，能够使会场的气氛异常活跃，演讲者必然能听到听众或是鼓掌喝彩，或是捧腹大笑或痛哭流涕。

激昂型的演讲稿是通过演讲稿中的每一个字来表现演讲者的思想感情，并将这些思想感情施加到听众的感情上，通过演讲的过程加强观众的认知。

作为一名演讲者在写作演讲稿时，如果想将演讲稿写成这种激昂型，首先要确定自己的演讲主题是否符合这种类型的要求。如果演讲者要做的是一个未受人注意的新观点的演讲或者是具有鼓动性和号召性社会政治演讲。那么这种具有强烈感染力和鼓动性的演讲稿类型，是十分合适的。但是如果演讲者在一个社交的场合做一场平和的或是娱乐的演讲时，用这种类型的演讲稿，无疑就是贻笑大方了。

也应当指出，激昂型的演讲也有一些明显的缺点。第一，就演讲者而言。因为高度兴奋，往往过分注意于感情的抒发和渲染，因而容易离题，缺乏逻辑性，这种情况在即兴演讲中表现得尤为突出。第二，就听众而言，在演讲者的情绪感染下，他们虽然容易进入强烈的情感状态，情绪和心理上得到满足，但未必就真正抓住了演讲的精华。第三，就影响力而言，有一项实验调查显示：如果效应在当时或过几天就进行衡量，那么情绪影响的作用确实是强烈的；而如果过几个星期或几个月进行衡量，那情绪影响的效应就很容易消失。

（二）严谨型演讲

这种演讲风格的总特征是：理智、精深、执着、质朴和稳定。一般地说，这类演讲崇尚实事求是、朴实无华，它所刻意追求的是用命题本身去激发听众的思想，是通过对命题的充分论述去说明某个道理。因此，在主题方面，它要求尽可能排除主观性，使演讲者对待主题的态度具有客观性，至少要隐蔽到近乎毫无所察的"旁观者"的地步；在选材方面，它的形象材料往往少到最低限度，没有多余的情景描述；在结构方面，着力于对论点进行论证和分析，使其严谨无隙、相互贯通；在语言方面，它讲究工整、鲜明和准确，不可雕琢和粉饰；在声音方面，它的语流比较平稳，没有太大的起伏；在体势方面，它的手势动作用得不多，连演讲者的站立姿势和位置都比较稳定。这就是严谨型的演讲风格。

很明显，最具有这种风格特点的，当首推学术演讲和课堂演讲。例如，杨振宁的《读书教学四十年》，我国著名学者和演讲家梁启超先生曾应邀在南京等地作了二十余次学术演讲，这些演讲充分地表现出了严谨的特色。在法庭诉讼演讲中，这类风格的演讲也是不乏其例的，如古巴卡斯特罗的名篇《历史将宣判我无罪》。我们还注意到，在庄严、隆重的集会上，在某些极为特殊的场合，不少演讲也都是这种风格的典范，如华盛顿的《告别词》、林肯的《在葛底斯堡国家烈士公墓落成仪式上的演说》和周恩来的《在亚非会议全体会议上的补充发言》等。

必须指出的是，诉诸理性的严谨型演讲，并不是说它不需要或者毫无感情色彩，而是说它们更注重对听众理智的征服；也并不是说它们全然不做加工和修饰，而是说它们很少显示出粉饰的痕迹。也许正是这一缘故，才使得这种演讲具有很高的审美价值和巨大的社会作用。事实证明，虽然它在短期内对听众的影响不如激昂型演讲那样强烈，但却比后者持久得多、稳定得多、深刻得多。

当然，这种风格的魅力是有条件的。如前所述，对于具有较高智力水平的听众来说，诉诸理性的演讲比诉诸感情的演讲所能产生的影响确实要深刻得多、有力得多。但是，这类演讲能否产生应有的正效应，除取决于演讲者的演讲素养外，显然还取决于听讲者的内在条件。

(三)活泼型演讲

轻松、亲切、生动、幽默、灵活和多变,是这种演讲风格的总特征。在具体的演讲实践中,这些总特征既表现在内容的诸要素上,又表现在形式的诸要素上。比如说,在选题上,多是讲一些别开生面的小题目,特别是一些角度新、与现实联系紧密的题目;在题材上,多选用古今中外某些新鲜有趣的材料,喜欢大量引用名言警句、轶闻逸事、典故史实;在结构上,貌似臃肿杂乱,实则是形散而神聚;在语言上,善于运用各种修辞手法,采用一些富有表现力的词语和多变的句式,口语化色彩很浓。之外,这类风格的演讲也很注重表情、神态和手势,讲究声音的轻重缓急和抑扬顿挫;喜欢用提纲式和即兴式演讲与听众交流;会场气氛轻松活跃,听众常常会发出会心的笑声和鼓掌声。一句话,它既讲内容的厚重,又求形式的多彩。

显而易见,活泼型风格与激昂型、严谨型风格虽有这样或那样的相似之处,但差别却是十分明显的。正是这样,这种风格通常有自己特定的适用范围。首先,它比较适合用来讲社会生活问题,诸如衣食住行、风俗人情、人生爱情和工作学习等;其次,它比较适合那些气氛轻松的集会演讲,如形势教育报告以及某些仪式上的致辞;再次,它比较适合和平时代的演讲;最后,它比较适合对低层次或青年听众演讲。

不言而喻,活泼型演讲同样有着独特的魅力。但是,它也很容易引导人们走上另一个极端,即刻意追求演讲的戏剧性效果,因而一旦处理不妥,即使是最出色的演讲家,也会成为人们的笑柄。有许多事实证明,俄国著名演讲家普列汉诺夫也是擅长活泼型演讲的高手,然而随着时间的推移,他后期的不少演讲表演化倾向越来越明显,常常"带有做作的热情与戏剧式的姿态"。

因此,发表这类演讲,文学性和戏剧性一定要使用得适可而止,尤其要防止过分幽默。如果都是夸饰的言辞、栩栩如生的形象、引人入胜的情节、朗诵般的腔调和表演化的姿态,就会使演讲喧宾夺主,以辞害意;如果节外生枝,随意穿插与主题无关的笑料,就会破坏演讲主题的严肃性,进而破坏演讲的效果。这些都是演讲者应该特别注意的。

(四)深沉型演讲

深沉型风格的总特征可以概括为:恳切、凝重、深邃、含蓄和柔和。说它恳切,是指演讲者的态度一般都比较诚恳,有实事求是之意,无哗众取宠之心;说它凝重,是指演讲的内容通常都比较严肃,有相当的分量;说它深邃,是指演讲的思想一般都比较深刻,有相当的力度;说它含蓄,是指演讲的感情不尚外露,看似风平浪静,实为倒海翻江;说它柔和,一是指演讲的音调较为低沉,节奏也较缓慢,力度对比不太强烈,二是指演讲的体态动作用得较少而且轻缓,主要依靠面部表情。由此看来,这种风格既明显地区别于激昂型演讲,也明显地不同于活泼型;在某些特征尤其是某些形式特征上,虽然它和严谨型演讲有一定的相似处,但从这些特征表现出来的强弱程度来看,从这两种风格总的色彩、总的面貌和总的状态来看,两者还是有很大的差异,基于这一事实,把深沉作为一种相对独立的典型的演讲风格,应该说是合情的必要的。

其实,在某些政治外交演讲中,在某些意在说服教育听众的训导演讲中,尤其是在悼念演讲和告别演讲中,这种风格不仅大量存在,而且以它特有的魅力显示出了很高的审美价值和强有力的感染力。林肯的《告别演说》和恩格斯著名的《在马克思墓前的讲话》,就是这种风格的典型代表。

不过,在发表这类演讲时,应该引起特别注意的是,平柔不同于平淡,也不同于柔弱。平淡是内容的贫乏,是形式的枯燥,它不是心灵的强烈震动和对表现技巧的积极追求;柔弱是内容的浅薄和脆弱,是形式的苍白和软弱,它不是理智的高度升华和对表现艺术的刻意创造。作为一种审美追求,平柔是外柔的美,内刚的美,两者有机统一的美,是一种有特定适用范围的演讲风格。因此,我们不能把它等同于平淡和柔弱。否则,这种演讲就将成为听众的沉重负担,其风格也就失去了应有的光彩。

二、利用蒙太奇的效果增强现场感

蒙太奇是电影中常用的剪辑和组接的方法。它是电影构成的法则,运用这种法则，把那些不同画面的镜头有机地、艺术地剪辑、组接在一起，用以形成整部影片的节奏、气氛和塑造生动感人的艺术形象。在电影创作中运用蒙太奇手法，可以产生隐喻、象征、想象、衬托、悬念、对比、连贯等效果；增强电影的艺术魅力。而这种方法同样适用于演讲。

蒙太奇的表现手法多种多样，分类方法也五花八门，从结构形式上看主要有"并列式蒙太奇""平行式蒙太奇""交叉式蒙太奇""对比式蒙太奇"四种。在演讲中恰当借鉴蒙太奇手法，同样会产生特殊的艺术效果。

（一）并列式蒙太奇

"并列式蒙太奇"又叫"剪辑蒙太奇"，即把各种不同的镜头用并列的方式剪接、编辑在一起，从不同的侧面来反映一个共同的演讲主题。

（二）平行式蒙太奇

"平行式蒙太奇"就是把两组镜头用平行的方式串联起来，使之相对照，互相映衬来突出主题。

（三）交叉式蒙太奇

"交叉式蒙太奇"就是把各种密切相关的生活镜头交织在一起，以引起人们的联想，来突出主题。交叉蒙太奇的方式时而国内，时而海外，进行交叉的叙述、联想、引申，事例就成了有血有肉的统一体，具体而生动形象。如果没有这种镜头的交叉运动，就不会有这么强的艺术表现力。

（四）对比式蒙太奇

"对比式蒙太奇"就是把两种截然不同的生活场面或事物紧紧组接在一起，以造成强烈对比的气氛，来突出主题。

第三节 演讲稿的撰写

演讲稿不同于我们平时写的作文，有的演讲者认为演讲就是把写好的作文背诵好了就可以了。这其实是错误的。要进行演讲必须要准备好演讲稿。演讲稿不同于一般意义上的作文，演讲稿有它自己的要求。

初学演讲者往往人为地割裂了演讲稿与演讲的有机联系。要么把心思全放在"演"上，只考虑着上台后如何去"演"去"讲"，对演讲稿为演讲服务的重要性认识不足，即使有充分的时间也不愿去撰写演讲稿，或者写了也当成可有可无的"道具"，显示出心态上的浮躁；要么倾尽全力在"写"上下工夫，成语、典故、格言连篇累牍，忽略了演讲稿到演讲之间语体上的有机转换，失去口头语言应有的通俗、朴素、简短、流畅等特点，失去了演讲的可听性，上台后唯稿是从，不敢改动一个字，结果把演讲变成"作文朗读"或"作文背诵"。我们认为，作为初学演讲者，不但应认真撰写演讲稿，还应充分把握演讲稿的写作要求，努力达到演讲稿为演讲服务的目的。

演讲提纲是组织演讲时一种不可或缺的辅助手段。清晰的提纲可以帮助你掌握自己希望谈论的要点；采用提纲还可以使听众容易记住你演讲的大致内容。演讲要有头有尾，要懂得尊重听众，不要一开口就冒出一句没头没脑的话，使听众听不明白。

一、演讲提纲的作用

编列演讲提纲，是演讲前的重要准备工作。它常常是临场发挥的重要依据。提纲编写的好坏，直接影响到演讲成功与否。所谓编列提纲，实际上就是确定框架，以提要或图表方式列出观点、材料以及观点和材料的组合方式。

首先，它可以确定演讲框架，编列提纲能把演讲的整体轮廓用文字固定明确下来。事实上，拟订提纲的过程，正是认识不断明朗化条理化的过程。通过拟订提纲，可以对论题的设想不断加以修改和补充，使构思更为周密、完善。确定了整体框架，演讲者便能心中有数，逐层展开，不致东一句西一句，辞不达意。

其次，它可以进一步选材组材。编列提纲的过程，也是进一步选材和组材的过程，是演讲内容逐步具体化的过程。演讲题目、结构层次、典型事例、引文材料以及其他有关资料都要具体地在提纲中体现出来。在这个过程中必然要对材料做进一步的筛选和补充。

第三，它可以训练思维。编写提纲的过程，正是演讲者积极思维的紧张过程。在这个过程中,演讲者必然要认真思考,分析演讲的主题、材料、层次、结构和其内在的逻辑联系,促使思维的条理化和科学化。因此这个过程事实上正是培养和锻炼思维的过程。

最后,它可以避免遗忘。编写提纲也是不断熟悉材料的过程,特别是在不用讲稿仅用提纲进行演讲时,提纲更是起着提示启发、避免遗忘的作用成为临时发挥的重要依据。根据演讲的具体目的和要求,以及演讲者对材料的掌握情况等,演讲提纲的编写可粗可细。内容简单,材料易掌握,可编粗略些;内容复杂,材料丰富,就宜编得详细些。粗略的概要提纲要以极其简练的语言,扼要地列举出演讲的主旨、材料、层次大意等;详细提纲则要求比较具体,应基本上是讲稿的缩影。

二、撰写演讲大纲的步骤

撰写讲稿应先拟出演讲大纲,演讲纲略大致分如下五个部分:

1. 标题。
2. 内容提要。
3. 开场白。
4. 正文。
5. 结尾。

在这里,要注意把握演讲稿的整体结构:标题、副标题分别是什么;论点、分论点有哪些;如何开头和结尾;如何过渡;如何应对可能出现的问题;等等。

第四节 演讲稿表述观点的要求

演讲观点也就是演讲者演讲的主题,这影响到整个演讲的流向,公众演说并不需要像诗或绘画等必须具有特殊的才能,只要掌握了以下七个要领,任何一个能说话的人就可以在公众面前发表演说。

一、观点简明

观点简明、表达清楚于交流而言十分重要，在公众演说中，如果能自觉地遵循这一原则，你的演说就等于成功了一半。事实证明，听众往往不可能抓住演说的全部思想，长篇演说尤其如此，因此，假如不能用几句实质性的话把所要演说的观点表达清楚，那么，你的演说就将是漫无边际的，而更重要的是，如果你自己尚不清楚要说些什么，那你的听众将更是如坠云雾、不知所云。

二、精心组织

不管你的演说是长是短，你都必须有条理地将它组织好——怎样开头、要说明什么重点问题、怎样结尾。一些有经验的演讲者发表演说时，通常会事先写下演说的最后一个句子，因为当自己知道目标在何处后，就可以选择能达到目标的最佳线路。演说的最后几句话是听众最容易记住的。因此请务必注意：结尾一定要有力。

三、宁短勿长

一幕歌舞表演的标准时间一般是12分钟，舞姿优美、歌声悦耳的表演是观众们十分喜爱的，但是，如果时间拖得太长，观众也会感到乏味的。

海军陆战队司令开利将军于1987年6月退休，他为此准备了一篇非常出色的告别演说辞。但轮到他演说的时候，天气十分闷热，开利只是简单地说了两句："做海军陆战队司令是最自豪的，我向你们致敬。继续前进吧！"在场的不少听众都说，这是他们所听到过的最精彩的演说，在当时天气很热的情况下，开利要是长篇大论地讲一通，演说恐怕就很难得到这样高的评价了。并不是说长篇演说要绝对禁止，也并不是说长篇演说都注定要失败，而是说在多数场合，公众演说还是以简短为佳，时间最好是几分钟。

四、结构合理

演讲稿结构的基本要求是协调和谐。"凤头""猪肚""豹尾"的形象化说法，原则上也适用于讲稿的结构。

演讲稿结构的最大特色是简洁明晰。演讲稿不同于一般供阅读的文章一般文章读者可以反复阅读玩味，即使结构层次复杂一些，也可以经过分析而掌握。演讲稿是口耳相传的，而口述的信息稍纵即逝，容易与听众的听觉、思维之间出现游离脱节现象。如果演讲结构复杂头绪纷繁甚至思路紊乱，听众就难以理解演讲内容。为了使演讲收到最佳效果应尽可能简化演讲结构尤其是对长篇演讲更应该使结构简明化。

1. 把所要讲述的思想、材料进行逻辑分类。对问题的划分尽量明确防止互相交叉和互相包容。这是使结构简明化的根本方法。

2. 注明大结构和大纲目的序列号。例如第一个问题、第二个问题……或（一）、（二）……

3. 把纲目的要点用准确的标题语言醒目地呈现出来，要使演讲稿的头绪清楚，脉络分明，在很大程度上依赖于目录。

4. 在内容层次转换过渡处，多用明转法，少用暗转法。即采用提示语、交代语、承上启下语、前后照应语或小结语等便于听众把握内容的梗概和轮廓。

演讲稿的写作还要讲究逻辑，具体来说要注意下面几点。

1. 全文应该是合乎逻辑构成的总体。

对演讲稿总体上的逻辑要求是：概念要明确，判断要恰当，推理论证要遵守逻辑规则和规律。通篇安排应具有内部的必然联系。如果一篇演讲稿在总体上杂乱无章，那就很难使听众信服，演讲就难以收到预期的效果。

2. 注意层次间、段落间、句子间的联系。

要正确体现出并列、顺承、分合、选择、递进、转折、假设、条件、因果、目的、排除、推演等种种意念关系，在这些局部问题上也应该有严密的逻辑关系，做到无懈可击。

3. 要有充分的论证。

以说理为主的演讲稿要有充分的论证，特别是提出新颖独特见解时，更要严密论证。人们不会轻易接受未经论证或论证不严密的观点。

五、真情实感

如果你企图伪饰，那么，你是不会取得成功的。道理很简单，连你自己都认为某个故事实在平淡无味，怎能期望它会令听众捧腹大笑呢？连你自己都不为之感动的演说内容，怎能叫听众为之感动呢？罗伯特·佛罗斯特曾经写道："作者无泪，读者亦无泪。"公众演说何尝不是如此！

我们之所以要演说，是因为听众没有经历过我们所经历过的事情。我们的任务就是要通过演说，让听众同我们一起感受人间的冷暖和喜怒哀乐。要达到这个目的，用第一人称演说就是一种比较有说服力的方法。

六、风格明确

演讲稿的风格主要指的是演讲的语言或文学风格。

演讲稿的风格，应该尽可能符合听众了解的风格。但一般来说，演讲者可能需要介绍几个在日常说话中不常使用的词语，而却又是听众能够接受的语汇，增强风格色彩。但是这种情形应该维持在最低限度而且如果某个词语讲出来显得很奇怪，或者超过听众平常使用的范围，演讲者就应该提醒大家特别注意，并小心说明其意义。有些时候，演讲者可能会在演讲中使用某些一般人常用的词语，但这些词语在演讲中却具有特殊的意义，这时候他就必须很慎重地向听众说明应该如何使用这些字，并且再三地提醒他们这些字在此处的用法，否则听众一定会感到很困惑。所以，最好避免使用技术性的词语或艺术名词，并少用带有特殊意义的平常字眼，尤其是对一般听众演讲时。

风格的另一规则，可以用两句话来形容：第一，语句应该清楚明白；第二，语句应该不平凡也不艰涩。这两点说起来容易，做起来却不简单。

第六章
设计演讲的内容

第一节 搜集资料

演讲是一种需要精心准备、梳理写作的一种表现形式，所以在演讲前精心地写作演讲稿能够帮助我们理清演讲的逻辑，明确地表达演讲的目的和主要问题。

我们在演讲的过程中，需要引用大量的实例来支撑我们的论点，使听众信服。我们还需要了解当今社会的最新的科学技术、信息知识也是保证演讲成功的必要条件。所以，收集材料是演讲非常重要的一个步骤，它是充实演讲主题，充分证明论点的有力条件。也是能够影响一个演讲是否成功的重要条件。

一、收集材料的原则

收集材料不是一个茫然混乱的过程，我们要知道自己的演讲需要什么样的资料，什么样的资料适合我们的演讲。如果我们不分青红皂白，只是广泛地将我们能看到的信息都收集起来，虽然这让我们得到大量的资料，但是这样繁重的资料会加重我们的整理数量，加重我们的劳动量，所以有逻辑、有计划地收集资料才能更好地完成演讲。

（一）为演讲选择充分的材料

所谓选择充分的材料就是尽可能多地把我们能够收集到的材料全部收集起来，只有这样，才能满足演讲要求大量地详尽地收集和占有材料。这样我们既能纵向了解事物发生、发展的经过，又能横向了解事物各方面的联系。

在收集材料时，演讲者不但要收集赞同的声音作为论据的材料，对于那些反对的声音，与论点相悖的材料，也要大量地收集，材料越充分，思路就越开阔，论据就越充分，也就越能正确有力地阐明论点，产生令人信服的雄辩力量。特别是学术演讲和法庭演讲，更要求论据充足，旁征博引。材料不足往往难以言之成理，很难达到预定的目标。

这就要求我们在更加了解所要演讲的内容的同时，能够更加丰富我们的知识。当演讲者在面对听众的反对意见或刻意刁难时，有充足的材料和准备，自己才不至于哑口无言，闹出笑话。

（二）材料信息要真实可靠

我们说的真实可靠，是指我们的材料是有据可依的，是真人真事，是客观世界确实存在的、符合历史实际的。真实是选择材料的出发点，因为只有真实存在、发生过的事情才有说服力，才能够感动人，才最有利于人们形成坚定的信念。选择材料时，要选出最可靠的第一手材料，不能用捕风捉影、道听途说的材料，更不能无中生有、胡编乱造。只有真实的材料，才能取信于人。

对于演讲而言也是一样，任意臆造的和虚构的材料，势必与事实发生矛盾，势必被揭穿，所以比起因为虚假材料导致失去信任，就不如多花费些时间寻找真实的材料，当然，这同样包括要学会鉴别材料的真伪。

（三）尽可能地选择具有代表性的材料

我们在收集材料时，有时能够收集到几十或者几百个材料，而通常演讲者的演讲时间只有几分钟，作为一名演讲者，从众多的材料中选择合适的材料是最为重要的一个准备工作。真实具有可信度，新鲜具有吸引力；而典型则由于其深刻揭示事物本质，具有代表性。演讲的目的在于说服人、鼓动人。

具有代表性的、典型的事例，在演讲中可以使演讲有较强的说服力、感染力和鼓动性，而平淡无奇和被多次引用的事例则会使听众产生厌倦的心理，使演讲失败。

典型材料与一般材料是相比较而言的。只有在充分掌握许多材料的基础上，有比较余地，才能分出高下。在与众多材料进行比较时，要发现典型材料，关键在于演讲者的观察分析能力和思想认识水平。

1. 选择具体的材料

具体，是相对抽象笼统而言的。有些材料虽然真实、新鲜、典型，但由于详略处理不当，尽管讲清楚了来龙去脉，也使人感到"不够味""不解渴"。这恐怕就在于叙述太简略所致。出现这种情况的原因对于事例性的感性材料来说，往往是因为忽视了对重点材料的必要渲染；从记叙的诸要素看，常常是对 Why（为什么）和 How（怎样）交代得不够。如果把 Why 和 How 的内容进行较为详细的阐述，做必要的渲染，就会显得具体，给人留下明晰的印象。比如"他带病坚持工作，最后累倒在车床旁"，给人的印象就较笼统。如果进一步把他为什么带病工作，如何做的，怎样累倒的，累倒后又怎样，当时的现场怎么样等做必要的交代和渲染，给人的印象就具体得多。

2. 定向收集材料

收集材料要把准方向，防止盲目性和随意性。生活千头万绪，书报浩如烟海，时间和精力不容我们有见必记、有闻必录，这不仅没有必要也没有可能。我们必须把准方向，有计划、有针对性地收集。所谓把准方向就是围绕论题进行，根据论题划定的区域范围，按计划、有重点地工作。选择的论题要大小适中，不宜太窄，也不宜过宽。太窄，往往会漏掉与之相关的材料，使用时没有回旋余地；太宽往往难抓住主线和重点，造成内容芜杂臃肿，削弱和冲淡主题。例如，做一次题为"岗位成才"的演讲，不妨把收集目标集中在下列方面：从名人先哲的著作中收集有关成才的论述及有关部分和整体关系的论述；从教育学和心理学的图书中收集有关成才理论和有关青年心理特点及其发展趋势的论述；从历史图书中收集有关青年在工作中立志成才的故事；从报刊和现实生活中收集，特别是收集本单位青年在本职岗位上所做贡献的先进事例，等等。确定了这样一个范围和方向，收集材料就会顺利得多。

3. 选择新鲜的材料

新颖别致，是就听众的感觉而言的。新奇感是促使人们注意的心理因素。演讲者立论高妙，演讲材料新鲜，就能较好地激起听众的新奇感，引起注意。这对深化主旨，充实内容都有着十分重要的意义。演讲者"人云亦云"，重复使用别人用滥了的材料，就会令人感到乏味甚至反感。因此要尽力防止和避免材料的雷同。要产生新鲜感，一方面要留心收集现实生活中新近发生的事情；另一方面也要善于收集那些过去早已发生但并不为人所知的事例。此外还要善于观察分析抓住现实中看似一般的材料，从中挖掘出新意来。这些当然不是信手可得的而必须有耐心有韧劲。鲁迅先生在这方面为我们树立了很好的榜样。他常借古讽今，十分生动，如《由中国女人的脚，推定中国人之非中庸，又由此推定孔夫子有胃病》的演讲，运用了大量历史材料和现实材料，古今结合，使人感到异常新鲜、有趣。

4. 选择感人的材料

在演讲活动中，要注意选取能提高听众兴趣和打动听众感情的材料。在现实生活中，许多感人的事情都是看似违背常理但又是在情理之中的。例如，有位演讲者在演讲时引用了一位老师上课老是请假跑厕所的事。这种事显然违背常理，令人好笑。可是，当你知道这位老师身患膀胱癌，长期尿血，直到他被抬上病床，大家才发现他揣了一大摞病假条却从不请假时，你会觉得看似违背常理的事情，其实却在情理之中。演讲者用这件事来表现这位老师的高风亮节，十分生动感人。在现实生活中有许多这样的事例，关键在于要善于发现这种有违常理事例的特殊性。此外，演讲要感人，讲人们的奋斗经历，讲与听众切身利益相关的事，容易达到目的。

二、有计划查阅、研究相关资料及找他人求教

只有收集到大量的资料，演讲者才真正具有站在公众面前的勇气。演讲是向听众传达信息，如果你不能满足听众的需要，不能提供足够多的信息，那么你的演讲一定不是好演讲。根据演讲查阅相关资料，找他人求教都是很好的办法。

（一）根据演讲题目查阅相关资料

好好规划一下资料的查找工作使你能够在指定的时间内达到最好的结果。这一点要求你在匆匆忙忙地开始查找之前必须认真考虑自己的演讲题目和场合。你有多少时间？就你演讲的性质而言必须查阅哪些事实？哪些题目要调查？你查阅资料的目的是什么？

1. 从演讲题目入手

先从了解"总体情况"入手。你不应该先入为主地在一个方面的资料上花费大量时间，这样做也许会遗漏与演讲题目相关的其他重要方面。随着研究的深入，你会得到更加具体、更加确凿的材料，你知道哪些内容可以置之不理，但是如果其他方面的有关内容突然冒出，根据已经掌握的知识你完全能够把握这些提示，并顺藤摸瓜进一步深入下去。

演讲者在查阅资料之前的准备或探索性研究是由一系列活动所构成的。面对一个知之甚少的题目，在分析题目之前你必须先查阅一些概括性的知识。即使你对演讲题目很熟悉，你也得在准备查找资料之前在脑海里先理清自己的思路。

2. 规定完成时间

根据你可以支配的准备时间和演讲题目的不同，你要进行的查阅工作也会有很大的差异。建议你为自己的准备工作制订一份可行的时间表。如果演讲前一天才接到通知，你不可能详尽地查阅所有相关文献，但是可以从百科全书之类的书中查找概括性的资料。如果时间较为充裕，你的准备活动就可以更加深入，先从概括性的书籍当中收集线索，用它们作为指导再寻找其他更加细致、更加具体的资料。跳读是从头开始查找资料时最有用的技巧之一。在从图书馆查阅书籍或为此购买图书之前，先迅速浏览一遍书目。因为你没有时间把所有的书都看完，一定要掌握最重要的方法和理论。要首先查看书籍目录，跳过第一章和最后一章，或者阅读某一章或一篇文章的第一段和最后一段。记下书中频繁引用的重要学者和公众人物的姓名。留意反复出现的概念和研究项目。不要认为自己必须一字不落地把整个句子读完。

开始浏览时，翻找一些综述或有关该问题现状的文章和书籍。这些文章和书籍概括指出该问题目前的思潮，追溯该问题来龙去脉的文章段落也非常有用。这些文章和书籍往往很容易从题目中加以识别。

跳过一些资料，阅读一些概括性的书籍可以使你对自己的题目有大致的把握，你就可以进一步缩小范围，把查阅内容集中到某些问题上。

3. 带着分析性问题查阅资料

当你已经完成背景资料的查阅，还没有开始主要的研究活动之前，要回头分析自己的演讲题目。想一想你是否要把题目缩小为某个问题，调整自己的演讲目的，或者修改主题句的遣词造句使之适应演讲场合。

4. 熟悉相关的专业用语

为新题目查找资料就像学习一门新的语言一样。随着你逐步展开对题目的研究，你就能够列出这个过程中所出现的关键词。比如，在研究职业女性时，你会发现自己必须搞清楚"机会均等""果断行动"和"相对价值"等之间的区别。你会注意到如"玻璃天花板""女强人综合征"和"粉领工人"等都是关键性的名词，在谈论你所面对的问题时这些词已被广泛采用。熟悉与演讲题目有关的语言随着研究的展开而变得不可或缺，因为你在浏览文献时要查找这些关键词。

当然，如果你熟悉的人群中有人对你要演讲的项目非常了解，那么请教他们就再好不过了。

（二）直接向他人请教

直接向他人请教相关问题是非常便捷的一个方法。如果没有特别合适的人选，你也可以请教一下周围的人对你要演讲的题目的看法。你的朋友、家人、同事都可以成为信息渠道。

在你根据演讲题目组织整理自己的思路时，先和那些自己每天接触的人们谈一谈。你可能会喜出望外地发现有人对你要讲的题目非常在行。在大多数情况下，这些人告诉你的情况是他们自己的观察和体验，在书本中是无法找到的。随便和几位朋友交谈一番，你就会惊喜地发现懂了很多自己原来不知道的知识。在向他人请教的过程中，有几种人你要主要考虑。

1. 教师

任何水平的教育者往往都是平易近人的专家。传播知识和信息是他们的本职工作。如果你不知道应该向哪位专家咨询，可以打电话询问适当的院系或学校。他们会推荐你请教某位取得本领域研究成果的专家。

2. 政府相关部门

因为政府拥有的资源非常丰富，如果找到合适的部门询问，相信他们会认真地帮助你。

3. 独立机构和特殊利益集团

像一些专业性协会和团体也是最佳信息渠道。要注意这些团体看问题的角度往往是有局限性的。可以向一些独立性的机构、协会、特殊利益集团请教，但是要根据你所了解的客观标准权衡自己听到的答复。可能的话，采访与你立场不同的专家，尤其是当演讲题目有争议时，更应该这样做。

另外要注意的是法官、运动员、商业人士、警官、医生、会计师等都是专家。如果你不认识某个特定领域的任何人，看看是否可以通过同事或朋友介绍结识一位相关人士。如果无法建立这种联系，随时留意报纸上提到的人物。如果他们曾经接受过采访，那么可能也愿意再回答一些其他问题。

三、采访的技巧

采访是获得材料的重要手段。不要慌慌张张、毫无准备地采访别人。分析一下采访对象，想一想他或她该如何最大限度地为你的研究提供帮助。如果面谈的对象曾经就你所要谈论的问题写过文章或有专著出版，先把这些资料读一读。你应该事先设计一系列具体而明确的问题，这样就不会浪费宝贵的面谈时间，否则只能得到一些在百科全书中也可以查到的内容。你要准备一些没有确定答案的问题，而不是做肯定或否定的问题，或者只需简单地进行事实确认，但是不要含糊其辞让对方不知该从何说起。

采访时先用几分钟时间融洽气氛，建立进行采访的背景，介绍自己的身份，解释你为什么需要了解这些情况以及你已经得到哪些信息。同时，再次说明你预计采访将占用多长时间。这些内容也许是再次提起你打过的电话或写过的信。如果你希望把采访过程录下来，首先应该征求被采访者同意，但是要准备记录纸和笔，以防录音失败。不管怎么说，即使你确实把采访过程录了下来也应该记录采访内容。笔记可以帮助你让采访始终沿着所设计好的、有待澄清的问题前进，在重新听录音内容时，书面记录还可以帮助你把握重点。

开始提问时，一定要把大部分时间留给专家发言。不要打断、表示异议或鲁莽地说出自己的看法。用话语和身体语言鼓励专家继续说下去：点头、微笑、表示兴趣，留意自己的姿势和面部表情，用谦和的评价鼓励对方，比如"我明白了""非常有趣""那么后来怎么样"，为采访结束留出一定的空余时间。尊重接受采访者的时间，如果时间快到了，要主动停止发问，即使你只得到了一半问题的答复。总结自己的采访角度，通常请被采访者进行总结性发言会让人获益颇多。有些情况下你可以这样问："您希望我提出哪些问题而我没有提到？"当然最后要对他或她表示感谢。

四、演讲材料的收集范围和具体方法

占有丰富的材料是演讲成功的一个重要因素。熟悉演讲材料的收集整理范围非常重要。重要的是还要收集属于自己的材料，整理属于自己的素材，而且要保证材料的充足。

（一）演讲材料收集整理的范围

演讲材料的收集整理范围主要包括直接材料、间接材料和自己创建的材料。

1. 直接材料

从现实生活中得到直接材料。这是演讲者在生活、工作、劳动、学习及其他社会活动中所见所闻、所思所感的材料，也就是演讲者自身通过对社会生活的观察、体验、感受和调查研究所得到的第一手材料，这是最重要的材料来源。社会实践是我们获取直接材料的源泉。《从外国人的名片谈起》这篇演讲，就是演讲者在生活中看到外国人的名片，看到了外国人的实际能力，也看到了我国一些人的实际能力等真实材料后产生的，讲出后自然生动感人。

2. 间接材料

从书本或各种媒体中获得间接材料。这是演讲者从报刊、书籍、文献、广播电视上得到的材料，可称为第二手材料。演讲者由于时间和空间的限制，不可能事事处处都亲自观察体验，不可能每种知识都从亲身体验中得来，书籍是前人的经验总结，而广播电视传播的也是他人的亲身经历所得。所以，必须拓宽材料来源，获取大量的间接材料。间接材料的收集也是占有材料的重要手段之一。鲁迅的演讲《魏晋风度及文章与药及酒之关系》，就是靠大量的古代历史、政治、军事理论、医学等多方面的间接材料表现主题的。

3. 创建材料

分析研究获取创建材料。这是演讲者在获得大量直接材料和间接材料的基础上，经过归纳、分析、研究所得出的新材料，是一个演讲者智慧的结晶。这常常和直接材料、间接材料一起综合运用于演讲之中。

（二）准备属于自己的素材

这里强调一个"自己的"，虽然念一本书也是一种准备，但并不是最好的方法。从书上找材料，是可以有帮助的，但假如一个人仅想从书本上得到一大堆现成的材料，立刻据为己有而讲给别人听，难以获得听众热烈的掌声。

今天能参加你们的毕业典礼，我感到很荣幸。你们要离开的是世界上最好的大学之一，而我从来没有大学毕业过。说老实话，这是我最亲密接触大学毕业的时刻了。今天我想告诉你们我生命中的三个故事。就这些，没啥壮举，不过是三个故事。

第一个故事是关于连起生命中的点滴。

我进里德大学读了半年之后就退学了，不过还是作为在校生在校园里晃荡了一年半才最终真正离开。我为什么要退出呢？

（退出）这事在我出生前就开始了。我的生母当时是年轻的未婚大学毕业生，她决定把我送给人收养。她态度很坚决，收养我的人必须是大学毕业生，这样，由一名律师及其妻子来收养我的事在我出生前就全都弄好了。可是当我呱呱坠地的时候，他们在最后关头确定他们真正想要的是女孩。这样，我现在的父母，当时他们也在备选名单上，在晚上接到一个电话，告诉说有一个意外出生的男婴，问他们是否想要，他们说当然想要。我的生母后来才发现，我的养母不是大学毕业生，我的养父连高中都没有读完。她拒绝在最后的收养文件上签名。几个月后当我养父母保证以后我会上大学之后，她才妥协。

十七年之后，我上大学了。不过当时不懂事，选择了一所花销昂贵的大学，几乎和斯坦福大学不相上下。我父母都是工薪阶层，他们的积蓄都用来支付我的学费了。过了半年，我看不到这么做有什么价值。我不知道以后如何生活，也不知道大学如何来帮我对生活做出规划。而我在这里花的是我父母一生所积攒的钱。于是，我决定退学，并且相信这个决定会被证明是成功的。在当时，这个决定还是很让人惊慌的，不过回头去看，这是我做出的最好的决定之一。我退学了，就不用再去上那些我不感兴趣的必修课了，我开始旁听那些看起来有意思的课程。

整个事情并非全都那么具有传奇色彩。我没有宿舍房间，只好睡朋友房间的地板，我把可乐瓶还回去，这样可以得到5分钱来买吃的东西，每周日的晚上我会步行7英里横穿城区，到黑尔克力斯纳教堂吃那每周一顿的美食。我喜欢这种状态。我凭着好奇和直觉，无意中涉足的很多事情后来证明都是非常有价值的。

这是史蒂夫·乔布斯在2005年斯坦福大学毕业典礼上做的演讲的开篇，在这片演讲中，他大量地举了自身的例子，这些都是他亲身经历过的，所以就显得特别的真实可信。同时因为他所举的场景都是在场听众所熟悉的，就更增加了听众的好感和演讲的真实感。

这就是准备，只有自己真实的经验并加上深思的演讲才会成功。

（三）积累的材料一定要充足

别人的东西，只要消化了就能成为自己的东西。积累材料的过程就是收集属于别人的东西，纳为己有。然后在开始演讲前，就集中于某个题目，去注意和思想、去斟酌、回想并选择最能引起你兴趣的题材，加以润色，改造成另一种形式，成为你自己的作品。

某演说家关于怎样准备他的演说，他如此回答："我的准备是这样的，当我选择了一个题目时，就把题目写在一个大信封上，我备有许多这样的信封。假如我在读书时遇到一些好材料，认为将来用得上，就把它抄上，放入适合它题目的信封里。另外，我一直带着一本记事簿，当我在听别人演讲时，听到有切合我题目的话，便立即把它记下来，也放入信封内。当我要演讲时，就针对我要讲的题目取出我收集的所有材料，再加上我自己的研究，这样一篇文章就形成了。在我许多年的演讲中，从这里取一些，从那里择一点，因而演讲永远有材料，也不会陈旧。"

材料需要积累而且需要积累充分。收集100个意见思想，选择10个非常契合题目的，而抛弃另外90个。收集丰富的资料和知识，可以增加自信，可以使你的心境觉得安然有把握，讲话的态度自然大方。这是准备演说最重要的基本原则，演讲者不应该忽略此点。

第二节 整理资料

在收集资料阶段，我们收集了大量的资料，但是这些资料如果不整理妥当，那么不论我们收集了多少资料都是毫无用处的。怎么才能把大量的资料整理成自己需要的材料呢？材料的选择有哪些基本要求？这就是我们这一节要研究的问题。

一、整理资料的原则

（一）选出真实的材料、剔除虚假的材料

如果演讲者使用这种没有经过考证或找不到出处的材料，准备材料的工作就不能说是完善的。可以设想一下，如果演讲内容被听众怀疑其是否准确，演讲的效果就很难说好。要在平时多下工夫，经常查阅有关书籍、资料并将用得着的资料摘录下来，注明资料的出处，以便在演讲时引用，这能提高演讲的效果。材料准确性的另一个方面是用词准确性。任何一篇演讲的第一个要求是让人听懂，即演讲者的用词必须与听众使用的词汇一致。凡是演讲者使用的词汇、术语超出一定范围，就应该加以解释。特别是面对非专业性的听众发表有关专业方面的演讲时对专业词汇就应该进行解释。

为了保证材料的准确性和可靠性，我们可以对材料进行刨根问底，例如，在材料中有哪些人？他们在做什么？他们是什么时候做的这些事情？这件事情发生在什么地方？为什么要做这些事情？他们是怎样完成这件事情？这些问题可以帮助我们了解材料的情况，帮助我们辨别材料的真假，可以帮助我们理清材料的脉络，完善我们的演讲，同时，可以帮助我们避免在演讲时闹出笑话。

（二）选出有新意的材料，舍弃平淡的材料

有新意的材料，指的就是能够成为演讲的依据，同时是大部分听众没有听过或者没有想到过的材料。

演讲时为什么要使用有新意的材料？一是为了信息有价值。二是为了表现魅力。世人常说，世界上没有两片完全相同的树叶；人不能进入同一条河。这是因为食物是不断变化的，而人更喜欢多变，相声、小品演员经常抱怨说他们要不停地变换段子，因为再好的段子，观众看过几次后也就失去兴致的。同样，一支非常好的流行歌曲也不能长期占据榜单的前几位，这都是因为人们喜欢多变的事物的原因。

一名女性如果在街上或者宴会上和其他人撞衫，那是非常尴尬的一件事。但是，许多人却不断地重复他人的思想、观点和见解，甚至乐此不疲。这样的信息没有价值更没有吸引力。信息没有吸引力，就不能打动人心，就是老调重弹，陈词滥调往往使人听不进去、不感兴趣。我们对人讲话、与人交际，不仅要利用新材料，而且要在思想内容上有新颖的东西。

内容新是指演讲要有新意，谈论问题要有超越一般、不同凡响的感受和见解。比如你谈论"怎样看待人体美？""离婚率的上升说明了什么？"这一类的题目，往往会引起别人的注意和兴趣。这就是选取新题目，有所新发现。可口可乐是目前世界上最畅销的饮料之一，可口可乐公司推销成功的秘诀是什么呢？就是广告有新创意，与众不同。

在某次会议上，主持人请企业领导讲话，他谢绝了。理由是：一时讲不出新的意见，与其重复别人的话不如少说最好是索性不说。这位领导的做法值得提倡。实际上那种一讲老话、套话就没个完的现象真是比比皆是。有些人讲起话来滔滔不绝，可往往是打着官腔，说套话，信息量很少，缺乏给人以启迪的东西，甚至只是起到了留声机、传声筒的作用。听这种没有新意的讲话，实在是味同嚼蜡，令人生厌。据说有个知名人士做报告，这里讲，那里讲，一年之内每次所讲的内容都如出一辙，丝毫没有变化。试想，社会在变，听众在变，可报告者如此一成不变、墨守成规，还有什么价值和吸引力呢？即使这个报告起初内容不错，可是日复一日地重复也早让人生厌了。

要做内容有新意的演讲当然有许多方法，但首先要有自己的个性和积极的自我意识，要敢于标新立异。一个人如果不能发现和发挥自己的与众不同之处，不敢表现真实的自我，那就不可能用自己的语言表达自己的思想感情，演讲就没有生命力。

（三）优先选择幽默风趣的材料，放弃枯燥呆板的材料

演讲要想引起听众的兴趣就要选用新颖的、生动有趣的、寓意深刻的材料。吸引听众的有趣材料是演讲的调味品。适当地使用诙谐幽默的材料将在吸引听众方面起重要的作用，它可以帮助你消除和听众之间的紧张感，委婉地表达自己的意见，巧妙地解除窘境，甚至可以出奇制胜。使用给听众设悬念的办法，也能增加演说的趣味性。演说者可根据听众的心理，在演说中提出问题，然后解答问题，使听众的思路和注意力自始至终跟着演说者的思路走。

除了对材料有以上的要求外，还需要树立吸引意识，讲求语言有魅力，内容有新意，做到说话方式巧妙一些。如果你的某一次演讲语言上难以做到妙语如珠，内容上也不够新颖，那么只要在表达方式上比较巧妙，也会具有吸引力，就像"新瓶装旧酒"，使人精神一振，从而获得成功。

说话方式是指语言表达与交流的诸种因素如何组合搭配的关系。口语表达的角度、语句的顺序、悬念的设置、对比的效果和怎样利用仪表、体态、时间、空间、气氛、物体等非语言形式，都属于说话方式。处理好说话方式各要素之间的关系，需要在平时多加留意，积累经验。

所以，如果演讲者演讲的内容不够新颖，材料也不是幽默有趣，那他可以试试改换说话方式，也能收到良好的效果。

二、正确安排要点的方法

收集到足够的材料以后，把所有的想法根据演讲题目进行筛选，保留自己满意的部分，然后对它们进行综合，最后做到前后连贯，这个过程涉及很多步骤，主要包括：产生想法，把想法归类，把每类综合起来，然后重新过滤、调整并且理顺各种想法的关系，最终确定下各个要点。

（一）广泛收集想法

在准备演讲时，不要限制自己的思路。把你觉得演讲中可能提到的内容随手记下来，不管这些内容是在收集资料还是在整理准备放弃的资料时碰到的。不要对任何想法心存偏见或轻易抛弃，把它写下来，现在不必为你记录的内容排列顺序。加快工作速度，即使其中有些只是另一种想法的不同表达或者与另外一些想法截然对立也不要在意。除非已经积累了充足的原材料，否则无法着手进行整理。

（二）整理归类想法

可以采用许多不同的办法进行组织整理，选择适合自己的一种或几种方式，加以组合，起决定作用的可以是视觉效果或者演讲内容。

1. 基础的、可行的提纲

组织演讲内容最传统的办法是采用阶梯形的、缩格提纲的格式。但是在确定提纲的时候不要自我局限认为只能用正式的、完整的句子列出提纲。用完整的句子列出提纲对你清楚表达要点和分要点很关键，但是运用主题提纲这种比较灵活的形式也很有好处。

因为你可能会尝试采用不同的办法整理思路，因此不要把时间浪费在措辞或格式上，以不同的方式对各项内容加以整理，使得它们能够和谐地组织起来，直到发现一种紧凑而清晰明了的结构为止。

2. 概念图

概念图是一种理清思路的方式，通过它可以直观表示某些概念之间的相互关系，你可以按照其基本形式很快绘制简单的图表，用中间标有说明的圆圈或方框表示，再用线把它们连起来。

从你的核心想法、主题入手，在一张纸的中间画圆圈或方框。然后利用整理的想法，对其加以扩展，围绕主题写出几个要点，留出足够的空白以备将来补充分要点。围绕你最初的想法会出现若干新想法；把脑海中产生的新想法写下来，用线将相关的要点连起来。

3. 调整可移动的想法

把内容分布在纸上各个部分，它也可以类似于列提纲用线性方式连接内容。比如，你可以把自己的想法在记事贴上记下，把它们粘在墙上或桌上。你可以根据主题把它们集中起来把某一组的某些部分移到另外一组，直到你对整体结构感到满意为止。或者，如果你更喜欢以线性方式考虑问题，则可以根据记事贴上的内容制定原始提纲，提纲可以写在任何地方，包括缩格记录的分要点。

另一种可行的方式是从收集资料的笔记卡片入手，在卡片上添加你自己的想法。我们建议在查阅资料时使用笔记卡片在上面注明标题。你可以从这里着手写下自己的看法、过渡句，并再用一些卡片进行综合，把它们插在你认为适当的地方。像记事贴一样，你可以随意改变顺序和模式，变换尝试多种处理主题的方式。充分展示每种组合方式的优点，不要急于下判断做选择。让自己享有充分的自由，能够随意调换各个部分，直到你认为满意为止。

经过这个过程，你已为自己的演讲准备了好几个可能的要点。下一步是选择最能满足你的演讲目的、效果最佳的要点。

（三）要点应独立且符合主题

一看你的论点陈述句，就应该想到你的演讲中应该包括哪些要点。明确必须做出回答的核心问题。一旦明白主题涉及的内容，你就能用论点陈述句检验提纲中的要点了。除此之外，还要注意挑选彼此独立的要点。

要点之所以被称为要点不是偶然的，要点是扩展主题的有限几项核心的不可或缺的内容。

为了尽可能明确清晰地说明问题，要点应该彼此独立。每项都应该排除隶属于另一项的可能性。用简单的话来说，这条法则就是我们常说的一句格言：“任何东西都有其所归和所属。”演讲者面临的挑战在于找出一种可以恰到好处地把所有内容加以安排的条理。

有时当你尝试把各项内容归为几个要点时，发现有些内容既可以属于这个要点，也可以属于另一个要点。出现这种重叠现象时，你就会明白自己还没有理清思路，还没有为所有内容找到一个有效的分类系统。如果你不知道某项内容应该放在什么地方，听众当然也不会明白。

给要点分类的时候要遵循单一的原则，使得所有内容可以归入某个要点，并且只能归入这个要点，这一点最重要。

往往会碰到这种情况，即某项内容在两个要点之间很难决定把它归入哪一类，对普通听众来说，最好的办法是把问题的范围缩小，排除某些模棱两可的要素，必要时把这些问题留到听众提问时解答。

如果一项内容可以放在两个地方，说明你的要点不能彼此独立。如果一项内容不能放在任何地方，这说明你离题了。

第三节 演讲写作

一、为什么说演讲词要亲自写

加里宁讲过：“要演讲就要做准备，写演讲稿。这就逼你研究得更深刻。因为写演讲稿时，每一个字，每一个意思都得考虑周到。”英国演讲家丹尼尔·韦伯斯特则批评那些不准备演讲稿的人"就好比未穿衣裤出现在众人面前一样"。

遗憾的是有些演讲者不重视自己写演讲稿，一收到别人的指令参加演讲时，便拜托别人代写演讲稿，以至于经常会在演讲现场闹出不会读或读错字的情况。

演讲是情感的言行外化，如果演讲者以另一种角色来体现别人为他准备的演讲稿，其间肯定存在一定的距离，不可能表达得那么亲切、那么自然。也许你不可能全面地理解演讲稿的思想内容，也许你不可能深层次地把握演讲稿的感情基调，也许你不可能完整地体现演讲稿的语言色彩，表达时只能照本宣科，言不由衷。平时要充分储存素材，"长期积累，偶尔得之"，有丰富的知识底蕴为基础创作就会文如泉涌。

如果素材"存款"不多，那就只能"临时抱佛脚"了。首先可请教有经验的演讲者如何整体地把握演讲稿，然后尽量搜集材料，占有材料，多多益善。只要与主题有关的，不论是现实的，历史的；理论的，事实的；正面的，反面的。都要把材料一个一个分类用卡片整理好，然后理出线索，定好提纲，写成初稿，进行修改，"文章不妨千次磨"。

选的材料要尽量是发生在身边的事，最近的事，不要太大、太远、太旧；不要抄袭，要有自己的议论、自己的抒情、自己的事例。"以我口传我心中之声，以我手写我心中之言。"演讲稿由自己写，至少有以下几点好处：

1. 增强信心。自己对自己的演讲稿有一种亲切感、满足感，相信"熟能生巧"。

2. 便于记忆。写演讲稿时已调动了各种感官，加深了对演讲稿的理解，记忆时当然就轻松多了。

3. 利于表达。演讲稿从内容到感情，从修辞到逻辑，从字词句到篇章结构都是按自己的需要设计的，有利于感情的抒发，口语的表达。

4. 便于发挥。演讲中如果有一条非常清晰的逻辑线索，备稿时就了然于心了。演讲中可以在此基础上灵活变动，临场发挥。

二、演讲稿应如何选题

大凡演讲总有一个特定的讲题范围，只是范围有大有小罢了。

一般说来，生活中常用的演讲如大会演讲、祝词、贺词、悼词等选题范围比较灵活，一些为听众所喜爱、所关心的话题均可选取；一些带有较浓厚专业色彩的演讲如军事演讲、外交演讲、法律演讲、学术演讲等讲题相对确定些，灵活变动的范围不是很大；赛事演讲的命题范围有两种：有些活动的余地很大，有些余地小些。无论是什么类型的演讲，无论是选题的范围宽或者范围窄，选题时都要做到几点：立足时事热点，抓住社会焦点，适合听众论点，寻求奇特的激发点，讲出新颖的观点。这样，你的选题才能别具一格，你的演讲才能脱颖而出。

在一次以"交通安全在我心中"的演讲比赛中，有位演讲者分析这个主题后，估计到很大一部分选手可能会立足于"人们交通意识淡薄而产生的危害"这方面，演讲中展示在听众面前的可能是一幅幅骇人听闻、惨不忍睹的血腥事件。这样，几十名选手讲下去，听众会听得喘不过气来。时间长了，就产生知觉的倦怠。思索之后，这位选手准备从新的角度去体现。于是选准现代生活中这样一种现象切入：很多人不懂交通安全，以致不理解交通警察，致使交警的工作举步维艰，如果全社会都理解交通警察，支持他们的工作，交通事故将会减少。斟酌再三，确定了以《奉献与理解》为题，通过赞颂交警默默耕耘为祖国，无私奉献为人民的精神呼唤人们理解他们。这位选手的演讲似乎为比赛吹来了一股清凉的风，赢得了听众热烈的掌声。

三、演讲稿应如何选材

演讲时选材如果能独具匠心，别具一格，本身就是很吸引人的。如果生搬硬套，拾人牙慧，步人后尘，无异于第二、第三个把姑娘比做鲜花的人——落入不是"庸才"，便是"蠢才"的可怜境地，给听众带来的是难以透气的沉闷。要选取一些典型、生动、鲜为人知的材料，让人觉得你的演讲有新东西、新信息、新见解。立意高，思维性才能强；角度新，吸引力才能大。

心理学研究表明，人的大脑对各种信息的接收是有选择的，往往选择那些新奇古怪的与自己有关的事。社会在进步，一日千里；时代在发展，突飞猛进。新的人物、新的性格、新的问题、新的经验、新的成就以及新的教训俯拾即是。只要我们认真观察，处处留心，是不愁找不到新的演讲材料的。

四、演讲题目应怎样确定

演讲的题目是演讲开头的"开头"。演讲的题目要立意精当而深刻，文字新颖而优美。演讲前无论自己说出的题目还是主持人介绍的题目均要让听众"一听便知，过目不忘"。这就要求题目的确定做到简洁、新奇、意远。题目太长了，听了、记了后面忘了前面；太旧了给人一种"似曾相识"之感，提不起精神。还要注意的是除了一些政治性类型的演讲与一些篇幅太长的演讲外，最好不要在演讲中出现小标题。

可以从以下几个方面设计题目：

（一）题目要具体生动，不要太长。像"未来的思考""伟大的历史，光明的未来""缔造现实、开拓未来""奋起吧，人们！"显得太空荡，演讲时只能东拉西扯，随意漫游。

（二）充分运用修辞手法。运用修辞格选题能打破常规，体现新意。

比喻法：《祖国——母亲》

设问法：《良心何在》

反问法：《服务于民，你能做到吗》

呼告法：《救救地球》

引用法：《挥一挥衣袖，不带走一片云彩》

对比法：《生与死》《冰与火》

婉曲法：《进攻"3800"高地》

（三）着眼"只言片语"，要求题目简洁。从字面上来说当然是以最少的字数表达最深广的内容。只言片语的题目又简单，又醒目，又好记。如《路》《选择》《责任》。

（四）感情浓缩其中。在演讲开头报上一个感情浓烈的题目是能引起"轰动效应"的。如果在题目之前插上几句简短的引语，运用朗诵技巧处理，效果更好。如：

"'慈母手中线，游子身上衣。'每当读到这句诗，我这个远方的游子总会油然而生一种对母亲的牵挂之情。我不能回到母亲的身边，只能诉感情于言语，寄托对母亲的深深祝福。这里，我给大家演讲的题目是《妈妈，您听我说》。"

这种类型的题目还比如：《祖国，请相信您女儿吧》《为了我们的父亲》。

五、演讲稿的选词原则有哪些

演讲最忌空泛。有些演讲者总想在演讲中多用点"优美词语"，于是堆砌辞藻，咬文嚼字，趋于雕琢。而这正是演讲所忌讳的，演讲的选词要做到：

1. 准确。演讲中词语要用对用准，否则"一字之失，一句为之蹉跎"。它要求演讲者在选词时掌握词语的含义，辨别词义之间的细微差别，把握好词的感情色彩，语体色彩。

2. 洁净。单个的词语无所谓洁净之言。这里所说的是指具体的演讲中要字不虚设，词不虚发。这要求演讲者在演讲时明确词的含义，不用重复词，不用无义词。

3. 规范。演讲中要尽量避免深奥冷僻的词语。力避诘屈聱牙，晦涩难懂。

4. 和谐。演讲语言要朗朗上口，生动悦耳。选用双声叠韵词、叠音词，注意押韵合辙，平仄相间，以增添演讲的音乐美、节奏感。

我们来仔细欣赏下面一段演讲词：

我梦想着，有那么一天，甚至现在仍为不平等的灼热和压迫的高温所炙烤着的密西西比，也能变为自由与平等的绿洲。

我梦想着，有那么一天，我的四个孩子，能够生活在一个不是以他们的肤色，而是以他们的品性来判断他们的价值的国度里。

我梦想着，有那么一天，就在邪恶的种族主义者仍然对黑人活动横加干涉亚拉巴马州，就在其统治者拒不取消种族歧视政策的亚拉巴马州，黑人儿童将能够与白人儿童如兄弟姊妹一般携起手来。

我梦想着，有那么一天，沟壑填满，山岭削平，崎岖地带铲为平川，坎坷地段夷为平地，上帝的灵光大放光彩，芸芸众生共睹光华！

这就是我们的希望！这是我返回南方时所怀的信念！怀着这个信念，我们就能从绝望的群山中辟出一颗希望的宝石。怀着这个信念，我们就能变我们祖国的嘈杂喧嚣为一曲优美和谐的兄弟交响乐。怀着这个信念，我们就能共同工作，共同祈祷，共同斗争，甚至哪怕共同入狱。既然知道有朝一日我们终将获得自由，我们就能为争取自由共同坚持下去！

这是马丁·路德·金著名的《我有一个梦想》的最后一部分，演讲饱蘸激情，用词清新、具体、生动。读来流畅，听来悦耳。

六、演讲稿的炼句技巧有哪些

演讲是一个动态过程。演讲所形成的特殊情境给其中每一句话都赋予特定的意义。这要求演讲者在炼句时首先要从演讲整体出发，从演讲情境考虑，做到精短、严整、自然、亲切。先看下面一段演讲词：

十二年来，我饱尝了作为一个教师的酸甜苦辣与喜怒哀乐；十二年来，我更深层次、更立体地把握了教师的整体形象。教师是辛苦的，为了学生，他们夜以继日，整日操劳；教师是清贫的，为了别人他们含辛茹苦，不计酬劳；教师是磊落的，为了事业他们两袖清风，虚心清高；但教师是伟大的，为了祖国他们孜孜以求，不屈不挠。

这段话句式完整，匀称贯通，自然优美。

一般说来，除学术演讲、政论演讲较多的运用长句、散句外，演讲的语句以短句、整句为美。短句和整句各有特色。

短句指字数少、形体短、结构简单的句式，演讲中运用短句可以明快、活泼、有利地表达感情，简洁、干净、利落地叙述事理。

整句是相对于散句而言的。它紧凑有力，严密集中，匀称流畅。演讲在适当运用散句的基础上要多运用整句。整句包括排比、对偶、对比、顶真、回环等。

七、演讲稿中的修辞

（一）设喻

在演讲中，比喻技巧的运用是很广泛的。这是因为比喻能准确地讲解知识，形象地表达感情。在演讲稿《争气篇》中有这么一段话：

……洗去靡靡之音，摔掉酒瓶子，让我们与书这个"哥们儿"交上朋友吧！它不需要拔刀相助的江湖义气，只需天长地久地交往。让我们与知识这位热情的姑娘"恋爱"吧！它不需大彩电和沙发床，只需孜孜不倦地热烈追求。

这里演讲者委婉妙喻，引人深思。

演讲语言与书面表达不同，它转瞬即逝，应通俗化、口语化。除了学术演讲外，那种从概念到概念，从理论到理论，弯来拐去，玄而又玄的表达是不受欢迎的。因此比喻在演讲中发挥的作用就大了。

下面是美国黑人领袖马丁·路德·金《在华盛顿示威游行集会上的演说》中的一段：

100年前，一位伟大的美国人在《解放宣言》上签了字，今天，我们站在这个伟大的阴影下，这条巨大的法令就如一座巨大的灯塔，给成千上万的在不公平的毁灭性的火焰中烧焦了的黑奴带来了希望；这条巨大的法令犹如欢乐的黎明将结束那被监禁的漫长黑夜。

为了使比喻发挥更大的作用，演讲者可以临场设喻：就演讲的地点、场景、事物设喻，这样更具说服力。

（二）排比

排比是由三个或三个以上的结构相同或相似的，语气一致的，成串地表达相关或相连的内容的一种句式。无论在叙事演讲、政论演讲，还是抒情演讲中都被广泛运用。运用排比能使言语规整，语气协调，感情贯通，表达流畅。演讲的开头有排比，演讲的中间、结尾也有排比。演讲中，真是无处不排比。表达排比时一般采取开头慢，后面快的方法进行，下面我们看一则演讲词：

沿途中，壮观的瀑布，会刷净你的头脑；平静的湖水，会使你冷静思考；雄伟的山峰，会唤起你的激情；名胜古迹的内容，会引发你无限的遐想。

四层排比，热情奔放，层层推进，立意高远，振奋人心。祖国的美好景致历历在目，对大好河山的赞美之情呼之欲出。

演讲中运用排比能深化主题，增强说服力。如佩特瑞克·亨利的演讲稿《诉诸武力》：

我们的申请却遭到轻蔑；我们的抗辩招来了更多的暴行和侮辱；我们的祈求根本没有得到大家的理睬；我们所遭到的是被人百般奚落后，一脚踢到阶下。

运用排比句可以全方位地表达各种感情，喜悦、痛苦、亲切、庄重都可产生在其中。如下面两段：

一杯茶，细细品尝；一支烟，神游古今；一张报，看它半天。

教师是蜡烛，燃烧自己，照亮别人；是绿叶，默默生存，点缀生活；是渡船，迎着风浪，接送人们！

最后我们看看道格拉斯在1854年7月4日美国国庆大会上《谴责奴隶制的演说》的精彩结尾：

7月4日，对美国的奴隶意味着什么，让我来回答吧。对于长期受压迫和受凌辱的奴隶，7月4日是一年中最屈辱和最残酷的一天。对于他们来说，你们今天的庆祝活动仅是一场骗局，你们吹嘘的自由只是一种亵渎的放肆，你们标志的民族伟大充满着一种骄傲的自负，你们的喧闹声空虚而没有心肝，你们对暴君专制的谴责无异于厚颜无耻的言辞，你们所唱的"自由平等"的高调更是虚伪至极，是对这些口号的本身的嘲弄。你们的祈祷与圣歌，你们的布道与感恩，连同一切宗教的游行与典礼，仅仅是对上帝的装腔作势的信奉，是欺骗，是诡计，是亵渎和伪善——是给罪恶的勾当蒙上一层薄薄的纱巾。

这里，犀利的言辞和愤怒的感情被如林的排比连成一片。排山倒海，轰轰烈烈，从而使谴责奴隶制的主题思想更加突出，论点更加鲜明，感情上对听众的震动也更巨大。

(三) 设问

演讲中在适当的情境下进行提问可以缩短与听众的距离，满足听众的好奇心，创造宽松的气氛，使演讲者处于主导地位，请看下段演讲：

同胞们！敌人在践踏我们的领土，敌人在屠杀我们的乡亲，敌人在掠夺我们的财产，敌人在烧毁我们的房屋，敌人在踩躏我们的姐妹，难道我们能容忍他们如此兽性大发，胡作非为吗？难道我们能让他们生灵涂炭，为非作歹吗？不能，绝对不能！怎么办，大家说怎么办？

强烈的情感鼓动点燃了听众对敌斗争的熊熊火炬，他们义愤填膺，异口同声："与他们拼了！"这样，听众与演讲者心相连，语相通，一致说："我们听你的。"

提问要适时而发。要在气氛很融洽的时候进行，这样听众才能很好地同你配合。如当你讲到现实生活中机构臃肿，办事艰难，你的观点又引起了听众的共鸣时，你可以这样发问："朋友，我刚才说的这种'门难进，脸难看，事难办'的现象，你碰到过没有？"

提问要适时而发。在听众有一种强烈的探讨欲、表现欲时可进行提问。比如演讲中讲到"金钱"问题时，这个问题一般人对它很敏感。可以这样问："有人大声呼喊，'世上只有金钱好，没有金钱不得了'，在座的诸位，您说对吗！"

提问是最易使演讲掀起高潮与最易走向低谷的手段，一定要把握分寸。

要问得简洁。提问次数不能太多，每次提问要简短，问题的答案要让听众在很短的时间内能答出来，甚至在潜意识驱使下就能作答。切忌内容晦涩难懂，用词佶屈聱牙。如下面这个问题就提得不太好："朋友们，有人说生活是美，有人说观念是美，你说呢！"

要问得真诚。除了在不得已的情况下，比如想通过提问来平息喧闹时，一般不要问得离奇，问得庸俗，问得莫名其妙，要示之以诚，发自真心。

提问要能放能收。要放得开去，收得拢来，一发不可收拾只可使演讲走向失败。要始终围绕主旨发问，使听众的回答处在你的"圈套"里。适当的时候可运用"对啊""是啊""正像刚才那位朋友所说的一样"等词句。如果问题提出来后听众没有反应，自己要巧妙地引接下去。

八、语气规范和谐

演讲中常常把相同或相似的语言单位排列在一起使用，给人以整齐一律、气势贯通、怡情悦目的美感。要达到这个目的，可以运用修辞手法中的排比、对比、对偶、回环、顶真等。

比如道格拉斯的一段演讲：

为了你们，也为了我们，我真希望这几个问题能有肯定的回答！要是我的任务不致如此繁重，我的担子不致如此压人该多好啊！然而，有谁会这样冷若冰霜，以至民族的同情心也难温暖他的心？有谁会这样顽固不化，对于感恩的要求毫无反应，虽然不愿满怀感激地承认独立给我们带来的无价恩惠？有谁会这样麻木不仁，这样势利，在四肢解除奴隶制的枷锁之后，仍不愿为国庆节日献上颂歌？

以上这段演讲运用排比，语气强烈，感情充沛。

对比在演讲中也常见：

原来的货币所有者，现今变成了资本家，他昂首走在前；劳动力所有者，就变成他的劳动者，跟在他的后头。一个笑眯眯，雄赳赳，专心于事业；另一个却是畏缩不前，好像是把自己的皮运到市场去，没有什么期待，只期待着刮似的。

这段演讲词运用对比活生生地刻画了资产阶级的狂傲、奸诈和威势，也描绘了被统治者的悲惨处境和苦难命运。

运用回环和顶真均可收到语气流畅，结构严谨，互相映照，循环往复的妙用。

回环例："科学需要我们，我们更需要科学。"

顶真例："希望是附丽于存在的，有存在便有希望，有希望便有光明。"

演讲中如果不求变化，过分地使用以上修辞技法也不行，显得单调、呆板、有矫揉造作之嫌。

九、演讲稿如何引用史料

美国宇航员埃德温·奥尔德林上校于1969年7月20日登上月球。返回地球时他在美国国会上发表了一次讲话：

科学考察意味着对未知世界的探索，人们根本无法预知全部结果。查尔斯·林白说过："科研成果不是最终目的，而是一条通向奥秘而又消失在奥秘中的道路。"

查尔斯·林白是美国宇航专家，此处埃德温引用他的话以证明自己的观点，加强了表达的力度。

演讲中，可以适当地引用名人的言论、公认的史料、数据以及广泛流行的成语、谚语等，可以更好地点明主题、佐证观点，使文义含蓄富有启发性。成功的演讲都能巧妙地或明引，或暗引，或仿引古今中外、东西南北，使听众会心言外，深思彻悟。

演讲家李燕杰演讲时善于旁征博引，说古道今。听他的演讲可以驰骋九万里，纵横五千年。他有一次以《心上绽开春花，芳草绿遍天涯》为题进行演讲，整个演讲只有十来分钟，可引用的哲言、警句、诗文达二十多处。

要注意的是引文要与行文完整统一，切忌胡拼凑，乱标签，否则给人以生硬、做作之感，甚至叫人莫名其妙。

第四节　叙事型演讲

叙事型演讲是通过通俗易懂和生动感人的经验、事例引发出深刻而令人深思的道理。它不能是生硬地机械地空谈道理，而是讲一些实实在在的实例，丝丝入扣地分析事理。一句话，善于这样做的人懂得：哪怕是最好的调料，也不能一勺一勺地填入听众口中，而只能把它撒在汤中，浇在菜中，恰到好处，适可而止。

1941年12月7日，日军偷袭珍珠港，他在24小时内驱车赴国会山，罗斯福向参、众两院发表演讲《一个遗臭万年的日子》，当天国会通过决议，美国正式对日宣战。

副总统先生、议长先生、参众两院各位议员：

昨天，1941年12月7日——一个遗臭万年的日子——美利坚合众国遭到了日本帝国海空军部队突然和蓄谋的进攻。

合众国当时同该国处于和平状态，而且，根据日本的请求，当时仍在同该国政府和该国天皇进行着对话，对于维持太平洋的和平有所期待。实际上，就在日本空军中队已经开始轰炸美国瓦胡岛之后一小时，日本驻合众国大使及其同事还向我们国务卿提交了对美国最近致日方的信函的正式答复。虽然复函声言继续现行外交谈判已无用，它并未包含有关战争或武力进攻的威胁或暗示。

应该记录在案的是：由于夏威夷同日本的距离，这次进攻显然是许多天乃至若干星期以前就已蓄谋进行了策划的。在策划的过程之中，日本政府通过虚伪的声明和表示希望维系和平而蓄意对合众国进行了欺骗。

昨天对夏威夷群岛的进攻，给美国海陆军部队造成了严重的损害。我遗憾地告诉各位，很多美国人丧失了生命。此外，据报，美国船只在旧金山和火奴鲁鲁岛之间的公海上也遭到了鱼雷袭击。

昨天，日本政府已发动了对马来亚的进攻。

昨夜，日本军队进攻了香港。

昨夜，日本军队进攻了关岛。

昨夜，日本军队进攻了菲律宾群岛。

昨夜，日本军队进攻了威克岛。

今晨，日本军队进攻了中途岛。

因此，日本在整个太平洋区域采取了突然的攻势。昨天和今天的事实不言自明。合众国的人民已经形成了自己的见解，并且十分清楚这关系到我们国家的安全和生存的本身。

作为陆海军总司令，我已指示，为了我们防务采取一切措施。

但是，我们整个国家都将永远记住这次对我们进攻的性质。

不论要用多长的时间才能战胜这次预谋的入侵，美国人民以自己的正义力量一定要赢得绝对的胜利。

我现在断言，我们不仅要作出最大的努力来保卫我们自己，我们还将确保这种形式的背信弃义永远不会再危及我们。我这样说，相信是表达了国会和人民的意志。

对敌行动已经存在。毋庸讳言，我国人民，我国领土和我国利益均处于严重危险之中。

信赖我们的武装部队——依靠我国人民的坚定决心——我们将取得必然的胜利——上帝助我！

我要求国会宣布：自1941年12月7日——星期日日本对我国进行无缘无故和卑鄙怯懦的进攻时起，合众国和日本帝国之间已处于战争状态。

这里，演讲者从刚刚发生在人们身边的，人们所见所闻的真实事例和真情实景开始，平稳自信地、令人信服地从这些事例情景中把阐释的道理讲出来，并不是把空洞的道理说教式地甩给听众。

演讲的目的是为了发表意见，提出主张，宣传真情，激发热情，鼓励公众。从这点来说，叙事型演讲之中的事例只不过是为议论提供可资证明的证据。因此，叙事型演讲不能只叙不议，而应夹叙夹议，把深邃的哲理融于饶有趣味的事实之中，事理交织，使议论成为叙事的点睛之笔，达到妙笔生花的妙用。这样才能使演讲主旨明了、理据统一，蕴积着一种充足的气势和无可辩驳的理性力量。

叙事型演讲的主要内容大多是演讲者或演讲者十分熟悉的人亲身经历的事。演讲者所说的，虽然只是个人经历，但其中蕴含的丰富的人生哲理都是大家能领会的，因而可与他人的心灵相通。演讲者或被叙述的人犹如被推举出的一名代表，表现着人类在人生舞台上的某些共同体验。

一、叙事型演讲的基本要求

（一）心灵火花，迸发主题

在作叙事型演讲时，演讲主题来自于演讲者从自身经历的事情中精心选取的一个思想焦点。不管演讲者经历的长短，所遇人和事的多寡，命运的好坏，事业的成功或失败，只要他是一个思维健全的人，他都会有若干感受、感想。有的感想可能是褊狭的、一时的，因而没有多少价值；有些则可能是典型的、经久难忘的、终身受益的，因而是有价值的。这种有价值的感受就可以成为演讲者演讲的主题。但要注意的是，在准备演讲时，一定要对感想进行归纳和提炼，以便找到一个既反映了自己的实际经历、又闪耀着人生哲理的光辉的思想凝聚点。这个凝聚点是演讲者心灵的依托、行动的指南、智慧的结晶、力量的源泉。演讲人只要把这一思想凝聚点提炼成富于哲理性和形象性的语言，就可以作为演讲的题目和主题。如著名企业家伊尔莎·斯奇培尔莉的那篇演讲的题目《通往广场的路不止一条》就是演讲者的思想凝聚点。这就是她事业成功的经验总结。演讲者以父亲的教导，对标题的含义进行解说，进而把这个思想凝聚点升华为全篇的主题。

（二）事因情起，理以事显

所谓"事因情起"，是指演讲者因情绪激荡，想起了他一生中对自己有深刻影响的某些事情。所谓"理以事显"，是指演讲者沿着人生的轨迹，讲述对自己有深刻影响的事情，层层递进，步步深入，使得演讲所要表达的道理在演讲者所述的事情中自然显现。演讲也就达到了目的。

（三）长藤结瓜，疏密有致

在演讲中，更应注意的是：演讲者要善于依据主题选择材料。通常应截取人生历程中一两件或两三件最典型、最有说服力、最生动的事例来演讲，切忌事无巨细。在对所选的两三件事的讲述中，也要详略得当。一般的过程，可以粗略地介绍，一笔带过；能说明人生哲理的细节，则应详细描绘，一定要写得具体生动。这种演讲过程很像一根长长的西瓜藤上结出两三个大西瓜。一般过程是藤，具体细节是瓜。人生经历自然是越丰富越好，越丰富越有选择余地。不过，丰富的经历并不一定能取得演讲的成功，常见有人唾沫飞溅，声嘶力竭，将自己从穿开裆裤一直讲到胡须白，而听众竟没有听明白他到底要谈什么。虽然，该演讲者有好的思想，也有丰富的经历，但他没有选择材料的本领。他将夺目的鲜花，统统掩盖在数不清的绿叶、枝蔓和杂草丛中了，这就做了一件出力不讨好的事。善演讲者，精力主要不在"讲故事"而在"说思想"上，他所讲的故事，处处都在为说思想考虑。若一两个或两三个故事，都能说明思想，他就会果断地将其余的故事忍痛割爱，只字不提。

（四）波澜起伏，引人入胜

"文如见山不喜平"。叙事型演讲也不能太平铺直叙。演讲过程中，也要有变化、有波澜、有转折。波澜亦即悬念，它能引人入胜。没有悬念，不仅听众会打瞌睡，演讲者自己也会因为叙事的平淡无奇而提不起精神。

（五）夹叙夹议，凸现主题

叙述型演讲只叙不议不行，以夹叙夹议为宜。"议"一般"夹"在叙述过程之间。它一般起两个作用：第一，能够突出强调主题，起到画龙点睛的作用；第二，便于承上启下，使叙述转折自然。夹在叙事中的"议"，可长可短，完全根据演讲内容而定。第三，一句话在叙事过程中不断出现，很像一首乐曲的主旋律，给人带来一个鲜明生动的主题。第四，这句话多次重复出现，形成一种类似音乐上的那种"回环曲"式的美，产生"一吟三叹"的艺术效果。"议"在叙事型演讲中运用得好，可以使演讲增色不少。

（六）高度投入，如临其境

在叙事型演讲中，演讲者叙事时一定要投入，要逼真，要给人"身临其境"的感觉，千万不可蓄意矫饰。一虚假，演讲就毫无效果可言。

二、叙事型演讲的声腔处理

（一）前奏：舒展明净，从容不迫

从容不迫、舒展明净的语调有先声夺人的效果，使整个演讲如行云流水般，同时应保持一定的神秘感，设置一点引人入胜的悬念，这样容易引发听众的好奇心，增加听众兴趣。

（二）主题：庄严凝重，铿锵有力

对主题段、主题句以及叙事中议论的演讲内容，语言要变得庄严、凝重而铿锵有力。这样讲诵，才能使整个演讲"纲举目张"，才能给听众留下难忘的印象。这类文字如果讲诵得随便、轻飘，甚至含糊不清，整篇演讲就垮了一半，无法收到预期的效果。

（三）尾声：精神百倍，气力十足

演讲结束段，要讲诵得格外精神。这时的三五句话，通常凝聚着全篇演讲的精华，内涵极其丰富，寓意特别深远。所以正式演讲前要反复尝试，用不同的情绪、语调、语气来试讲，直到找到一种能完全表达语句的丰富内涵和深长意味的读法为止。人们都说，演讲的出色结尾能"绕梁三日"，让人回味无穷。要达到这种效果，当然得认真思索。

第五节 抒情型演讲

抒情型演讲的主要特点是"以情动人"，即以浓烈的感情抒发透示出一个明确的观点感动人、鼓舞人。无论是以景抒情，以事抒情，或者以理寓情，均要感情至上。常用偶然与必然的辩证关系，或抒情、写景、状物于疑窦悬念之中；或比喻、夸张、拟人、拟物在事物形、理、意的别出心裁之上；或开篇突兀，以奇巧夺目；或结尾呼应印证，转出新意，产生意外奇趣和引人入胜的效果。诗词，这高雅的花朵，奇妙的精灵，堪称语言艺术中的奇葩。寥寥几言，款款数语，就能把人带到一个美的境界、善的空间。或者石破天惊，余音袅袅。

在演讲中，如能很巧妙地加进一些诗词，或者运用朗读技巧在表达时使语言诗韵化，将使演讲情趣盎然，高潮迭起。

下面我们看看斯坦尼斯拉夫斯基《在艺术大众剧院开幕式上的讲话》的结尾处：

可要小心，不要揉弄这美丽的小花朵，否则它会枯萎，花瓣会从上面完全掉落。

婴儿的天性是纯洁的。周围环境使人间缺陷在他身上生根，保护他避免这些缺陷吧，那么你们将看到，这个我们更理想、会使我们自己纯洁的生命将在我们中间成长起来。

为了这样的目的,把我们微不足道的恩怨留在家里吧,让我们在这里聚在一起,为了共同的事业,而不是为了琐碎的争执和蝇头小利。一定要丢掉我们俄国人的缺点,向德国人借鉴他们在事业方面的正派作风,向法国人借鉴他们的毅力和对一切新奇事物的钻研探索精神。希望引导我们的是这句座右铭:"共同的步调一致的工作。"那么,请你相信我,对于我们大家……

……这天一定会降临眼前

那时从这由我们建筑的

光辉灿烂的大理石圣殿

高处传来神圣的钟声

悬在我们的心头上的乌云黑幕被撕成碎片

珍珠和钻石为我们

向大地撒遍。

这里,演讲者运用修辞手法使言语抒情化,其中渗透了对美的追求的强烈情感。

抒情型演讲可以运用比喻、排比、对偶、对比等修辞手法使语言生动活泼,在表达时运用朗诵等艺术技巧使激情蕴含其中,但绝对不能深奥难懂,晦涩不明。

抒情型演讲影响听众的手段则有所不同。如果说叙事型演讲主要通过"讲故事"的方法影响听众,议论型演讲主要通过"说道理"的方法影响听众,那么抒情型演讲则主要通过"抒情怀"的方法影响听众。

抒情型演讲的基本要求:

(一)有感而发

"有感而发",这也许是每个演讲者都明白的道理,然而不少人仍然在这个常识性的问题上出毛病。有的演讲者恰恰都是无感也在抒发感情,他对某一问题并没什么真切、深刻的感受,然而偏要就这一问题发表抒情演讲。

他是为演讲而"抒情",而不是"思风发于胸臆",更不是"骨鲠在喉,不吐不快"。他引用书本上、报纸上的语言，摘引名言名录，使用了一个又一个感叹句，甚至可以在台上声泪俱下。奇怪的是，听众却无动于衷，并对他的这些抒情觉得好笑。这类演讲就好比"少年不识愁滋味，为赋新词强说愁"。如果无感而发，只为了演讲而强求抒情，那么必然会失败。

（二）不可为赋新词"强抒情"

你要进行抒情型演讲吗？如果想打动听众，那就请老老实实地抒发那些确实体验过、确实感动过你的真情实感吧，千万不要"本来不知情滋味，为了演讲强抒情！"

（三）切忌"言过其实"

有的演讲者，对所演讲的事并非没有一点真情实感，但是感受并不深，可演讲者为了使演讲更动人，于是拼命拔高夸大自己的感受，力图使"芝麻"变成"西瓜"。而其效果却会适得其反。

听到这样的抒情，人们除了产生"言过其实"的印象外，还能受到什么感动呢？拔高、夸大了的情感，与毫无真情实感虽然有区别，然而两者却有一个共同的毛病——假。演讲假不得，做假只能是自欺欺人，并不能影响他人。既要抛弃"无病呻吟"，也要抛弃"言过其实"。真实的情感是最有力量、最有信心的表现。而且要保持"有一说一，有二说二"的诚实态度，要凭着真感受使听众真正地感动。

（四）找到听众的共鸣点

"人类的心灵是相通的。"但这并不表示一个人的任何主观感受都会被其他人所接受。演讲应该区别地对待听众。演讲者为了让自己抒发的情怀能被人听懂、理解、接受，就要对别人心灵感受有个预测。如果煤炭大王对捡煤渣的老太婆谈陈旧设备给他带来的烦恼，那么，这便不叫演讲而是胡扯了。因此，作抒情型演讲时，要先问问自己，"我的心情与听众的心情有无共鸣点？他们心里所想与我心里所想有没有共同之处？"认真寻找那种大众普遍牵肠挂肚、时刻关心的问题，来抒发个人的情怀。只有这样做才能引起听众的共鸣，才能发挥演讲的作用。

（五）宜抒胸臆，明快犀利

直抒胸臆是常用、且有效的一种抒情方法，这种抒情的特点是不假依托、直话直说、明快犀利。如"我太快乐了！""我快乐死了！"这些语言简洁明快，直抒胸臆，能够表达演讲者特定的无法抑制的激动心情。

第六节 议论型演讲

在使用议论这种表达方式的时候，最令你关注的莫过于最后的结局了，因为要从这儿看到它是否有力、清晰、精辟以及使任何人都愉悦无比。

——亚里士多德

许多初学演讲的人，一般来说都"长于说故事"，而"拙于发议论"。所谓"长于说故事"，是指演讲者所讲的内容，主要是自己的经历、自己的亲身感受，因此，一般不会出现无话可说的情况。"拙于发议论"是指演讲者虽然也可以谈自己的经历，谈自己的感受，但"经历与感受"已不再作为演讲的主要支柱。议论型演讲的主要支柱是说理。而说清道理必须有相当强的理性思维、洞察功夫、提炼本领、分析能力，概括能力以及一定的理论修养。但这些对初学演讲的人来说，有一定的困难。

这种状况的存在，使演讲的效果达不到好的高度。不过，改变这种状况，却是可能的。只要能掌握议论型演讲的规律进行一定的训练，我们就能体会到，议论型演讲其实并不神秘。

议论型演讲最大的特色是以理服人，并以此去阐发真理，批判谬误，分清是非，昭示丑恶。议论型演讲理要清，意要明，材料要详细，逻辑性要强。要自始至终有一条线索穿透其中。因此，演讲者选材时一定要有"九九归一"的念头，心中有数，心中有线，用这根线"紧紧抓住听众，一步一步地说服听众，然后就把听众俘虏得一个不剩"。

当选定了演讲题目后，可以这样去展开："是何？""为何？""如何？"。

"是何？"就是针对演讲题目所表达出来的意思，你认为要怎样理解，是什么意思，也就是你的演讲所要表达出来的观点是什么。观点要交代清楚，旗帜鲜明，不能含混。

有一篇以教师为题材的演讲是这样表述"是何"的："一提起教师，大家一定会很自然地联想到赞美她的比喻：园丁、春蚕、蜡烛、绿叶、渡船、铺路石……是啊！古往今来，伟人、学者、战将、豪杰哪一个不是出自教师的熏陶；理论学说、发明、创造，哪一件不是包含教师的辛劳？教师是人类灵魂的工程师，他们所从事的是太阳底下最光辉的职业！"

我们再来看看下面这篇演讲：

今天，当我阅悉和平已经到来，就像我当初盼望和平、为和平祈祷之时一样，想到了遍布中欧各地几乎数不清的坟墓。我们许多儿女长眠在这些坟墓之中。我们所有人都会在自己的心头为这些再也不能含笑归来和我们重逢的人树立起一座纪念碑。难道不应该建立一座雄伟壮丽的纪念碑，使后世子孙即使忘记了他们的姓名，也能永远记住他们的牺牲吗？我认为应该这样做。我仿佛听到他们墓上的青草在簌簌生长，发出庄严而又使人慰藉的和声，这种简单而使人安慰的和平之音仿佛逐渐响亮起来，更加庄严肃穆，把一切纷乱的枪炮声淹没下去。在今天这个日子，我们难道心内没有这种感情吗？我们难道不能神游我们孩子们长眠之所，而且感到和平将植根于我们心中，也将主宰欧洲？通过这些哀痛与牺牲，我们不会变得聪明，得到启示，使欧洲永保和平吗？

接下来是引经据典，采撷精华。大到宏观世界的奥妙，小到微观世界的秘密。纵说古往今来，横述四面八方，说出你认为"是何"的根据，即"为何"，这是演讲的根本，是核心部分。这里主要运用深刻的理论，浓烈的情感，配以引人入胜的事实进行分析、归纳、演绎。由表层进入里层，由感性升华为理性，让听众接受你的观点。

在演讲过程中，论据与论题之间存在必然的逻辑关系，从论据能推出论题。论证的方法不管是直接的、间接的，还是演绎的、归纳的，或是反证法、选言证法，它们都必须从论据合乎逻辑地推出论题，这是演讲中论证方法最起码的要求。

最后是"如何"，即怎样对待这个问题。此处往往是演讲情感的最高潮，感情到此升华为最高点。此时鼓动性很强，希望听众能认认真真、扎扎实实地面对演讲观点，并为之付出，为之工作。

"是何"，要清晰、鲜明、简洁；"为何"，要具体、完满、生动；"如何"，要明确、果断、有力。三者要始终联系在一根线上。

一、议论型演讲的"三要"

一要说清楚"是何"，二要说清楚"为何"，三要说清楚"如何"。你把这三个问题阐释清楚了，便完成了演讲中最关键的环节，演讲的成功也就初见端倪了。

所谓"是何"，是指演讲者所持的观点。"为何"，是指演讲者所持的依据。"如何"，是指演讲者希望听众应当怎样行动。

（一）要说清楚"是何"

"是何"即演讲者的观点，它通常作为演讲的第一部分，演讲一开始就明确提出来。这种演讲方式可以称之为"开门见山"式。其优点是入题迅速，简洁明快，能让听众迅速抓住演讲的中心，所以大多数演讲者都采用这种方式。

"主题句"。主题句是全篇的"灵魂"，犹如龙之眼睛，所以必须着意提炼，做到简明扼要、言简意赅。

（二）要说清楚"为何"

说清楚"是何"之后，演讲者要回答"为何"。那么怎样才能说清楚"为何"呢？也就是演讲者对"是何"部分提出的论点找出依据和原因，使听众深信不疑。这一部分，又叫作论证部分，是一篇演讲的主干，内容要充实，分析要具体，论证要有力。古人称文章的这一部分为"猪肚"，意思是说文章的主干部分也像"猪肚"一样，充实、丰富、饱满。

（三）要说清楚"如何"

说清楚"为何"之后，演讲者要回答的问题是"如何"。所谓"如何"，即演讲者希望他的听众怎么样去做。这是演讲的第三要点，出现在结尾部分。

二、议论型演讲的基本要求

（一）思维周密，逻辑性强

议论型演讲要求思维周密、逻辑严谨，表达也要准确。如果思维方法绝对化、逻辑性不强、表达不准确，就容易露出破绽；一露出破绽，听众就会生疑；一生疑，演讲者的观点就不会被听众接受，演讲也就没有了说服力。

（二）庄重真实，生动幽默

议论型演讲要做到庄重真实而又生动幽默。庄重不等于面无表情，机械的说教。许多议论型演讲达不到预期的效果，其毛病之一就是将面无表情当作了庄重，以说教当成了议论。要做到庄重真实而又生动幽默，演讲就不能缺少马克思所说的三种东西：第一，要有真实的情感；第二，要用生动的比喻；第三，要进行幽默的描写。优秀的议论型演讲，它的议论是充满真情实感的，而且经常出现生动的比喻，时时闪现幽默的描写。在庄严的议论中融进比喻，融进幽默，融进真情实感，所以生动、风趣、感人。

（三）深沉冷峻，谷底深潭

如果说叙事型演讲主要"以故事说话"，议论型演讲则主要"以哲理说话"。"以故事说话"讲求娓娓道来，婉转动听；以哲理说话，则崇尚严肃而庄重，即使是打比方、说话诙谐幽默；其骨子里仍然是严肃的。我们可以从这两种类型演讲方法的相异之处，体会到议论型演讲应有的演讲基调：

1.叙事型演讲自然亲切，娓娓动听；议论型演讲的思辩论争强调精辟，谨严。

2.叙事型演讲要注意所讲事件的意义，一般不强调"咬文嚼字"；而议论型演讲则必须注意每个词、每个字，以求"微言大义"，对每个字，每句话都仔细推敲。作叙事型演讲，对直观感受能力、形象思维能力以及叙事能力的要求更高；而作议论型演讲，则需要更多的理性分析能力。逻辑思维能力以及辩论能力。因而，叙事型演讲的基调一般是清爽的、柔和的，如山间清泉；议论型演讲的基调一般是凝练的、深邃的、严峻的，如谷底深潭。把握这种基调很重要，许多人把议论型演讲讲诵得或平淡或浮躁，当然是因为没掌握议论型演讲的基调而造成的。

第七节 说服性演讲

说服演讲的目的是让听众接受你的观点，归属你的主张，并且一起完成你的计划。因此空洞的理论说教是不能打动听众的，只有运用真情实感，选取一些与听众密切相连的切身事实才能达到目的。

演讲者点出要害，摆出现实，演讲说服性强，触到听众的切身利益，接下来情理兼至，融化人心，征服听众。

一、临场机会的把握及技巧

在日常生活中，你若能在工作中恰当地运用演讲技艺，就会使你的工作干得更加出色。比如，推销员能通过演讲技巧的提高来增加自己的销售额，而高层领导人则能通过绝妙的演讲技巧来提高自己的声望，等等。由此可见，演讲技巧对于我们的生活有着很大的帮助。

下面就是如何把这些技巧和法则应用到日常生活中去的方法。

（一）在日常会话中使用细节描写

在演讲中穿插细节描写，会使你描述的事物生动形象地呈现出来。此方法在日常生活中可以充分使用。通过观察，你可以首先向那些很会说话、十分善于言谈的朋友学习精彩、生动的细节描写。

（二）在工作场合应用演讲技巧

敏捷的思考能力和富于技巧的表达能力，不一定是在正式的演说中培养出来的，而往往是在实际的工作中锻炼和培养出来的。随着职业对口语表达能力的要求不断提高，尤其是推销员、店员、教师、医生、律师、会计师、工程师以及主任、经理等领导干部。因此，人们应该把本书所介绍的各种演讲技巧运用到实际工作中去,以提高表达能力,促进工作效率。

(三)在听众面前创造说话的机会

我们介绍的各种演说技巧和法则,除了可以广泛地应用于日常生活之外,你还可适当地为自己制造一些在众人面前演讲的机会,让自己进行训练。你可以参加各级组织举办的各种活动,并在活动中找机会积极发表演讲。

如果有当会议主持人的机会,千万不要拒绝和逃避,这可是你进行锻炼、提高演讲技巧的宝贵机会。美国著名的电视演员萨姆·步卡森最初只不过是一所中学的普通教师,但是他经常利用闲暇时间,把自己熟悉、了解的亲戚、朋友、学生及家长或者自己职业中的一些有趣的事例写成演说词,并在他们面前进行演讲。这样,随着他创造的机会增多,他演讲的内容也更加丰富了,而且演讲的水平也在不断提高,渐渐地,一些社会团体或机关组织也来请他演说。最后,由于他演讲的技巧已经非常高妙,竟受到了电视台的重视,进而成为电视节目的特邀演员。于是,他放弃了原来的教师职业,成为了全国电视节目中一位著名的职业演员。

二、日常演说中应注意的两个问题

(一)注意回避别人的短处

没有人是十全十美的,几乎每个人都有着这样或那样的短处。在一个人的生活与处事中虽然有微小的毛病,但对他的整个对外交往是无足轻重的。

在如何对待他人的短处这个问题上,有的人尽量多谈及对方的长处,极力避免谈及对方的短处,但也有人总是有声有色地编撰别人的短处,逢人便夸大其词地谈论别人的短处。

避免谈及他人的短处,容易与他人建立起感情,形成融洽的交谈气氛。不小心谈到别人短处的人,虽无意刺伤他人,一般来说也易引起别人的误解和不满,而极力宣扬别人的短处,当然会使你人缘关系不好了!总之,我们在与他人的交谈中,应尽量避免谈论别人的短处。

细细想来,我们把别人的短处作为话题没有必要,因为我们所知道的关于别人的事情不一定就完全可靠。若我们贸然拿听到的片面之词宣扬出去,就会造成误会。我们若说出了什么错话，就很难收回来了。因此，若不是确切地知道某件事的真相，切忌胡说八道。

另外，如果别人向我们谈起某人的短处时，又该如何处理呢？最好的办法是听了便罢，不要深信这种传言，不必将此记在心中，更不可作传声筒，而且还要提醒谈论别人短处的人是否对所谈的事情有所调查、确有把握。

（二）胡乱恭维有害无益

待人和气，礼貌周全，不失时机地赞扬对方，这是人的一大美德。但若夸大其辞地恭维他人，对人过度地客气，那反而显得太过虚伪了。

客气话是表示对他人的真诚尊敬，不是用来敷衍朋友的，所以要适可而止。多用就显得浮华和虚伪了。有人替你做了一点小小的事，对他说声"谢谢"就够了。如果说"啊，谢谢你，真对不起，真使我觉得过意不去，实在太感激了"等一大串，实在没有必要，谁听了也会觉得不舒服的。朋友初次见面，可以略谈客套话，但第二次第三次见面就应该尽量少用。

虚假的客套，不仅会使你难以与对方沟通，而且很难建立真挚的友谊。过分的客气话，恰似横亘在双方之间的一堵墙，如果不搬走这堵墙，人们只能隔着它作极简单的敷衍酬答而已。

说客气话的时候要真诚，要坦率一点，才能享受到真挚友谊之乐。同时要注意说客气话时，态度要尽量温文尔雅，不可急促紧张。另外，要保持身体的均衡，过度地打躬作揖，并不雅观。如果我们对别人的情况不甚了解，就不可盲目地恭维对方。只有发自内心敬佩的语言，才能打动别人，引起好感。比如，对一个名人，赞美他时，首先应该想到，他能够成为名人，自然有许多值得赞美的品质。他成名之后恭维他工作成绩的人一定很多，日久当然也就生厌了，若你仍然依葫芦画瓢地用别人所用过的话来恭维他，并不会使他高兴的，对他们，最好赞美其他的优点，尤其是别人很少发现的优点。总之，恭维他人的话，一要讲范围，二要分对象，三不能多说。

第七章
演讲现场的技巧

第一节 情感沟通的技巧

一、训练有素不留痕

戴尔·卡耐基在他的著作《口才训练术》一书中记载着这样一件事：一年夏天，我到阿尔卑斯山脉的避暑胜地——莫林小住，我住的宾馆是伦敦一家公司经营的，他们每周要从英国派来两位演说者，为住店的旅客办讲座。其中有一位著名的女作家，她演说的主题是《小说的未来》。由于她根本没有充分发挥，因而没能很好地表情达意，所以她虽然站在听众面前，却对听众的目光视而不见，不把听众放在眼里，也不与听众交流感情，而是时而望前方，时而看地板，又看手中的纸条。她的声音和视线，使你感觉不到她在面对着一群人讲话，而是对着虚拟的空间演说。

这种心不在焉的态度当然不能获得满意的效果。其实你该像和朋友促膝交谈一样自然、真诚地演说，和听众产生感情交流，让他们与你产生共鸣，同喜同乐，同苦同悲。否则，若像这位作家一样进行演说，那么面对听众还不如面对没有生命的大沙漠。

和听众交流感情的前提是你必须坦率真诚。过去有许多关于演讲的书都没有重视这一点，这些书往往只注重演说的规则及形式，认为懂得了这些就能出色地演讲，就能当演说家，因此有的人甚至去背诵雄辩家的演说词。其实，这是低效率的方法，毫无实际效果，更无技巧可言。

较新式的说话训练与以前曾流行一时的夸张式演说不同。因为现代听众能接受并欣赏的演说者，是那些面对许多听众发表演说就像和普通人交谈一样坦率、自然而且充满生机与活力的人。所以这种说话训练受到了人们的喜爱。

有一次，马克·吐温在内华达州瓷区发表演说之后，有一位年老的瓷器工程师问他："你每次都能这样自然地施展雄辩术吗？"这句话道出了听众对演讲者的要求，自然的雄辩加以引申，就能说出听众想说的话，与他们产生共鸣。

练习是使自然的雄辩加以引申的唯一途径。在练习过程中，你如果发现自己正在以夸张的语气说话，就应该立即停止练习，并严格地审视并反省："怎么能这样子呢？你应当清醒，要说得坦率且自然。"然后，在你听众中找出最不专心听讲的，只对他演说，暂时把其他人忘掉，设想他在向你问话，你也正在回答他的话，并且想"只有我才能回答他的话"。经过这样多次训练后，听众中即使真的有人站起来提出问题，你也能立即自然地做出回答。你还可以利用自问自答来训练演讲的技巧。比如："也许各位听众会怀疑，你所说的话有什么证据呢？我们为什么要相信你所说的话？""有的，的确只有证据才能让你们相信，这就是……"经过这样多次训练就会使你的演讲非常自然，而不会让人觉得你是在背台词，并且能使单调、贫乏的演说趋于生动、具体、和谐。

例如，一位英国演说者演说的题目为《原子与世界》。他对原子的研究已达半个多世纪，他很想把自己的感想和知识，清晰地传达给听众，他忘记了自己是在演说，而只是想通过自己热情的话语，让听众正确地了解原子，让听众感觉到他自己所感觉到的事。最后，这位演说者获得了极大的成功。他的演说充满了无穷的魅力和强大的说服力，博得了听众阵阵的喝彩，可以说他是一位具有异常天赋的演说者。然而他并没有炫耀自己是一位演说家，听众也不这样认为，他们之间已自然地水乳交融了。

如果听过你演说的人认为你是一个经过训练的演说者，这并不是最高境界。所以，千万不要让听众感到你训练留下的雕琢痕迹，而要让听众觉得你是一个平易近人的朋友。擦得光亮洁净的玻璃窗，根本不会引起任何人注意，它的作用是让光线通过。一位优秀的演说者也是这样，如果他的态度自然，听众就不会注意演说的技巧，而只会留意演说的内容。当然并不是演说的技巧不重要，只是不要让技巧掩盖了内容，给人留下"玩弄花招"的印象，那实在不是进行技巧训练的最初愿望。

二、全力以赴，争取好感

（一）全力以赴

诚实、热心和认真的态度，能帮助你达到目的。一个人的强烈情感，能使他展示真正的自我，这是因为强烈的情感能清除一切障碍。这样的演讲者，其行动和演说犹如在无意识中进行的。这种自由发挥的状态就是演讲的最佳境界。

在英国，有一位名叫乔治·麦克唐纳的传教士，他在布道时发表了题目叫《致希伯来人书》的演说，给人留下了深刻的记忆。他说：

各位都是信仰虔诚的人，对于信仰的含义，相信已有了一定的了解，用不着我多说，何况还有许多比我更优秀的神学教授在这儿，我之所以站在这里，只是为了帮助你们加强信仰。

这时，他把全部注意力都集中到演说中去了。为了使听众产生真正的信仰，并且虔诚地表达出来，他全力以赴地演说着，他那充满热情的话语将眼睛所无法看到的永恒真理和自己坚定的信仰，生动具体地表达了出来。他说话态度诚恳、感情真挚，这一切反映了他淳朴敦厚的内在气质，而这种演讲态度正是他成功的关键。

柏克·艾德曾写过出色的演说词，被美国各大学当作雄辩的成功典范来研究，可他本人的演说却很失败，因为他对珠玉一样的演说词，缺乏热烈而生动的表达能力，每当他站起来发表演说时，听众便开始坐立不安，有的咳嗽，有的东张西望，有的走动，有的打瞌睡，有的干脆走出会场，这种情形在会场里实在令人尴尬。因而他得到一个"晚餐报时钟"的绰号。

一枚足以穿透钢板的子弹，如果用手投掷的话，就连衣服的一角都损伤不了，因为它没获得足够的速度，所以没有强大的动能；相反，如果你把豆腐当子弹发射的话，它也无法损伤什么。同样一篇十分精彩的演说词，如果在它的背后没有高水平的演讲技巧来加以再现的话，那么其效果就会和发射豆腐一样软弱无力。因为它虽有速度，但是本身质地却太软了。

（二）让听众产生强烈的好感

演讲追求的是一种自然的表达。这种表达是指把自己心中所想的事，所积聚的情感，诚恳地用言语和表情表达出来。掌握了演讲技巧的演讲者，在演讲时就会注意使用比较丰富的词汇来描述，从而扩大自己的内涵所能表现的范畴。如果你认为缺乏改变自己的能力，那么这种表现就难以进行；如果你对改变自己的方法很重视，那么你就会寻找到适合你个性的表达方式。比较积极有效的方法有：经常检查自己演说时音量的高低、速度的快慢、节奏的强弱等。检查方法：利用录音带录下自己的演说，然后边听边作自我分析，或是请朋友听了你演说后来评判。当然如果能请到专家予以指导，那么演讲技巧会达到更高的境界。

同时，你要记住，不要把太多注意力放在你的表达方式上，那样会使演说流于形式。因此，你面对听众发表演说的时候，一定要满怀热情、全力以赴地去争取听众产生强烈的好感，只有这样，你才能够自由地表达你的思想、意念、情感，才能使你的演说具有极强的说服力。

三、把握听众心理的技巧

由于对演讲效果的评判在很大程度上是根据听众对演讲的接受程度而定的，所以应把握演讲过程中听众的心理。十分有名的《钻石的土地》是由康威尔·罗李演讲的，而且他曾经演讲过6000次以上，也许有人会以为他的演说只不过像录音机一样，多次播放相同的内容，甚至连每一句话的抑扬顿挫都没有改变。然而事实并非如此，因为罗李明白每一次的听众都不尽相同，他必须对演说做适当调整，以满足不同层次、不同品味的听众。当他到某地发表演说前，总是先去拜访当地的各个阶层的人物如局长、经理、工程师、理发师等，或是随便和某人闲聊，并从闲聊中根据他们的言谈举止分析他们会有怎样的期望。然后，才因地制宜、因人而异确定内容、题材，再发表演说。无疑，罗李深知思想传达的成功与否很大程度上取决于听众的理解和接受程度的高低。《钻石的土地》并没有留下讲稿，但他以同一主题讲了6000次以上，并取得了成功，这完全得益于他对人情世故的敏锐洞察和演讲的机敏应变。这给我们揭示了一个深刻的道理：演说必须融合听众的心理，符合听众的知识结构。

（一）听众关心的事应纳入演讲

罗李博士认为演讲成功的要素之一是缩短演讲者与听众的心理距离。事实证明，如果是涉及听众所熟知并相关的事物，听众便能较快地接受演讲者的观点、演讲就容易获得成功。

艾立克·约翰斯敦曾担任过美国工商会长、电影协会会长，他的演说，很善于利用演讲地的风俗民情和实际情况。在俄克拉荷马州立大学的演说中，他成功地运用了就地取材这种方法。

俄克拉荷马这块土地对商人而言，原本与鬼门关一样，被认为是永无发展的荒凉之地，甚至在旅游指南中被删去了名字，这都是不久前发生的事情。但是，你们一定也曾听说过，1930年左右，曾经过这里的乌鸦，向其同伴提出警告，除非已备足粮食，否则到这里就无法生存。

大家都把俄克拉荷马当成无可救药之地，绝不可能有开拓性发展。但到了1940年，这里奇迹般逐渐变成了绿洲，甚至将她的美妙变革谱成流行歌曲：大雪过后，微风轻拂，麦田飘散着芳香，摇曳多姿……这不是俄克拉荷马欣欣向荣、勃勃生机的写照吗？

仅仅10年的时间，你们的家乡已由一片黄土沙漠，摇身变为长得像大象一样高的玉米田，这就是信念的报偿和敢于冒险犯难的结晶。

由于演说者善于从听众所熟悉的生活环境、切身体验中选材，然后经过分析、归纳、总结，在纵向比较和横向比较上做文章，因而取得了演讲的成功。他的话不是教条，新奇、生动、贴切，紧紧抓住了听众的心，拉近了演讲者与听众的心理距离，所以成功是必然的。

演说者的成功正是在于他明了听众的目的，以及听众期望演讲者能给他们提供的解决难题的知识和方法。有了这样的认识，你才会寻找到听众的真正疑惑或需求，确定自己的演讲内容、主题，也才能有的放矢地演说，才能拥有取得成功的先决条件。如果听众渴望了解当前的局势，那你可以分析国际国内的政治动态；如果听众希望了解怎样进入股市那你可以对他们讲述有关股市、股票的基本知识……英国新闻界的威廉·伦德夫·赫斯特作为美国大报业的经营者在被问到哪种话题能吸引听众时，他毫不犹豫地回答："就是与自身息息相关的话题。"他正是在这种理论指导下，建立了他的新闻王国。

不用举更多的例证，便可知道与听众休戚相关的话题必然会赢得听众的认同进而被听众接受。如果我们心中没有听众，以自我为中心，听众就会感到事不关己，因而显得心不在焉，东张西望，这无疑是对演讲者的嘲讽。

（二）真诚的褒扬

听众是一个思维活跃的群体，他们会根据自己的立场对演说进行评价。如果你不尊重他们，他们会不留余地地拒绝你。所以，如果听众有值得称道的表现，就应抓住时机予以肯定。做到这点就等于拿到了自由出入听众心理王国的通行证。当然，应有赞扬的技巧，否则只会适得其反。

（三）寻找共同点

演讲与对话都是人际交往与沟通的必要手段。如果你是应邀演讲，那么与听众建立起融洽的关系是很重要的。前英国首相麦克米伦，在美国德堡大学毕业典礼上，他的开场白就不失时机地抓住了听众的心。"感谢各位对我的欢迎，虽然作为英国首相在这里发表演说的机会并不多，但我并不认为我是英国首相才被邀请。"然后，他又回顾了自己的家世，并告诉听众，他的母亲是出生在本州的美国人，而他的外祖父就是印第安纳州德堡大学的首届毕业生。

麦克米伦以其直系亲属的血缘情分，和属于开拓者时代的美国学校生活方式为话题所发表的演说，其反响之热烈，自不待言，获得这一成功的重要因素无疑是巧妙地抓住了听众与演讲者双方的共同点。

（四）让听众充当演说中的角色

曾有一位演说者，想要向听众说明从踩刹车到车子完全停止之间的行车距离。这位演说者请了一位坐在最前排的听众站起来，协助他说明车距与车速的关系。被指定的听众，拿着卷尺站在台上，按照演说者的解释前进或后退。这种情况不但具体表现了演说者的观点，同时，也具有与观众沟通的桥梁作用。

有时为了达到让听众扮演一个角色的效果，可以向观众提问，或者让听众重复一遍演讲者的话，然后举手回答。《富有幽默感的作家与说话》的作者巴西·H.怀汀一再强调要让听众直接参与表决，或让听众帮忙解决问题。并且认为要有正确的思维方向。如果用演讲稿的方式去演说，那么观众的反应肯定不会很强烈，应把听众当作是你共同事业的合作伙伴。演说者如果做到观众参与，就能使他要表达的论点更加深入人心。

（五）使听众感到平等

演说者以怎样的态度与听众沟通，是十分敏感的问题。假如以一种有良好教养、拥有较高的社会地位或社会权力的态度和腔调对听众演讲，大都会受到排斥和反感，因为谁都不愿低人一等、听人训话。因此演讲者首先应采取低姿态使听众感到平等，才能与听众建立良好的沟通关系。诺漫·V.比尔曾忠告一位演说缺少吸引力的传教士："诚恳是首要的条件。"

第二节 控制场面的技巧

一、表达自己的技巧

仅有自信和对听众的了解是不够的，还要注意演说中的表达技巧。这里所说的表达技巧指表达方式和措辞方面的基本技巧。

（一）表达方式的技巧

表达方式不同，则效果迥异。如说："我很讨厌他"或"我不喜欢他"，就不如说"我对他的印象不怎么样"。对一个看来超过40岁的人，与其说"你还不太老"，倒不如说"你现在可正值壮年"。这样别人就会认为你是一个很会说话的人。

为什么会出现这种效果上的差异呢？其实原因很简单，说话人的态度是否谦恭，其问话是否合乎听者的心理，都会直接影响到说话的效果。因为任何人都希望得到别人的尊重和体谅。问话如果不尊重和体谅对方，自己就会自讨没趣。

（二）措辞精妙的要诀

在交谈中，措辞的精妙和恰当也是非常重要的一环。如果措辞词不达意，或者粗俗不堪，或者故弄玄虚，那么不管内容有多好，也不会取得良好的效果。要做到措辞简洁精妙，我们在谈话中应注意以下几个方面。

第一，尽量简洁明了。说话一般是越简洁越好。有些人在叙述一件事情时，本来只需一两句话就可说明，但他拉拉杂杂说了很多，却仍没有把意思表达出来。听者云里雾里，费了很多的心思，也不知道他要说什么。矫正的最好办法是在说话之前，先打好腹稿，尽量用最简洁、最少的字把要讲的话表达出来。

第二，不要滥用重叠。在汉语里，有时的确要用重复来强调你所要表达的内容。但是，如果滥用叠词叠句，就会显得累赘。如，许多人在疑惑不解的时候常常会说："为什么为什么？"其实，一个"为什么"就足以表达你的疑惑之情。还有的人在答应别人一件事情的时候，常常说："好好好。"其实，说上一个"好"字就足够了。如果你有这个毛病，也得改一下。

第三，同样的言辞不可用得太频繁。一般地说，听者总希望说者的语言丰富多彩。我们虽不必像名人那样，字字珠玑，妙语连篇，句句都是深刻精辟的道理，闪耀着哲理的光辉；但也应该在许可的范围内尽量使表述语言多样化，不要把一个词用得太频繁。即使是一个非常新奇的词，如果你在几分钟之内就把它复述了好几次或十几次，那么人们对它的新奇感就会丧失，并对它产生一种厌恶感，进而拒绝接受你的演讲。

第四，要避免口头禅，有些人在交谈中常常不由自主地使用口头禅。诸如"我觉得""我以为""俨然""绝对""没问题"等，这类口头禅说多了，不仅影响内容的表达，而且还给人一种傲慢、以自我为中心，逻辑不严密的印象。因此，这类口头禅应尽自己最大努力去克服。

第五，要避免使用粗俗的词。常言道："言语是个人素质、修养的衣冠。"一个相貌堂堂，看上去颇为不错的人，如果出口成"脏"，那么别人对他的好感就会消失殆尽。其实，这些人中的相当一部分并非学问、本质不好，只是在追求语言的新奇和俏皮的过程中染上了这种难以更改的坏习惯。试想一想，在一个初次交往的人前，你若说了句粗俗的话，他就会认为你是一个粗俗不堪没有修养不可交往的人。如果听众不是专业人员，你却大量使用专业术语，给人一种故弄玄虚的感觉。

第六，不要滥用术语。诸如满口"一元论""二元论""沙文主义"等术语，不熟悉的人会感到厌倦，而熟悉的人则会认为你卖弄学识、非常浅薄。

二、旁征博引的技巧

所谓"援例"就是通常所说的"用例"或"举例"，以事实证明自己的观点。

有经验的演说者在演说时经常举例。这是因为举例既可有效地说明问题，又能使演说内容充实，形式活泼。即常言说的"事实胜于雄辩"。演讲中用例一般应注意以下技巧：

（一）贴切

演讲中举例，是为了达到"证明问题、阐述观点"的目的。因此，举例一定要贴切。举例说明不贴切是在实际演讲中最容易犯的毛病。不贴切的情况一般有三种。

一种是"风马牛不相及"，即例子与要说明的问题毫不相干。例如：想说明女人不应该过分讲究衣着打扮，而举的例却是"天然游泳场中，女人不用穿衣服。古罗马竞技场上女人也是一样赤裸着身体参加比赛。"她们在游泳中裸体与在竞技场中裸体，只是她们特有的习俗，一种独特的风尚，与妇女不必讲究衣着打扮没有必然的联系，她们中的有一些人也有可能是过分讲究衣着打扮。这样的援例如何能为你的观点服务呢？

不贴切的第二种表现形式是"以己之矛攻己之盾"，即所举的例子与他想要说明的问题自相矛盾。例如，要说明苏联的社会主义比"波兰的修正主义好"，例证却是波兰在修正主义统治下，民不聊生，猪肉和食糖配给制，"市民每人每周只准买两磅食糖和两公斤猪肉"。而当时，苏联已实行了定量供应，一个月供应一斤半猪肉和半斤食糖！这个例子，似乎并不是在说波兰修正主义不好，而是对苏联社会主义的嘲讽。

不贴切的第三种表现形式是"若即若离，似是而非"。即所举例子缺乏针对性。例如，要说明做学问应当讲究恰当的方法，以苦干加巧干达到事半功倍的效果，然而举出的却都是"出大力流大汗"的例子，体现不出"巧"在哪里。想说明"贵在坚持"，可举的却是"在困难的时候要有清醒的头脑"的例子体现不出坚持的重要。这表明演讲人逻辑不够严密，演讲也就失去了其魅力，达不到理想的效果。

（二）新颖

有些事例，本来很好，但你用过来，我用过去，听众听来也就乏味了，觉得你的演讲也不过如此。有人一讲"潜心钻研"就举居里夫人在实验室的事；讲顽强拼搏，就举海伦·凯勒；讲贵在坚持，就举马克思把大英图书馆的地板磨出一道沟，似乎大千世界就这么几个例子可举。举办谈"信仰"的演讲会，居然有十个人争着引用布鲁诺的故事，十次高声演讲"火并不能把我征服，未来的世纪会了解我、知道我的价值的！"有听众马上嘲讽："演讲者的心肠也太狠了，罗马教皇也不过烧死了一个布鲁诺，而演讲者们一个晚上就烧了十次！"这种"炒剩饭"式的举例，恰好暴露出了演讲者的弱点：知识贫乏，思维迟钝。其实，只要真正留心，现实中和历史中生动感人的事例何止千万。

（三）典型

典型事例与一般事例不同。一般也能说明问题，但毕竟"一般"不可能最有说服力，更不会引起强烈反响，留下深刻的印象。而典型事例则是最生动、最有说服力的。事例一出口，道理就昭然若揭。这种事例，源于生活，能深刻反映生活本质和深层的生活哲理。但这种事例往往被一些貌似平凡的表面现象所掩盖，非潜心发掘不可。

（四）具体

举例是为了证明观点，要想观点明确，就必须使例子生动、形象，具有说服力。如在讲"学习专心认真"这个道理时，你就不能举这样的例子：某某同学学习不专心，所以没考上高中；后来，学习专心了，所以获得了成功，成了引人注目的人物。你也许的确知道这位同学后来是怎样专心致志的，但听众不知道，而这正是他们想知道的。所以应该这样说：赵小兰平时学习不专心，老师在上面讲课，她在下面看小人书；老师要大家练习，她没写几笔就叠纸人去了，所以成绩不好，连高中也没考上。这时她爸爸责备了她，同学们讥笑她，她心中难过极了，一个人不知偷偷哭了多少场。后来一个偶然的机会，她参加了市业余无线电俱乐部，学习收发报。这回她接受教训了，别人将收发报当作业余爱好，她却全身心投入，上课时专心听讲，课后反复练习，她一边走路一边动指头地练按键。一边吃饭，也一边练。有时睡梦中，还在练。她完全生活在"嘀嘀嗒嗒"的世界里，简直入了迷。一次祖母要她擀面条，做这工作时要两手一起用，没法练习按键了，可是等祖母来拿面条时，发现桌上只有面片，面片上全是坑坑洞洞，像蜂窝一样，原来孙女又在刚擀好的面片上练起来了。后来终于取得了市级比赛第二名。

这种举例，不但有概括的叙述，而且有细节的描写，这些细节具体、生动，既能传神地刻画人物，又能有力地证明"专心致志"与"取得成绩"的关系，于是给听众留下了比较深刻的印象。因此，在演讲举例时，不仅要典型，而且要具体生动。要想具体生动，必须有一定的典型细节描绘。

第三节 演讲中的语言技巧

> 对语言的追求是一个方面,是一种基础,而对语言力度的掌握却远远超过了这种追求,那是如何让语言发挥其最大作用的一种途径,任何需要语言的地方,语言都很难以它最美的形式出现。
>
> ——高尔基

与用语言进行交流的任何方式一样,演讲同样需要遵循语言的一般规律。如合乎语法、讲究修辞等。但由于演讲者是在公众场合与众多听众进行面对面的直接交流,因此演讲更讲究视听结合的效果、情感参与的作用和临场应变的能力。

（一）形象、个性、口语

使听众的视觉愉悦,那么你的观点就更容易让听众接受。为了使演讲效果更好,演讲者除了应注意自己的外在形象和手势语言外,更应注意的是,演讲者要善于将抽象的哲理物化为活动的景象,让空洞的说教转化为鲜明的画面。

演讲要做到形象化,运用比喻和打比方是最有效的手段。如蔡顺华的题为《小狗也要大声叫》的演讲:

各位朋友,到这个讲坛演讲的,应该是曲啸、李燕杰、邵守义那样的大人物。我这个嘴上无毛的青年人站在这里,很不般配哟。（停顿,提高声调）

不过,我很欣赏契诃夫的一句名言:"世界上有大狗也有小狗,小狗不应因为大狗的存在而慌乱不安,所有的狗都要叫!"小狗也要大声叫——就按上帝给的嗓门叫好了!今天,我这个自信的"小狗",就来大胆地叫几声。

这新颖滑稽的开场白引起观众注意后,蔡顺华简单阐释了契诃夫比喻的本意,又很快从"小狗叫"引入了正题:

试想,一个单位、一个部门、一个地区乃至一个国家,倘若只充斥着极少数名家、权威和当权者的声音,虽不算"万马齐喑",但群众,尤其是最富有创造力的年轻人的智慧和声音被压抑了,哪里会有真正的"九州生气"?

蔡顺华的演讲结尾更是围绕着"小狗叫"作了如下结论:

那些腹有经纶但阴柔有余、阳刚不足的奶油小生是不敢"叫"的;那些虽"嘴上无毛"但已深谙"出头椽子先烂"等世俗哲学的平庸之辈也是不敢"叫"的;响亮而优美的"叫声",往往发自那些有胆识的开拓者与弄潮儿。如果我国的每一位"小狗"都发出了自己的"叫声",那么地球也会颤抖的!

蔡顺华的演讲,通篇利用了"小狗叫"这生动、新奇又幽默的比喻,贯穿始终,使听众在轻松的气氛中接受了一个普通而又严肃的话题。使演讲通俗形象,道理深入浅出,还可选用生活中的实例来证明论点。

某些演讲需要运用数据说明问题,但仅仅把一连串枯燥的数据抛向听众,就会影响现场活跃的气氛。

要想不理会充满形象的演讲,就好像要求歌迷对自己心中的偶像在舞台上精彩的表演不能喝彩。法国哲学家艾兰曾说:"抽象的风格总是差的,在你的句子里应该充满了石头、金属、椅子、桌子、动物、男人和女人。"这就道明了应选用形象化的语言。

世界上没有个性完全相同的两个人,就如世界上没有完全相同的两片树叶一样。演讲者曾力求演讲出自己的风格,创造出独特的"讲"。每个演说家都有自己的风格。如鲁迅先生是分析透彻、外冷内热、富于哲理的演讲风格;郭沫若先生是热情洋溢、奔放跌宕、文辞富丽的演讲风格。这就是继形象化后的又一演讲技巧——个性化。

演讲的个性与演讲者自己的个性密切相关。每个人的个性形成与人的性别、年龄、生活环境、生活经历、文化修养、气质、职业等因素有关。如一位女药剂师在第一次品尝啤酒时,脱口而出:"哎哟,就像喝颠茄合剂一样!"女药剂师的职业敏感使她把啤酒和颠茄合剂联系在一起,而不像一般人把啤酒比喻为潲水。

当演讲者的个性与演讲词的风格不一致时,演讲者的演讲是很难动情的,也很难感染人。演讲者文化层次很低,大谈一些极其深奥的哲理,只能是囫囫囵吞枣地背诵，而即使背诵出来也只显得极其牵强；平时很严肃的演讲者，生硬地念充满幽默情趣的演讲稿，总会显得不伦不类。与其这样，不如用符合自己气质、个性的语言进行演讲。

演讲风格的个性化还体现为演讲中所涉及人物的个性。对于演讲中涉及的人物个性不应是一种平白的交代，而要通过生动刻画、语言模拟等手法充分展现。

某些演讲，即使对其立意和材料挑不出毛病，而且从某种意义上来说，还是绝妙好词，但就是不能给观众留不下深刻的印象。原因何在呢？其根本就在于演讲者没有把握住演讲词的风格，或者演讲者的个性与演讲词的风格迥异。演讲并不是任何人拿着演讲稿上台照念一遍就行了，还要注意其鲜明的个性，适当采用语言模拟、神态模仿等手段。

在演讲中，不仅要注意语言的形象化、个性化，还要注意演讲语言通俗易懂。若要使每一句话都深入人心，这就必须讲求语言的口语化。听众是否清晰地接受了演讲者的话还是演讲是否成功的先决条件。

演讲语言不同于书面语言，听众在现场中不可能有余暇去理解某些生僻的词语和隐晦的意思，更不可能像阅读文章那样进行多次的反复领会。口头语言的接受特点就决定了演讲语言的特点既要清楚明白、生动形象，同时又具有较强的感染力。

文化层次较高的演讲初学者，往往容易写成很书面化的演讲词。如以下的两段演讲词摘录：

1.《阳光是一种语言》

早晨，阳光以一种最透彻，最明亮的语言与树木攀谈。绿色的叶子立即兴奋得颤抖，通体透亮，像是一页页黄金锻打的箔片，炫耀在枝头。阳光与草地上的鲜花对语，鲜花便立刻昂起头来，那些蜷缩在一起的忧郁的花瓣，也迅速伸展开来，像一个个恭听教诲的学子。

我们的学校便是阳光的象征，它是一座充满生机与活力的"阳光大厦"，而我们则是等待着阳光笑容与照耀的鲜花，一群朝气蓬勃的阳光学子。

然而有时明朗的日子，我们不会留意阳光；普照的阳光，有时像是对大众演讲的演说家，我们不理解，这正如学校安排的每一次计划，我们不能全部理解；学校对双休日时间作出的合理调整，有些同学不理解一样。面对阳光的语言，我们仿佛充满了疑惑与不解。

但这次是我们错了。殊不知，阳光动听的声音，却是响在暗夜之后的日出，严寒后的春天及黑夜到来前的黄昏。这些时候阳光都会以动情的语言向你诉说重逢的喜悦，友情的温暖和那因多少失败的磨炼后收获的成功。阳光一直在无微不至地关怀着每一朵鲜花，每一颗小草，争取以自己最明亮，灿烂的笑容面对这可爱的生灵。

2.《母爱无边》

春天已经悄悄地来到我们身边，春风轻轻地吹红了花，春雨也静静地润绿了叶，朝气蓬勃的我们正像那红花绿叶一样鲜活一样有生命力，而又有谁曾想到过是谁做了那春风春雨默默地滋润着我们呢？

阅读了这两段演讲词后，可以感觉到演讲者确实煞费苦心。《阳光是一种语言》侧重于宣泄内心的情感体验；《母爱无边》则努力追求感情。但是，这两段演讲词的演讲效果都不好：听众都会因迷失在众多的长句和深刻的思辩之中去而无暇接受演讲者的观点。抛开其他方面的缺陷不说，这两段演讲词书卷味很浓，更适合"看"而不适合听。

对于初学演讲者来说一定要掌握书面语和口语的分寸。如果不是为了特别的修辞需要，写演讲词时，须遵循以下几条建议：

第一，尽量使用短句，少用长句，以保持语意之间足够的停顿；

第二，尽量使用清晰明快、言简意赅的语词，少用生僻、晦涩的古词或专业性强的术语。毛泽东的《矛盾论》就是简明的例子：

为什么鸡蛋能够转化为鸡子，而石头不能转化为鸡子呢？为什么战争与和平有同一性而战争与石头没有同一性呢？为什么人能生人不能生出其他的东西呢？没有别的，就是因为矛盾的同一性要在一定的必要条件之下。缺乏一定的必要条件，就没有任何的同一性。

毛泽东选用了最通俗易懂的词语，使深奥的哲学问题变得简单明了。

"体面"与"堂皇""驼背"与"佝偻""寒冷"与"凛冽"等几组近义词或同义词，每组的后一个词语更书面化，能体现使用者的文化素养，但在一般情形的演讲中，使用后一个则不如前一个。而你若面对的是文化素质极高的听众，那使用后一个的效果可能会更好些。因此演讲语言的使用原则必须根据具体情况而定。

要使演讲语言达到一个完整的统一体，就必须同时具备形象化、个性化、口语化三个条件，因为它们彼此之间存在着必然的联系而不是静止孤立的。任何一个演讲者如果考虑到了这三个因素的重要性，并运用到演讲中，那他就具备了成为一个成功的演说家的先决条件。因此，对于初学者来讲，切不可想当然而为之，要把理论的学习和实践结合起来才能达到演讲成功的彼岸。

（二）幽默、迂回、悬念

在《演讲入门》中约翰·哈斯灵写道："幽默是演讲者与听众建立友好关系的最有效的手段之一。当你讲得听众眉开眼笑的时候，他们也就主动地参与了思想交流的过程。"哈斯灵总结了幽默在演讲中的作用：建立友好关系和促进思想交流。幽默的运用很讲究技巧与方法，下面简单介绍几种构成幽默的方法：

1. 故意夸张法

丰富的想象可表现为夸张，夸张就是扩大或缩小事物的形象、特征、作用，以强化语言的表现力，可构成幽默。

美国总统里根在竞选演讲中曾这样抨击物价上涨：

夫人们，你们都知道，最近，当你们站在超级市场卖芦笋的柜台前，你们就会感到，吃钞票比吃芦笋还便宜一些。

你们还记得当初你们曾经认为没有什么东西可以代替美元吗？而今天美元却真的几乎代替不了什么东西了！

里根通过对美元贬值的夸张，激起选民们对物价上涨的强烈不满，对当政者的不满,从而达到选民们支持他的目的。

2.去"包袱"法

中国相声常用"设包袱""抖包袱"来构成幽默。演讲可以借鉴相声"丢包袱"这一表演手段,通过风趣的解答构成幽默。

3.移花接木

当甲乙环境互换和甲乙词语互换时,都有令人捧腹的幽默效果。在《论男子汉》的演讲中,演讲者就大量运用了"大词小用"(移花接木)幽默法:

我选择了这样一个演讲题目《论男子汉》(掌声)。掌声证明了,这是一个真正时髦的问题(掌声、笑声)。广大的女同胞和男同胞,都在积极地做这一时髦的促进派,呼声渐高,浪头一天比一天大,标准一天比一天高,要求一天比一天严,大有让所有的男性公民脱胎换骨、重新做人之势。著名演员刘晓庆说:"做女人难,做一个名女人尤其难。"我说,做男人难,做一个男子汉尤其难也。(笑声、掌声)……而要成为一个男子汉,最能立竿见影的,大概就是所谓的物理方法了:穿一双中跟鞋,增加些"海拔高度";(笑声)留一撮小胡子,显出些粗犷;着一条牛仔裤,添几分潇洒……

"脱胎换骨、重新做人""所谓的物理方法""海拔高度"等词语,大大增强了演讲的幽默效果,为演讲掀起了一个又一个的高潮。

4.如实陈述

对生活中的可笑之事,照原样讲述,就能达到幽默效果。

有一位著名演讲家在一次演讲中,就运用了如实陈述的幽默法:

一个机关请我去讲一讲机关的常用文,即怎样写总结、简报、调查报告等。上课时,我就当众读了一些文章中的病句……其中有个表扬老师傅的:"某某从苦水中长大,对党一直十分热爱,长期的耿耿于怀。"再一个"某某同志逝世了,我们全厂同志化悲痛为力量,真叫作穿着孝衣拜天地,悲喜交加"……

这样的如实陈述,使听众席上的气氛极为活跃,于是演讲也就不难成功了。在幽默技巧的运用中,要注意,材料和语言不能庸俗、低级;幽默要紧扣主题，分量适当，切莫喧宾夺主。

那么迂回法呢？当然在演讲中通过幽默与听众建立友好关系和促进思想交流的方法远不止以上四个方面，一个成功的演讲家往往能即兴通过幽默调动听众的思想感情，而且做得恰到好处。读者必须明确真正的幽默是来源于广博的知识和敏锐的洞察力，而并非哗众取宠。

有时演讲者并不直接阐明演讲主题而是以说反话、先贬后褒等手法，迂回达到演讲主题，这就是所谓的迂回法。这种手法往往能达到"山重水复疑无路，柳暗花明又一村"的演讲效果。

5. 悬念法

所谓悬念法就是指在演讲过程中提出一个听众极为关心的问题后，并不解答，听众又急于想知道问题的答案，从而调动听众的兴趣，让听众参与到演讲中去。设置悬念是一种有效的演讲方法。某大学举办写作知识讲座，老师在讲到细节描写时，首先设置了一个悬念："请问同学们，男生和女生回到宿舍时，摸钥匙开门的动作有什么不一样呢？"听讲的学生立即活跃起来，有的小声议论，有的抢着回答，有的干脆模拟自己回宿舍找钥匙的动作。主讲教师接着说："据我观察，大多数的女生在上楼梯时，手就在书包里摸摸索索，走到宿舍门口，凭感觉捏住一大串钥匙中的那一片钥匙，往锁孔里一塞，门就打开了。而大多数的男生呢？他们匆匆忙忙地跑到宿舍门口，'砰'的一脚或一掌，门不开，于是想起找钥匙，把钥匙片往锁孔里一塞，打不开，原来钥匙片又摸错了。"

这一番描述，引起了同学们会意的笑声。教师于是又总结道："把男女生回宿舍摸钥匙开门的动作描述出来就是一处细节描写，而细节描写的生动又来源于对生活的细致观察。"这位教师先巧设悬念，让学生积极参与到这个讲课的过程，然后再利用解答悬念抛出知识点，取得了很好的教学效果。

1918年11月，在第一次世界大战结束后，李大钊先生在北京学生的集会上，发表了著名的演讲《庶民的胜利》：

我们这几天庆祝胜利，实在是热闹得很，可是胜利的究竟是哪一个？我们庆祝，究竟是为哪个庆祝？我老老实实讲一句话，这回取胜的，不是联合国的武力，是世界人类的新精神，不是哪一国的军阀或资本家的政府，而是全世界的庶民。我们庆祝，不是为哪一国或哪一国的部分人庆祝，是为全世界的庶民庆祝，不是为打败德国人庆祝，而是为打败世界的军阀主义庆祝。

李大钊先生利用悬念引起听众的深思，然后再深刻地揭示这场战争胜利的伟大意义。这比枯燥的说教更能震撼观众。

（三）称谓、节奏、简练

1.称谓

"你、你们、我、我们"是最常用的称谓，在演讲中，这些称谓运用得是否得体对演讲的成功有着较为密切的联系。若将"你"与"你们"使用得当，就能集中听众的注意力，因为它时刻提醒着听众去维持一种我是参与者的心理状态，因此有利于拉近演讲者与听众的距离，进而使演讲获得成功的概率更高。例如一篇题为《硫酸与我们的日常生活密切相关》的演讲：

如果没有了硫酸，汽车将无法行驶，你必须像古代人那样骑马或驾驶马车，因为在提炼汽油时，必须使用硫酸。在你还没有和你的毛巾打交道之前，毛巾就已经和硫酸打过交道了，你的刮胡子刀片也必须浸在硫酸中处理……

但如果"你、你们"使用得不恰当，又可能造成彼此之间的心理鸿沟。例如，在一次学术讨论会上，一位语言学家作了这样的开场白："刚才几位同志的报告都很好，如果把你们的讲稿没收，你们还能不能讲得这样好呢？""你们"一词拉开了这个语言学家与其他人的心理距离，有一种居高临下的语气，于是，激怒了其他的语言学家，他们私下议论："把我们的讲稿没收，我们都讲不好？怎么，把你的讲稿没收，你就能讲好啦，你也太狂了吧！"

其实只要将开场白中的"你们"换成"我们"就行了。

据心理学家统计，精神病患者是使用"我"的频率最高的人。演讲者如果频繁使用"我"，听众会感觉你是个以自我为中心的人，那么你的演讲就不会受欢迎。此外，在演讲中，特别是学术讨论中，如果需要谦虚地表述个人的新观点时，就可以使用"我们"，听众会因你的谦虚而乐意接受你的观点。

2. 节奏

演讲抑扬顿挫是节奏的主要体现。如果没有节奏变化，听众就会昏昏欲睡。著名演讲理论家费登和汤姆森，曾说："关于演讲速度，所应遵守的主要原则，就是随时注意变化。"

演讲中需要慢的地方有：重要的事情、数据、人名、地名，极为严肃的事情，悲伤的感情，等等。演讲中需要快的地方有：人人皆知的事情，精彩的故事进入高潮时，表达欢快的情感等。

停顿（沉默）是控制节奏、吸引听众注意力、调节现场气氛的一种重要方法。俗语道："沉默是金"，便是强调了沉默在某些场合的重要性。以下是几个沉默的实例。

美国前总统林肯是一个很善于运用沉默技巧的著名演讲家。当林肯说到某项要点时，会倾身向前，有时直接注视听众达一分钟之久。这种沉默比大声疾呼更有力量。采用这一手段，听众的注意力被高度集中起来了。爱因斯坦应邀到日本某大学访问，不善言辞的校长竟然在欢迎仪式上紧张得忘了欢迎词。他沉默了很久，才讲出一句话，"爱因斯坦博士万岁！"

全体集会者在焦急的等待之中，校长那异乎寻常而又发自肺腑的呼喊把大家感动得热烈鼓掌。爱因斯坦更是热泪盈眶，与校长紧紧拥抱在一起。教师对沉默的作用体会最深。一次上语法课，同学们在下面讲，老师在上面讲。老师一再提醒同学不要讲话，但没有作用，最后老师笑着说："我尽量与同学们配合默契。同学们说话的时候，我就不说了；同学们不说了，我再接着说。"同学们在哄堂大笑中也意识到了自己的不礼貌。此后，课堂上讲话的人明显减少。

3. 简练

马克·吐温针对"演讲是长篇大论好呢？还是短小精练好？"这个问题讲了一个故事：

有一个礼拜天，我到礼拜堂去，适逢一位传教士在那里用哀怜的语言讲述非洲传教士的苦难生活。当他说了5分钟后，我马上决定对此事捐助50元；

当他接着讲了 10 分钟后,我决定把捐助的数目减少 5 元;当他继续滔滔不绝讲了半小时后,我又在心里减到 35 元;当他再讲了一个小时,拿起钵子向听众哀求捐助并从我面前走过的时候,我却从钵子里偷走了两元钱。

他形象地回答了演讲需要简练。演讲语言提倡口语化和通俗化,但并不是纵容语言的冗长和啰唆。冗长和啰唆既影响表达效果,又会使听众生厌。演讲语言的冗长和啰唆主要是以下原因造成的:

重复论证。如 1933 年,美国参议员爱兰德尔,为了反对通过"私刑拷打黑人的案件归联邦州立法院审判"的法案,在参议院发表了长达 5 天的马拉松演讲。有记者统计:爱兰德尔在讲台前踱步 75 公里、做手势 1 万个、吃夹肉面包 300 只、喝饮料 46 升。但他这次演讲并未达到他预期的效果,原因在于他用了琐碎的事例重复论证。

废话过多。有些演讲者在演讲时东拉一句,西扯一句,抓不住要点,思维混乱,逻辑不严密。其演讲只不过是废话的大集合,还有什么魅力可言呢?

打官腔。有些身居要职的官员,喜欢说套话。在演讲中,貌似流畅、得体,实则空洞无物,令人生厌。有人曾入木三分地总结了这类官场语言:同志们,对于我们的工作,我们应该肯定该肯定的东西和否定该否定的东西。我们不能够只知道肯定应该肯定的,却不知去否定应该否定的;也不能只知道去否定应该否定的,却忘了去肯定应该肯定的;更不能去肯定应该否定的,而否定应该肯定的。

反复客套。反复地客套如"我水平有限,肯定有讲错了的地方,请大家多多指教""对这类问题我缺乏研究"等,使听众觉得你这种"老生常谈"大煞风景,令人厌恶。

总之,在演讲语言的技巧方面,我们应该牢记"人类的思考越少,废话就越多"这句名言。

场景应用篇

第一章
竞选、竞聘演讲

第一节 竞选演讲的适用范围

竞选演说是政治家登上历史舞台的第一步，如美国的总统在通往白宫的路上，时时伴随着演讲。美国总统除最初的几届外，其余的无一不是在竞选中产生，因此，若不具备高水平的口才，绝不可能在四年一度的竞选中战胜对手，也肯定当不了总统。

例如第26任总统罗斯福是一位健谈家。他1945年4月12日在工作中猝然而逝，他生命中最后的工作便是撰写一篇题为《在杰斐逊纪念日上的演说》的准备稿，此稿即是有名的"罗斯福未竟演说稿"，它将长留演说史册。

在竞选活动中，大至一国总统，小至一厂之主、一乡之长，或某个团体负责人，都是有抱负的人一展雄才，此时是表现才干和管理能力的好机会。

例如，一位考进某所经济管理学院的学生在学生会主席竞选大会上演讲。在他演讲之前，几位竞选的同学都谈到自己辉煌的过去。他一上台，向大家问好后，接着讲：

和刚才几位同学不同，我的往事"不堪回首"，也有曾经属于自己的辉煌，但都已经成为渐渐淡漠的记忆。××年夏踏进这方热土的时候，就相信："抛弃过去，才能够拥抱未来。"告诉自己要诚心待人，自强不息。如今两年时间过去了，在走过的路上或多或少地留下了几许遗憾，但至今不悔的是：真诚待人的自己拥有了那么多真诚待己的朋友，让我常常为得到的支持和关心而感动更愿以自己的真诚与执着加倍地报答别人。

作为经院八百莘莘学子中的一员，我为自己是经院人自豪，也更愿为此负起属于自己的那份责任。这，就是今天我站到这里来的初衷。

记得上届学生会竞选的时候，有位候选人曾经响亮地问自己："我是该安静地走开，还是勇敢地留下来"。结果，他勇敢地留了下来。今天站在这里，我想告诉大家的是：我真诚希望自己也能够留下来，即使面对失败的苦涩，也不会负气"安静地走开"，因为，我是经院人。谢谢大家！

第二节 竞选演讲的写作要求

竞选演讲是竞选者为了实现竞聘目的而发表的演说。竞选演讲的作用主要是制造舆论，推介自身，争取选民。随着我国民主政治进程的加快，这种演讲形式将会被广泛采用、更加显示出它的重要作用。

一、竞选演讲的结构

1. 标题。大体有三种形式，一是公文标题法，即由竞选人加文种组成，或由竞选职务加文种组成；二是文种标题法，很简单地标出"竞选演讲"；三是运用正副标题法。

2. 称谓。对竞选主管人员或主办单位的称呼。

3. 正文。首先写清竞选的原因和愿望；然后写明自己所具备的应聘条件，包括学历、资历、政治思想、业务水平等各方面的客观条件；最后表明自己竞选的决心和信心，请求主管单位考虑。

二、竞选演讲稿的特点

（一）气势要先声夺人

竞选演讲的一个重要特征就是具有竞争性，而竞争的实质，是争取听众的响应和支持。而做到这一点的有效方法之一，就是要有气势，"气盛宜言"。这气势不是霸气，不是骄气，不是傲气，而是浩然正气。有了渊博的才识、正大的精神，以及对党的事业和人民的深厚的感情，作者就不难找到恰当的语言表达形式。

（二）态度要真诚老实

竞选演讲其实就是"毛遂自荐"。自荐，当然应该将自己优良的方面展示出来，让他人了解自己。但要注意的是，在"展示"时，态度要真诚老实，有一分能耐说一分能耐，不能为了自荐成功而说大话，说谎话。

（三）语言要简练有力

老舍先生说："简练就是话说得少，而意包含得多。"竞选演讲虽是宣传自己的好时机，但也决不可"长篇累牍"。应该用简练有力的语言把自己的思想表达出来。

（四）内心要充满自信

著名演说家戴尔·卡耐基曾说过："不要怕推销自己。只要你认为自己有才华，你就应该认为自己有资格担任这个或那个职务。"当你充满自信时，你站在演讲台上，面对众人，就会从容不迫，就会以最好的心态来展示你自己。当然，自信必须建筑在丰富的知识和经验的基础上。这样的自信，才会成为你竞聘的力量，变成你工作的动力。

第三节 竞聘演讲的适用范围

竞聘演讲的目的是演讲者为了能够竞争上岗，通过演讲的形式向听众表现自己的形象、阐述自己的理念以及表示自己的决心，从而让听众了解自己，选择自己，最终得以赢得竞聘的胜利。一般的企事业单位的领导或者职员大都是要竞聘上岗的。

竞聘演讲必须客观。竞聘演讲就是在向听众推销自己的活动，这种推销要建立在真诚的基础上，要实事求是，不能弄虚作假，不要做不能实现的承诺。同时竞聘演讲是和其他的竞争演讲者应当在真实客观的基础上进行，要扬长避短展现自己的独特魅力、不进行人身攻击。

第四节 竞聘演讲的写作方法

一、竞聘演讲稿的开头方法

竞聘演讲的时间是有限制的。因此，精彩而有力的开头便显得非常重要。有经验的竞聘者常用下面的方法来开头：

（一）用诚挚的心情表达自己的谢意

这种方法能使竞聘者和听众产生心理相融的效果。例如：我非常感谢各位领导、同志们给了我这次竞聘的机会。

（二）简要介绍自己的有关情况

介绍如姓名、学历、职务、经历等个人情况。例如：我叫××，××年毕业于××大学社会学系，××年加入中国共产党，现任社会学教研室副主任。

（三）概述竞聘演讲的主要内容

这种方法能使评选者一开始就能明了演讲者演讲的主旨。例如：我今天的演讲内容主要分两部分：一是我竞聘人事局副局长的优势；二是谈谈做好人事局副局长工作的思路。

（四）竞聘演讲稿的主体内容

竞聘演讲的目的，就是要把自己介绍给评选者，让评选者了解你的基本情况，了解你对竞聘岗位的认识和当选后的打算。所以，竞聘演讲的主体内容应该包括以下几方面：

1. 介绍自己应聘的基本条件

所谓基本条件就是政治素质、业务能力和工作态度等。这一部分实际上是要说明为什么要应聘，凭什么应聘的问题。竞聘者在介绍自己的情况时，一定要有针对性，即针对竞聘的岗位来介绍自己的学历、经历、政治素质、业务能力、已有的政绩，等等。并非要面面俱到，而应根据竞聘职务的职能情况有所取舍。

2. 简要介绍自身的不足之处

竞聘者在介绍自己应聘的基本条件时，要尽可能地展示自己的长处，但不是对自身的不足之处闭口不言。请看某竞聘者的表述：

我从没有担任过班干部，缺少经验。这是劣势，但正因为从未在"官场"混过，一身干净，没有"官相官态""官腔官气"；少的是畏首畏尾的私虑，多的是敢作敢为的闯劲。正因为我一向生活在最底层，从未有过"高高在上"的体验，对摆"官架子"看不惯，弄不来，就特别具有民主作风。因此，我的口号是"做一个彻底的平民班长"。

3. 表明自己任职后的打算

评选者更关心的还是竞聘者任职后的打算。因此，竞聘者在竞聘演讲时，一定要用简明扼要的语言亮明自己的观点，也就是说，要紧紧围绕着听众关心的热点、难点问题，提出明确的工作目标和切实可行的措施。请看某老干部处副处长职务竞聘人的演讲：

总结我自身的情况，我认为我有条件、有能力胜任副处长的工作。如果我能竞聘成功，我将做好以下几项工作：

首先，协助处长继续做好老干部工作。解决老干部急需解决的问题。如老干部的政治生活待遇问题，老干部的晚年教育问题。

其次，积极组织老干部开展积极健康的文化和健身活动，使他们老有所乐。

再次，积极开展家访工作，特别是要加强对孤寡老人的服务工作，安排工作人员与他们结成帮助对子，使他们感受到组织的温暖。

最后，设立一个处意见箱，了解老人的思想状况，了解他们的需求，并将了解到的情况，及时向局领导汇报，并及时解决问题。

二、竞聘演讲稿的结尾方法

好的结束语能加深评选者对竞聘者的良好印象，从而有利于竞聘成功。竞聘演讲常见的结尾方法有：

1. 表明对竞聘成败的态度。这种方法能使评选者感受到竞聘者的坦诚。例如：作为这次竞聘上岗的积极参与者，我希望在竞争中获得成功。但是，我绝不会回避失败。不管最后结果如何，我都将"堂堂正正做人，兢兢业业做事。"

2. 表达自己对竞聘上岗的信心。例如：我今天的演讲虽然是毛遂自荐，但却不是王婆卖瓜，自卖自夸。我只是想向各位领导展示一个真实的我。我相信，凭着我的政治素质，我的爱岗敬业、脚踏实地的精神，我的工作热情，我的管理经验，我一定能把副处长的工作做好。如果各位有疑虑，那就请给我一个机会，我决不会让大家失望。

3. 希望得到评选者的支持。例如：各位领导、各位评委，请相信我，投我一票！我将是一位合格的处长。

第五节 竞选、竞聘演讲的注意事项

一、目标的明确性

一般说来，在竞聘演讲时，竞聘者向评审人员及听众一要讲清自己的应聘条件，突出自己的优势，并且这种优势足以完成应承担的职务和工作；二要回答"若在其位，如何谋其政"。要在有限的答辩时间内完成上述工作，演讲的总体内容应始终围绕一个目标——岗位职务工作进行，做到目标明确，语不离宗，不可开口千言，离题万里。

二、内容的竞争性

竞聘演讲的全过程，其实是候选人之间就未来推行的施政目标、施政构想、施政方案进行比较与选择的过程。竞聘除了基本素质条件之外，实际上更重要的是施政目标与施政措施的竞争。写作时应在此处压倒对方，只有具备了明确、先进的施政目标，且有切实可行的施政措施来保证，才会取得竞争的成功。

三、演讲的技巧性

竞聘演讲是演讲的一种，也存在演讲技巧问题。它除了要求演讲者具备良好的心理素质和较强的语言表达能力外，还应当充分考虑竞争对手、听众的心态、临场状况等多种因素,用据理力争的方式,巧妙地说明"他不行,我行",或"他行,我更行"。当然自我推销要有艺术性,切忌为了竞争而贬低对手,所遵循的原则是"唯真唯实,具体可信"。

四、实事求是,言行一致

每介绍一段经历、一项业绩都必须客观实在。给国家做出什么贡献,给单位创造什么效益,给职工提供什么福利等,一定要讲清楚,不能吞吞吐吐,模棱两可。要言而有信,不说过头话。能够办到的就说,办不到的就不要开"空头支票"。

五、调查研究,有的放矢

竞聘演讲是针对某岗位而展开的,因此,写作前必须到招聘单位了解情况,可以通过调查摸底、群众访谈等方式,切实弄清楚单位的历史、现状,尤其对于当前存在的焦点、难点问题及其存在的根本原因要问清查透,力争找到解决问题的最佳途径,以便在演讲时击中要害,战胜对手。

六、谦虚诚恳,平和礼貌

竞聘者是通过答辩实现被聘用目的的,只有给人以谦虚诚恳、平和礼貌的感觉,才能被认可和接受。评审人员及与会者是不会接受狂妄傲慢、目中无人的竞聘者并委以重任的。所以,竞聘演讲词十分讲究语言的分寸,表述既要生动,有风采,打动人心,同时又要谦诚可信,情感真挚。

第六节 竞选演讲的实际应用

范文:里根竞选演讲

最近几个月来,美国经济已显著恶化。卡特政府在三年半时间里所奉行的各种经济政策,事实上比任何人所预见的都更严重地破坏了我国的经济。利率和通货膨胀已经高得使人受不了。仅今年一年就有将近200万美国人失业。税款负担继续加重。

实质上，卡特先生在经济方面的种种失误是对几千万美国家庭所怀有的希望和理想的打击。

从本质上说，这些失误打击了美国每一个家庭、每一个工厂、每一个农场和每一个社区，是前所未闻的总统失职行为。

我们正在对付的是一种不仅夺走了人们的工资和储蓄存款，而且夺走了他们的希望和理想的前所未闻的危机。

那么他对这个悲剧的反应是什么？

言辞，更多的言辞。

我今天要对你们谈论关于领导工作的一种新的概念，它不仅有言辞，而且有悦耳动听的音乐。它的基础在于对美国人民的信任、对美国经济的信心和务必使联邦政府重新对人民负起责任来的坚决保证。

这种概念根植于一种增长策略，一种计划，它如何看待美国的经济制度——一种巨大、复杂、强有力的制度，这种制度要求的不是联邦零敲碎打的措施，不是以抚慰性言辞包裹起来的虔诚希望，而是艰苦的工作，和实际增长所需要的协调计划。

我们必须首先认识到，美国经济的症结在于臃肿无能的政府、完全不必要的限制、过重的税款和由印刷机提供的货币。我们不再需要卡特"稳定"或调整经济的8点或10点计划。在两年半中间，这些考虑得很不周到的行动不断使世界上最富有成效的经济制度大伤元气。

我们必须大胆、坚定、迅速地行动起来，控制住那不断增大的联邦开支，取消税务制度中那些限制经济的因素，并改革那种扼杀经济的管制网络。

我们必须制定，而且我也正在提出一种用于20世纪80年代的新策略。只有一系列计划周到、互相补充和加强经济的行动，才能重新推动我们的经济向前发展。

我们必须使政府开支的增长率保持在合理的、节俭的水平上。

我们必须有条不紊地、系统地降低个人所得税率，加速和简化折旧工作计划，以便消除对工作、储蓄、投资和生产力的限制。

我们必须审查那些影响经济的规定，加以修改，以支持经济增长。

我们必须确立一种稳定的、正确的、可预计的货币政策。

我们必须通过实施一种保持连续性的、不是逐月变更的国家经济政策来恢复信心。

我们必须使预算达到平衡，降低税率，并且恢复我们的国防力量。

这些是我们所面对的挑战。让我们来看看怎样才能迎接这种挑战。

我的经济计划中最重要的内容之一是控制政府开支。联邦机构和联邦计划中的浪费、挥霍和舞弊现象必须制止。每年通过几百项联邦计划浪费掉的纳税人的金钱达到几百亿美元；必须采取重大的、持久的行动来有效地反对这种做法。

按目前情况来预计，至1985年财政年度，联邦开支将每年增加9000亿美元以上。但是，通过全面地制止浪费及工作效率低下的状况，我深信，我们能够在1981年财政年度将预算削减2%，并逐渐提高削减的百分比，在1985年财政年度削减目前这种预计所匡算的金额的7%。这是以政府中若干小组所预计的金额为基础而提出的。实际上我相信我们会做得更好。我的目标是在1984年财政年度使削减百分比达到10%。

对我的控制开支策略十分重要的一着是，任命一些经济观点与我相同的人担任政府高级职务。在我们即将拥有的政府里，高层领导说的话不会在官僚政治中消失或被隐匿。那声音将被人们听到，因为那是华盛顿长期以来没听到的声音——那是人民的声音。

我还将像我在加利福尼亚州做过的那样，建立公民专门调查委员会，严格检查所有的部门和机构。建立有效的政府的一个最好办法是，把政府的运作情况交给那些信守这种原则的公民进行认真审查。

我的经济计划的第二个重大内容是降低税率。它要求在3年内全面削减个人所得税——在1981、1982和1983年各减10%。我的目标是以系统的、有计划的方式实施3次减税。

高税率比任何东西都更严重地损害人们挣钱、储蓄和投资的动机，它破坏生产力，导致赤字财政和通货膨胀，并且造成失业。

建立公平合理的税收标准可以大大帮助恢复这个国家的经济繁荣。

但是，即使是实行了我所建议的广泛的减税措施，美国人民负担的税款仍然过重。在未来10年的后半部分，我们仍然需要、也必须采取其他的减税措施。

吉米·卡特说那是办不到的，其实他是说那是不应该做的。他主张保留目前这种令人难以承受的税款负担，因为那适合于他把政府视为美国经济生活中的决定力量的观点。

我们也需要对企业实行更快的、不那么复杂的折旧工作计划。过时的折旧工作计划阻碍着许多工业企业，尤其是钢铁工业和汽车工业，使它们不能实现工厂现代化。更快的折旧将允许这些企业从内部得到更多的资金，并在世界市场上变得更有竞争力。

这项策略的另一个重要部分涉及政府的管制。这个问题十分重要而复杂，需要另作讨论，我打算不久就此发表讲话。目前，让我只说下面这些：

政策管制，像火一样，可以是有用的仆人，但用之不当就会成灾。谁也不能怀疑这种管制的意图——改进卫生的安全状况，给予我们更洁净的空气和水——但是过多的管制就会损害、而不是保障人民的利益。当一般美国工人的实得工资逐步下降，当800万美国人失业，我们就必须重新审查我们的管制结构，评价这些管制工作对造成这种局面所起的作用达到什么程度。我的政府对影响经济的近千条联邦管制条例应该而且必将进行彻底的、系统的检查。

与控制开支、改革税制和撤销管制一起，一种正确的、稳定的、可预计的货币政策对于恢复经济繁荣也是必不可少的。联邦储备委员会独立于政府行政部门之外，它也应该如此。但总统应该提名进入联邦储备委员会的人选。我任命的人将与我一起承担恢复美元的价值和稳定性的义务。

我的经济增长策略的一个根本部分是恢复信心。如果我们的企业想要投资并创造新的、报酬优厚的职位，它们就必须拥有一个不受政府专断行为干扰的未来。应该使它们相信，经济方面的各种法规不会突然地、变化无穷地更改。

我的政府将确立一种全国性的经济政策，并在最初 90 天内开始贯彻执行。

我心目中的经济策略包含许多内容——其中任何一项内容若是单独进行就会毫无结果，若是合在一起就一定能发挥作用。这个策略的成功最主要地取决于人民重新控制政府的意愿。

它取决于美国人民的工作能力。他们投身于这项活动的意志，他们的精力和想象力。

这个经济增长策略包括发展企业和工会之间的合作，而这种合作的基础又在于它们双方都认识到政府政策的目标是指向更多的职位，指向机会，指向发展的。这里我们所谈的不是静止的、了无生气的计量经济学模式——我们所谈的是人类历史上最富有效益的经济制度。目前，给这种经济制度历史性地注入新的活力的，不是政府，而是免除了政府干预、不必要的管制、极其有害的通货膨胀、高额税款和失业的人民。

卡特先生是否真正相信美国人民不能重建我们的经济？如果他相信，那么除了他的政绩，这是另一条理由说明他不应成为总统。

在我的经济策略具体实施之后，我们国防方面的各种需要就能得到满足，因为美国人民的生产能力将为种种应该进行的工作提供其所需的资金。

所有这一切要求我们按照现实状况来看待政府和经济，不是把它们看作纸面上的词语，而是视为在我们关于发展、限制和有效行动的愿望和知识的指导下的机构和制度。

卡特先生刚刚上任时，在预算方面，他有着实现各种目标的充分余地。但是他抛弃了取得新的经济增长和加强国家安全的机会。现在，由于他的错误政策对经济所造成的损害，使得实现这些重要目标的工作更加困难得多。

然而，在这些目标面前，若是从其中任何一项退缩，都是我们国家所经受不住的。我们不能听任税款负担无节制地加重，不能坐视通货膨胀趋向严重，也不能允许我们的国防力量进一步削弱——那样必定会产生严重的后果。

这项任务是艰巨的，但我们对实现这些目标是乐观的——应该对它们抱乐观态度。取得成功需要时间，也需要我们的努力。

过去的 3 年又 8 个月可以用一句话来描述：那是一场美国悲剧。

这不仅是说卡特先生在 4 年时间中使联邦开支增加了 58%，也不仅是说他的 1981 年预算中的税款比 1976 年增加了一位，以一般的四口之家来说，这相当于加重税款负担 5000 美元以上。

所以，这场悲剧在于卡特先生没能办到的事中，也同样存在于他已办到的事中。

他没有进行领导。

卡特先生有过进行有效治理的机会。在他就职时有过一个坚实的经济基础，那时的通货膨胀率是 4.8%。

但是他失败了。他失败的根源在于他对政府的看法，在于他对美国人民的看法。

然而，他想把这种令人惊骇的看法再推行 4 年。

美国人民要求重新实现其理想的时机已经到来，形势不应该像现在这样。我们能够加以改变。我们必须加以改变。卡特先生造成的美国悲剧，必须也能够通过团结起来共同努力的美国人民的活力来加以克服、结束。

让我们使美国振作起来。

现在正是这样做的时候。

范文：竞选市长

各位代表：

我叫×××，高中语文教师出身，第七届政府副书记，分管文教工作。大家说这几年文教卫生工作有变化、有进步，如果说有成绩，主要是各位代表、各县(市)区领导、各乡镇场(厂)领导、市直各部门领导对文教卫生工作的理解、关怀、支持的结果，是文教战线全体同志辛勤耕耘的结果，是市委、市政府、市人大、市政协正确领导的结果。对此，我向大家表示深深的谢意！

当然，在我工作中还有许多不尽如人意的地方，那是我个人的工作问题，对此，我向大家作深刻检讨。

各位代表，第七届政府已圆满完成历史任务，即将进行换届选举，感谢党组织和全市人民对我的信任，我荣幸地被提名为第八届政府副市长候选人，接受各位代表挑选。如能当选，我决心在市委、市政府领导下，在市人大、市政协的支持、监督下，当好市长的助手，充分尊重代表意愿。今后凡下乡、下厂、到机关、学校，首先看望各位代表，征求大家对我工作的批评和建议，对大家提出的要求，能办到的我一定办到，一时不能办到的，创造条件办到，办不到的，我要向代表有个明确的交代。对政府分派我的工作，我决心以科学的态度，求实的作风，从办实事入手，一桩桩、一件件，抓紧、抓好，认真抓落实，努力使自己成为一个全心全意为人民服务的、廉洁的、高效率的人民公仆。工作中，我还决心以改革总揽全局，恪尽职守，抓重点、抓关键、抓难点、抓薄弱环节、抓各位代表关注的问题，既扎扎实实又创造性地完成各项任务，为××市鼎足××省做出应有贡献。

各位代表，我若不能当选，我将愉快地接受组织分配，并表示愿意重新回到三尺讲台，做一名忠诚于党的教育事业的合格教师，为"四化"培养有理想、有道德、有文化、有纪律的四有人才，为实现广大群众和各位代表的心愿而鞠躬尽瘁。

谢谢大家！

范文：竞选县财政局副局长演讲稿

各位领导、各位同志：

你们好！

对于我们这个老边山穷县来说，财政工作事关富县裕民大局。今天，我走上演讲台，竞选县财政局副局长这个重要职位，作为一名在财政战线辛勤耕耘了二十个春秋的老兵，心中百感交集。在这里，我首先感谢县委推行"党务公开"，实行"两推一述"，为我们挑战自我、展示自我提供了大好的时机和很好的平台；其次，真诚感谢上级组织和各级领导多年来对我的培养和关怀，感谢各位同事多年来在工作上对我的帮助和支持，更要感谢今天在座的领导和评委，能接受你们的评判和挑选，我感到莫大的幸运和光荣！

美国有句谚语：当一个人知道自己想要什么时，整个世界将为之让路。有人将这句谚语改写为：当一个人用学习作为自己一生事业的动力时，整个世界将为之让路。我深知学习在当今这个"知识经济"时代的重要性，自××年参加工作以来，我一直坚持在工作中学习，在学习中工作。××年从××财贸学校毕业后，我又先后参加了省委党校国民经济管理大专班、本科班学习，顺利毕业后，参加了全国会计专业职称资格考试获得会计师资格。通过学习，我系统地掌握了财经理论和财经法律法规，并在工作中勇于实践、模范遵守，取得了较好的成绩，我多次被局、县委、政府表彰为"先进工作者""优秀共产党员"，2001年被国家教育部、财政部、计委联合表彰为全国"两基先进个人"。

有德无才是次品，有才无德是废品。我深知我们党所需要的人才应该是德才兼备的人才，只有德才兼备，才能受领导赏识，群众欢迎，才能成为一个有益于社会的人。所以，我不仅注重业务知识的学习，更注重政治理论学习，注重培养自己高尚的品德和良好的人格修养。我在全县的财政改革中，以邓小平理论、"三个代表"重要思想、科学发展观作为政治航标，纯洁思想，规范言行，改进作风。我时刻提醒自己要铸就严于律己、诚信为本的优良品质，我将踏实勤奋、团结友善、老实做人的信念作为自己人生的准则。特别是光荣地加入中国共产党成为党组织一员以来，我时刻以党员的要求规范自己的言行，坚定正确的政治立场，曾多次参加中青年干部培训，锻炼了党性，增强了党性修养，在财政局党组中，自觉维护班子威信，维护班子团结，服从班子决定，保证县委、政府的政令在财政局不折不扣地贯彻执行。

奋斗的人生最精彩，奉献的人生最美丽。工作就是最好的回报，奉献就是最大的人生价值。参加工作以来，我一直在财政系统工作。从农村到县城，从企业到机关，从科室到监督检查局，我历经了多岗位的实践；从业务主办到中层干部，从财政战线普通一兵到运输总公司副总，从一名普通财政干部到成为财政局党组成员、财政监督局副局长，我历经了多角色的磨炼。在实践中锻炼，在锻炼中成长，自己的理论政策水平不断提高，工作业务日趋纯熟，协调管理能力不断增强。在长期努力学习和工作中，既掌握了财政工作和会计专业技能，又深谙全县财政的实际状况，具有一定的分析问题和解决问题的能力。近年来，我积极做好政法、教育等行政事业单位的工资直发工作，为局领导提供清理兑现历欠工资的相关口径和建议，较好地完成了××片区的历欠工资清理兑现工作。在财政财务清理工作中积极探索，率先在××镇进行财政财务清理试点工作中，尊重事实，结合实际，依据政策，为全县乡镇财政财务清理探索了经验。针对全县财务管理状况，代政府拟定了《××县乡镇行政事业单位财务零户统管实施办法》《××县级行政事业单位会计核算暂行办法》《××县农村中小学教职工工资收归县级发放管理的规定》《××县政府采购暂行办法》等多个地方性政策规定，受到了上级组织好评。

兴趣是最好的老师。长时间与财政打交道，使我深深爱上了这份工作，并始终保持昂扬的斗志和高度的责任心。二十年来，我做到了哪里需要我，我就奔向哪里，并尽最大的努力干好工作。记得爱因斯坦说过："真正的快乐，是对生活乐观，对事业勤奋。"在长期踏踏实实兢兢业业的工作中，我也为自己人生价值的不断体现而获得了一种成就感和自豪感。

各位领导，各位评委，把握机遇就是事业成功的一半，如果我能竞选成功，我将以百倍的努力去谱写我县财政事业的新篇章；如果不能当选，我不会气馁，将以百倍的努力加紧学习，弥补不足，全身心地投入到本职工作之中，无愧党组织的多年培养，无愧人生！

谢谢！

范文：镇政府团委书记竞职演讲

各位领导、各位评委、各位同事：

大家好！首先感谢镇党委政府给予我这次展示自己的机会！中层干部实行公平、公正、公开的竞争上岗，我一是坚决拥护、二是积极参与。本着锻炼自己，为大家服务的宗旨我站在了这里，希望能得到大家的支持。

我叫××，现年××岁，××年毕业于××，同年十月参加工作。今天我竞争的职位是镇团委书记。理由有三点：

第一点，我认为这有利于提高自己的综合素质，全面发展自己。我觉得越是新的工作新的环境越富有吸引力和挑战性，越是能够学到新知识，开拓新视野，挖掘新潜力。挑战与机遇同在，压力与动力并存，这次竞争新的岗位，目的在于锻炼自己，提高自身综合素质，从而在今后更好地为人民服务。

第二点，我认为自己具备担当该职务所必需的政治素养和个人品质。首先，我有较强的敬业精神，工作认真负责，勤勤恳恳。尤其是一年多来的农村基层工作经历，培养了我严明的组织纪律性，吃苦耐劳的优良品质，相信这是干好一切工作的基础。其次，我兴趣广泛，思想活跃，接受新事物能力较强，工作中注意发挥主观能动性，具备一种勇于接受挑战的信念，锐意进取精神十足。这将有利于开拓工作新局面。最后，我办事稳妥，处世严谨，信奉"三个臭皮匠，顶个诸葛亮"，工作中遇到难以解决的问题，懂得及时征求他人意见，相信集体的力量，而不会盲目地独断专行。

第三点，我认为自己具备担当该职所必需的知识和能力。首先，我认为自己具有较好的理解判断能力。自参加工作以来，通过不断学习政治理论、业务知识、文化知识……对上级指示的理解能力、对偶发因素的应变能力不断加强。其次，具有较扎实的语言文字功底。学校里所学的专业知识加上参加工作以来，几次上台演说的机会及一年多来联村工作的实践锻炼，使我懂得了一些与人交谈、演讲演说、主持会议的语言艺术，不断增强了自己的语言表达能力。最后，我信奉诚实、正派的做人宗旨，善于将心比心，善于联络感情，能够与人团结共处，具有良好的组织协调能力。相信这将有助于我更好地深入青年，听取青年的呼声，表达青年的愿望，切实为他们解决实际困难，赢得他们的拥护。

综上所述，我自认为已具备了担任镇团委书记的条件，如有幸竞职成功，我将迅速找准自己的位置，在党委政府和上级团委的领导下，坚持一个"原则"，实现"两个转变"，抓好"五项工作"。具体地讲：

（一）要坚持"一个原则"。那就是坚持"紧密联系党组织、紧密联系青年，扎扎实实开展工作"的办事原则。

（二）要实现"两个转变"。首先是实现角色的转变，既当指挥员，又当战斗员，和所有团员青年们，思想上同心，目标上同向，行动上同步，事业上同干。发挥整体优势，创造一个良好的工作氛围。其次是实现思维方式的转变，坚持以党的十六大和"三个代表"重要思想为指导，在工作方式上不仅要学习前辈的经验，更要结合实际，不断开拓创新，与时俱进，把工作做细致，做全面，保证工作落到实处。

（三）要抓好"六项工作"包括：

1.抓好队伍建设，打造极具向心力、战斗力的团组织。首先根据我镇特点，按照抓好两头、发展中间的方法，狠抓整个镇的团组织工作。其次，解决好团干部的政治、生活待遇问题，加强学习强培训，狠抓团干队伍建设。最后，通过推优入党、树典型示模范、加强管理，狠抓团员队伍建设。

2.选准载体，大力营造宣传氛围。依托简报、宣传窗、互联网等载体，结合重大节日，联合有关部门，开展形式多样、生动活泼的宣传活动，进一步加强我镇团工作的宣传力度。

3.推进阵地建设，创新活动，切实增强团员青年的凝聚力。切实做好服务青少年的工作。着力推进爱心助学行动，加大对困难学生的救助和服务力度；维护青少年权益，积极推进青少年自我保护教育工作的开展；努力服务农村青年就业创业，培养青年兴业领头人。

4.深入推进预防青少年违法犯罪工作、加强青少年法制教育；切实帮助困难青少年群体，开展送钱物、送技能和送信息等活动，助困难青年群体解决在工作、学习和生活中遇到的困难。

5. 抓好非公有制企业团建工作。通过党建带团，使各企业团建工作上水平、上档次。最后，协助、配合党委政府做好各项党政重点工作，切实当好助手的角色。

最后我只想说一句话，那就是：给我一次机会，我将还您一个满意！谢谢大家！！

第七节 竞聘演讲的实际应用

范文：市政法系统办公室主任竞聘演讲

我于1988年××司法学校毕业后，分配到××市司法局工作，1992年到法院工作，1999年5月到办公室任副主任，2001年8月到××法庭代理庭长。期间参加了全国法院业余法律大学及中央党校法律本科班的学习，现均已毕业。中共党员。我竞争的岗位是法院办公室主任。

一、竞选的优势

1999年5月通过竞争上岗，我担任办公室副主任，在担任副主任2年时间内，我从中体会到法院的后勤管理工作在整个领导活动中，在整个审判活动中都起到了举足轻重的作用。法院的后勤工作是一个复杂的工程，与其他行政部门的后勤管理工作相比较，有其独特的特性，除了核心是法院后勤工作为审判业务提供有利的物质保障，为法院创造一个良好的工作学习、生活环境之外，每一件事可能都涉及审判和法院工作人员的切身利益，既具体又实在。但最主要的是法院后勤工作的复杂性，既有人际关系，又有人与物的关系，比如审判业务所需的交通、通信、器材等物资保障，以及法院工作人员的生活样样都要细心考虑，精心安排，稍有疏漏就会影响审判业务的展开和审判人员办案的情绪。既要处理好法院内部各庭室之间的关系，又要处理好法院与外部的诸多方面的关系，我在这方面的有些做法在前面的述职报告中也做了陈述，现不再一一赘述。

二、竞岗成功后的改革措施

如果我能竞争成办公室主任，随着法院审判综合大楼和法官公寓的落成，我认为后勤管理应该以搞好服务保障为基础，以科学管理为手段，大胆引进外地经验，以提高效益为目的。

1.后勤管理社会化、企业化。随着法院机构改革的不断深入，光靠行政手段来搞好后勤管理我觉得已经不行了，必须运用行政和经济相结合的手段，也就是将服务型逐步转化为服务经营型。现在法院这种"小而全"的后勤管理体制，不但不利于提高工作效率，而且造成人力、物力、财力的极大浪费，与法院审判工作的需要也不相适应。实行后勤管理社会化和企业化，将服务职能从现在的行政职能中剥离出来，成为经济实体的服务中心，为法院工作人员提供就餐服务、交通信息服务、住房维修服务、会议及环境绿化、美化服务等等。这样不但可以缩减行政编制，节约经费，而且还可以提高工作效率，加强竞争，创造经济效益。

2.资源配置效益化。现在的法院后勤保障体制包括房产管理、车辆管理、财务管理、服务接待、饮食、医疗服务、通信等等，包揽了许多管不了也管不好的事物，形成了"大而全""小而全"的封闭格局，造成了人才、资源的浪费。我觉得把后勤服务部门的改革同改组、改造和加强管理结合起来，在物业管理、汽车经营、接待、餐饮、住房维修、环境绿化、文印、通信等服务性工作中，尽可能地发挥其职能，盘活现有存量，以产生其经济效益。

3.服务商业化。法院的后勤服务部门要跳出无偿服务的怪圈，树立服务出效益的观念，把坚持服务的宗旨与服务商业化统一起来，使服务的投入、产出和收益进入一个良性循环的发展轨道。

4.用工市场化。我觉得要仿效现代企业的用工办法，引入用人竞争机制，根据后勤服务工作的不同岗位，不同劳动强度，不同业务要求和现有职工结构状况，实行全员劳动合同制，按劳取酬，对某些岗位的缺额和新建单位所需人员，实行"公开招考，择优录用"的办法招用合同工。实行定岗定员，必要时实行后勤管理人员聘用制。

总而言之，法院后勤工作，要真正实现为审判工作提供全面高效的服务。

范文：省委办公厅综调室处长竞聘演讲

尊敬的各位领导，各位评委：

上午好！

在首次竞争上岗这个庄严、神圣的讲坛上，我认真、诚恳地向各位汇报本人的基本情况，以便加深大家对我的了解。

我叫××，今年××岁，党员，大学本科毕业。1982年参加工作。开始在××县教育局工作，两年后调入县委组织部。1984年任××县团委书记。1985年调入省委接待办从事政工、文秘工作。1986年调到省委办公厅机关党委，从事组织、宣传工作，并兼任机关团委书记。1988年调入省委办公厅综合调研室，1990年参加省直机关赴××县扶贫工作队，1993年任副处级研究员，1994年任综调室副主任，1995年任正处级调研员，1998年任综调室主任至今。

我个人认为自己报名参加处长竞聘，有以下几个方面的优势：

一是政治方面优势。在×××办公厅工作，政治素质是第一位的。这些年来，我比较注重在学习和实践中逐步提高自己的政治水平。因工作需要，厅领导安排我经常阅看省军级文件，参加省委常委会议服务工作，参加省委、厅里一些重要的政治活动的服务工作，跟随省委领导和厅领导下基层调查研究。在对党的方针、政策的学习和研究中，在对领导们身上集中体现的宝贵的政治知识、政治经验和决策水平、领导艺术的学习和感悟中，在通过信息调研为上级领导科学决策服务的实践中，我进一步坚定了自己的政治立场，逐步造就了敏锐的政治观察力。1992年开始，我省一些地方出现自办开发区热，我于1992年5月21日编撰了信息《××××》。这条信息具有一定的超前性和参谋性。在当时的经济热潮中，这样进行"冷"思考的信息并不多。

之后不久，党中央、国务院出台了加强宏观调控的文件。在政治纪律上，我对自己要求比较严格，遵守上级党组织有关廉政建设的规定，没有违反党纪国法行为，保持一个共产党员、一个机关干部的良好形象。在个人品德方面，我为人正直，与人为善，待人诚恳，比较谦虚，比较稳重。

二是写作方面优势。我从小爱好写作，18岁考入××大学中文系，经过四年的系统训练，我打下了比较扎实深厚的语言、文字功底；参加工作后，一直从事文字工作，写作水平不断提高。近10年来，先后在中央办公厅的内部刊物、《人民日报》《求是》、中组部《党建研究》、新华社《内部参考》发表文章120多篇。去年，我省在中办采用调研材料7篇，名列前茅，其中3篇是我自己单独或者参与起草的。全国著名经济学家×××主编的《×××》一书中的《××篇》，是我为主起草的，该书已用中、英文两种版本在国内外出版发行。在综调室工作，我担负的一项重要职责，就是为省委领导起草讲话稿服务。我曾有幸参加中共××省第七次党代会报告起草，对××来说，这是一个具有历史性意义的重要文件；对我来说，赢得了一次珍贵的学习机会。2000年10月16日，省委领导"×××庆功大会上的讲话"是我根据领导的思路写的初稿，既有较深的思想深度，又有浓郁的感情色彩，受到厅领导的好评。

三是管理方面优势。担任综调室主任，既要写文章，又要抓管理。我主要是用制度管人，按制度办事。我对本室的管理比较规范、科学、严格，业绩比较突出。1999年，我省信息、调研材料在中办采用获两个第一。一位省委领导曾亲笔批示：综合调研室的干部精神状态、工作作风、办事效率都不错，值得机关干部学习。我在管理工作中还有一个特色，就是推行"柔性"管理，"柔"是柔和的"柔"。我努力做到重带头实干，不指手画脚；多表扬鼓励，少批评指责。当然，我也决不搞无原则的"和稀泥"，坚持做到大事讲原则，小事讲风格；大事不糊涂，小事不计较。在力所能及的范围内，努力为同志们办实事，办好事，为解决本室同志的住房安排、家属调动等具体困难，说过话，跑过腿。尽管效果不一定都很理想，但我尽了心，费了力。

在日常工作中，我比较喜欢动脑筋，出点子。2000年9月，我组织本室同志编写的《××省情概要》，受到厅领导和一些兄弟处室的好评。担任办公厅团委书记期间，我策划的"××××"评选活动，《××报》作过专门报道。在××县扶贫期间，我策划、撰稿并组织拍摄的电视专题片《××之光》在××电视台播放。

四是敬业方面优势。敬业爱岗是做好工作的重要前提，早些年流行一首歌，叫作《幸福在哪里》。我们这些写材料、搞服务的人的幸福在哪里？我曾以三个"为乐"时刻勉励自己，即以读书为乐，以工作为乐，以事业为乐，对工作始终兢兢业业，一丝不苟。××年10月省委七届九次全会期间，我牵头组织10名干部在两天内编了22期简报，40万字，没有因我们的失误而出现一个错字。我常年有70%左右的夜晚和双休日、节假日加班加点，连续两年的大年三十和初一都在办公室值班。据××年10月比较精确统计，加班加点84个小时，相当于一个月多上了12天班。综调室不仅要为领导文稿服务，还要处理信息，包括全省范围内的下岗工人集体上访、农民群体性事件，以及重大抢劫、杀人、爆炸、洪涝灾害等重大事件都要参与信息处理。这两年，我在睡梦中被报告紧急信息的电话惊醒的事为数不少，每次我都以很强的责任感，及时、妥善地处理好紧急信息。厅里竞聘上岗动员大会以来的这一个星期，我还起草、修改了4篇重要讲话稿和电报。一个人加一点班并不难，难的是长年累月，不停地加班加点。当综调室主任这两年，虽然我受了很多苦和累，但我无怨无悔。如果在座各位信得过我，继续推选我当处长，我还愿意继续吃这份苦，受这种累。这就是我的苦乐观。当然，我也还有缺点和不足，但我相信，在领导和同志们的帮助下，我会努力克服和改正。回顾自己的成长历程，我深深感谢各位领导、同志们对我的教育；感谢综合调研室历届领导班子为我打下良好的基础；感谢综调室班子成员和全室同志对我工作的配合；感谢各兄弟处室对我工作的支持；我还要深深感谢今天没有来到会场，已经离退休的老领导、老同志。感谢各位教育我怎样做人，怎样当主任，怎样写文章。各位对我的谆谆教诲，将是我宝贵的政治财富、精神财富，终生受益，相伴永远。

回顾过去，是为了更好地开辟未来。处长，不只是一个有吸引力的职位，更是一份沉甸甸的责任。如果在这次竞争上岗中我能够担任处长，我将在以下几个方面展开工作。

一抓政治。教育和引导全室干部在任何政治风浪面前，坚定不移地跟党走。不断增强政治敏锐性和政治鉴别力，进一步提高在政治上观察、思考和处理问题的能力，自觉地把全室的工作放到全国、全省、全厅的工作大局中去把握，去思考，去谋划，去服务。

二抓业务。在全室开展岗位练兵，业务比赛。本职工作在全国同行业继续创一流。争取每年都有重要文稿在中央办公厅内刊及《求是》杂志、《人民日报》等权威媒体刊载。为省委领导文稿服务的满意率、优稿率不断上升。力求用自己的笔写出实情，写出深度，写出特色，写出精品，写出号召力和感召力。

三抓队伍。美国一位总统说过，"效益最大的投资是对人的投资。"我假如当上处长，将一如既往地坚持以人为本，尊重人，关心人，带好班子，带好队伍，致力于提高干部素质，致力于干部成长、进步。尽管一个处长的权限有限，但我一定竭尽全力，作出积极的努力。

四抓福利。中央领导同志说过，党政机关要用事业留人，用感情留人，也要用适当的待遇留人。省委领导说过，要努力提高干部的政治水平，业务水平和生活水平。假如我继续当处长，我将按照中央和省委领导的指示办，在政策和法规允许的范围内，适当提高干部的生活福利水平。

最后，祝在座各位新年、新世纪身体健康，事业辉煌！祝各位参加这次竞争上岗和双向选择的同志们，个个都有一个比较理想的岗位，人人都有一个更加光辉灿烂的明天！

第二章
就职演讲

第一节 就职演讲的适用范围

就职演讲稿是新当选或连任的政府首脑、地方长官、部门领导以及企事业单位的领导就职时,就怎样处理国内外、地方和部门的政务而发表的演说词。随着时代发展,撰写就职演讲已经成为一种惯例。就职演讲是各级领导干部就职时必不可少的一部分,好的就职演讲可以使领导将来的工作变得顺利,在员工和下属心中树立良好的形象。

大到国家领导人,小到班主任,上任时,都要做一个就职演讲。

就职演讲的内容可以从阐述自己的施政纲领、工作规划、工作的决心来表述,也可以从对员工、下属的要求的希望方面来说。总的来说,就职演讲并不是一个形式,是要说些实在的东西,并且在将来的工作中要贯彻到底的事情,要认真对待。

第二节 就职演讲的特征

就职演讲是新任领导面对其职权范围内的所有群众或代表而发表的施政演说。就职演讲是群众对新任领导的第一印象,所以,就职演讲稿的写作必须具备以下特征:

一、对症

就职演讲稿的写作是在深入调查研究的基础上动笔的。是就职者面对现实生活中最需要解决的问题发表见解,其矛头所指必须是该单位的热点、焦点问题,这样才会引起听者的共鸣。

二、真挚

演讲稿中注入了演讲者强烈而真挚的感情,这种强烈的感情以适当方式表现出来,必将产生强大的感染力和号召力。

三、简洁

演讲稿必须简洁。要做到主题集中、突出、层次少而有条理,语言准确洗练,使听众一听就能够明白接受。

四、真实

就职演讲稿要比其他文章更给人以真实亲切之感。演讲内容要真实,要讲真话,讲实话,不能哗众取宠。

第三节 就职演讲的作用

就职演讲目前使用的范围还不广泛,还没有正式作为公文文种列入公文范畴。它的重要作用有:

一、有督促干部实践诺言的作用

各单位的新任领导,在竞职期间,曾就在职工作问题发表看法和诺言。现在他们走马上任,要向群众立下军令状,确立工作目标,表示工作态度,阐明工作措施,并以此对工作的方针目标起安排和指导作用,做到有章可循,心中有数,以便听众和上级领导对其监督和督促。

二、有提高干部素质的作用

领导干部的就职演讲,是对干部各方面能力的综合训练。首先,在准备就职演说时,干部的观察能力、分析能力、逻辑思维能力、形象思维能力均得到充分的调动。其次,在演讲中,干部的口才、语言能力、应变能力、理解记忆能力、表达能力都得到了锻炼。在这一过程中，使干部的思维活跃了起来，聪明智慧发挥出来，各方面素质得到提高，是培养、造就创造性人才的有效途径。

三、有树立威信的作用

干部就职演讲，是在新岗位上塑造自身形象的开始。俗话说，新官上任三把火，就职演讲的好坏，将直接影响此干部今后在本单位工作的成败。如果这一炮打响了，首先给群众一个良好印象，使群众对你产生信任，那么，干部的威信便树立起来了。这样也就给今后工作打下良好的基础。因此，一定要重视就职演说，要做充分准备，不能草率行事。

四、有自我约束作用

就职演讲要向下属明确自己的良好形象，促使自己在工作中尽职尽责，不能懈怠。时时处处以自己规定的目标约束自己，使自己的工作有所遵循。

五、有桥梁纽带作用

好的就职演讲，能够帮助新任领导建立起一座沟通群众的桥梁，拉近领导与群众之间距离，成为动员和维系群众同心协力搞好本部门工作的有力手段。

第四节 就职演讲的写作要求

就职演讲稿目前没有固定的格式和内容要求，但一般由标题、称谓、正文、落款四部分构成。

一、标题

就职演讲稿的标题有多种写法，一般由事由加文种组成。

二、称谓

在标题下顶格书写称谓。演讲者面对的听众一般有三种情况：一是主管单位领导与本单位员工，称谓用"各位领导、全体员工同志"；二是面对的是全体人民代表，称谓用"各位代表"；三是主管单位领导，所属单位员工代表，称谓用"各位领导、各位代表"。

三、正文

就职演讲稿的正文一般由开头、主体、结尾三部分组成。

（一）开头。就职演讲的开头部分，要对领导和群众的信任表示感谢。同时简明扼要地介绍自己就任的原因想法、背景环境、心情感受等。就职演讲将会给大家留下自己在这个职位上的第一印象，因此至关重要。而开头则是关于演讲的第一印象，尤为重要。开头部分能够有特色自然是好，如果没有把握，切不可为了出新而出新，以免弄巧成拙。因此，就职演讲的开头不妨稳妥一点的好，有什么"精彩片段"可以留在主体部分慢慢发挥。例如，一位新当选的县长在他就职演讲的开头说道"今天，是我最难忘的日子、最荣幸的日子，也是最激动的日子。在此，让我向各位人大代表表示衷心的感谢！向在座的各位领导、同志们和全县35万父老乡亲表示崇高的敬意！"这样开篇恳切自然，虽不能给人以"惊艳"的刺激，但还是能给听众以良好的印象和感受。

（二）主体。就职演讲的主体部分应首先简单地介绍演讲者本人的基本情况，对当前形势和环境的分析，对可能存在的问题的解剖，对发展前景的展望。接着明确地表述自己任职期间的施政纲领和思路，以及在这个职位上的长期、中期、短期目标。然后详细地说明短期目标的具体任务、工作方法、考核方式和可能存在的困难。最后讨论工作的价值和完成任务的可行性，并请听众提出意见和思考。

（三）结尾。就职演讲的结尾部分，在感谢领导和群众的信任后，更重要的是展望未来，表示决心，发出号召，振奋士气，给听众以鼓舞和激励，如就职者在演讲结尾时，热情洋溢地说"人心齐，泰山移。各位代表，各位领导，同志们，只要我们同心同德，群策群力，我们的目标就一定会实现，我们的事业就一定会成功，我们的明天就一定会更辉煌！"一个好的就职演讲的结尾，能够使听众有一种热血沸腾的感觉，有想马上跟演讲者一起去做些什么的激情。

另外，就职演讲的场合，一般都比较庄重严肃。但这并不意味着所在的就职演讲者都要板着面孔，更不表示应该打官腔说套话。多说一些通俗风趣的话，远比官样文章更能讨人喜欢。

四、落款

一般是署上姓名和日期。

第五节 就职演讲的注意事项

就职演讲通常是发生在竞选演讲之后的，这就使得就职演讲在内容上首先要表示感谢，感谢那些在选举中选择你和没有选择你的人，其实就是要表决心，对于自己在竞选中所承诺的内容要有一个明确的规划和方案，使听众觉得选择你是正确的。在就职演讲中要注意以下几个问题：

一、礼貌是一切的基础

作为演讲者首先要对在座的听众表示感激，然后介绍自身的生活、工作等情况。这是对听众的尊重，这时要注意语言要恳切、真诚。

二、演讲要具有清晰的条理

作为演讲者，在演讲中要逻辑分明，条理清楚，不能因为竞选成功就满不在乎，这只能导致听众对演讲者产生失望情绪，导致演讲者将来的工作难以展开。

第六节 就职演讲的需用礼仪

所谓仪表指人的外表，包括人的容貌、姿态、服饰和个人卫生等方面，是听众分辨一个人的最基本的因素。

在就职演讲中，不要因为已经竞选完毕就有恃无恐，日常中喜欢的服装如果和演讲的场合相冲突，依然是不能穿的。我们不妨在演讲开始前花几分钟来观察我们的装束，这样保持良好的仪表，可使自己的心情轻松、充满信心，也可使其他人感到舒畅。演讲的着装，不要求时尚新潮，但是要整洁、自然、互动。有时，大众化的着装虽然不能凸显个性，但是确实最具有亲和力的。

一、**男性**

1. 精神的短发，不要染烫。

2. 面带微笑。

3. 没有胡茬，牙齿洁白。

4. 定期修剪指甲，指甲不要过长。

5. 领带紧贴领口，系得美观大方。

6. 西装平整、清洁；西裤平整，有裤线。

7. 西装口袋不放物品。

8. 白色或单色衬衫，领口、袖口无污迹。

9. 皮鞋光亮，深色袜子。

10. 全身3种颜色以内。

二、**女性**

1. 头发梳理整齐，不要染烫，长发要梳理整齐，露出额头。

2. 化淡妆，面带微笑；选择淡香水。

3. 嘴巴、牙齿清洁、无食品残留物。

4. 指甲不宜过长，并保持清洁。若涂指甲油，须自然色。

5. 着正规套装，大方、得体。

6. 穿到膝盖上的裙子。

7. 穿肉色丝袜，无破洞。

8. 鞋子光亮、清洁。

9. 全身3种颜色以内。

第七节 就职演讲的实际应用

范文：肯尼迪《就职演说》

约翰·肯尼迪，美国第三十五任总统。1960年当选，1963年遇刺而死。这是他1961年1月20日发表的就职演说。

我们不把今天看作是一党胜利的日子，而看作庆祝自由的佳节。它既象征结束，也象征开始；它意味着继业，又意味着更新。因为我在你们和全能上帝面前宣读的，是将近175年前我们祖先拟就的同一庄严誓词。

让每一个关心我们或对我们怀有敌意的国家知道，我们愿付出任何代价，承受任何负担，迎接任何困难，支持任何朋友，反抗任何敌人，以争取和维护自由。

我们保证做到这些，我们还要保证做得更多。

对于和我们有共同的文化与宗教渊源的旧盟国，我们保证忠实不渝。团结一致时，我们合作的多项事业将无往不利；一旦分手，我们将一事无成。因为在不和与分裂中，我们不敢应付任何强有力的挑战。

我们欢迎加入自由的行列的新国家，对于他们，我们保证决不容许以另一种更暴虐的专政去替代殖民统治。我们不能指望这些国家总是支持我们的观点，但是我们却总希望他们有力地维护他们自己的自由，而且希望我们能记住，过去想骑在老虎背上攫取权力的蠢人最终必葬身虎腹。

对于地球上一半仍然住在乡村的草舍茅屋、正在奋斗以挣脱悲惨处境的各民族，我们保证在任何需要的时刻尽最大努力协助他们帮助自己。我们这样做，不是为了怕共产主义同我们争夺阵地，也不是为了争取他们的选票，只是因为这样做是对的。一个自由的社会如果不能帮助众多的穷人，也就不能拯救少数的富人。

对于我们边界以南的各姊妹共和国，我们作特殊的保证：我们要把说好话变为做好事，为争取进步结成新的联盟，帮助自由的人民和自由的政府挣脱贫穷的枷锁。但是这种和平革命的想望不应成为敌对大国的可乘之机。我们要让邻国知道，我们将和这些姊妹国联合起来，反对在南、北美洲任何地方发生的侵略与颠覆活动。我们要让每一个大国知道，这个半球上的人民要继续做本土上的主人。

在战争手段的发展远远超过和平手段发展的当代，我们对联合国这个主权国家的世界组织寄予最终和最大的希望，我们重申对联合国的支持：我们要努力使联合国不单成为互相攻讦的讲坛，而成为新生和弱小国家的庇护者，使联合国的决议案在更大的范围内得以实行。

最后，对于同我们敌对的国家，我们不提出保证而提出一项要求：让我们双方都开始重新寻求和平吧，不要等到由于科学昌明而发展的毁灭性邪恶力量有计划地或偶然地被触发而吞噬整个人类。

同胞们，我们事业的最终成败，主要不在我手中，而在你们手中。从我国建国伊始，每一代美国人都曾经被召唤为祖国忠诚服务。许许多多美国青年响应了祖国的召唤，他们的忠骨埋遍世界各地。

现在召唤我们的号角又吹响了——不是号召我们拿起武器，虽然我们需要武器；不是号召我们奔赴战场，虽然我们已经严阵以待。这号角声召唤我们去作黎明前漫长的斗争，年复一年地"在希望中欢欣，在苦难中忍耐"；这是一场反对专制、贫穷、疾病与战争本身等人类共同敌人的战争。

我们能否在全球东、西、南、北形成一个巨大的联盟对抗这些敌人，以保证整个人类有更美满的生活呢？你们愿意参加这具有历史意义的事业吗？

在世界漫长的历史中，只有少数几代人有幸在自由处于最危急的关头被委以捍卫自由的重任。我对这项任务当仁不让，勇于承担。我不相信我们有人会愿意同其他民族或其他时代的人交换我们现在所处的地位。我们付与这事业的精力、信仰与忠诚将照耀我们的祖国和为国效劳的人，从这里发出的光芒将真正普照全世界。

因此，我的美国同胞们，请你们对国家只谈贡献，莫计报酬。

世界公民们，请你们勿问何所得于美国，但问共同为人类自由的贡献有多少。

最后，美国公民和世界公民们，请按照我们向你们所要求的力量与牺牲的高标准来要求我们。良心的平静是我们唯一可靠的报酬。历史将为我们的作为做最后的裁判。让我们引导挚爱的祖国勇往直前。我们祈求上帝的祝福与帮助，虽然我们知道上帝在世上的工作就是我们自己的事业。

范文：尼克松《就职演说》

尼克松，1968年当选美国第三十七任总统，1974年因水门事件被弹劾罢免。本文是他1969年1月20日发表的就职演说。

德克森参议员、最高法院首席法官先生、副总统先生、约翰逊总统、汉弗莱副总统、美国同胞们、全世界的公民们：

今天，在这个时刻，我要求你们和我分享这种崇高肃穆的感情。在有秩序的权力交接中，我们欢庆我们的团结一致，它使我们保有自由。

历史巨轮飞转，分分秒秒的时间都十分宝贵，也独具意义。但是有些瞬间却成为新的起点，定下其后数十年及至几个世纪的行程。

现在，由于世界人民要求和平，各国领导人惧怕战争，所以在历史上第一次，时代站到了和平方面。

历史能授予的最光荣称号莫过于"和平的缔造者"了。这最高荣誉现在正召唤美国。美国有机会引导世界最终从动乱的深渊中拔足，走向人类自有文明以来即梦寐以求的和平宽阔高地。如果我们能够成功，后辈子孙提到我们现在活着的人时，将会说我们驾驭了我们的时代，为人类求得了世界安全。

三分之一世纪以前,富兰克林·德拉诺·罗斯福曾经站在这里向全国演说，当时国家正受经济不景气困扰，陷于惶恐中。他看到国家当时的种种困难，却仍然能够说："感谢上帝，我国的困难毕竟只在物质方面。"

今天我们的危机正相反。

我们物质丰富，却精神贫乏；我们以非凡的准确程度登上了月球，但地球上却陷入了一片混乱。

我们卷入了战争，没有和平。我们四分五裂，没有团结。我们看到周围的人生活空虚，没有充实的内容；我们看到许多工作需要完成，却没有人手去做。

对于精神的危机，我们需要精神的解决办法。

为了找到解决办法，我们只需省视自身。

当我们估量能够做什么时，我们只应许诺能做到的事。但在制定目标时，却要有远大的理想。

如果你的邻舍没有自由，你就不会得到完全的自由。只有共同前进才能前进。

这就是说黑人和白人共有一个国家，不是分为两个。法律是按照我们的良心制定的。剩下的问题就是赋予法律条文以生命：保证既然一切人在上帝面前生来就有同等的尊严，在人的面前也应有同等的尊严。

我们在国内要学会团结所有人共同前进，让我们也努力求得全人类的共同前进吧。

短短几个星期以前，我们刚分享了人类第一次像上帝那样看到地球的光荣，我们看到了地球像一颗星一样，在黑暗中反射出光芒。

圣诞节前夕阿波罗太空飞行员飞越月球灰色的表面时，告诉我们地球是多么美丽；由太空远处月球附近传来的声音是那么清晰，我们听到他们祈求上帝赐福给地球上一切善良的人。

在尖端技术欢奏凯歌的时刻，人们想到自己的家园和人类。从太空的远处看来，地球上人类的命运是分不开的；这告诉我们，不论我们能到达宇宙的任何远处，我们的命运并不在那些星星上，而在地球上，掌握在我们自己手里，决定于我们的内心。

命运给予我们的不是失望之酒，而是机会之杯。因此，让我们毫无畏惧、充满欢愉地把握住机会吧。"乘坐地球的乘客们",让我们坚定信念,认准目标,提防危险,凭着对上帝意旨和人类诺言的信心,共同前进吧。

范文：丘吉尔《热血、辛劳、眼泪和汗水》

丘吉尔,英国保守党领袖,著名政治家。曾两度出任英国首相。本篇是他第一次出任首相时的首次演说。

上星期五晚上,我接受了英王陛下的委托,组织新政府。这次组阁,应包括所有的政党,既有支持上届政府的政党,也有上届政府的反对党。显而易见,这是议会和国家的希望与意愿。我已完成了此项任务中最重要的部分,战时内阁业已成立。五位阁员中包括反对党的自由主义者,代表了举国一致的团结,三党领袖已经同意加入战时内阁,或者担任国家高级行政职务。三军指挥机构已加以充实。由于事态发展的严重性给予人的紧迫感,仅仅用一天时间完成此项任务,是完全必要的。其他许多重要职位已在昨天任命。我将在今天晚上向英王陛下呈递补充名单,并希望于明日一天完成对政府主要大臣的任命。其他一些大臣的任命虽然通常需要更多一点的时间,但是,我相信议会再次开会时,我的这项任务将告完成,而且本届政府在各方面都将是完整无缺的。我认为,向下院建议今天开会是符合公众利益的。议长先生同意这个建议,并根据下院决议所授予他的权力,采取了必要的步骤。今天议程结束时,下院休会到5月21日,星期二。当然,还要附加规定,如果需要的话,可以提前复会。下周会议所要考虑的议题,将尽早通知全体议员。

现在,我请求下院,根据以我的名义提出的决议案,批准已采取的各项步骤,将它记录在案,并宣布对新政府的信任。

组成一届具有这种规模和复杂性的政府,本身就是一项严肃的任务。但是大家一定要记住,我们正处在历史上一次伟大的战争的初期阶段,我们正在挪威和荷兰的许多地方进行战斗,我们必须在地中海地区做好准备,空战仍在继续,众多战备工作必须在国内完成。在这危急存亡之际,如果我今天没能向下院做长篇演说，我希望能够得到你们的宽恕。我还希望，因为这次政府改组而受到影响的任何朋友和同事，或者以前的同事，能对礼节上的不周之处予以充分谅解，这种礼节上的欠缺，到目前为止是在所难免的。正如我曾对参加现届政府的成员所说的那样，我要向下院说："我没什么可以奉献，有的只是热血、辛劳、眼泪和汗水。"

摆在我们面前的，是一场极为痛苦的严峻的考验。在我们面前，是漫长的战争和苦难的岁月。你们问：我们的政策是什么？我要说，我们的政策就是用我们全部能力，用上帝所给予我们的全部力量，在海上、陆地和空中进行战斗，同一个在人类黑暗悲惨的罪恶史上所从未有过的穷凶极恶的暴政进行战争。这就是我们的政策。你们问：我们的目标是什么？我可以用一个词来回答：胜利——不惜一切代价，去赢得胜利。无论多么可怕，也要赢得胜利，无论道路多么遥远和艰难，也要赢得胜利。因为没有胜利，就不能生存。

大家必须认识到这一点：没有胜利，就没有英帝国的存在，就没有英帝国所代表的一切，就没有促使人类朝着自己目标奋勇前进这一世代相因的强烈欲望和动力。但是当我挑起这个担子的时候，我是心情愉快、满怀希望的。我深信，人们不会听任我们的事业遭受失败。此时此刻，我觉得我有权利要求大家的支持，我要说："来吧，让我们同心协力，一道前进。"

范文：市长就职演讲

各位女士，先生，各位市民：

你们好，此刻，在我刚刚开始担当这届市长任期之际，我向你们每一个给予我及我的团队以最大的信任致以最诚挚的谢意。

我依靠在你们选举的这个充满活力，意志坚强，锐意进取的团队，我们将一起执行你们赋予的任务。

我们对于我们城市的美好愿望已经逐渐建立，这就是我们要一起启动必要的改革来带给我们的城市新的活力。

我相信你们的参与没有在选举结束时停止，相反，在我担当起你们赋予我的这个重大的职责之日起，你们的参与是一如既往的重要，具有决定性。作为这个城市的市长，必须保持不断的倾听，我将定期与你们见面，一起讨论你们的问题，及我们城市的一些项目和工程。此外在每个区，将设立咨询委员会，负责你们的咨询、质疑、建议，以及反馈。

所有的这一切，如果没有积极的动员和每一个人的参与的话，不会自然地发生。因此，我请求，也同样要求你们积极走进我们的办公楼。当然我们也会去你们中间调查，询问你们的意见。你们每一个人每天都在为我们的城市工作、服务，我在这里致以我崇高的敬意。

今天，我们的城市还有很多问题尚未解决，在未来的发展中，也不可避免会出现新的问题，但我相信，我们这个团队有能力和你们一起使我们的城市更好地成长。请你们相信，也请你们监督，这将是廉洁，高效，充满活力的政府。我们始终欢迎你们的批评和建议。就如我们所期待的那样，我们首先将逐步建立起一个阳光、开放的政府。这个政府与你们一起致力于把我们的城市建设成为一个平等，博爱，共同富裕的城市。

范文：县民政局局长就职演讲稿

县人大主任、副主任、各位委员：

首先感谢组织对我的信任和关心，如果我能够继续担任民政局局长一职，我要自觉接受县人大常委会的监督，坚持在县委、县政府的领导下，切实履行民政局局长职责，按照一手抓业务工作、一手抓队伍建设的要求，为我县经济建设和社会稳定作贡献。具体来说，本人将努力做到：

一、努力当好班长，抓好领导班子建设，为民政业务发展和民政队伍建设提供组织和领导保证。本人将进一步加强民政业务和政治理论学习，特别是要认真学习好、贯彻好邓小平理论和"三个代表"重要思想，确保自己的素质过硬、作风过硬，以自己的勤政廉政的工作形象带动和影响班子成员，增强班子的凝聚力、号召力和战斗力。

二、自觉增强政治责任感，切实抓好民政业务工作。认真贯彻落实上级民政部门工作安排，在××年，一要抓好××年农村低保扩面工作，推进低保信息化建设；二要抓紧做好县经常性社会捐助接收中心和乡（镇）、社区捐助接收站点的设立工作；三要做好当前抗旱救灾和灾情统计上报工作；四要做好县殡仪馆的配套设施建设和公墓的环境绿化工作；五要认真做好村级换届选举的扫尾和村主任培训工作；六要做好××年×月×日起国内公民婚姻登记实行全县集中登记的准备和实施工作；七要认真做好××年度退役士兵接收安置工作；八要抓好乡镇撤并整合后的社区工作，确保民政工作再上新水平。

三、加强党风廉政建设和机关效能建设，廉洁自律，勤政廉政，严格依法行政，为民政对象服务，切实转变工作作风，树立民政队伍的良好形象。

四、自觉接受人大常委会的监督，切实加强与人大常委会、人大代表的沟通联络，主动向人大汇报请示工作，自觉接受人大常委会、人大代表和人民群众的监督。

总之，有县委、县人大、县政府的关心、监督与支持，本人有决心、有信心履行好职责，为建设绿色工贸的城市作出自己应有的贡献。

范文：市卫生局局长就职演讲

各位主任、各位委员：

根据组织安排，拟让我担任市卫生局局长职务。这是市委、市政府对我的信任，是本人接受人大监督的更好机会。如果我能走上这一工作岗位，我将紧紧依靠市委、市政府领导，始终坚持依法行政，自觉接受人大监督，恪尽职守，埋头苦干，扎扎实实做好工作，不辜负市委、市人大、市政府的重托和全市人民的期望。下面我谈谈自己的几点想法：

勤奋学习，树立善管会干的形象。面对新岗位、新职务，必须运用新的思维和新的方法。创新思维的关键是解放思想，解放思想的前提是加强学习。作为卫生系统的一名领导干部，要向理论学习，向实践学习，向医护人员学习；努力掌握邓小平理论的科学体系和"三个代表"重要思想的精神实质，刻苦钻研市场经济、现代管理、法律法规、卫生防疫等方面的知识，不断充实、完善、提高自己；增强驾驭市场经济、应对复杂局面和解决实际问题的能力，真正成为能开拓、善管理、懂卫生知识的行家里手。

大胆实践，树立敢于创新的形象。实践告诉我们，没有创新，工作就打不开局面；没有创新，社会就不会发展；没有创新，人的思维就会僵化。要树立创新意识，需先解放思想。解放思想必须体现在具体工作中，体现在实际行动上。对认准的事，要敢负责任，敢担担子，敢冒风险；对定下来的事，要敢于超越过去、超越常规、超越传统、超越成功的经验，要以敢为人先的闯劲和百折不挠的韧劲，在卫生事业发展的实践中建功立业。

扎实工作，树立真抓实干的形象。抓落实是一切工作成败的关键。要大力弘扬"唯真、唯实、唯严"的"三唯"作风，注重目标求实、措施扎实、作风务实、考核真实，建立健全岗位责任制和责任追究制。全力抓好传染病的防治工作，依法加大医疗机构和食品卫生整顿治理力度，维护人民群众的健康安全；严格规范城乡医疗秩序，净化医疗市场；端正行风，改善服务，为群众提供良好的医疗环境。要深入基层，贴近实际，坚决杜绝坐而论道、马虎了事、作风浮漂等不良现象；不在花样上动脑筋，多在落实上下硬功，着力形成干净干事、亲民爱民、求真务实的良好政风。

密切配合，树立团结协作的形象。要始终围绕市委、市政府的中心工作，突出加快发展这一主题，鼓劲加压，协同作战。作为卫生局的主要负责人，要把主要精力放在出思路、定盘子、用好人上，放在理大事、抓重点、谋全局上，要严格坚持××集中制原则，实施××管理，科学决策，团结班子，爱护同志。要注意发挥班子其他成员的作用，充分调动他们的积极性、主动性，让他们多想事、多做事、多管事。上下左右善沟通、勤交流、多协调，努力形成一个知无不言、推心置腹、互相尊重、配合协调的良好氛围，真正做到合心合拍合力干好卫生工作。

从严治政，树立清正廉洁的形象。清正廉洁是从政者基本的职业准则和职业道德。在新的工作岗位上，要大力弘扬艰苦奋斗、勤俭办事的优良传统，坚决反对铺张浪费，大力压缩各项支出，切实降低工作成本。要带头执行中央关于廉政建设的若干规定和党员领导干部从政的六条准则，始终把自己置于法律、制度和群众的监督约束之下，不滥用权力，不谋取私利。要做到"堂堂正正做人，清清白白做官，扎扎实实做事，公公正正执法"。常思贪欲之害，常弃非分之想，常怀律己之心，常修为政之德。做到清正廉洁、质朴无华、淡泊平和、两袖清风。努力建设一支政治坚定、勤政为民、公道正派、廉洁奉公、团结高效的高素质卫生医疗队伍。

依法行政，树立法治卫生的形象。卫生局作为市政府的重要职能部门，在推进依法行政、提高政府部门工作水平上担负着重要职责。我将认真履行岗位责任，把依法行政贯穿于卫生工作的实践，自觉依法办事、依法管理、依法行使职权；认真落实行政执法责任制，按照执法范围，抓好任务落实。自觉接受人大监督，坚决贯彻市人大及常委会通过的各项决议、决定，定期向市人大常委会报告工作，重大问题及时向市人大汇报；及时请求市人大常委会领导视察、检查、指导工作，认真办理人大代表的意见和建议；采取聘请人大代表担任执法执纪监督员等形式，及时征求人大代表的意见和建议，不断改进工作，提高依法行政水平。

谢谢各位主任、各位委员！

范文：市发改委主任的任职演讲

尊敬的主任、各位副主任、秘书长、各位委员：

今天，我能在这里作任职演讲，是承蒙各位的信任和厚爱，也是组织上寄予的重托。借此机会，我表示衷心的感谢！

我在市××工作学习了×年，又在××区工作了×年多时间，大都是担任副职工作，对担任经济综合部门的主要领导，还缺乏实践经验和思想准备。我此刻的心情正如唐代诗人朱庆余赴京赶考《近试上张水部》中写的两句诗"妆罢低声问夫婿，画眉深浅入时无"所表述的那样：忐忑不安，不知"深浅入时"？不过我承诺：我会认真履职，依法行政。在市委、市政府的正确领导下，依靠××领导打下的良好工作基础，团结整合好新一届市××班子，坚持把加快发展和深化改革作为工作重点，着力加强自身建设，着力提高工作能力水平，着力塑造人民满意的部门形象，不断开创各项工作的新业绩。

一、努力塑造与时俱进、奋发有为的创新形象

面对复杂多变的宏观环境，面对日新月异的知识创新，面对不断深化的社会变革，我将更加自觉学习邓小平理论、"三个代表"重要思想，努力学习和掌握市场经济知识、全球化知识、科技和人文知识以及相关的法律法规，在工作中勤于学习，勤于思考，勤于探索，在学习中增加知识、增添智慧、增长才干。我将创新思维，创新方法，积极开拓，锐意进取，把发展和创新贯穿于工作的全过程。

二、努力塑造科学发展、求真务实的实干形象

按照科学发展的要求，进一步转变职能，真正把工作重心落实到抓发展规划、政策指导、协调服务等工作上来。当前，着力抓好"三项重点工作"，一是努力整合好新××的各类资源，形成团结合作、更具战斗力的工作部门；二是科学编制好××市"十一五"规划，为市委、市政府重大决策提供依据；三是围绕市委、市政府中心工作，着力抓好重点工作、重大项目、重要区域发展工作的组织协调和服务。坚持实事求是，知实情，讲实话，干实事，求实效。

三、努力塑造配合默契、和衷共济的团队形象

我将坚持民主集中制，坚持集体领导下的分工负责制，大力增进团结，形成工作合力。针对当前市××班子的实际情况和基本素质，做到"三个基本不变"，即：已定的工作思路及目标任务基本不变，现有领导分工及处室职能基本不变，原各项工作制度基本不变，既要"萧规曹随"，又要与时俱进；既要继承接力，又要发展创新，尽快顺利地开展新的工作。坚持大事讲原则，小事讲风格，事业第一，公正办事，各司其职，各尽其力。坚持"尊重人、团结人、爱护人"，以人为本，调动和发挥好方方面面的积极性和创

造性。以身作则，带好队伍，努力形成千斤重担大家挑，凝心聚力促发展的良好局面。

四、努力塑造谦虚谨慎、依法行政的守法形象

现代的政府部门必须是依法行政的工作部门，现代的公务员必须是懂法尊法、依法办事的国家公务员。履任新职后，我将更加注重学习宪法、法律和行政法规，增强民主法制观念和法律意识，正确处理好加快发展、深化改革和依法行政的关系，加强部门制度建设，把部门各项工作纳入法制化轨道，为改革、发展和创新建立坚实的制度基础。

五、努力塑造艰苦奋斗、甘于奉献的清廉形象

我将把廉政工作当作一件大事来抓，把廉政工作纳入部门整体工作之中，坚持警钟长鸣，常抓不懈，廉洁从政，依法行政。树立正确的人生观、世界观、价值观，自警、自省、自重、自励，清清白白从政，兢兢业业做事，老老实实为人。"天行健，君子以自强不息；地势坤，君子以厚德载物"，我将守此古训，严以律己，宽以待人，为促进部门的精神文明和政治文明建设作出应有的努力。

各位领导，各位委员，过去我得到了你们的关心和厚爱，履任新职后，真诚希望你们一如既往给予关爱和指导。我将自觉接受市人大及其常委会的监督，按规定认真负责地向市人大常委会述职。发展和改革工作，既是市委、市政府的中心工作，也是全市人民群众的追求和行动，市××是市政府一个新组建的工作部门，力量是微薄的，责任却是重大的，在今后的工作中，我有信心、有决心在市委、市政府的领导下，带领团队，恪尽职守，扎实工作，为全市发展和改革大业，努力作出应有的贡献！

范文：县长就职演讲

各位代表：

今天，县人大代表选举我为××县人民政府县长，我深知，这一张张选票饱含着全县人民的支持和信赖，凝聚着全县人民的重托和希望。为此，

我既深感荣幸，更感责任重大。借此机会，我向各位代表和全县人民表示衷心的感谢！

两个月前，市委派我到××工作。从到××的第一天起，我就把××当成自己的家，把自己融入××人民之中。虽然我来××时间不长，但是勤劳智慧、淳朴善良的××人民时时感动着我、激励着我、鞭策着我。当了短短两个月的代理县长，我深刻体会到：县长就是责任，就是使命。

多年来，县委、县政府一任接着一任干，齐心协力谋发展，为××的长远发展打下了较好的基础，××人民永远不会忘记他们。在此，我要向历任和在任的××县委、县人大、县政府、县政协领导班子成员表示由衷的敬意。

今后，我要在中共××县委的坚强领导和县人大、县政协的监督支持下，团结带领县政府班子，恪尽职守，尽心尽责，苦干实干，努力推进我县跨越式发展。我将努力做到"四个坚持"：

一、始终坚持发展要务。加快发展是时代的要求、人民的期盼。目前，困扰××的两大问题是发展严重滞后和积累性矛盾突出。在今后的工作中，我将坚定不移地把加快发展作为第一要务，解放思想，抢抓机遇，开拓进取，遵循经济发展规律，发挥我县的比较优势和后发优势，充分依靠全县人民的智慧和力量，聚精会神搞建设，一心一意谋发展，不断壮大县域经济实力，努力消化历史遗留矛盾，培育具有自身特色的县域经济。

一是紧紧围绕农业产业化做文章，做大做强我县农业。科学规划农业产业布局，着力盘活农村土地和人力资源，通过农村资源的资本化，形成农业产业集约化、规模化，通过农业产业化推动工业化，带动城镇化。

二是紧紧围绕新型工业化做文章，做大做强我县工业。要努力构建工业发展平台，营造工业发展环境，帮助现有工业企业扩大生产规模，提升产品档次和市场竞争力，依托现有工业对经济的拉动作用，推进产业聚集、企业集群和产业链配套。同时要积极引进有实力和前景看好的工业企业，实现工业兴县目标。

三是紧紧围绕旅游资源做文章，做大做强我县旅游业。要深度挖掘××等富有县域特色的旅游文化资源，努力引进资金，实施旅游景点、景区及配套设施的开发建设，打造××旅游特色品牌，积极融入全省、全市旅游环线，以此推动我县第三产业发展。

四是强化经营城市理念，盘活城市土地资源和城市无形资产，着力解决人民群众关心的城市规划和建设管理问题。加快城市建设步伐，扩大城市规模，提升城市形象，改善人居环境，增强城市集聚效应和辐射作用，力争三年内城市整体形象有明显变化。

五是强化招商引资意识，形成全民招商氛围。引导广大干部群众树立抓金融信贷也是抓招商引资、抓争取国家资金和项目也是抓招商引资、抓民间资金向民间资本转变也是抓招商引资、抓引进先进人才和技术也是抓招商引资的观念。要制定更加灵活的政策，营造更加宽松的环境，提供更加优质的服务，使××成为县内外民间资本的"孵化器"，成为县内外人士的创业乐土，从而助推县域经济快速发展。

二、始终坚持执政为民。为政之要，在于爱民。我将高度重视民意，密切关注民生，切实维护民利，时刻把群众的冷暖安危放在心上，多出富民之策，多做爱民之举，真正把人民拥护不拥护、赞成不赞成、高兴不高兴、满意不满意作为一切工作的出发点和落脚点，真正把人民赋予的权力用在为民排忧、为民解难、为民服务上。

三、始终坚持团结实干。团结出凝聚力、出战斗力、出生产力。作为县政府的一班之长，我要像爱护自己的眼睛一样，维护好县政府班子的团结，同时搞好与其他几个县级班子的团结，搞好党内外、上下级的团结，发扬民主，集思广益，凝心聚力，共谋发展。大兴求真务实之风，不搞形式主义，不做表面文章，坚决反对弄虚作假、欺上瞒下，办事拖拉、效率低下现象，采取切实措施提高乡镇、部门执行力，增强行政效能，集中精力干大事、办实事，以实干求实效，以实绩赢民心。

四、始终坚持廉洁自律。"打铁还须自身硬"。我一定牢固树立正确的世界观、人生观和权力观，大力发扬艰苦奋斗的优良作风，廉洁勤政，做到自重、自省、自警、自励，管住自己，管好家属和身边工作人员。清清白白做人，坦坦荡荡从政。在以后的工作生活中，我期望能够得到各位代表和同志们更多的批评和监督，更多的支持和帮助。

各位代表，我将永远铭记今天，我将牢记人民重托，为了××美好的明天和××78万人民的福祉，我愿倾心尽力，鞠躬尽瘁。

谢谢大家！

范文：公司总经理就职演讲

尊敬的女士们，先生们：

大家上午好！

我们不模仿别人，但我们要做别人的典范。在市场竞争中，能为其奋斗的人不管他是什么样的人都不会受阻拦。我将提供多种方法使大家有充分发挥自己才能的地方。我并不以此为满足，我并不依赖规章制度，反而更为依赖我们大家的爱公司如家的精神。只有这样才能面对各种不同类型的危机和困难。然而，尽管我们习惯于安逸的生活而不惯劳苦，但大家的勇气却来自天生而非训练所得，所以我们能够面对任何挑战。挑战在人生中比安逸会更加美妙和愉快。在挑战中，我们能够探求事物的真伪，认清真正的才智人士，我们从不向任何违背公司利益的人卑躬屈膝，以求安逸，我们要以公司的利益为自己的利益，以公司的荣誉为自己的荣誉，公司的命运就是自己的命运。能够做到这样，我们的公司就会蒸蒸日上。

我们面临的挑战：就是使我们目前所经营的项目，能有效地开展起来，使我们公司在尽快的时间内，完成资金积累的过程，向着一个更高的目标发展和壮大迈进。

我们的事业：在目前每一个对我们发展有帮助的企业或个人，我们将继续保持与他们的联系，并重视我公司的产品质量和公司的信誉，以及不断扩大我们的经营范围和提高在市场的占有率，高新技术产品将继续它的生命力和主导地位，成为我公司的先驱，其他系列产品将继续开发和发展，特别要注意资产收益的优化。很可能我们将从事现在尚未涉及的行业，在选择新的经营领域时，我希望所进入的每一个市场必须有足够内在的增长潜力，保证这种进入的光辉的前景！

我们将孜孜不倦地去调查那些能给我们公司带来效益的产品和顾客，以及相匹配的服务！

我们的顾客：公司全体成员应注重我们公司的信誉和形象，不管在什么情况下都应该记住"顾客永远是对的"这个信条。迅速建立起客户服务平台，市场是我们生存的条件，也是我们活动的舞台，我们必须在这个舞台上赢得顾客的信赖并取得市场经营的成功！

我们的基准线：我的财务观点并不复杂，但要自始至终的实现财务目标。在目前和今后的市场中，仍需要大家的努力和责任感，去完成资产收益率的增长和公司的发展！

我所能奉献的没有其他，只有热血、辛劳和汗水。我们面临着漫长而艰苦卓绝的道路，我将尽我所能，为了我们的事业，不懈地努力，要问我的目的是什么，那就是成功！你们肩负的是我们公司的未来！不管道路多么漫长，多么崎岖，我们一定要夺取胜利，没有胜利我们就不能生存！我也希望大家都能认识到这一点，没有胜利一切将不再存在！此时此刻，我要求所有的人都能以大局为重，团结一致，艰苦创业，同甘共苦，群策群力，为了一个共同的愿望，不懈地努力，我们的目的一定要达到，也一定能够达到！

过去已是历史，明天只是目标，而我们就更应该注意的是今天。

只有成功才是我们最好的装饰，我对任何事都会一视同仁，让我们尽自己的一切力量，努力完成我们正在或将要进行的工作，只要大家想着公司，公司就一定不会忘记大家！

谢谢大家！

第三章
述职演讲

第一节 述职演讲的适用范围

述职演讲是组织、人事部门考察、任用干部的一种形式,体现了干部工作中的××作风和群众对干部任用、选拔的知情权与监督权;都是干部本人在特定的会议上,面对特定的听众所做的演讲报告;本着对个人、对组织负责的态度,采用自述的方式介绍自己工作方面的情况;写成书面材料上交;有利于干部自身素质的提高,因为写作述职报告或竞聘报告的过程,也是不断学习、完善自我的过程。

写述职演讲的人已经具有某一岗位并在这一岗位上工作了一段时期,即在岗述职。

述职演讲要有鲜明的个性,要报喜也要报忧,要做到全面与重点相结合,要以叙述为主,兼用议论。述职演讲的重点在"述职",主要讲在一定时期内的任职岗位上做了哪些工作,取得了哪些成绩,存在哪些问题,内容不外乎德、能、勤、绩四个方面,具有总结性和汇报性。

第二节 述职演讲的写作要求

一、充分反映出自己在任期内的工作实绩和问题

述职是考评干部的重要一环,也是干部自觉接受组织和群众监督的一种

有效形式。干部作述职报告,是为了让组织和群众了解和掌握干部德才状况和履行职责的情况。因此,述职报告应该充分反映出自己任期内的工作实绩和问题,也即写出自身在岗位上为国家和人民办了什么实事,结果怎么样,有哪些贡献还有哪些不足,包括工作效率、完成任务的指标、取得的效益等等。工作实绩如何,是检验干部称职与否的主要标志,述职人要充分认识这一点,实事求是地把自己的工作实绩和问题反映出来。

二、实事求是地评价自己

对自己的评价要实事求是,不夸大,不缩小,要准确恰当,有分寸,不说过头话、大话、假话、套话、空话。要做到这样,应注意处理以下几个关系:

(一)处理好成绩和问题的关系,即理直气壮摆成绩,诚恳大胆讲失误。

(二)处理好集体与个人的关系,不能把集体之功归于个人,也不要抹杀了个人的作用,必须分清个人实绩和集体实绩。

(三)在表述上要处理好叙和议的关系,就是以叙述为主,把自己做过的工作实绩写出来,不要大发议论,旁征博引,议论也只是对照岗位规范,根据叙述的事实,引出评价,不能拔高。

三、抓住重点,突出个性

述职演讲,一般宜占用30分钟,如果用书面表述,一般以3000字以内为宜。因此,表述的内容应抓住重点,抓住最能显示工作实绩的大事件或关键事写入述职报告。凡重点工作、经验、体会或问题等,一定要有理有据,充实具体,而对一般性、事务性工作,宜概括说明,不必面面俱到。抓住重点,突出中心,还应突出自己的特色,突出自己独有的气质,独有的风格,独有的贡献,让人能分辨出自己在具体工作中所起的作用。

四、述职演讲的写法

述职演讲没有固定的写作模式,根据不同类型和主旨,可灵活安排结构。一般由标题、抬头、正文、落款四部分组成。

(一)标题

述职报告的标题,常见的写法有三种:

1. 文种式标题，只写《述职报告》。

2. 公文式标题，姓名＋时限＋事由＋文种名称。

3. 文章式标题，用正题，或正副题配合。

（二）抬头

对听者的称谓如"各位代表""各位委员""各位同志"，或"各位领导，同志们"。

（三）正文

述职演讲的正文，由开头、主体、结尾三部分组成。

1. 开头

开头，又叫引语，一般交代任职的自然情况，包括何时任何职，变动情况及背景；岗位职责和考核期内的目标任务情况及个人认识；对自己工作尽职的整体估价，确定述职范围和基调。这部分要写得简明扼要，给听者一个大体印象。

2. 主体

主体，是述职报告的中心内容，主要写实绩、做法、经验、体会或教训、问题，要强调写好以下几个方面：

对党和国家的路线方针政策、法纪和指示的贯彻执行情况；对上级交办事项的完成情况；对分管工作任务完成的情况；在工作中出了哪些主意，采取了哪些措施，作出哪些决策，解决了哪些实际问题，纠正了哪些偏差，做了哪些实际工作，取得了哪些业绩；个人的思想作风、职业道德、廉洁从政和关心群众等情况；写出存在的主要问题，并分析问题产生的原因，提出今后改进的意见和措施。

这部分，要写得具体、充实、有理有据、条理清楚。由于这部分内容涉及面广、量多，所以宜分条列项写出。"条""项"要注意内在逻辑关系安排好。

3. 结尾

结尾一般写结束语。用"以上报告，请审阅""以上报告，请审查""特此报告,请审查""以上报告,请领导、同志们批评指正"等作结语。

(四)落款

述职报告的落款,写上述职人姓名和述职日期或成文日期。署名可放在标题之下,也可以放文尾。

第三节 述职演讲的主要特征

一、述职演讲的目的

述职,即向主管部门陈述工作情况。《孟子·梁惠王下》一文中说:"诸侯朝于天子曰述职。述职者,述所职也。"可见,述职这件事古已有之。所谓述职报告,就是述职人(指各级机关、团体和企事业单位的领导及工作人员)向自己的任命选举机构和上级领导或人民群众述说在一定时期内履行职责情况的书面报告。从述职者本人来说,写述职报告的目的是向组织和群众汇报自己在任职岗位上德、能、勤、绩等方面的情况,总结经验、教训,以便今后更好的工作。从组织部门来说,通过述职报告可以定期了解、分析所使用干部及工作人员的任职情况,从而发现干部的长处和不足,为以后合理选拔、调配干部提供依据。述职报告所要回答的是述职者是否称职的问题。

二、述职演讲的作用

为完善干部考核制度,中共中央组织部曾发出《关于试行地方党政领导干部年度考核制度的通知》。通知中规定,对党政领导干部要进行年度"述职""被考核者向各自的选举任命机构和上级领导作个人述职"。领导干部定期向本单位的群众报告履行职责的情况,增加了单位、部门领导集体和领导者个人履行职责情况的透明度,一方面便于群众对干部的个性、品格、德行、才干等方面情况的了解,有利于群众监督评议,有利于考核和使用干部,另一方面也可以增强群众对干部工作中所遇到的困难的理解和谅解,得到群众的支持和信任。这是我国政治体制改革管理××化的一个具体体现。

三、述职演讲的种类

述职演讲的分类，可以从几个不同的角度进行划分，因而存在着交叉现象。

（一）从内容上划分

1. 综合性述职演讲：是指报告内容是一个时期所做工作的全面、综合的反映。

2. 专题性述职演讲：是指报告内容是对某一方面的工作的专题反映。

3. 单项工作述职演讲：是指报告内容是对某项具体工作的汇报。这往往是临时性的工作，又是专项性的工作。

（二）从时间上划分

1. 任期述职演讲：这是指对从任现职以来的总体工作进行报告。一般来说，时间较长，涉及面较广，要写出一届任期的情况。

2. 年度述职演讲：这是一年一度的述职报告，写本年度的履职情况。

3. 临时性述职演讲：是指担任某一项临时性的职务，写出其任职情况。比如，负责了一期的招生工作，或主持一项科学实验，或组织了一项体育竞赛，写出其履职情况。

第四节 述职演讲的注意事项

述职演讲不同于工作汇报，不同于施政演讲，不同于工作总结，也不同于行政公文中的报告。它是总结报告的一种特殊形式，其主要特点在于"述职性"。写作上要注意以下几点：

一、有鲜明的个性

任何文章都有自己的特点，述职演讲这个文种对个性的要求尤为突出。每篇述职演讲都是特定的述职者写的，而由于每个述职者的职务不同，主管、分管的工作各异，思想素质、政策水平、业务能力、工作经验和取得的成绩也都各不相同，因此，在述职演讲的写作中，绝不能千篇一律，千人一面，而要体现出"鲜明的个性"。如果说有些文章（如领导讲话）允许他人代笔的话，那么述职演讲则绝对不可以由他人代笔。在写述职演讲时，要写自己的工作实绩，紧紧围绕自己的工作做文章。我国的领导体制是集体领导下的个人分工负责制。每个述职者，特别是一些领导干部，在撰写述职演讲时，既不能把实绩和问题都归为集体作用的结果，也不可把班子集体的政绩和下属的工作成绩当作自己的工作实绩来写。在行文中，要具体分析个人履行职务的职责与班子整体配合发挥职能的情况，应该突出在集体或下属取得的成绩中自己出了哪些主意，做了哪些组织和协调工作，进行了哪些宏观和微观的指导，帮助制定了哪些规章制度，并进行了哪些有效的监督等。只有这样实事求是、实实在在地去写，才能既突出述职者在工作中的德、能、勤、绩，又能充分展示领导者的领导才华和风貌。

二、报喜也要报忧

写述职演讲，充分展示工作成绩是十分必要的。工作成绩是工作能力、工作业绩的集中体现，述职当然要充分肯定成绩。然而，做工作不可能没有缺点和问题。写述职演讲应坚持一分为二、实事求是的原则，成绩要讲，缺点也要讲，既要报喜，也要报忧。有的人写述职报告，只报喜不报忧，或多报喜少报忧。有的大谈特谈成绩，一味地为自己唱赞歌，对工作中存在的问题和矛盾视而不见，甚至是有意地加以掩饰。这就不是实事求是的态度。产生这类问题的原因是：有的述职者骄傲自满，讲起"过五关"，眉飞色舞，一说"走麦城"，就吞吞吐吐，对自己的工作不能做出客观、公正的评价；还有的述职者怀有某种私心，从个人主义、本位主义出发，有意夸大成绩，掩饰缺点，唯恐缺点说多了会否定自己的成绩。其实，只有既肯定成绩，又不回避问题，报喜也报忧，才能给组织人事部门、领导与群众留下诚信的印象，产生良好的述职效果。

三、做到全面与重点相结合

撰写述职演讲有两个常犯的错误：一是过于求全，生怕遗漏了自己的工作成绩，于是就来了个甲乙丙丁、一二三四，看上去似乎面面俱到，成绩不小，可细一琢磨，就会发现，把所有的工作都"平分秋色"，毫无主次之分。二是过于突出个别政绩，全面工作情况得不到有效反映。事实上，述职演讲的写作目的不是为了评功摆好，而是为了说明是否称职。因此，写述职演讲必须全面而又有重点地把履行职责的实绩和履行职责的能力表现出来。所谓"全面"，就是把全部工作分成几大类，概述所取得的主要成绩，同时，也客观如实地指出工作中存在的问题和薄弱环节。所谓"重点"，就是紧紧围绕"职责"二字，详细叙述几项有代表性的工作业绩。要以"面"反映工作的量和质，以"点"来展示工作的手段、方法和能力。这样，全面与重点相结合，写出来的述职报告就一定能收到较好的效果。

四、以叙述为主，兼用议论

述职演讲的主要表达方式是叙述和说明，即述说自己履行职责的情况，述说自己在职权范围内，做了哪些开拓性的工作。在叙述和说明的同时，也兼用议论这种表达方式，即对自己的任职情况有一定的分析和评估，把感性认识上升到一定的理论高度，总结出带有规律性的东西。当然，这种议论和政论文中的议论不同，它不是架空的，也不能是长篇大论的，而只能是从工作实际出发，画龙点睛的、恰如其分的议论，做到"辞达而已矣"。如果只有叙述没有议论，就会变成罗列现象，堆砌事实；如果议论过多不重叙述，给人的感觉就会是空洞无物，华而不实。所以，写述职演讲一定要把观点和材料统一起来，虚实结合，理论联系实际。

第五节 述职演讲的实际应用

范文：区人民法院党组书记述职演讲

市人民法院党组书记、院长：

根据××~××年度县（市）区领导班子及领导干部考核工作方案的有关要求，我将××年带班子的主要工作和本人履行职责情况报告如下：

××年，在区委的正确领导下，在区人大及其常委会和市中级法院的监督指导下，在区政府的大力支持和区政协的民主监督下，我和党组一班人以实践科学发展观统领工作全局，以"人民法官为人民"和"服务年"等活动为载体，全面落实"从严治院、公信立院、科技强院"的工作方针，坚持保障当事人的合法权益与有效化解争议并重，依法和谐审判与维护国家法律权威并举，履行审判职责与优化经济环境并行，大力加强和改进审判工作，以公开促公正、以公正促审判、以审判促稳定，充分发挥审判工作在服务辖区经济追赶跨越的保障作用，各项工作迈出了坚实的步伐。我本人在××年度先后被最高人民法院授予"全国法院网络宣传先进个人"，被市中级法院授予"全市法院优秀领导干部"等荣誉称号。

一、从提升干警工作士气入手，全面加强干部队伍建设

要想保持全市先进行列，实现跨越式发展，就必须有一支能够担当发展重任的高素质干部队伍，就必须在队伍当中营造积极向上的精神，破解难题、迎难而上的勇气，规范标准、稳健务实的作风。

1.注重提高思想认识，找准问题明确方向。我与党组一班人紧紧围绕队伍现状，提出了"思想大解放、作风大转变、效率大提高、工作大创新"的工作思路。要求全院干警不要停留在过去一年取得的成绩上，而要对照其他先进法院深入剖析自身工作中存在的问题。年初以来，我院先后召开五次标准化对照剖析会，认真查找审判工作中存在的问题和差距。全院上下没有从诸多的历史遗留问题上找原因，而是在自身上，找问题查不足，并全面客观地分析了以往工作的得与失。结合全省政法系统开展的"服务年"活动，不断从思想和行为两个层面上强化干警的服务认识，树立用大局统领司法，用服务体现公信的工作理念，通过开展思想"大换位"，倾听人民群众的司法需求，查找与人民满意标准的差距。干警的服务意识发生了新转变，服务发展措施有了新增加，服务发展能力有了新提高。

2.注重推进文化建设，提高自信凝聚合力。为提高干警精气神，提高凝聚力，今年3月底我院举办了以"深入学习实践科学发展观指导审判工作"

为主题的演讲活动。全院22名老中青三代法官登台演讲，占到干警总数的35%。演讲的内容紧紧围绕科学发展观这个主题，涵盖了审判业务、司法警察、行政管理等多个业务部门的工作。通过这次演讲活动，既鼓舞了士气、激励了斗志，又使全体干警对科学发展观与司法审判工作的关系有了更加深刻的理解，区委、区人大等相关部门的领导出席了这次演讲活动，并给予高度评价。我还组织干警利用节假日和上级开展的各项活动等时机，加强法院楼道文化建设，及时更换宣传图片。尤其在建国六十周年庆祝活动中，专门制作了宣传标语和宣传板，积极营造和谐发展的良好氛围。

3. 注重加强队伍建设，提高廉政勤政意识。我院能够认真学习贯彻执行最高法院下发的"五个严禁"，并专门为每人制作了印有此项内容的随身携带的卡片，时刻警示每名干警。同时按照全省政法系统治理司法领域突出问题的电视电话会议精神、省法院召开的"法官廉政建设工程"推进会议和市委关于在全市开展"讲党性、树新风、优环境、促发展"为主题的作风建设活动，扎实开展党风廉政建设。同时进一步规范机关作风纪律，按照全市开展的"治庸治懒"活动的有关要求，不断加强机关人员管理，早晚实行指纹打卡，每天都要对机关纪律包括庭审纪律进行检查。我能够时时处处做好表率作用，带头在元旦和年三十值班值宿。为全面提升各项工作，经常加班加点。为不影响正常工作，党组会、审判委员会全部改在双休日召开，一次审判委员会研讨案件，开到了晚上十二点。党组成员的亲力亲为，给干警树立了良好的勤政廉政形象。在党组成员的感召下，全院法官的精神风貌焕然一新，有效带动了各项审判工作的全面开展。

4. 注重提升能力素质，打造优秀审判团队。坚持人才强院、从严治院的兴院方针，努力做到以人为本，崇尚知识、尊重人才，建设一支德才兼备、肯奉献、敢负责的法官队伍和法院管理队伍。在加强法学研究的同时，全力打造学习型法官，培养专家型人才，鼓励法官向高学历发展。××年年初，我院荣获全国法院网络宣传工作先进单位。××年上半年发表调研论文50篇，被新闻媒体采纳稿件150篇。我本人撰写调研论文8篇，其中国家级3篇；

撰写新闻稿件15篇，其中国家级5篇。在"创建公信型法院"活动全市法院法官业务知识竞赛中，我院六个专业全部进入复赛，民商和审监专业均获得了第一名，院总成绩在全市基层法院中名列第一。

5.注重推进专项活动，深入开展司法服务。在××年春节前夕全市开展的"一帮一"扶贫活动中，我带领党组成员和中层干部深入辖区贫困下岗职工家中进行慰问，为他们送去了粮油生活必备品，并积极帮助他们解决实际问题。在全国开展的"深入学习实践科学发展观"、全国法院开展的"人民法官为人民"和全省政法系统开展的"服务年"活动中，我积极带领党组班子及一线审判人员深入企业、院校、农村、机关、医院、社区进行调研走访，积极帮助企业和群众解决涉法问题。针对辖区内医院多、医患纠纷多的实际情况，我们组织法官主动深入医院举办了多次专题讲座。根据辖区内院校多、为预防学生犯罪，还专门派法官积极配合院校开展了法制教育活动。重点企业的案件由我亲自担任审判长进行审理，使企业感受到我们在用心服务。同时，我院成立了青年志愿法律服务小组，深入院校、企业、社区等人员密集的地方开展法律宣传，使辖区各界真切感受到了"人民法官为人民"。今年7月27日至30日由中国法院网主办我院承办的"××杯"深入学习实践科学发展观征文颁奖活动暨"人民法官为人民"主题实践活动经验交流研讨会在我市成功召开。我院的各项活动也得到了省市各级督导组的好评。

6.注重培养身边典型，树立正气激发活力。为了激发团队活力，树立队伍正气，我们加大了树立典型工作的力度。通过几年的培养，我院的法警工作已成为全市法警系统的一个样板。为提升法警整体素质，每年都由我亲自组织，利用双休日和每天早晚开展春、秋两个时节的训练。在今年10月23日组织的全市法院司法警察"以公开促公正，创建公信型法院"为主题的考核竞赛中取得了总分第一名的好成绩。法警大队连续五年保持全市法警工作第一名。今年年初被省法院评为××年度全省优秀法警大队荣誉称号。我们在全院开展了学习先进，赶超先进活动。通过身边典型的树立激发团队的活力，营造队伍正气。通过身边看得见、摸得着的先进典型，使审判人员学有方向，赶有目标，改有标准，推动工作扎实有效开展。今年年初我院被市中级法院授予"先进法院"等荣誉称号，为深入推进"服务年"和"创建公信型法院"活动，今年7月我分别在市政法和市中院作了题为"以司法为民的服务作风，唱响公信型法院建设主旋律"的经验交流；10月我又在全市法院信息化工作会议上作了题为"以数字化促标准化用现代科学唱响公信型法院主旋律"的经验介绍。

二、从完善审判管理机制入手，全面推进审判创新发展

××年，党组在抓审判工作时，注重把功夫下到狠抓整改上，充分把全体干警凝聚起来的"精气神"转化为开展各项审判工作的具体措施，崇尚快节奏，追求高效率，体现超常规，力求快发展。今年年初，我院成立了审判管理办公室，设专人负责对审判工作的管理和监控，定期检查卷宗质量，定期下发审判标准化工作通报，为院领导决策提供准确的审判工作运行数据。

1. 开展审执"大会战"，积极推进审判工作。今年4月初我院开展了审判工作"五十日"大会战，从10月中旬又开展了审判工作"六十日"大会战。活动中签订了院长与主管院长、主管院长与庭长、庭长与审判人员的三级责任状，明确指标和完成时限。把指标的完成作为衡量工作的唯一标准，对未完成的，不分身份等级一律问责。审判人员调离审判岗位进行脱岗培训，主管院长在党组会做深刻检讨。工作的压力带动的是超常规的工作动力，全院上下，加班加点工作，党组成员以身作则亲力亲为。在全国开展的清理执行积案中，对一些重大疑难案件，我还亲自带队奔赴北京、抚顺等地执行。会战期间，我们每日一分析，每日一总结，疑难案件召开审判长案件评估联席会议，寻求最佳解决效果。经过努力，我们的大会战取得实效，审判工作出现了跨越式发展。

2. 实行联动"大信访"，扎实做好信访工作。针对我院历史遗留问题多，底子沉这一现状，我们从建立大信访格局入手，完善了内外联动机制，营造全员共同化解信访的大环境。一是严格信访责任。在信访工作上，我们注重

强化全员信访意识，制定了信访责任追究制度，实行一票否决，做到有访必有责。对信访案件解决不力的人员坚决处理和调整。二是完善预防机制。我们注重审理环节的信访预防，每个业务庭室都设立了廉政监督员，对在审理环节出现信访隐患的案件，主动与当事人进行沟通，及时做好法律疏导，判前释法，判后答疑工作，将不稳定因素消灭在萌芽状态。三是建立联动机制。我们加强了与地方党委、人大、政协的协调，建立解决信访联动机制，充分依靠党委、人大、政协的力量来处理一些我们难以解决的信访案件。尤其在今年开展的全国集中清理执行积案活动中，按照上级精神通过多方努力，集中执结了一批"骨头案"，如多年上访的××一案就是在活动期间执结的。在今年国庆期间，我还亲自到北京进行接访，积极协调各相关部门做好信访工作。

3. 完善审判"大速裁"，全面提升审判效率。我们从改进内部审判机制入手，提高审判工作节奏，向自身要效率。我院在民商事战线成立了四个标准化合议庭，全部受理速裁案件，速裁机制覆盖到每一名审判人员。通过建立大速裁机制，缩短案件审理期限，节约司法资源。我们严格界定速裁案件的办理时限和操作规程，制定了《速裁案件办理规程》，在制度上保证速裁机制的有效运转。在三名审判人员的基础上，我们为每一个标准化合议庭配备一名法官助理，一名书记员，一个专用审判法庭，全方位满足速裁案件的需求。我们每个月都对速裁案件逐案进行复核，严把案件质量关，坚决杜绝因片面追求效率而导致案件质量瑕疵的发生。

4. 建立多元"大调解"，积极维护社会稳定。按照最高法院提出的"调判结合，调解优先"的工作方针，在加强案件调解，维护社会稳定上，我们动足脑筋，想尽办法，发挥一切可调动力量提高调解率。在建立审判人员、庭长、主管院长、院长协同作战的四级大调解格局的基础上，我们积极协调公安、司法、单位、街道等社会各方面力量建立了多元调解机制，从而有效地提高了案件调解率。我们还积极探索巡回调解机制，对那些行动不便，无法参加庭审的案件，主动深入社区开展巡回办案。今年以来，由我亲自审理了五起案件，其中有四起案件通过调解结案，无一起案件的当事人进行上访。

5. 完善三位一体"大执行"，综合协调执行工作。今年我们对执行工作进行重新审视，以完善"三位一体"执行格局和"立审执联动机制"为切入点，形成了立案、审判、司法警察等多部门协助的工作机制，形成了参与主体多元化，解决方式多样化的"立审执"联动机制。我们将执行关口前移，狠抓风险告知、财产保全、诉讼调解三大环节，最大限度减少"空调白判"现象。我们没有片面对待执行工作，而是将其置于全局进行宏观管理，从强化责任入手，严格落实不同阶段，不同岗位的职责，进一步完善了"审判长、执行长、警长"相衔接的工作模式。我们在执行局内部设立三个执行组，分别由三名执行长担任组长，配备二审一书，实施与各业务庭审判长挂钩制度，按照案件类型确定固定的执行区域，并在司法警察大队指定三名警长协助开展执行工作。在"三长"负责制的运行模式下，我们强调审判长的基础和先导作用，激活审判工作中的执行动力，发挥警长的威慑和保障作用，加大执行工作力度。在我院的大执行格局中，形成了既各司其职、又相互衔接的良好局面。

三、从拓展数字网络平台入手，全面沟通民意打造公信

今年以来，我们把数字化建设定位在全面创新民意沟通平台的建设上，使数字化不仅仅成为法院管理的重要手段，也成为与人民群众沟通联系的桥梁纽带。

1. 开展审判"大公开"，以公开促公正。为更好地让人民群众感受到审判工作的透明度，让社会各界更好地了解法院工作，我院实施了"三网三公开"，即××政务网公开、××区法院网公开、中国法院网公开。通过"三网三公开"，不仅是对自身审判工作公开透明的监督，同时也是提升法官队伍审判能力的有效途径。

2. 开展民意"大沟通"，以沟通促服务。为建立畅通的民意沟通机制，让当事人感受到"看得着，感受到"的公正，在我的组织下，我院率先在中国法院网开通了民意沟通邮箱，并成为全省法院系统第一家通过网络面向全国公开民意沟通邮箱的法院。今年6月，我与中院×××院长一起做客中

国法院网进行"人民法官为人民"网络访谈，与全国各地网友进行了交流。10月29日我再次应中国法院网的邀请接受视频采访。

3. 开展庭审"大直播"，以阳光促公信。为让人民群众更好地体验阳光审判，今年6月底，由我担任审判长组织开展了庭审网络直播，我成为省法院系统第一个通过网络进行庭审直播的法院院长，我院成为省法院系统第一家在中国法院网面向全国进行庭审网络直播的法院。通过网络庭审直播不仅对庭审过程的再规范，锻炼了审判队伍，而且增强了社会各界对法院审判过程的了解。

4. 开展档案"大应用"，以科技促效率。今年我院进一步加强了电子档案系统的查询利用，对上级下发的和本院制作的文件，已全部实行网上审批和传阅，逐步推进无纸化数字办公。今年2月，为方便当事人利用档案进行查询，我院加大了对库存档案的扫描录入工作，开展了档案电子扫描大会战。在会战中，两台扫描仪昼夜不停，人员三班倒，实行拆、录、扫、装流水作业，我与一般干警一样都有任务指标、有完成时限，全力推进此项工作。经过全院干警的共同努力，今年4月底我院完成了建院以来全部诉讼卷宗的数字扫描录入工作，成为全市政法系统第一家完成历史诉讼档案数字化的单位，也是全市党政机关第一家完成历史文书档案数字化的单位。

总结一年来的工作，虽然取得了一些成绩，但成绩的取得主要是区委、上级法院正确领导、指导的结果，是党组班子全体成员相互配合、相互支持的结果，是全体干警辛苦努力分不开的。但本人还存在一些不足：主要体现在队伍的整体素质还不能完全适应形势发展的需要，少数法官的司法观念、业务能力与法院工作发展的要求还有一定差距；少数法官工作作风不够过硬，办案质量和效率还有待提高。对于这些问题，我和党组其他同志将高度重视，认真研究，采取有力措施，努力加以克服和解决。

在今后的工作中，我将进一步加强学习，扎实工作，以"三个至上"为指导，深入贯彻落实科学发展观，以新举措开创新局面，以新思路打造新业绩，以改革创新精神不断开创区法院审判工作新局面，积极为辖区经济跨越式发展提供良好的司法保障。

谢谢大家！

范文：村党支部书记述职演讲

本人任××村党支部书记一年多以来，在乡党委的正确领导下，在××村两委会及全体村民的大力支持下，我以科学发展观为指导，按照构建和谐社会的目标，认真履行职责，大胆开展工作，积极摸索经验，带领和团结××村全体村民努力建设社会主义新农村，为××村的社会稳定、经济发展做了一些小小的工作，取得了一点小小的成绩。现对一年来的工作学习情况进行回顾反思，总结经验教训，以利于今后为××村的新农村建设做出更好更大的贡献。

一、加强党的建设，提高队伍素质

今年以来，××村党支部始终把保持共产党员先进性教育活动和党员学习培训结合起来。我们坚持把学习实践"三个代表"重要思想作为主线，坚持以重在联系实际、重在讲求质量、重在取得实效为要求，组织全体党员学理论、学党章、学形式、学模范、抓住重点环节，查找存在问题，开展民主评议，落实整改措施、取得了明显成效，达到了预期目的。通过学习和活动开展，让党员更新了观念，进一步解放了思想。思想通，百事通，观念新，事业兴。教育活动的效果在以后的工作中得到了体现，在经济发展，加强农村基础设施建设，调解矛盾等方面，党员充分发挥了先锋模范作用，有力地推动了各项工作的顺利开展。为了进一步抓好党员队伍建设，2009年我村发展预备党员一名，培养后备干部一名，为组织增添了新鲜血液，为我村的发展培养和储备人才。

同时，我们还加强党员干部队伍的教育培训。通过组织集中学习、收看现代远程教育专题、举办辅导讲座、开展专题讨论、村组会等多种形式，组织广大党员干部认真学习党的十七大、十七届三中、四中全会报告，科学发展观理论、农业科技知识等。全年各级各部门共组织集中学习60多场次，其中村上邀请县、乡有关单位领导为村干部、广大党员及村民代表集中专题辅导6次，坚持每周两次的集中学习制度，使十七大，十七届三中、四中全会精神，科学发展观理论在广大党员干部中入心入脑。

二、学习实践科学发展观，加强理论指导

为了响应党的号召，学习实践科学发展观，村支部成立了学习实践科学发展观活动领导小组，支书担任组长，村主任担任副组长，办公室设在村党员活动室，领导小组具体安排部署学习实践活动。为了深入学习科学发展观，我们制定了严格的学习制度和学习日程表，确保把科学发展这一核心理念送进千家万户，力争到组不漏户，户不漏人，让科学发展之东风深入人心，家喻户晓。参加这次学习实践科学发展观活动的主要对象是村两委会全体成员和全村所有党员及村民代表。学习从8月底开始到12月底结束，主要任务是抓好学习讨论和调研走访工作。根据我村工作实际，采取集体学习和个人自学相结合的方式进行，利用雨天和农闲时间每周保证学习两次，其余时间为自学时间，总的要求是每天必须有学习内容。对老、弱、病、残和不识字的党员，采取送学帮学的形式，开展一帮一、一对红活动。每名有学习能力的党员负责一名老、弱、病、残和不识字的党员，利用雨天、晚上送学到家。对外出打工的两名党员采取邮寄资料的形式，让他们边打工边学习，支部通过书写的方式检查、反馈学习情况。

同时，我们加大了宣传力度，通过召开会议、书写标语、办黑板报、观看专题片等形式广泛宣传学习实践科学发展观的重大意义。宣传动员开展学习实践科学发展观活动的重要性和必要性，并书写标语，全村张贴、悬挂宣传横幅，办学习实践科学发展观活动专题黑板报三期，组织党员定期观看学习科学发展观活动专题片，加大学习实践活动的宣传力度。要求两委会成员记学习笔记达一万字以上，写心得体会两篇，有学习能力的党员记学习笔记五千字以上，写心得体会两篇。村支部办学习园地三期。

三、产业发展有条不紊，经济建设有序进行

今年，我村主要围绕"一村一品"，主抓核桃产业的发展，目前该项工作已进入实施阶段，估计到年底我们在全村栽核桃树将达3000株以上，同时加强栽培技术的学习，确保成活率，彻底改变过去年年栽树，年年没树的尴尬局面。我们在做好发展核桃产业的同时，加强对养殖业的大力支持，我们先后扶持了一批养猪大户，利用农村信息站给他们提供饲料信息和生猪价格。改变了过去盲目圈养的时间长、见效慢、成本高、利润小的不利局面，这些措施的实施大大调动了农民的生产积极性。由于规模大、技术精、时间短、效益高，我村掀起了养猪高潮，农民的收入也翻了几番，生活水平有了质的提高。

在搞好家庭经济的同时，我村的劳务输出也取得了巨大的进展，大部分外出打工的村民都有了一技之长，在祖国各地贡献着自己的微薄之力，同时也为家庭带回了可观的经济效益，村民的生活质量上了一个档次，与往昔不可同日而语。

四、升级晋档，科学发展

今年，我村紧密围绕"升级晋档，科学发展"这一主题开展工作。主要从生产发展、生活富裕、村容整洁、村风文明、管理民主这五个方面检查分析，结合新农村建设讨论分析，寻求我村科学发展的思路和方法。由于我们工作扎实到位，认真负责，加之上级领导的格外关心和大力支持，我们村取得了飞跃式的发展，村民非常满意并对我们的工作给予了很大的肯定。社会发展和谐有序，农民收入稳步提高，民事纠纷逐步减少，作为新农村建设的领导者和决策者，我们时刻保持清醒的头脑，不断加深自身的学习和解决实际问题的能力。

××年，村党支部在乡党委的正确领导下，坚持以邓小平理论和"三个代表"重要思想为指导，深入贯彻落实科学发展观，围绕"保持党员先进性，提高执政能力"两大主题，把握"领导班子建设、干部队伍建设、基层组织建设、人才队伍建设"四大重点，使基层党建工作水平不断提升，为推动全村经济社会快速健康发展提供了坚强的组织保证。村党支部以作风建设为重点，坚持抓好班子、带强队伍，坚持抓好思想政治和执政能力建设，领导班子自身建设得到不断加强。对村两委会制定了详细的百分制目标考核办法，考核结果直接与村干部工资挂钩，通过强化各级班子管理与建设，有效地增强了广大党员干部的活力和战斗力。

五、存在的问题和不足

回顾一年来的工作，虽然取得了一定的成绩，完成了预定的工作目标，但仍然存在一些不足：一是少数村干部对开展远程教育的认识依然不高，存在重建设轻学用的思想，导致学用工作没有真正有效开展起来；二是广大党员干部对学习实践科学发展观的认识还不深刻，存在走形式、交任务的现象；三是基础设施建设跟不上广大群众对新农村建设的要求，项目少、资金缺的现象需要进一步解决；四是农村青壮年劳力的缺乏很难保障新农村建设的顺利完成，严重影响了基础设施建设的前进步伐等。这些，都有待我们在今后的工作中认真分析、总结经验，加以改进和解决。

一年来，本人能够根据上级的要求结合本村的实际情况，圆满完成年初制定的各项目标任务，维护了改革发展稳定的大局，保证了农业发展、农民增收、农村稳定，经济及各项社会事业取得了全面发展，为我村全面建设小康社会奠定了坚实的基础，较圆满地完成了各项工作任务，但与上级领导的要求和全村广大群众的期望还有很多不足。在今后的工作中，我将始终保持戒骄戒躁、谦虚谨慎的作风，继续发扬优点，不断完善自己，始终与乡党委保持高度一致，做到目标同向、思想同心、行动同步，并结合村情实际，创造性地开展工作，努力完成乡党委交办的各项工作，力争在新的一年取得更大的进步，各项工作再上一个新的台阶，以更加出色的成绩实践全心全意为人民服务的宗旨。

村党支部书记：××

×年×月×日

范文：校长述职演讲

同志们：

大家好！

现就一年来的工作总结如下：

一、抓好队伍，共同提高

1. 领导班子，团结协作。一个称职的领导集体，关键要思想一致，认识一致，行动一致。我们班子成员在工作中分工明确，各司其职，相互沟通，相互信任，和谐相处。本年度班子成员自觉开展学习，从学习中找"差距"，从"差距"中寻发展，加强自我管理、以身作则，强化责任意识、大局意识、管理意识、服务意识、团结意识。在工作面前，我们默默奉献，常常加班加点，牺牲休息时间，毫无怨言；在荣誉面前我们心怀同志，谦让大家，多次将优秀党员、先进教师的名额让给同志；尤其是今年的绩效工资和教师聘任中尽显共产党员的高风亮节、高尚品质。

2. 加强政治学习。今年我们根据学校的安排，由我负责带领大家搞好政治学习，我们学习先进人物的事迹《背着孩子上学的老师》；学习两会精神和《政府工作报告》；学习《教育法》《义务教育法》《中小学管理规程》等法律法规。本学期，是第三批深入学习实践科学发展观的时间。按照上级的安排，我们组织老师系统学习科学发展观的重要论述，做好学习笔记，写好学习心得。深入调查撰写调研报告、认真查摆自己工作中存在的问题，书写自查分析报告。并要求老师将学习和实践结合起来，用科学发展观来武装自己，引领自己，提高工作效率。认真学习温家宝总理在教师节大会上的讲话，使老师树立"敬业、乐业、奉献、求实、创新"的工作理念。树立"责任心胜于能力"的理念，强化工作责任心，相信只有责任心强的老师，才会在教学和班级管理上下功夫、想办法，才会主动地更新自己的教育理念，才会教出优秀的学生。

3. 加强业务学习。人常说："树人者必先强已。"在社会日益发展的今天，知识更新很快，作为知识的传播者，必须加强学习，树立终身学习的理念，挤时间、抽时间学习提高自身综合素质。上学期开学按照学校的安排和自身的实际情况，我制定了本年度《个人发展规划》，召开了教师个人发展规划座谈会，并在全体教师会上宣读了自己制定的发展规划，让大家监督执行。经过一年来的认真学习，我基本完成了计划。通过学习，我明确了校长职责，提高了管理理念。同时我还学习身边优秀校长的先进事迹，××县电厂中学的×××校长给了我工作的动力，我时刻提醒自己要以他为榜样，在处理烦琐事务的同时静下心来搞教学研究，力争做学习型、研究型校长。

二、以人为本，营造和谐氛围

多年一线教师的工作经历给我这样一个感受：工作哪怕累点，待遇哪怕差点，一定要图个心情愉快。所以我尽心努力为老师营造一个宽松和谐的工作氛围。从自身做起，从不在老师面前摆架子，闲暇时间走进办公室和老师聊天，了解他们生活工作中存在的问题，尽力去帮助他们，分享他们的喜悦。尤其在教职工及家属生病住院，教师思想有波动时都会找他们谈心，让他们在关键时刻感受到来自集体的温暖。"快乐地生活，努力地工作"是我所倡导的，经常引导老师学会知足，学会感恩，淡看人生的起伏与哀乐，挫折与喜悦，从而幸福快乐地生活着，保持一颗良好的心态。提醒老师"有缘才能相聚，用心才会珍惜"，同事之间增大宽容度，都能为对方着想，都能进行换位思考，现在我们的老师能在一个相对宽松的环境中工作着。正因为这样，在绩效工资、岗位设置及教师聘任这些与教师切身利益相关的事情中，我们的领导、老师都显示了较高的觉悟，没有出现吵闹现象，使学校的工作得以顺利进行。

三、常规管理，规范科学

1.常规教学，扎实细致。××年底，我们明确了教案的书写要求，要求老师们以《细则》为准绳，严格规范自己的教学，使教学常规工作进一步规范化、制度化。本年度，学校对每位老师的教案、作业多次进行检查，并及时反馈。上学期末我们按照学校工作计划，教导处组织教师进行了教案、作业展览，教导主任精心设计各种赋分表，老师们本着公平、公正的原则，认真查看打分，最后张老师、李老师、王老师获综合教案优胜奖。

2. 教研活动，扎实有效。加强教研组建设，是提高教学管理的一项有效措施。我们积极开展教研活动，不断创新教研活动的新模式。校领导坚持带课，坚持听课，坚持参加教研活动，我们每学期开展"人人都上研讨课，人人都是研讨者"活动。组内进行说课，然后上课、个人反思，大家评课。

同事之间真诚相待，提出问题共同商讨、解决。上学期为了增进家长对学校管理、教师教育教学水平以及孩子在校学习情况的了解，我们在个教研组每人一节研讨课之后又开展了青年教师对家长的公开课活动。老师们提前备课、进行试讲，学校提前悬挂标语，布置教室，印发家长反馈表，做了大量的准备工作。4月5日、6日早晨，受邀的家长准时来到了学校，走进了课堂，他们和自己的孩子一起感受了课堂的精彩纷呈、老师的亲切美好。

这次讲课的青年教师有三位，科目涉及语、数、英三个方面，他们既善于继承又勇于创新。参加了这次活动的家长都表示活动非常有意义，希望能长久地做下去。本学期11月，我们进行了每人一节研讨课活动，12月，我们进行了校内评优课活动，通过评优课，我们看到了老师的进步，同时对他们提出了更高的要求。相信，只要我们每学期扎扎实实地搞好研讨课、评优课，我们老师教学水平将会提高得更快。

3. 家校携手，共担责任。本年度，我们已经在期中和期末分别召开了五次全校性的家长会，每次家长会，老师精心准备发言稿，注意与家长谈话的语气、话语，从学生的实际、家长的感受出发，真诚地与家长商谈沟通，交流学生偏差思想行为产生的实质原因，商榷解决的办法，做到动之以情，晓之以理，争取家长的认同、配合和支持。我们特别要求家长要将孩子的安全放在首位，同时对家长进行孩子安全方面的教育，要求家长一定要将联系方式告知老师，以便及时地与老师取得联系。我们这些真诚的举动，使得家校的桥梁畅通了，家校的关系和谐了，学校的工作也得到了家长的大力支持与配合。

四、学生活动，丰富多彩

教育以人为本，为了进一步促进学生全面素质的提高，我校在努力抓好学生文化知识的基础上，还开展了丰富多彩的活动。

1. 创建书香班级。为了拓宽学生视野，我们在学生中开展了创建书香班级活动，中高年级的孩子们将家里的书籍带到了学校，老师登记之后贴上了标签将图书放置于教室图书角，学生们自主阅读，班级统一管理，这一举措减少了无谓的打打闹闹，孩子们捧着一本本书静下心来进行阅读，在阅读中享受快乐，在阅读中语言得到了锤炼，精神得到了陶冶，写作水平得到了提高，语文素养得到了提升。

2. 举行快乐的节日汇报演出。最难忘的是今年的六一儿童节，我们悬挂了大幅幕布，剪贴了宣传标语，提前铺好了地毯，准备好了音响，邀请了学生家长。台上孩子们载歌载舞，台下掌声、应和声不绝于耳，孩子们积极参与，踊跃上台，他们自信、活泼、热情的笑脸深深地打动了在场的每一位老师和家长，本次活动应该说是我们准备最充分、效果最理想的一次，当然这和每位老师的通力合作分不开。

3. 进行"美丽教室"的评选。每学期开学初，我们都要进行"美丽教室"的评选，各班主任充分调动学生的积极性，和学生一起策划、设计精美的黑板报，各式各样的学生评比栏，生机勃勃、绿意盎然的"植物角"，精美的小制作、剪纸，扮靓了教室，使班级充满文化氛围。组织全体教师、值周学生逐班进行检查、评比，这项活动的开展为学生营造了温馨舒适的学习氛围，也使多个班级在此项活动中获奖，受到家长的好评。

4. 进行"每周之星"的评选。本年度在"三好学生"评选的基础上，为了让更多的学生体会到成功的快乐，激发学生不断进步，我们进行了"每周之星"的评选，每周一我们都会听到值周教师宣布"每周之星"，都会看到六个同学幸福地站到全校师生面前，都会看到六年级的同学为他们佩戴标志，都会听到师生热烈的掌声。此项活动的开展激发学生不断进步，他们的行为习惯都在发生着明显的变化，校园呈现出团结协作、和谐发展的良好局面。

5.各种比赛。为了丰富学生的校园生活，我们举行了"眼保健操"比赛、"趣味运动会""朗读比赛""作文竞赛""数学竞赛"等丰富多彩的学科竞赛活动。激发学生的学习兴趣，提升学生的综合素质。

五、安全管理，落到实处

在"以人为本，构建和谐社会"的今天，学生的安全更是维系着千家万户，关乎社会的和谐稳定。作为学校的校长，我深知自己肩上的责任，所以要求自己一定要尽力工作，把学校建成家长最放心、学生最安全的场所这是我不懈的追求。我们要求老师要强化责任心，消除一切侥幸心理，关注细节，把工作做到前面。为了防患于未然，我们每周一集会上学校会根据季节、天气、周边环境等对学生进行安全教育，每周五放学要求老师在班上强调安全，学校和班主任老师在每次对学生进行安全教育后做好教育记录，上学期学校共做安全教育记录30次，本学期已做安全教育记录22次。我每天认真阅读相关新闻，关注教育的动向，了解有关学校安全事例，及时组织教师进行学习，要求教师增强工作的责任心，把学校的安全工作做实，做好。学校与班主任、代课教师、家长层层签订了安全责任书。每逢节假日我们还给每位家长印发了《告家长书》，让家长在家照顾好学生，我们确实做到了时时讲安全，事事讲安全，确保学校无安全事故。

六、体卫工作，健康第一

春季、秋冬季是传染病的高发期，我们认真做好此项工作，防止传染病在学校流行或爆发。本学期开学，甲流的预防工作成了学校工作的重中之重。我们思想上高度重视，组织老师认真学习文件，领会精神，购买测温仪、体温表、口罩、消毒液等常用品。每天早晨和中午我们的值周老师都会提前半小时到岗，认真检查每位学生的体温，我们会经常看到在校门口大部分学生进入后，值周老师用体温表重新测量孩子的体温，打电话通知学生家长带孩子前往医院进行检查，从而确保不让一位发烧的孩子进入我们的班级，以防传染给其他学生，使学校的晨检和午检工作扎实、有效地进行。同时我们认真做好教室通风、卫生打扫和保持工作，让孩子们能在一个干净舒适的环境中学习。在甲流流行日益严重的今天，我们学校未发现一例甲流患者，这与我们老师的辛勤工作分不开。

七、廉洁自律，依法治校

本年度，我们能够坚决执行义务教育阶段免费、就近入学原则，坚决执行上级部门制定的各种制度。加强行风建设、规范办学行为，坚决杜绝乱收费现象。坚持勤为先、廉为本，学校经费坚持按财务政策严格把关，做到该节约的节约，该用的钱花在刀刃上。

八、今后的设想：

1. 兴建多媒体教室，让多媒体为教学服务。

2. 稳定生源，做好家长工作。

3. 为教师提供外出进修的机会。

4. 加大教学改革和创新的力度。

新的一年意味着新的机遇和挑战，我决心努力以良好的心态，充分的热情，去做每天平凡的工作，不断探索、奋力求成，用自己所做的每一件事，去诠释校长责任的分量，让××小学在奋进中追求创新。

各位领导、各位老师，以上是我一年的工作回顾，恳请大家批评指正，我将虚心接受，力争办人民满意的教育。

谢谢大家！

第四章
开幕、闭幕演讲词

第一节 开幕词的适用范围

开幕词是党政机关、社会团体、企事业单位的领导人,在会议开幕时所作的讲话,旨在阐明会议的指导思想、宗旨、重要意义,向与会者提出开好会议的中心任务和要求。

开幕词的主要特点是宣告性和引导性。不论召开什么重要会议,或开展什么重要活动,按照惯例,一般都要由主持人或主要领导人致开幕词,这是一个必不可少的程序,标志着会议或活动的正式开始。开幕词通常要阐明会议或活动的性质、宗旨、任务、要求和议程安排等,集中体现了大会或活动的指导思想,起着定调的作用,对引导会议或活动朝着既定的正确方向顺利进行,保证会议或活动的圆满成功,有着重要的意义。

篇幅要求简短,快速切入正题,内容切忌重复、啰唆的语言,要求口语化、富有感情色彩,又要求生动活泼;语气要热情、友好。

一、开幕词的特点

一是简明性,开幕词要简洁明了、短小精悍,最忌长篇累牍,言不及义,多使用祈使句,表示祝贺和希望;二是口语化。它的语言应该通俗、明快、上口。

二、开幕词的种类

按内容可以分为侧重性开幕词和一般性开幕词两种。侧重性开幕词往往对会议召开的历史背景、重大意义或会议的中心议题等，作重点阐述，其他问题一带而过。一般性开幕词则只对会议的目的、议程、基本精神、来宾等作简要概述。

第二节 开幕词的写作要求

通常由标题、称谓及正文三部分组成。

一、标题

通常有三种写法：一是用会议名称作标题；二是前边再加上领导人姓名；三是用提示内容中心或主旨的标题，在后面通常加上副标题。

一般由事由和文种构成，如《中国共产党第十二次全国代表大会会议开幕词》；有的标题由致辞人、事由和文种构成，其形式是《×××同志在××××会上的会议开幕词》；有的采用复式标题，主标题揭示会议的宗旨、中心内容，副标题与前两种标题的构成形式相同，如《我们的文学应该站在世界的前列——中国作家协会第四次会员代表大会会议开幕词》。

二、称谓

一般写在标题下行顶格，称呼通常用"同志们""朋友们""各位代表""先生们，女士们"，如有特邀嘉宾，可写作"尊敬的××先生，各位代表，朋友们"等。

三、正文

一般包括开头、主体和结尾。开头写宣布开幕之类的话。主体部分一般包括以下内容：向大会介绍参加的领导同志和各方面的来宾，通报到会代表人数和团体名称；回顾过去的工作、成绩、经验及不足；提出本次会议的议题和议程；会议的筹备和出席会议人员情况；会议召开的背景和意义；会议的性质、目的及主要任务；会议的主要议程及要求；会议的奋斗目标及深远影响等等。但写作中一定要把握会议的性质，郑重阐述会议的特点、意义、要求和希望，对于会议本身的情况如议程等，要概括说明，点到为止；行文则要明快、流畅，评议要坚定有力，充满热情，富于鼓舞力量。最后是结尾，一般都是"祝大会圆满成功"之类。

四、结尾

结语部分，一般以"祝愿大会获得圆满成功"做结尾，也可以做出带有鼓动性的口号。

第三节 闭幕词的适用范围

闭幕词是一些大型会议结束时由有关领导人或德高望重者向会议所作的讲话，具有总结性、评估性和号召性。

闭幕词与开幕词一样，具有简明性和口语化两个共同特点，其种类与开幕词相同。凡重要会议或重要活动，与开幕词相对应，一般都有闭幕词，这是一道必不可少的程序，标志着整个会议或活动的结束。闭幕词通常要对会议或活动作出正确的评估和总结，充分肯定会议或活动所取得的成果，强调会议或活动的主要精神和深远影响，激励有关人员宣传会议或活动的精神实质和贯彻落实有关的决议或倡议。

闭幕词具有以下特点：

一、总结性

闭幕词是在会议或活动的闭幕式上使用的文种，要对会议内容、会议精神和进程进行简要的总结并作出恰当评价，肯定会议的重要成果，强调会议的主要意义和深远影响。

二、概括性

闭幕词应对会议进展情况、完成的议题、取得的成果、提出的会议精神及会议意义等进行高度的语言概括。因此，闭幕词的篇幅一般都短小精悍，语言简洁明快。

三、号召性

为激励参加会议的全体成员实现会议提出的各项任务而奋斗，增强与会人员贯彻会议精神的决心和信心,闭幕词的行文充满热情,语言坚定有力,富有号召性和鼓动性。

四、口语化

闭幕词要适合口头表达,写作时语言要求通俗易懂、生动活泼。

第四节 闭幕词的写作要求

一、闭幕词的组成

由标题、称谓和正文三部分组成,标题与称谓的写法与开幕词基本相同。

闭幕词的标题,跟开幕词的写法类似,常见的写法是《××××大会闭幕词》或《×××在××大会上的闭幕词》。偶尔也有主副标题的写法,将主要内容或主要观点概括成一句话做标题,再用"××大会闭幕词"做副标题。

时间在标题之下正中,加括号注明会议闭幕的年月日。

称谓一般也跟开幕词相一致。

二、正文

(一)开头

闭幕词的开头,一般要用简洁的语言,说明大会经过全体代表的努力,已经胜利完成使命,今天就要闭幕了。

(二)主体

闭幕词的主体主要是对大会进行概括总结,并提出贯彻大会精神的要求和希望。其中概括总结的部分,要列举会议完成的任务和取得的成果,不能过于空泛笼统。提出要求和希望的部分,也要突出会议精神,体现会议宗旨。

(三)结尾

闭幕词的结尾通常比较简单,最常见的说法是:"现在,我宣布,××××大会闭幕。"

闭幕词出现在会议终了,因此,要写得与开幕词前后呼应、首尾衔接,显示大会开得很圆满、很成功。

第五节 开幕词的实际应用

范文：市政协会议开幕词

各位委员、各位同志：

中国人民政治协商会议××××××第十一届委员会第四次会议，现在开幕！

首先，请允许我代表政协×××第十一届委员会常务委员会向来自全市各个界别的政协委员，致以诚挚的问候；向应邀参加本次会议的市委、市人大、市政府的领导同志，向历届市政协的老领导、政协委员，向所有应邀列席会议的同志们，表示热烈的欢迎！向关心、支持政协工作的各级领导、各界人士表示衷心的感谢！

刚刚过去的2005年，是极不平凡的一年。一年来，全市人民在市委、市政府的领导下，坚持以邓小平理论和"三个代表"重要思想为指导，树立和落实科学发展观，紧紧围绕经济社会跨越发展的目标，解放思想、开拓创新、攀高争先、攻坚克难，全力推进招商引资、项目投入、沿江开发、全民创业、环境打造等各项重点工作，国民经济呈现出了良好的发展势头，各项社会事业都有了新的进展，人民生活进一步得到改善，城乡面貌发生了喜人变化，我市三个文明建设又迈上了一个新的台阶。

过去的一年，市政协在市委的正确领导和市人大、市政府的大力支持下，认真贯彻落实党的十六大和十六届四中、五中全会精神，高举爱国主义、社会主义旗帜，突出团结和民主两大主题，紧紧围绕市委、市政府的中心工作，团结和带领广大政协委员认真履行政治协商、民主监督、参政议政职能，较好地完成了市政协十一届三次会议确定的各项目标任务，为促进我市经济社会跨越发展和构建和谐社会作出了较大的贡献。

我们这次会议的主要任务是：听取中共×××委书记×××同志的重要讲话；听取并审议政协×××第十一届委员会常务委员会工作报告；听取并审议政协×××第十一届委员会第三次会议以来的提案工作报告；列席×××第十四届人民代表大会第四次会议，听取并协商讨论政府工作报告、"十一五"规划和其他有关报告；通过政协×××第十一届委员会第四次会议决议等。

各位委员、各位同志，召开市政协十一届四次会议是全市人民政治生活中的一件大事，也是政协工作中的一件大事。希望全体政协委员从讲政治、讲大局的高度充分认识到这次会议的重要性，以严肃认真的态度，高度负责的精神，切实履行政协委员的职责和义务，充分行使自己的民主权利，积极参与会议的各项活动，利用撰写提案、反映社情民意、小组协商讨论、大会发言等形式，围绕事关我市发展全局的重大问题和人民群众普遍关心的热点问题，积极建言献策、参政议政。我们相信，经过大家的共同努力，这次大会一定会开成一个团结民主、求真务实、催人奋进的大会。

最后，预祝大会圆满成功！

范文：中国国际××展览会开幕式演讲

女士们、先生们：

早上好！由新加坡××有限公司主办，中国××协会与我分会所属的上海市××公司承办的"中国国际××展览会"今天在这里开幕了。我谨代表中国国际贸易促进委员会上海市分会、中国国际商会上海分会表示热烈祝贺！向前来上海参展的西班牙、比利时、中国台湾省、中国香港地区以及我国各省的中外厂商表示热烈的欢迎！

本届展览会将集中展示具有国际水准的各类××产品及生产设备，为来自全国各地的科技人员提供一次不出国的技术考察机会；同时，也为海内外同行共同切磋技艺创造了条件。

朋友们，同志们：上海是中国最重要的工业基地之一，也是经济、金融、贸易、科技和信息中心。上海作为长江流域乃至全国对外开放的重要窗口，将实行全方位的开放。我国政府已将浦东的开发开放列为中国今后十年发展的重点，上海南浦大桥的正式通车，将标志着浦东新区的开发已经进入实质性的启动阶段。上海将进一步改善投资环境，扩大与各国各地区的合作领域。我真诚地欢迎各位展商到上海的开发区和浦东新区参观，寻求贸易和投资机会，寻找合作伙伴。作为上海市的对外商会——中国国际贸易促进会上海市分会将为各位朋友提供卓有成效的服务。

最后，预祝"中国国际××展览会"圆满成功！感谢大家！

范文：全国摄影工作会议开幕词

各位领导、各位代表：

一年一度的全国摄影工作会议今年在风光旖旎的××举行。我首先代表中国摄影家协会向给予会议大力支持的××市委宣传部、××市文联、××市摄影家协会、××市委宣传部表示衷心的感谢！同时，向各位领导和代表致以春天的问候！

回首新世纪的第一年，我国加入世贸，申奥成功，召开APEC会议，各项事业蓬勃发展，国际地位进一步提高，中华民族复兴大业开篇辉煌。与我国各项事业同步相随，第五届中国摄影艺术节在××隆重举行，第五届中国摄影金像奖评选揭晓，中国摄影家协会网站开通，第九届国际影展、"共产党人风采"摄影展和世界新闻摄影讲习班成功举办，青少年摄影师预备资格等级考试顺利开展，形成了社会主义市场经济条件下摄影事业发展的新局面。我们可以自豪地说，通过同志们的辛勤工作和摄影家的精心创作，中国摄影以新的姿态、新的步伐、新的收获掀开了新世纪繁荣发展的第一幕！

我们这次会议，原定于4月底召开，但中国摄协接到中国文联的通知，今年第四季度中国摄协要完成换届工作。按照《中国摄影家协会章程》，我们于日前召开了协会主席团会议。为此，会议日期改为现在。这次会议，按照原定的日程，我们要深入学习《江泽民总书记在中国文联第七次全国代表大会、中国作协第六次代表大会上的讲话》，学习上个月召开的"两会"精神和全国宣传部长会议精神，认真总结过去一年的工作，精心安排今年的各项活动，特别是要对今年的摄影函授教育、外事和青少年摄影师预备资格等级考试等工作做具体的部署，会议的任务很多。此外，承办此次会议的××省摄协和××文联等单位还为我们安排了采风创作活动。

同志们，2002年是我国经济建设和社会发展历史上关键的一年，党的十六大即将召开，中华民族将在中国共产党的领导下开始新的征程。新的世纪，天高地阔，时代潮涌。让我们在以江泽民同志为核心的党中央领导下，肩负起党和人民赋予我们的光荣历史使命，与时俱进，勇于改革，通力合作，开拓创新，培养更多的摄影人才，推出更多、更好的摄影精品，向党的十六大献礼！

预祝会议圆满成功！

范文：校园艺术节开幕词

老师们、同学们：

第十届校园艺术节今天开幕了，在这里，我代表学校领导对本届校园艺术节的开幕表示热烈的祝贺。对校园艺术节筹备期间付出辛勤劳动的工作人员表示诚挚的问候！

有位艺术家曾经说过，艺术使人生活得更加精彩、更加美好。校园艺术节在我校教育教学工作中发挥着重大作用，是我校全面贯彻教育方针，加强校园文化建设的重要阵地，是学校办学历程中形成的一道亮丽风景线，是新时期加强和改进成年人思想道德建设的重要内容和有效载体，也是学校素质教育取得丰硕成果的一种最有效的展示。在过去的校园艺术节中，同学们充分展示了自己的才华和创造力，为校园生活注入了丰富的文化内涵，营造了团结、活泼、健康向上的校园文化氛围。从今天到4月10日的校园艺术节，我们将继续倡导和深化这一宗旨，通过举办书画现场展示活动，举办"树立正确荣辱观"为主题的征文和演讲比赛、校园歌手大赛、诗词朗诵比赛，举办知名作家文学讲座、影视欣赏和文艺汇演等一系列丰富多彩的艺术活动，来加深同学们对艺术的理解，陶冶同学们的艺术情操，拓展同学们的文学艺术素养，培养同学们积极向上的精神风貌。

文化艺术是社会进步的重要因素，艺术作为一种要素已深深融入到经济社会生活的方方面面。多年来，我校有一批又一批毕业生考取艺术院校或艺术专业，不少毕业生进入社会后成为各行各业文艺骨干，备受称赞和好评。这些都离不开校园艺术节的熏陶和感召。本届校园艺术节通过推出系列丰富多彩的活动，再一次为同学们提供一个展现自我、挑战自我的艺术平台。希望同学们积极主动地参与到活动中去，通过活动不断认识自我、挖掘潜能、提高自己。同时，衷心希望第十一届校园艺术节能成为学校思想道德建设的主战场，弘扬优良校风，消除不良习气，调整良好心态，养成良好习惯。同时希望同学们在艺术节期间充分发扬集体主义精神，增强集体荣誉感，并能合理和科学地安排好上课与活动时间，做到学习、活动两不误。

让我们在艺术的天空里放飞希望，在嘹亮的歌声中健康成长！

预祝第十届校园艺术节圆满成功！

范文：晚会开幕词

尊敬的各位领导、各位来宾、广大的市民朋友们：

下午好！

春回大地，生机勃勃，风光无限。××区××广场文化活动"春之韵"文艺晚会系列"××中学专场演出"即将开始。在这里，我谨代表××中学全体师生向前来观看演出的各位领导、各位来宾、广大市民朋友们表示热烈的欢迎！

××中学已有××年的历史，××年××月，在市委市政府的亲切关怀下，学校整体搬迁至××路××号，地处××××××。随着素质教育的实施和新课改的推行，学校站在21世纪对人才需求的高度，确立了"高起点、高标准、可持续发展、争创一流"的办学思路，面向全体学生，面向每一个学生，面向学生的每一个方面，力争使在××中学就读的每一个学生在德、智、体、美等方面得到全面发展。同时学校以信息技术、音乐教育和英语教育为三个切入点，对不同学生的教育做到特长加全面、全面加特长，努力构建具有××中学特色的校园文化。一流的教学设施、勤奋的师资队伍、严格的教学管理，以人为本、全面发展的教育理念，使得××中的办学水平和教学质量有了跨越式的发展，社会声誉显著提高。目前学校在职教师××人，在校班级××个，在校生××人。其中初中开设有音乐特长班、英语特色班；高中开设有……××年××中高中招生分数线超过市招生分数线××分、××年超过市招生分数线××分；××年高考上线率×%，升学率×%；考入国内重点大学人数有很大突破，理科最高分××分、文科最高分××分；中考最高分××分。

今天我们在这里演出，是落实贯彻《中共中央关于进一步加强未成年人思想道德建设的若干意见》精神，积极构建学校、社区、家庭"三位一体"的教育网络，推动××社区文化建设。此次活动不仅是为了丰富××市民的业余文化生活，促进××社区文化的建设，也是我校艺术教育成果对全市人民的一次展示，同时也是我校实施素质教育的一次社会实践。希望各位来宾、广大市民朋友们对我们的活动予以支持。我们坚信：态度决定成效、定位决定地位、细节决定成败、思路决定出路、理念决定道路。

同志们、朋友们，我们坚信，在市委市政府、市教育局的正确领导下，在广大市民的支持下，在全校师生自加压力、敢于争先的努力下，××中学将进一步抓建设、强队伍、扬特色、创品牌，以更新、更美、更优的风姿展现在××市人民面前。让我们以"三个代表"重要思想为指导，深入学习贯彻十六大精神，以办人民群众满意的教育为目标，为构建和谐的××社会而努力工作。

预祝××中学"××之春"专场演出圆满成功！

谢谢大家。

范文：运动会开幕词

各位老师、各位同学：

大家好！在这个春意盎然，花红柳绿的日子里，××区2009年春季中小学生运动会就要召开了。这将是我区今年的又一次盛会。"沙场秋点兵"的壮阔，给了我们难以言喻的激情，我们将再一次去感受脉搏与心跳的激烈。在那里，你可以触摸到跳跃的青春音符，感受到燃烧的激情，体会到四射的光芒。

体育工作作为学校工作的一个重要组成部分，对于师生体质的发展，对提高同学们的成绩、教师工作业绩，丰富我们的业余文化生活，培养集体主义精神，培养顽强拼搏的斗志，健康积极向上的心态，都起着积极的作用。在高速发展的信息社会中，人们更加关注健康，没有一个好的身体，就不能胜任高强度、高复杂的工作，体质的好坏，直接影响到未来社会的发展，影响到培养人才的质量，健康的身体是生存的基本条件，是享受生活的根本保障。

运动会也是检阅学校运动水平高低的一个标志，是对一个学校体育工作开展的一个评价，也是各个学校、每位学生和教职员工展示风采的一个舞台。运动会是一个竞技场，优胜劣汰，来不得半点虚假，在同一起跑线上，你付出了多少汗水，就会获得多少回报。每一个新的高度，是一个不断挑战自我的过程。你的奋力一掷，是你蕴含着能力的一次爆发，没有顽强的拼搏，取得不了优异的成果，没有坚定的信心，跑道上不会留下你的身影，没有平时的努力，从你的手中不会掷出最优美的弧线，没有足够的毅力，就不会有坚持到底的勇气。体育的舞台是人生大舞台的一个缩影，鲜花只会献给最优秀的选手，掌声会给胜利者和坚强毅力者以鼓舞，给失利者以安慰。高高的领奖台上，只会给那些脚踏实地、顽强拼搏、不畏艰难的人留下空间。

孔子曾经说过："过犹不及。"这是告诫人们，什么行为都别过了头。作为一名学生，主要的任务是学习，大家要注意理顺体育锻炼和学习的关系，只有合理的安排体育锻炼时间，才能取得更好的学习效果。在紧张繁重的学习生活同时，每个同学都不要忘记对自己身体的呵护，每天抽出一点时间，活动一下身体，将更有精力去完成学习任务。

希望同学们在未来的这段时间里，充分利用业余时间，认真训练，争取在这次运动会中取得好成绩，为我校争光。

第六节 闭幕词的实际应用

范文：省职代会闭幕词

各位代表：

××××× 第二十一届第四次职工代表大会在省××工会、××工委的关怀下，在××党委的正确领导和×××的支持下，经过全体代表的共同努力，历时一天，圆满地完成了大会预定的各项任务，现在就要结束了。

会议期间，代表们认真地听取并审议通过了行政工作报告，这个报告对××的经济工作进行了实事求是的总结，并精辟地分析了当前××所面临的严峻形势，具体地部署了今后一个时期工作。代表们一致认为，报告对××目前状况谈得实事求是，客观公正，对今年的工作任务讲得目标明确，措施具体，具有较强的操作性。代表们一致表示，要以"报告"精神为动力，动员和带领广大职工群众，为实现×党委"一一四"工作思路和××"一六"工作目标，促进××的全面发展而努力奋斗。大会还认真审议通过了其他有关报告和议案，评议了企业领导干部，签订了2002年《集体合同》和"双文明"建设责任状。会议期间，代表们各抒己见，畅所欲言，会议始终充满了民主、团结的浓厚气氛，收到了预期的效果，取得了圆满的成功。

这次大会得到了××党委的高度重视，党委书记×××同志做了重要讲话，他就贯彻好这次会议精神，动员广大干部群众如何认清形势、统一思想、坚定信心、扎实工作，努力开创各项工作新局面，为实现××三步走发展战略提出了具体要求，并号召广大职工群众要立足本职，发挥作用，为完成××党委××提出的各项工作任务，开创××经济发展的新局面而努力奋斗。

各位代表、同志们，在这充满希望的新世纪的第二年，不管我们面前会遇到多大的困难，我们都要高举邓小平理论伟大旗帜，解放思想，抓住机遇，务实创新，开拓进取，迎接考验。大会闭幕后，希望代表们要认真贯彻落实会议精神，为全面完成会议确定的各项工作任务而努力。现在我宣布：×××××第二十一届职工代表大会第四次会议胜利闭幕。祝各位代表身体健康，工作顺利，万事如意！

范文：网络媒体论坛闭幕词

各位代表、各位来宾：

2003中国网络媒体论坛历时两天，圆满完成了各项议程。我代表论坛组委会和论坛承办单位——中央电视台及央视国际网络，对各位代表、各位嘉宾的辛勤工作表示衷心感谢！

两天来，围绕"中国网络媒体的社会责任"这一主题，中国记协主席邵华泽、国务院新闻办副主任蔡名照发表了重要讲话；中央和地方新闻网站、商业网站、主管部门、专家学者、网友代表共30多人作了主题演讲；全体代表共同研讨，达成共识，签署了《中国网络媒体的社会责任——北京宣言》，向社会庄严承诺：肩负起促进中国网络媒体健康发展的社会责任，使互联网站真正成为传播先进文化的重要阵地。

本届论坛以"网络媒体的社会责任"为主题，是我国网络媒体开始走向成熟的重要标志。中国网络媒体历经近十年的发展，已经成为与报刊、广播、电视共同发挥新闻传播作用的重要媒介形态。网络媒体的根本属性是媒体，和传统媒体一样，其影响力越大，承担的社会责任也就越重。在中国网络媒体发展的关键阶段，我们相聚一堂，明确其社会责任，总结其发展历程，认识其发展规律，展望其发展前景，引领其发展方向，责任重大，意义深远。

本届论坛的成功举办，将会成为中国网络媒体进入快速、健康、理性发展阶段的一个新的起点。"千里之行，始于足下"。我们要积极响应国务院新闻办的倡议，以这次论坛的举办为契机，从自身做起，从现在做起，自觉开展增强社会责任感的学习教育活动，以"三个代表"重要思想为指导，以"成为传播先进文化的重要阵地"为己任，认真学习国家的法律法规，建立和完善网站自律机制，切实加强对从业人员的培训，进一步提高网络媒体的整体素质和社会公信力，努力实现网络媒体自身的发展和进步，为全面建设小康社会和中华民族的伟大复兴做出新的更大贡献。

我们要加强网络媒体的自律，"志于道、据于法、依于仁、游于艺"。让我们共同努力，书写中国网络媒体更加辉煌的新篇章！

谢谢大家！

范文：运动会闭幕词

女士们、先生们、朋友们、同志们：

××单位第三届运动会马上就要落下帷幕了，在此，我谨代表县委、县人大、县政府、县政协，对本届运动会的圆满成功和运动员所取得的优异成绩表示热烈的祝贺！对为运动会付出辛勤劳动的裁判员、教练员、运动员以及全体工作人员表示崇高的敬意！对鼎力支持本次活动的县国税局、县人口与计划生育局、××实业有限责任公司等赞助单位以及所有关心、支持本次运动会的社会各界和人民群众表示衷心的感谢！

××单位第三届运动会从9月6日开始到今天历时14天，在这不平凡的14天里，来自全县各条战线的81支代表队、1698名运动员发扬"更高、更快、更强"的奥林匹克精神，表现出敢打、敢拼、敢创的旺盛斗志，展现出积极进取、顽强拼搏、奋发向上、勇攀高峰的精神风貌，赛出了水平，赛出了风格，取得了运动成绩和精神文明的双丰收，用实际行动解读了"新世纪、新××、新跨越、新风采"的主题。

××单位第三届运动会的举行，不仅加强了单位之间的交流，联络了同志之间的感情，更重要的是凝聚了人心、振奋了精神、激发了斗志、增进了友谊，为进一步推动我县各项事业的蓬勃发展提供了强健的体质保障，奠定了坚实的思想基础。可以说，这次运动会既是县直单位体育技能和身体素质的展示会，又是干部职工思想修养和综合素质的检验会，更是各单位机关作风、效能建设和团队精神、集体形象的汇报会，全体运动员用实际行动展现了县直机关干部改革创新、团结向上、文明和谐的新的时代风采。

××单位第三届运动会坚持"勤俭、规范、严谨、高效"的原则，组织严密，运行规范，正如人民群众所说，县直机关运动会办成了本县的"奥运会"，××县的九月变成了运动的九月、竞争的九月、文化的九月、激情的九月、梦想的九月、收获的九月。此次运动会向社会公开征集了会徽和吉祥物。电视台、县政府门户网站运用了大量的图片、文字、声音，从多个角度展示了运动会，广大干部职工举起相机、手机留下了一个又一个精彩的瞬间，运动会的举行扩大了县直机关的社会影响，丰富了体育精神和体育文化，使本县体育事业的持续健康发展迈出了可喜的一步。县直机关运动会将长期举办下去，我们坚信，县直机关运动会会一届比一届更加精彩。

同志们，朋友们，让我们借这次运动会的东风，抓住县城东迁10周年这一新的契机，在工作中发扬团结协作、健康向上、顽强拼搏、争先创优的比赛精神，奋力实现"特色农业大县、新型工业强县、全国旅游名县"的战略目标，用我们的双手缔造××新的辉煌！

现在我宣布，××单位第三届运动胜利闭幕！

第五章
欢迎、答谢演讲词

第一节 欢迎词的适用范围

欢迎词，是指客人光临时，主人为表示热烈的欢迎，在座谈会、宴会、酒会等场合发表的热情友好的讲话。

在社会主义市场经济深入发展的大背景下，为了提升形象、扩大影响、招商引资、促进发展，近年来各地纷纷举办各种内容和形式、不同规格和规模的节庆活动。按照惯例和程序，在节庆活动开幕式上，常常要由一位东道主方面的要员向来宾敬致一篇热情洋溢的欢迎词。那么，撰写一篇合乎规范的节庆活动欢迎词自然就是活动筹备过程中一项不可忽视的细节工作。

我们这里所说的欢迎词实际上包括两类：一类是欢迎客人，一类是欢迎单位或组织的新成员。种类不同，写法上自然存在差异，这在欢迎词的主体上表现得尤为明显。

欢迎客人的致辞，讲什么，怎么讲，主要取决于主客双方以往的关系，取决于今后双方关系发展的趋向，取决于这次相会的缘由及意义。一般说来，如果是老朋友，就要首先回顾以往的友谊，接着表述时下的友好关系，最后表达友谊长存的愿望。如果是有分歧的客人，则应首先畅谈这次会见的意义，然后提及当前和今后双方共同关心的问题，最后表达希望双方关系正常友好发展的愿望。欢迎单位或组织新成员的致辞，首先要标明他们的到来正适合需要，接着客观评价欢迎对象的特长，并表示赞赏；然后简单介绍本单位或组织的情况，最后希望新来的人在新环境里施展才干或发挥作用，作出成绩。

第二节 欢迎词的写作要求

（一）欢迎词的格式

欢迎词的结构由标题、称呼、开头、正文、结语、署名六部分构成。

1. 标题。标题有两种形式。一是由欢迎场合或对象加文种构成，如《在校庆 75 周年纪念会上的欢迎词》；二是用文种"欢迎词"作标题。

2. 称呼。提行顶格加称呼对象。面对宾客，宜用亲切的尊称，如"亲爱的朋友""尊敬的领导"等。

3. 开头。用一句话表示欢迎的意思。

4. 正文。说明欢迎的情由，可叙述彼此的交往、情谊，说明交往的意义。对初次来访者，可多介绍本组织的情况。

5. 结语。用敬语表示祝愿。

6. 署名。用于讲话的欢迎词无须署名。若需刊载，则应在题目下面或文末署名。

（二）欢迎词正文

首先，表示欢迎。这是节庆活动欢迎词正文的开头部分，一般要用简洁的文字交代致辞的背景，即什么活动开幕了，然后用热情的话语对来宾表示欢迎，也可以向来宾或者有关方面（人士）兼表祝愿或者感谢。

其次，阐释意义。为什么要举办节庆活动，目的何为，意义何在，这是节庆活动欢迎词中一般应当予以交代的。

再次，展示优势，也可以说树立形象。这是节庆活动欢迎词正文的重心所在。当下利益重要，长远利益更重要。

最后，表达祝愿。这是节庆活动欢迎词正文的结尾部分，一般用简洁的句子祝愿活动圆满成功，或者祝愿来宾生活愉快，并另起段落以"谢谢大家！""谢谢各位！"这样的礼仪结语结束全文。

第三节 欢迎词的注意事项

欢迎词是由东道主出面对宾客的到来表示欢迎的讲话文稿。欢迎词指行政机关、企业事业单位、社会团体或个人在公共场合欢迎友好团体或个人来访时致辞的讲话稿。

（一）看对象说话

欢迎词多用于对外交往。在各社会组织的对外交往中，所迎接的宾客可能是多方面的，如上级领导、检查团、考察团等。来访目的不同，欢迎的情由也应不同。欢迎词要有针对性，看对象说话，表达不同的情谊。

（二）看场合说话

欢迎的场合。仪式也是多种多样的，有隆重的欢迎大会、酒会、宴会、记者招待会；有一般的座谈会、展销会、订货会等。欢迎词要看场合说话。该严肃则严肃，该轻松则轻松。

（三）热情而不失分寸

欢迎应出于真心实意，热情、谦逊、有礼。语言亲切，饱含真情。注意分寸，不卑不亢。

第四节 欢迎词的详细分类

（一）欢迎词从表达方式上分

1. 现场讲演欢迎词一般由欢迎人在被欢迎人到达时在欢迎现场口头发表的欢迎稿。

2. 报刊发表欢迎词这是发表在报刊或公开发行刊物之上的欢迎稿。它一般在客人到达前后发表。

（二）欢迎词从社交的公关性质上分

1. 私人交往欢迎词。私人交往欢迎词一般是在个人举行较大型的宴会、聚会、茶会、舞会、讨论会等非官方的场合下使用的欢迎稿。通常要在正式活动开始前进行。私人交往欢迎词往往具有很大的即时性、现场性。

2.公事往来欢迎词。这样的欢迎词一般在较庄重的公共事务中使用。要有事先准备好的得体的书面稿，文字措辞上的要求较私人交往欢迎词要正式和严格。

第五节 欢迎词的特点

（一）欢愉性

中国有句古话是"有朋自远方来，不亦乐乎"，所以致欢迎词当有一种愉快的心情，言辞用语务必富有激情和表现出致辞人的真诚。只有这样才可给客人一种"宾至如归"的感觉，为下一步各种活动的完满举行打下好的基础。

（二）口语性

欢迎词本意是现场当面向宾客口头表达的，所以口语化是欢迎词文字上的必然要求，在遣词用语上要运用生活化的语言，即简洁又富有生活的情趣。口语化会拉近主人同来宾的亲切关系。

第六节 答谢词的适用范围

自古以来，人们就提倡"礼尚往来""知恩报德""来而无往非礼也"，于是在人际交往中便有了"谢"的言行：或揖拳，或鞠躬，或以言辞道谢，或以纸笔作书（写成谢函、谢帖、感谢信），倘若在庄重的礼仪场合，那便要温文尔雅地致"答谢词"了。可以说，答谢词是一种最高级的致谢形式，它有情有声，声情并茂，能够最充分、最有效地表达谢意，在外交、社交活动日趋频繁的当代社会，发挥着越来越重要的作用。

答谢词，是指特定的公共礼仪场合，主人致欢迎词或欢送词后，客人所发表的对主人的热情接待和关照表示谢意的讲话；也指客人在举行必要的答谢活动中所发表的感谢主人的盛情款待的讲话。

依据不同的致谢缘由和致谢内容，答谢词可划分为两个基本类型：

1."谢遇型"答谢词。"遇",招待,款待。"谢遇型"答谢词,即用来答谢别人的招待的致辞,它常用于宾主之间,既可用于欢迎仪式、会见仪式上与"欢迎词"相应,也可用于欢送仪式、告别仪式上与"欢送词"相应。

2."谢恩型"答谢词。"恩",受到的好处,即别人的帮助。"谢恩型"答谢词,即用来答谢别人的帮助的致辞。它常用于捐赠仪式或某种送别仪式上。例如,1998年长江中下游地区的灾民在接受全国各地捐赠物品的仪式上,在洪水退后为抗洪抢险的解放军战士送行的仪式上,就使用了这种答谢词。

第七节 答谢词的写作要求

（一）格式内容

1.标题。在第一行居中的位置上写上"答谢词"。

2.称谓。另起一行顶格写致辞对方的姓名、头衔,既可以是广泛对象,也可以是具体对象。称呼后加":"以示引领全文。

3.正文。首先,对主人的盛情表示感谢,并对对方的优越性予以肯定,表达出自己的荣幸与激动。这是答谢词的写作重点。

然后,要对对方的情况做较详细的介绍,以示尊重。接着,应提出希望与之进一步发展关系的强烈意欲。最后,再一次用简短的语言表示感谢。

（二）写作要求

1.内容与结构要合乎规范。从前文的分析中可以看出,两类答谢词所涉及的写作内容以及所运用的结构形式,各有相对稳定的模式。在写作中,一不可混淆,二不可随心所欲地"独创",要尽可能地符合写作规范,否则将会张冠李戴、非驴非马。

2.感情要真挚、坦诚而热烈。既然要"答谢",就应该动真情、吐真言,这就是所谓"真挚、坦诚";虚情假意、言不由衷或矫揉造作,只能引来对方的反感。况且,"答谢"的本身,就是一种"言情"方式,既然要"言情",就应热烈奔放、热情洋溢,给人以如沐春风的温煦感;否则,那种薄情寡义、冷冰冰、干巴巴、硬邦邦的致辞是很难获得对方认可的。

3.评价要适度，要恰如其分。一般说来，对于对方的行动，"谢遇型"致辞不宜于妄加评论、说三道四。而"谢恩型"致辞则可就其"精神"或"风格"作出评价，但要适度，要恰如其分，不可故意拔高、无限升华，以免造成"虚情假意"之嫌。

4.篇幅要简短，语言要精练。礼仪"仪式"毕竟不是开大会，致辞一般应尽量简短些，决不可像某些领导的会议报告那么冗长。作为"答谢词"，千字文即可，连战先生的答谢词写得很美，不过，也许是由于60年来的第一次答谢，"酒逢知己千杯少"，其篇幅稍显长了些，但是倒很适合当时的情境。一般"答谢"是无需这么长的。

要想篇幅简短，语言必须精练，应尽可能地将可有可无的字、句、段删掉，努力做到"文约旨丰"，言简意赅。

第八节 答谢词的注意事项

要想写出高质量、较完美的答谢词，除了把握以上几点"要求"之外，还须"注意"处理好以下几个方面的关系：

1.客套与内容。"客套"是礼仪的表现，"内容"才是实际的东西。一方面，需要客套；但另一方面，客套要为内容服务，不宜过多，更不宜过分，以免造成对方的反感。

2.友谊与原则。在谈论双边关系时，既要充分表达友好之情、友谊之愿，又不可丧失原则立场。对于敏感性问题应尽可能地回避（宜放到谈判桌前去解决），对于回避不掉的矛盾与分歧，也应以坦诚的态度、温和的口吻、委婉的言辞作出恰当得体的表达，要谨防出言不逊或不慎而伤害了对方的感情。

3.过去与未来。对于昔日的矛盾与分歧，不宜耿耿于怀，应面向未来，化干戈为玉帛。故而，致辞中应少讲昔日之"辛酸"，多谈未来之"亮丽"，在这里，连战先生的致辞堪称典范。

4. 现实与设想。也许，现实的双边关系不那么尽如人意，甚或存在着较大的矛盾与分歧。对于这种情况，致辞中只需稍作提示，而应集中笔墨去做较完美的设想，因为设想的本身就是面向未来。但是，设想毕竟不是现实，不宜于说得那么实在，忌用一定、必然等副词修饰，宜用虚笔出之，比如可采用假设连词以及带有感觉、希望意义的意念性动词加以表达。

5. 表达己见。即自己的见解与意见，答谢词所表述的主要是己见；但是当自己的答谢处于对方的欢迎词或欢送词之后时，最好能将对方的意见引述过来，融入自己的意见之中。这样做，不仅可以丰富致辞的内涵，而且也可巧妙地融洽双方关系，增强和悦气氛。

6. 言谢与行谢。言谢，即以言语致谢；行谢，指以实际行动致谢。孔夫子就主张要"听其言而观其行"，可见"行"是取信于人的一个最重要的方面。

7. "直"与"曲"。这是对"章法"以及"表达"形式的辩证要求。对于"谢恩型"答谢词来说，无论是章法结构还是表达形式，都应求"直"不求"曲"，也就是说，应依照其结构常式及逻辑层次平直地写来，无需章法上的起伏或者曲折，文字表达也应直来直去，排斥任何形式的婉言曲语。而"谢遇型"答谢词则不尽然，它要求"章法求直，表达求曲"。

8. "雅"与"俗"。这是对致辞语言的辩证要求。与其他的演讲文书一样，答谢词是诉诸听觉的，要想让人听得顺心悦耳，就应将优美雅洁的书面语与活泼生动的口语有机融合一体，以获得琴瑟和弦、雅俗共赏的美感。

第九节 欢迎词的实际应用

范文：老板对新员工的欢迎致辞

大家好！

我非常高兴地欢迎您加入××事业团队！并允许我代表××全体同志热烈欢迎您的加入！祈望您为××的发展注入新的活力！祈望您为××事

业添砖加瓦！同时也祈望您尽快融入××团队中，融入××文化中！

只有相识，才能相交，才能相融；只有融入，才能理解；只有继承，才能发展；只有调查了解，才能发展创新。正因如此，所以不管您以前有多高的学历、多大的成绩、多么幸福……还是多低的学历、多大的失败、多大的伤痛。这些都属于过去，请你从现在开始，先甘当一名小学生、一名学徒、一名实习生。请记住：这样是为了你更好地对××事业有更大的更快的贡献，更好地发扬并丰富升华××的文化理念与执行力文化，更细、更精、更准、更稳地完成各项工作，更好地形成有合力的执行力文化，更好地让××从辉煌走向辉煌！

××是我的，但更是我们大家的，也是我们这个社会的……我们要更加热爱我们的社会，热爱我们的××事业，热爱我们这个家！为了我们这个家更加繁荣昌盛，永葆青春活力，请你、请我、请我们大家、请我们全体同志共同融入到××的事业中，和衷共济、肝胆相照、荣辱与共，共创美好的明天！

谢谢大家！

范文：新生入校欢迎词

亲爱的高一新同学：

当××市教育局招生办普通高中录取书发到你手中时，你就是××学校的一名正式高中生了。我们为你人生旅途中的这一重要转折，跨进以奔向大学为目标的高中阶段而庆幸和祝贺！

作为一个品牌学校的创办之初，校长从国外考察回来即以当今国际先进的教育思想，在国内首先倡导了"情商智商双向开发，素质特长全面培养"的办学理念。多年的教育实践证明："以情促智，教学相长"让学生全面提升了情商和智商的成功素质，让家长普遍实现了子女成人成才的愿望。办学十几年来，为实施素质教育作出了重大突破，被××市教育局评为"教科研50强单位"，被市科技局评为"重大科技成果完成单位"，荣获了××

市科技进步二等奖,并经过市督导评估达标,被市人民政府授牌为"市普通中小学办学水平先进学校",还被评为"全国特色育人成功学校""全国心理辅导特色学校""全国民办百强学校"。我校历年的升学成绩,创造了"低进高出""高进优出"的奇迹;培养了三批高中生入党;走出校园的学子,进入大学后成了学习的佼佼者;进入社会的工作岗位上,成了受领导器重的人才。我们以特色教育和质量取胜,赢得了家长的普遍赞誉,形成了在全国有影响的教育品牌。从中央到地方的各权威媒体都曾多次来我校采访报道。

××学校的荣誉光环,全是依靠师生的共同打造。我们相信:当你走进××学校,你既是××学校的学生,也是××学校的主人。荣誉靠你我编织,荣誉为大家共享。你应该以高中生的姿态,去迎接高中阶段的挑战。你将一定会树立远大理想,实现宏伟抱负;为振兴中华而读书,为报效祖国而准备;你一定会确立大学目标,扎扎实实打下深造必备的知识基础。在高中三年中,希望你能自我认识,不断省悟;自我激励,坚定信心;自我控制,磨砺意志;感恩父母,化作动力;友善相处,合作互助。这些正是一个人成功因素占80%的情商。情商一旦成为你的基本素质,你的智慧潜能定能充分发挥。展开你的双翼,放飞大学梦想。当你拼搏三年后,接到烫金的大学录取通知书时,学校将再来为你喝彩!

第十节 答谢词的实际应用

范文:福克纳接受诺贝尔奖时的演说

福克纳,美国小说家,1949年获诺贝尔文学奖。他的小说以描写美国社会生活的黑暗面见长。

我感到这份奖赏不是授予我个人而是授予我的工作的——授予我一生从事关于人类精神的呕心沥血的工作。我从事这项工作,不是为名,更不是为利，而是为了从人的精神原料中创造出一些从前不曾有过的东西。因此，这份奖金只不过是托我保管而已。做出符合这份奖赏的原意与目的，与其奖金部分有相等价值的献词并不难，但我还愿意利用这个时刻，利用这个举世瞩目的讲坛，向那些可能听到我说笑话已献身于同一艰苦劳动的男、女青年致敬。他们中肯定有人有一天也会站到我现在站着的地方来的。

我们今天的悲剧是人们普遍存在的一种生理上的恐惧，这种恐惧存在已久，以致我们已经习惯了。现在不存在精神上的问题，唯一的问题是：我什么时候会被炸得粉身碎骨？正因如此，今天从事写作的男、女青年已经忘记了人类内心的冲突。然而，只有接触到这种内心冲突才能产生出好作品，因为这是唯一值得写、值得呕心沥血地去写的题材。

他一定要重新认识这些问题。他必须使自己明白世间最可鄙的事情莫过于恐惧。他必须使自己永远忘却恐惧，在他的工作室里除了心底古老的真理之外，不允许任何别的东西有容身之地。没有这古老的普遍真理，任何小说都只能是昙花一现，不会成功；这些真理就是爱情、荣誉、怜悯、自尊、同情与牺牲等感情。若是他做不到这样，他的气力终归白费。他不是写爱情而是写情欲，他写的失败是没有人失去可贵的东西的失败，他写的胜利是没有希望、是没人怜悯或同情的胜利。他不是为遍地白骨而悲伤，所以留不下深刻的痕迹。他不是在写心灵而是在写器官。

在他重新懂得这些之前，他写作时，就犹如站在处于世界末日的人类中去观察末日的来临。我不接受人类末日的说法。因人能传宗接代而说人是不朽的，这很容易。说即使最后一次钟声已经消失，消失在再也没有潮水冲刷的映在落日余晖里的海上最后一块无用礁石之旁时，还会有一个声音，人类微弱的、不断的说话声。这也很容易。但是我不能接受这种说法。我相信人类不仅能传宗接代，而且能战胜一切而永存。人之不朽不是因为在动物中唯独他永远能发言，而是因为他有灵魂、有同情心、有牺牲和忍耐精神。诗人和作家的责任就是把这些写出来。诗人和作家的特殊光荣就是去鼓舞人的斗志，使人记住过去曾经有过的光荣——人类曾有过的勇气、荣誉、希望、自尊、同情、怜悯与牺牲精神——以达到不朽。诗人的声音不应只是人类的记录，而应是使人类永存并得到胜利的支柱和栋梁。

范文：升学答谢宴家长答谢词

各位亲朋好友：

大家晚上好！

今天是我儿子金榜题名状元宴会的大好日子，此时我的心情也万分的紧张和激动，首先我想对爱子表示衷心的祝贺，同时也希望他以此为一个新的台阶，好好学习，不骄不躁，再接再厉，将来成为咱们祖国的有用之才，与此同时我还要代表我们全家对在场各位好友在百忙之中抽出时间前来捧场表示最衷心的感谢！

在此我想说的有很多，但千言万语化作一副对联送给大家：

上联是：吃，吃尽天下美味不要浪费

下联是：喝，喝尽人间美酒不要喝醉

横批是：吃好喝好

谢谢大家！！！

范文：升学答谢宴答谢词

各位尊敬的长辈，同学，亲爱的来宾朋友们：

大家晚上好！

今天我的心情非常的激动，有这么多的亲朋好友前来参加我的状元宴会，在此我要代表我们全家对大家的盛情光临表示最热烈的欢迎和最诚挚的谢意。

俗话说十年寒窗苦，我今天所取得的成绩也并不能代表什么，但是这些都倾注了不光我一个人而是很多人的辛苦和汗水，在此我首先要感谢我的老师和同学在学习上给予我的大力支持和帮助，更要感谢我的父母亲，虽然他们平时都很忙,但是他们都在背后默默地支持着我,关心着我,鼓励着我,成为我身后最坚实的后盾,在这里我想说上一声"爸爸妈妈,你们辛苦了!"

在此,我还想说的是,我以后学习的道路还有很长,希望大家一如既往地支持和关心我,我一定会加倍地努力学习,不辜负父母对我的殷切希望和各位来宾对我无微不至的关爱,优异的成绩将是我对大家最好的回报。

最后恭祝各位来宾:

事业蒸蒸日上!

家庭美满幸福!

身体健康!

万事如意!

谢谢!!!

范文:小儿满月酒答谢词

大家好!

今天是×年×月×日,恰逢鄙人的儿子满月之际,承蒙各位前来祝贺,首先请允许我代表我和妻子向各位的到来表示热烈的欢迎和衷心的感谢!

初为人父,心情是激动的、快乐的、满足的,我想每个初为人父的朋友都是一样的感受,但是,父母对孩子的心愿只有一个,就是望子成龙。

下面请各位亲朋好友和我互动一下:请大家闭上眼睛用心去为我家的儿子祈祷一分钟,恳请上帝祝福:长命百岁,快乐聪明,博学多才,早日成龙,也祈求上帝赐福今天所有莅临酒会的亲朋好友,赐给大家一个健康的身体、和睦的家庭和理想的事业。谢谢大家,请大家睁开眼。

由于大家的工作都比较繁忙,本次满月酒答谢宴也没有太大范围、太大规模的开展,只是将关系比较近的亲戚和最要好的一些朋友约来共同庆祝,凡现在坐在这里的人都是我们最亲近的人,所以希望大家不要拘束,放开酒量,放开肚量,吃喝无量!谢谢大家。

范文：元旦、春节答谢词

各位领导、各界朋友，女士们、先生们：

大家好！非常荣幸能够邀请到在座的各位嘉宾，在此我代表××县移动通信公司全体员工对参加宴会（舞会）的××县长、××副县长、××书记一行、××厂老总××一行、××公司老总××一行、××厂老总××一行表示诚挚的谢意和热烈的欢迎！在此向大家拜个早年。祝愿各位身体健康、家庭幸福、万事如意。

过去的一年，在各位县领导及各位朋友的支持下，经过我们全体员工的共同努力取得了一定的成绩：如，为解决部分行政村通信难的问题，我公司启动了村通工程，投资了近2000万元，新建了11个基站，并为刚开通的基站所覆盖的每个村赠送了公务电话和公用电话，现村通工程全面竣工，这些村的通信已得以解决。村村都有移动信号。同时新推出手机银行、手机看电视、集团彩铃、笔记本电脑无线上网等多项业务，实现移动办公。顺利通过ISO 9000质量管理体系现场认证审核等。

再次感谢各位县领导在过去的一年里对移动事业的理解和支持，使得我公司的各项活动得以顺利开展。

让我们共同举起相聚的酒杯，不需要祝福挂口，只需要我们敞开胸怀，为庆祝即将来临的圣诞、元旦，为了我们长久的友谊，更为了开辟事业的新天地，干杯！

谢谢大家！

第六章

祝酒词

第一节 祝酒词的起源和发展

一、祝酒词的起源

祝酒词，顾名思义，是依托酒而产生，是酒的发展为祝酒词的形成提供了温床。所以，要想获知祝酒词的起源，我们就要对酒的产生有所了解。

据考古学家证明，在近现代出土的新石器时代的陶器制品，均具备酿酒的条件。这说明在古代的黄帝时期，以及夏禹时代就已经开始酿酒，发展至今酒的历史已有五六千年了。在这漫长的时间里，并没有翔实的资料记载酒的起源，但是通过大量有关酒的记述，我们一般将"猿猴造酒"作为酒的最初形成。

猿猴是一种十分机敏的动物，居于深山野林中，在山林间跳跃攀缘。依靠丰富的生活经验，猿猴常常在水果成熟的季节，收储大量水果于"石洼中"，堆积的水果受自然界中酵母菌的作用而发酵，在石洼中将"酒"的液体析出。猿猴这样做，并没有影响水果的食用，而且析出的液体——"酒"还有一种特别的香味，由于这酒是猿猴所酿，所以又被称为"猿酒"。

上古时期，由于生产力不发达，人们把一些无法理解的自然现象，都看成是上天的恩赐，认为是有神灵在主宰一切。所以，当偶然找到了"猿酒"这自然生成的酒，品尝这令人兴奋的仿佛具有魔力的汁液时，他们首先做的并不是聚集一起共同"畅饮"，而是把这天然佳酿看成一种恩赐品，双膝跪地，对天上的神灵加以叩拜，并说一些感激上天的恩赐和希冀保佑之类的话语。

对于这"天外来物"，人们极其珍惜。他们用大自然的酒器——树叶，一点一点地将"猿酒"盛起。按照当时的习俗，人们在得到最好的食物时首先要献给首领，然后在他的带领下召集所有人举行祭祀活动，用宝物祭祀神灵和先祖。当首领说完"感谢您赐给我们这珍贵的汁液……保佑我们食物充足……"等话语时，由首领开始，然后依次饮酒。有酒助兴，一个盛大的篝火晚会便开始了。经过历史的继承与发展，以后的祭祀活动不但有了酒，而且祝酒词也形成了较为固定的内容和格式，成为一种习俗。

毫不牵强地说，这时人们对神灵的祈祷与祭祀时的话语就是最早的祝酒词。虽然形式上与现在相比有很大差异，但是其目的和内容却是一样的。所以，祝酒词的起源早于人工酿酒，并在那时成为一种习俗，广为流传。

二、祝酒词的发展

祝酒词由最初的"猿酒"祈祷，发展至约定俗成的形式和语言格式，离不开酿酒工艺水平的提高、酿酒业的发展，以及社会礼仪形式和文化氛围等相关内容的影响。

在商朝与周朝，人工酿酒已经开始，并作为日常的饮宴在宫廷中盛行。后来，酒不再单纯地为祭祀服务，也不再是宫廷御用的奢侈品，在百姓家、在不同的文化阶层中，都能看到酒的存在。但由于场合不同、身份地位不同，饮酒时的祝酒词也大不相同。发展到春秋时期，酒桌上的祝酒词基本有两个明显的特征：一是皇家、士大夫的"礼节"祝酒词，一是寻常百姓家的"欢聚"祝酒词。

在皇家、文武大臣举行各种祭祀活动和盛大庆典时，都有既成的礼仪和固定的祝酒词，所说的话都要遵循礼节。例如在宫廷御宴上，大臣向皇帝敬酒时，自然要歌功颂德一番，这些话便是"礼节"祝酒词。

在百姓人家，无论是喜逢节日，还是送行饯别，酒已经必不可少。当众人高举杯盏时，千言万语尽在心头，把酒诉衷肠也就自然而然。这期间，那些吉祥、经典的祝福语被人们记住并广为流传，后经过文人墨客的巧妙加工，一些文学色彩强而又简短的祝酒词产生，并渐渐进入人们的酒宴。例如祝寿时的"福如东海长流水，寿比南山不老松"，开业时的"生意兴隆通四海，财源茂盛达三江"，等等。

春秋后期至隋末唐初，祝酒词已经形成固定模式，处于发展阶段。人们对酒俗的重视与完善将酒文化推向一个新时代。

这一时期，宫廷和上流阶层盛行饮酒之风。秦汉时，还设有专门人员负责宫廷饮宴。与以往有所不同，此时的饮宴已不仅仅是一种聚会庆典的愉悦形式，也掺杂了军事家、政治家斗智斗勇的谋略。例如剑拔弩张的"鸿门宴"就是最有代表性的一个。宴会上，人们将酒作为争权夺利的有效利器，常常趁其不备以鸩酒杀之。祝酒词已不仅是表达庆祝、感谢之意，还关系着个人的生死，所以说话时要极为小心，祝酒之前三思而行。

到了魏晋南北朝，饮酒的风气更为盛行，尤其是一批文人墨客，他们将诗酒联姻、以酒伴诗、以诗祝酒发展到了极致。例如曹操的《短歌行》就把以酒抒怀的情致发挥得淋漓尽致，成为借酒消愁、化开人们心中块垒的绝唱。尤其是"对酒当歌，人生几何"之句，凸显豪迈之情，至今广为流传。

另外还有以饮酒为乐、"嗜酒如命"的竹林七贤，他们的尚酒之风对当时的饮酒习俗和祝酒方式产生了重要影响。其中以刘伶为代表，可谓"唯有饮者留其名"，以致后人在谈及酒中豪杰时，常常把他与李白相提并论。

这一批出口成章的嗜酒文人，在当时产生了无可比拟的名人效应。人们竞相模仿，纷纷以诗祝酒。无论是上层社会还是寻常百姓，都将饮酒作诗作为一种乐趣，作为互敬的一种形式。正因为前人将诗与酒巧妙地连接起来，才有后来盛唐的诗酒风流，也才有各种形式的祝酒词。

随着社会的繁荣与发展，唐朝乃至元明清是祝酒词最为鼎盛的时期。文人雅士饮酒作诗，将诗酒文化推向了高潮；百姓也形成了饮酒习俗，并发明了划拳、行令等以祝酒兴的娱乐方式。

唐朝是一个文化繁荣的时代，即使是酒文化也被打上时代的烙印，无论是上层社会，还是百姓人家，饮酒时必定赋诗一首。经济的发展为这"文雅饮酒"的盛世提供了物质基础。唐朝经济繁荣，大街小巷随处可见酒楼、酒店，杜牧有诗云："烟笼寒水月笼沙，夜泊秦淮近酒家。"

任何一种流行的文学形式都会对当时的祝酒方式产生新影响，宋朝词的兴起就改变了人们祝酒的方式。酒席上，人们不再以吟诗作对为风雅，多是即兴赋词、谱曲，吟唱祝酒，以词、曲表达自己对他人的祝福。此时的酒楼、酒店与唐朝相比更为普遍、豪华富丽。

唐诗、宋词是我国文学史上的两座里程碑，对后世文学有着深远的影响，即使当代祝酒词也仍见故风之影。以诗词助兴十分常见，起到了画龙点睛的作用。

随后的元明清，酒文化更加浓厚，酒俗也极为讲究，普遍认为"无酒不成席，宴席必有酒"。酒宴上只吟诗赋词已不再使人们感到满足，为了将酒的兴致推向高潮，元代起就盛行划拳、行令等娱乐方式。

这纷繁发展的时代留给后人或是潜移默化的影响，或是直接继承，至此，祝酒词的内容更为丰富，形式更为多样。

第二节 祝酒词的适用范围

祝酒词，是人们日常生活中最常使用的重要文体之一。

通常在酒席宴会的开始，主人表示热烈欢迎，亲切问候，诚挚感谢，客人进行答谢并表示衷心的祝愿时，运用的都是祝酒词。

祝酒词发展到现在已经成为人们招待宾客的一种礼仪形式。

祝酒词其内容以叙述友谊为主，一般篇幅短小、文辞庄重、热情、得体、大方，是很流行的一种演讲文体。

第三节 祝酒词的写作方法

祝词的全局结构有"四宝"：

（一）标题

一般由致辞人、致辞场合和文种三部分组成。如××在××典礼上的祝词。致辞人、致辞场合、文种根据情况标题可简化或改变顺序。书面型标题可以直接写为《祝词》《祝酒词》等，也可以由讲话者姓名、会议名称和文种构成，如《×××在××会上的祝酒词》《×××在××宴会上的讲话》等。

（二）称呼

写明受祝的对象，如"××先生"，"××经理"或"各位领导""尊敬的总统阁下""女士们、先生们""尊敬的各位来宾、各位朋友""尊敬的××先生、各位来宾、各位亲朋好友"……

除正式的称呼外，还可以诙谐一些。如在一次老知青聚会上，有人在祝酒词中用了"贫下中农同志们、知青战友们"，引来了大家的会心大笑，整个酒会的气氛也由此变得轻松活跃起来了。

有时在宴会人际感情比较熟悉的情况下，也可直接称呼为"各位"，然后直接说祝酒词，简洁明快。

（三）正文

正文是致辞人在什么情况下，向出席者表示欢迎、感谢和问候。根据宴请的对象、宴会的性质，简略地表述主人必要的想法、观点、立场和意见，既可以追述已经取得的成绩，也可以畅叙友情发展的历史，还可以展望未来。

如在公司成立周年庆典上，可以这样写："今天，我们欢聚一堂，隆重庆祝××公司成立三十周年。借此机会，我谨代表××县委、县人大、县政府、县政协和全县60万人民对各位领导和中外嘉宾的光临，表示热烈的欢迎和衷心的感谢！向××公司的创业者们以及全体员工表示热烈的祝贺和诚挚的问候！

"××发端于改革开放的起航之日，兴起于市场经济的转型之时，腾飞于中国经济融入全球一体化的跨越之机，是时代、历史和新老××员工造就的今日辉煌。展望××公司的宏伟蓝图，我们深信扎根于××这块沃土之上的××公司，必将高举民族工业的旗帜，弘扬民族工业的精神，牢牢把握时代发展的战略机遇，为县域经济的发展，为民族工业的壮大，再谱新章，再创辉煌；我们也坚信，有各级领导的关心、中外朋友的关爱、各个部门的鼎力支持和3000名××员工的共同努力，××公司的事业必将更加兴旺发达！"

在学院揭牌庆典宴会上，可以这样写："值此榴花似火的美好时节，在各位领导和与会同志的关怀支持下，今天上午的××学院揭牌庆典大会取得了圆满成功。为感谢各位领导和同志们的支持帮助，××市委、市政府在这里举行××学院揭牌庆典宴会。在此，我谨代表中共××市委、××市人民政府和××学院全体师生员工，向出席今天宴会的各位领导、各位专家、兄弟院校的朋友和各位来宾，表示热烈的欢迎和衷心的感谢！

"××学院的创建成功，标志着我市高等教育进入了一个新的发展阶段。真诚地希望在座的各位领导、各位专家和朋友们，一如既往地支持和关心学院建设，促进××学院这所年轻的本科院校朝着建设名校强校的目标不断前进。"

在婚礼宴会上，可以这样写："祝福你们，新郎、新娘，祝贺你们的美满结合。从相识、相恋到喜结良缘，你们经历了人生最美好的时光。你们的爱情是纯洁的、真挚的。千里姻缘，天作之合。在对理想和事业追求中建立的新家，正是你们谱写美妙爱情交响曲的延伸。"

总之，正文是祝酒词最主要的部分，要争取把祝酒人所要表达的情意全部表述出来。由于宴会不是演讲会，所以这一部分也需要力求简洁。

（四）结尾

结尾常用"为谁、为什么而干杯"。

如在开业庆典上，可用"现在让我们共同举杯：为感谢各位来宾的光临，为我们的事业蒸蒸日上，为我们的财源广进，干杯！"

在乔迁新居的宴会上，可用"让我们共同举杯：为××先生乔迁新居世代永安，年丰人寿门有喜，莺迁乔木纳千福，干杯！"

在新婚宴会上，可用"请各位来宾共同举杯：让我们为两位新人双星渡桥渡来福禄寿喜，麒麟送子送进富贵荣华，钟情似海恩恩爱爱百年长，甘苦与共比翼双飞到白头，干杯！"

在祝寿的宴会上，可用："让我们为××老先生寿比南山，福如东海；为××家族松鹤千年寿，子孙万代长；为在座各位嘉宾健康长寿，干杯！"

总之，要把自己的祝福倾注在"喝这杯酒的目的"上，让祝福的阳光温暖每一个人的心间。

第四节 祝酒词的注意事项

（一）用语精辟

用语精辟可使祝酒词准确得体，增加宴会友好融洽的气氛。

1972年2月21日，美国总统尼克松应邀访华。晚7时，周恩来总理在人民大会堂设宴招待尼克松总统。在祝酒词中，周总理说："美国人民是伟大的人民。中国人民是伟大的人民。我们两国人民一向是友好的。由于大家都知道的原因，两国人民之间的来往中断了20多年。现在，经过中美双方的努力，友好往来的大门终于打开了。"周恩来的祝酒词在20日就准备好了。初稿是"由于美国方面的原因"，后改成"由于不是中国方面的原因"，最后，熊向晖斟酌后改为"由于大家都知道的原因"。尼克松也发表了长篇讲话。他说："我们在这里讲的话，人们不会长久记住。我们在这里做的事却能改变世界。""让我们在今后的5天里在一起开始一次长征吧，不是在一起迈步，而是在不同的道路上向同一个目标前进。这个目标就是建立一个和平和正义的世界结构。"尼克松特意引用了毛泽东的诗词："多少事，从来急；天地转，光阴迫。一万年太久，只争朝夕。"他说："现在就是只争朝夕的时候了，是我们两国人民攀登那种可以缔造一个新的、更美好的世界的伟大境界的高峰的时候了。"宴会气氛始终亲切而友好。

（二）妙用修辞

适当地采用修辞可使祝酒词形象生动，易于给人留下深刻印象。

第二次世界大战期间，美国总统罗斯福在德黑兰会议的一次晚宴上祝酒说："虹有很多颜色，各不相同，但它们混合成一条灿烂夺目的彩练。我们各个国家也是如此。我们有不同的习惯，不同的哲学和生活方式。我们每一个国家都按照本国人民的愿望和理想来拟订我们处理各种事情的计划。可是我们在德黑兰会议上已经证明，我们各国的不同理想是可以汇成一个和谐的整体，团结一致地为我们自身和全世界的利益采取行动的。所以，当我们离开这次历史性的聚会时，我们能够在天空第一次看见希望的象征——彩虹。"罗斯福的祝酒词用彩虹来比喻不同社会制度国家的和平共处，非常形象和贴切，为宴会增添了不少温馨的气氛。

（三）讲究文采

适当地引用诗词、典故，同时增加语言的幽默性，会使讲话更有感染力。

1984年，缅甸总统吴山友访问上海，上海市市长在祝酒词中引用陈毅元帅《致缅甸友人》的诗句："我住江之头，君住江之尾，彼此情无限，共饮一江水。"形象地点明了中缅两岸人民共饮一江水的深情厚谊，话语非常亲切，让外宾高兴不已。

祝酒词的文采很多时候都来自于生动形象的比喻，例如，在两校建立校际关系的祝酒词中有这么一段："过去，我们交往只是一条小路；现在，却是一条宽敞的大道。我相信：我们的友谊和交往一定会成为一条高速公路。"这一连串的比喻，言辞贴切，恰到好处地说出了他内心的祝愿，赢得了大家一致的掌声。

（四）妙、直、畅、真

连珠妙语烘托气氛，达到妙趣横生的效果；直点宴会主题，不要拐弯抹角；语言流畅，使人感受到祝酒人的信念和自身对所要表达的主题和情感的信心；酒宴上的祝词只有真情真意，才能用自己的真诚和着酒的助燃作用拉近主宾之间的距离，以自己的真意换来对方的真情。此外，恰到好处的幽默和调侃使酒宴的欢乐气氛达到极致；

第五节 祝酒词的实际应用

范文：婚礼祝酒词

尊敬的各位来宾、各位朋友、女士们、先生们：

　　大家好！今天，××大酒店"喜酒香浮蒲酒绿，榴花艳映佩花红。玉宇欣看金鹤舞，画堂喜听彩鸾鸣。"在这盛夏火热的季节，××先生和××女士"双飞黄鹂鸣翠柳，并蒂红莲映碧波"。莲花开并蒂，兰带结同心；红烛映红靥，白莲并白头。他们在这里喜结百年之好，雅奏鸣鸾谐佩玉，佳期彩凤喜添翎，翡翠翼交连理树，藻芹香绕合欢杯。笙管齐奏迎淑女，宾朋共杯贺新郎。让我们向两位新人致以衷心的祝福，向各位来宾表示热烈的欢迎！

　　盛夏的季节是最热烈的季节，是预示着一对新人结合在一起有着火热生活的季节。××先生和××女士在这盛夏的日子里百年佳偶今朝合，一世良缘此日成。百年好合新夫妻，五世其昌美家庭。他们玉树风前夸并倚，绣帏月下看双飞。两姓联婚成大礼，百年偕老乐长春。我们愿他们"情投意合同心树，室睦家和并蒂花。""海阔天空双比翼，月圆花好两知心。"在事业上更要"红莲并蒂相映美，矫燕双飞试比高。……学做鲲鹏飞万里，不当燕雀恋子巢；好鸟双栖时时好，红花并蒂日日红。"请大家共同举杯：为恭贺两位新人今日"天长欢翔比翼鸟，大地喜结连理枝"；为他们新结同心香未落，长守山盟情永鲜，美满姻缘情深意重，和睦家境地久天长；为他们凤凰于飞大昌八世，唯麟之化肇始二南；为感谢各位来宾恭喜同喜财源广进，祝贺同贺福禄绵绵，干杯！

范文：集体婚礼祝酒词

各位嘉宾，各位朋友：

大家好。

海阔天高双飞翼，月圆花好两心知。

今天是××年×月×日，是个喜庆日子。今天我们欢聚一堂，共同祝福××对新人的新婚典礼。

并肩走过甜蜜的恋爱岁月，携手走进幸福的婚姻殿堂，一对对情侣脸上挂满迷人的笑容，一对对新人心中充满无限的喜悦。作为主婚人，我感到无比荣幸。

各位潇洒的新郎、各位漂亮的新娘，请你们永远记住这难忘的时刻，希望你们心心相印到永远。

芙蓉出水花正好，新岁新婚新起点。

新婚，是人生的一个重要阶段，是人生中一个新的里程碑，它将给人生留下一个美好的回忆。新婚，标志着新生活的开始，也意味着一对对新人从此将肩负起社会和家庭的新责任。

我作为主婚人，在这里希望新人们在今后的生活中，互敬互爱，相敬如宾，夫妻永远恩恩爱爱，让爱情之树永远常青。夫妻并肩携手，共创美好的未来。希望新人们，在今后的工作中，互相帮助，互相理解，共同凝聚幸福的点滴。也希望新人们，继承和发扬中华民族的优良美德，肩负起为人母、为人父的家庭责任，尊老爱幼，合家欢聚，共享天伦之乐。

最后，再一次祝福一个个小家庭永远奏响幸福温馨的乐章。祝愿在座的各位身体健康，家庭幸福。谢谢！

范文：生日祝酒词

各位多年未见的好友们、同学们：

大家晚上好！

趁此热烈的掌声还未散去，我就这样积极起身发言，算是抢先一步了，因为我知道，今晚大家都有许多心里话想要说，有许多真实的情感要在此倾诉，如果我不抓紧些，我那些早已外溢的心情积淀，会使我坐立不安的。在这里，我首先祝我们的××生日快乐、万事如意！

刚才大家共饮了3杯酒，在酒精的促使下，我想大家此刻的话语一定是说也说不完的，心情也一定是无法表达清楚的。在我向各位好友发表自己的感慨之前，也请大家举起酒杯，一是我要首先敬各位一杯，感谢大家这些年来给予我的关心、支持和帮助；一是为我们这满是希望的友谊同饮一杯！干杯！

不错，此时正是春意融融、春暖花开的大好时节，××老同学就是在这美好的季节中诞生的。

在他的人生中，已经沐浴了28次这样能带给人愉悦心情的春风，真是叫人好生羡慕啊！我曾听人说，在春天出生的孩子是极其聪明的，因为这个季节不仅万物复苏、鸟语花香，而且人的情也往往是最好的。28年前的今天，××就是在这样一个叫人羡慕的时节降生了，而××的父母在28年前的此刻，不仅由于春季的来临而收获到了舒畅的心情，而且更重要的是在这个季节中，迎来了他们日思夜盼的孩子，这难道不是人生的一件快意之事吗？

××，我们在座的这些朋友中，你出生的这个时节是最好的，既是孕育希望的时节，又是能带给人愉快心情的季节。不仅如此，在你28岁生日来临之时，你还将自己的喜悦拿来和大家分享，这不是喜上加喜的好事情吗？来来来，让我们再次为这件好事情干上一杯！正如李白的那首《将进酒》："人生得意须尽欢，莫使金樽空对月。"我们如今恰逢人生得意之时，何不趁此机会痛痛快快的"会须一饮三百杯"呢？不要犹豫，干杯吧！

很久没有像今天这样豪气冲天了，这都是因为高兴的缘故呀！在××28岁生日到来之际，当看到昔日那一双双熟悉的眼神和一张张亲切的笑脸展示在我的面前时，我感受到了久违的欣喜。

遇见像自己一样迷恋友情的知己，我很欣慰，可以说在座的每一位都是我人生中不可缺少的宝贵财富，如果要分析我这个人的话，只要细细观察我的好友就会得出答案。是的，我就是这样一个时时处处都会被朋友所感染的人，在我的身上甚至于思想里，都能找到大家的影子。这些年来，我在事业上可谓一帆风顺，凭的是什么呢？就是各位的影响和鞭策。

虽说我们都是无话不谈的好友，但大家相处的这些年里；当好友显现错误时，大家所表现出来的不是包庇和纵容，而是苦口婆心的规劝和一门心思的帮扶，如果没有深厚友情的支撑的话，大家又怎能这么耐心细致的关怀于我呢？

春天的阳光，比一年中其他任何一个季节里都让人感到舒适，那是因为她所发出的光芒是希望的、清晰的、催人振奋的光束。各位好友的关心和帮助就仿若这光束，照耀着我跨越了人生所应该或不应该经历和尝试的各种磨难，而我则带着大家对我的这些感动一直走到了今天。

我是一个极其平凡的人，我不会像那些文人墨客一样会用一些优美的言辞来赞誉大家，更不会用一种冷傲的姿态来对待各位好友对我的关心、支持和帮助。在我的眼里，你们就是我的亲人，你们就是我不可缺少的人生伴侣。

来，同学们，我最后再敬大家一杯！并衷心祝愿我们的友情地久天长！也再次衷心地祝愿××幸福快乐、人生如意！干杯！

范文：恩师寿宴祝酒词

各位领导，各位同学：

今天，我们欢聚一堂，庆贺恩师健康长寿，畅谈离情别绪，互勉事业腾飞，这一美好的时光，将永远留在我们的记忆里。

现在，我提议，首先向老师敬上三杯酒。第一杯酒，祝贺老师华诞喜庆；第二杯酒，感谢老师恩深情重；第三杯酒，祝愿老师百岁高龄！

一位作家说得好："在所有的称呼中，有两个最闪光、最动情的称呼：一个是母亲，一个是老师。老师的生命是一团火，老师的生活是一曲歌，老师的事业是一首诗。"那么，我们的恩师的生命，更是一团燃烧的火、一曲雄壮的歌、一首优美的诗。

老师在人生的旅程上，风风雨雨，历经沧桑××载，他的生命，不但在血气方刚时喷焰闪光，而且在壮志暮年中流霞溢彩。老师的一生，视名利淡如水，看事业重如山。

……

回想——恩师当年××播春雨，喜看——桃李今朝九州竞妍丽。

最后，衷心地祝愿恩师增福增寿增富贵，添光添彩添吉祥！干杯！

范文：妻子生日丈夫祝酒词

各位亲朋好友：

晚上好！

非常感谢大家参加我太太的生日宴会！大家提议让我讲几句，那我就讲几句，其实没什么可讲的，你们从我一脸的灿烂就可以看出我内心的幸福。现在，请大家容许我对我亲爱的太太说上几句。

老婆，你"抱怨"我不懂浪漫，其实我看得出来你满心欢喜。你说只要我有这份心，你就很开心。

我们曾是那样充满朝气，带着爱情和信任走入婚姻，我要感谢你，给了我现在拥有的一切——世上唯一的爱和我所依恋的温馨小家！很多人说，再热烈如火的爱情，经过几年之后也会慢慢消逝，但我们像傻瓜一样执着地坚守着彼此的爱情，我们当初钩小指许下的约定，现在都一一实现了。

今生注定我是你的唯一，你是我的至爱，因为我们是知心爱人，让我们携手一起漫步人生路，一起慢慢变老！爱你永不变！

同时，也真心地祝愿各位爱情温馨甜蜜，事业如日中天！干杯！

范文：朋友生日祝酒词

各位来宾、亲爱的朋友：

晚上好！

踏着金色的阳光，伴着优美的旋律，我们迎来了××先生的生日，在这里我谨代表各位好友祝××先生生日快乐，幸福永远！

烛光辉映着我们的笑脸，歌声荡漾着我们的心潮。在这个世界上，人不可以没有父母，同样也不可以没有朋友。没有朋友的生活犹如一杯没有加糖的咖啡，苦涩难咽，还有一点淡淡的愁。因为寂寞，因为难耐，生命变得没有乐趣，不复真正的风采。

朋友是我们站在窗前欣赏冬日飘零的雪花时手中捧着的一盏热茶；朋友是我们走在夏日大雨滂沱中时手里撑着的一把雨伞；朋友是春日来临时吹开我们心中冬的郁闷的一丝微风；朋友是收获季节里我们陶醉在秋日私语中的一杯美酒……

来吧，朋友们！让我们端起芬芳醉人的美酒，为××先生祝福！祝你事业正当午，身体壮如虎，金钱不胜数，干活不辛苦，悠闲像老鼠，浪漫似乐谱，快乐莫你属！干杯！

第七章

纪念、悼念词

第一节 纪念词的适用范围

所谓纪念词就是人们在为了纪念有某种重要意义的事情而举办的活动上进行的演讲。

这样的活动可以是纪念重大历史的事件，纪念重要人物的诞辰或逝世，学校、机构、城市、国家等建立周年活动。

纪念词存在的意义在于，回顾历史，反思现在，畅想未来，通过这样的演讲，我们可以团结群众、鼓舞士气、共同奋斗。

第二节 纪念词的写作要求

纪念词通常是以叙述形式进行的，要求演讲者语气低沉庄重。其格式也是分为标题、正文和结尾三部分的。

（一）标题

纪念词的标题有几种写法或用法：一是在纪念词正文前写上"纪念词"三字；主持人在纪念会上要用"×××的纪念"；贴出、刊印时要用"在××（或者关于××）的纪念"。

（二）正文

写明用什么心情纪念什么人或者什么事；写明被纪念的人或事的身份和

来历,因为什么原因要纪念。按时间先后顺序介绍人或事的经历和发展;对于被纪念者要给予称颂,但不能过多地赞誉,可以简单地概括成几个方面,文字力求简洁;对于被纪念者带给我们的荣誉要客观公正的评价。

(三)结尾

自成一段。因为纪念词的目的是为了展望未来,可以对未来做些憧憬,表示自己的决心。

第三节 纪念词的注意事项

一般来说,纪念演讲还是有很强的目的性的,虽以怀念过去为形式,但目的还是立足现在,放眼将来。因此纪念演讲就不能仅仅是叙述,还必须要借题发挥。在具体撰写时,应当注意:

1. 注意公众的意识形态。纪念演讲属于公众演讲,就要注意公众的意识形态,一些关于过于偏激或者悲观消极的观点尽量不要提及。不要为了显示自己见解独到,而刻意去标新立异,甚至弄巧成拙,从而引发众怒。

2. 不过多介绍主题。通常来参加纪念活动的听众对于纪念的主题都比较熟悉,因此没有必要对事件或者人物进行过多的介绍和陈述,主要内容应放在对其精神意义的提炼上。

3. 演讲者态度要中肯。既然举行纪念活动,则大多表示人们对这个事件或者人物持肯定的态度。但演讲者在对其进行评价时,应当实事求是,既不能有所贬低又不能盲目歌颂,更不能为了讨好听众而不停地吹捧某人。

4. 着眼于未来。历史毕竟是"俱往矣",昨天的"风流人物"生活在昨天,虽然伟大精神是永恒的,但其具体行为却不一定是应该效仿的。演讲者应当对两者进行区分,着意提炼挖掘出那些伟大事件和人物上所展现的能指引"今朝"的听众不断前进的光辉思想,以及如何继承并发扬这种伟大的精神和传统。

第四节 悼念词的适用范围

悼念词，是我们悼念逝去的人们的一种演讲，悼念词的目的通常是为了对去世者表示敬意、缅怀及哀思。所以在悼念词中，主要是介绍死者的生平事迹，歌颂死者生前工作中的丰功伟业。鼓励活着的人们学习死者好的思想作风，继承死者的遗志。

虽然悼念一般都是怀念死者，歌颂死者，但是赞扬死者一定要严肃客观，不能夸大和粉饰。

悼念词在措辞上要求简练、庄重、质朴自然、饱含深情。必须充分肯定死者对社会的贡献，真诚表达生者对死者的悼念和敬意，以质朴无华的语言和多种多样的形式体现化悲痛为力量的积极内容。

第五节 悼念词的写作要求

悼念词一般可以分为三种：第一种是最常见的叙述式，以叙述去世者的生平业绩为主，并适当地加以议论或抒情。第二种，是以议论为主，抒情、叙事为辅，主要是评价去世者对社会的卓越贡献及其深邃的思想，与当下的现实生活结合起来，宣传某种社会理念。第三种以抒发感情为主，文学色彩浓厚，能在情感上打动人，颇有些类似于抒情散文。前两种形式通常可以在追悼大会上宣读，而第三种往往就只能在报章杂志上发表。

悼念词的写作格式：

（一）标题

悼念词的标题有几种写法或用法：在悼念词正文前写上"悼词"二字；主持人在追悼会上要用"×××同志致悼词"；贴出、刊印时要用"在追悼×××同志大会上×××同志致悼词"。

（二）正文

写明用什么心情悼念什么人；写明去世者生前的身份或担任的各种职务名称，何种原因在何年何月何日几时几分不幸去世的，终年岁数；按时间先后顺序介绍去世者的简单生平；对去世者的称颂，可概括成几个方面，文字力求简洁；对评价去世者带来的损失，应实事求是；向去世者学习什么，可分成几点写明，用什么实际行动化悲痛为力量。

（三）结尾

自成一段。一般有两种写法：一句式："×××同志安息吧！"概括式："×××同志和我们永别了，我们要化悲痛为力量……×××同志永远是我们学习的榜样。"一定要注意简短。

第六节 悼念词的注意事项

正常来说，悼念词没有什么固定的格式。但如果是悼念重要人物，或者悼念词叙述性很强，要求演讲者宣读悼念词时就要遵守一定的规范。

要注意悼念词的开头部分以沉痛的心情说明召开或参加此次追悼会的目的。

尽可能准确地说明死者的职务、职称和称呼，以示尊崇，并要求注意称呼之间的先后排列顺序。

接着简要地概述死者何年何月何日何时何原因与世长辞，以及所享年龄等。

主体部分主要由两方面组成。一是介绍死者生平事迹，即对死者的籍贯、学历以及生平业绩进行集中介绍，应突出死者对人民、对社会的贡献。二是对死者的思想、精神、作风、品质等作出综合的评价，介绍其对他人和社会产生的积极影响，如鼓舞了青年人，为后人树立了榜样等。结尾部分主要写明生者对死者的敬意，如何向死者学习、继承其未竟的事业、化悲痛为力量，为国家、为社会作出更大的贡献等内容。

演讲的最后，还可以写上"永垂不朽""精神长存"或"安息吧"之类的语句。

第七节 纪念词的实际应用

范文：在殉国将士葬礼上的演说

伯里克利，古雅典政治家，战略家。受哲学家阿那克萨哥拉民主思想的影响，推崇奴隶主民主政治。公元前444年当选将军，连续十五年执掌军权，成为雅典的实际统治者。这是他在雅典与斯巴达战争牺牲者葬礼上的演说。

我们的宪法不抄袭邻国的宪法。我们不模仿别人，相反，却是别人的典范。我们的政府为大多数人而不为少数人谋利，这就是它被称为民主政体的原因。法律方面，所有个别情况不同的人都得到同样的公平对待。至于人们的社会地位，在公众生活中获得擢升的人均具真才实学而非徒负虚名。有才干的人不容受其所属阶级影响；贫穷亦不至阻挡其前进道路。能为国家服务的人不因出身低微而受困阻。我们在政府工作中享受的自由，在日常生活也可得到。我们绝不因嫉妒而互相监视，不因邻人做自己喜欢的事而生气，甚至不喜欢常常脸露不豫之色。因此这种脸色虽无实际惩罚作用，却着实令人反感。我们与人交往随和，但不会因此成为目无法纪的公民。正是畏惧流于目无法纪的心理，成为捍卫我们法律的主要保障，教导我们服从行政机构和法律。我们恪守保护受害人的法律，不论其是否明载于法典。即便这类法律不成文，违反者必定蒙受耻辱。

此外，我们提供多种方法，使人在从事纷繁的事务后得到休息，头脑清新。我们终年举行娱乐活动及祭神典礼。优雅的住宅成为我们日常欢愉生活的源泉，驱散我们的忧闷。我们规模宏大的城市吸引世界各国将产品运入我们的港口，让我雅典人得以经常享用其他各国及本国的产品。

我们的军事政策也与敌人的不同。我们的城市向世界敞开大门。虽然敌人或会因我们自由开放而进行窥探得益，我们从不定出排外法令，阻止外国人到此学习和观察。相对来说，我们不大依靠政策制度，反而较为信赖我们公民天生的爱国精神。在教育方面，我们的对手以严酷的纪律自小训练公民英勇精神，而我雅典公民则完全随意而生活，却同样能随时面对任何真正危险。为证明此事实，请注意，斯巴达人侵略我国时，动辄与所有同盟者联合，不敢单独前来。而我雅典人进入邻国国土时，不需别人支援。我们在国外打仗，往往不费吹灰之力便征服了保卫自己家园的异国人。我们不用整支部队对外克敌，因为我们既要守护海上，又要派遣公民在陆地执行上百种不同勤务。如此看来，无论敌人在何处遭遇我方武装力量分队，战胜我们的分队可扩大视为战胜我们的国家，相反，如若失败，便等于败在我们全体人民之手。

然而，尽管我们习惯于安闲而不惯劳苦，我们的勇气来自天生而非训练所得，我们仍然愿意面向危险。我们具有双重有利条件：既可免于事先受严格训练之苦，又在需要时，能够同经常警戒的人一样，无畏地迎接艰险。

范文：纪念1830年波兰起义17周年演说

各民族团结友爱，这是目前一切党派，尤其是资产阶级的自由贸易派的一句口头禅。的确，现在存在着一种各民族的资产阶级兄弟联盟。这就是压迫者对付被压迫者的兄弟联盟、剥削者对付被剥削者的兄弟联盟。一个国家中个别资产者之间虽然存在着竞争和冲突，但资产阶级却总是联合起来反对本国的无产阶级；同样，各国的资产阶级虽然在世界市场上互相冲突和竞争，但总是联合起来反对各国的无产阶级，要使各民族真正团结起来，他们就必须有共同的利益。要使他们的利益能一致，就必须消灭现存的所有制关系，对消灭现存的所有制关系最关心的只有工人阶级。只有工人阶级能做到这一点。无产阶级对资产阶级的胜利也就是克服了一切民族间和工业中的冲突，这些冲突在目前正是引起民族互相敌视的原因。因此，无产阶级对资产阶级的胜利同时就是一切被压迫民族获得解放的信号。

毫无疑问，旧波兰已经死亡了，我们绝对不希望它复活。不过死亡的不仅是旧波兰、旧德国、旧法国、旧英国——整个旧社会都已经过时了。旧社会的死亡对于在那个社会里没有什么东西可以丧失的人们来说并不是一种损失，而一切现代国家里大多数的人所处的状况正是这样。而且，他们必须通过旧社会的灭亡才能获得一切；旧社会的灭亡将使一个不再以阶级对立为基础的新社会建立起来。

同别的国家比较起来，英国是一个无产阶级和资产阶级之间的对立最为尖锐的国家。因此，英国无产阶级对英国资产阶级的胜利对一切被压迫者战胜他们的压迫者具有决定意义。其所以说应该在英国解放波兰，而不是在波兰解放波兰，原因就在于此。因此你们，宪章主义者，不应该仅限于表示有解放各民族的善良的愿望。粉碎你们国内的敌人，那时你们就有权感到自豪，是你们消灭了整个旧社会。

范文：在《人民报》创刊纪念会上的演说

那些所谓的 1848 年革命，只不过是些微不足道的事件，是欧洲社会于硬外壳上的一些细小的裂口和缝隙。但是它们却暴露出了外壳下面的一个无底深渊。在看来似乎坚硬的外表下面，现出了一片汪洋大海，只要它动荡起来，就能把由坚硬岩石构成的大陆撞得粉碎。它们吵吵嚷嚷、模模糊糊地宣布了无产阶级解放这个 19 世纪的秘密，19 世纪革命的秘密。

的确，这个社会革命并不是 1848 年发明出来的新东西。蒸汽、电力和自动纺机甚至是比巴尔贝斯、拉斯拜尔和布朗基诸位公民更危险万分的革命家。但是，尽管我们生活在其中的大气把两万磅重的压力加在每一个人身上，你们可感觉得到吗？同样，欧洲社会在 1849 年以前也没有感觉到从四面八方包围着它、压抑着它的革命气氛。

这里有一件可以作为我们 19 世纪特征的伟大事实，一件任何政党都不能否认的事实。一方面产生了以往人类历史上任何一个时代都不能想象的工业和科学的力量。而另一方面却显露出衰颓的征象，这种衰颓远远超过罗马帝国末期那一切载诸史册的可怕情景。

在我们这个时代，每一种事物好像都包含有自己的反面。我们看到，机器具有减少人类劳动和使劳动更有成效的神奇力量，然而却引起了饥饿和过度的疲劳。新发现的财富的源泉，由于某种奇怪的、不可思议的魔力而变成贫困的根源。技术的胜利似乎是以道德的败坏为代价换来的。随着人类愈益控制自然，个人却似乎愈益成为别人的奴隶或自身的卑劣行为的奴隶。甚至科学的纯洁光辉仿佛也只能在愚昧无知的黑暗背景上闪耀。我们的一切发现和进步，似乎结果是使物质力量具有理智生命，而人的生命则化为愚钝的物质力量。现代工业、科学与现代贫困、衰颓之间的这种对抗，我们时代的生产力与社会关系之间的这种对抗，是显而易见的、不可避免和毋庸争辩的事实。有些党派可能为此痛哭流涕；另一些党派可能为了要摆脱现代冲突而希望抛开现代技术，还有一些党派可能以为工业上如此巨大的进步要以政治上同样巨大的倒退来补充。可是我们不会认错那个经常在这一切矛盾中出现的狡猾的精灵。我们知道，要使社会的新生力量很好地发挥作用，就只能由新生的人来掌握它们，而这些新生的人就是工人。工人也同机器本身一样，是现代的产物。在那些使资产阶级、贵族和可怜的倒退预言家惊慌失措的现象当中，我们认出了我们的好朋友、好人儿罗宾，这个会迅速刨土的老田鼠、光荣的工兵——革命。英国工人是现代工业的头一个产儿。当然，他们在支援这种工业所引起的社会革命方面是不会落在最后的，这种革命意味着他们的本阶级在全世界的解放，这种革命同资本的统治和雇佣奴役制具有同样的普遍性质。我知道英国工人阶级从上一世纪中叶以来进行了多么英勇的斗争，这些斗争只是因为资产阶级历史学家把它们掩盖起来和隐瞒不说才不为世人所熟悉。为了报复统治阶级的罪行，在中世纪的德国曾有过一种叫作"Vehmgericnt"（菲默法庭）的秘密法庭。如果某一所房子画上了一个红十字，大家就知道，这所屋子的主人受到了"Vehm"的判决。现在，欧洲所有的房子都画上了神秘的红十字。历史本身就是审判官，而无产阶级就是执刑者。

范文：纪念长征胜利 70 周年演讲稿

二万五千里长征，一次改变中国命运的征程已在人们的评说中过去了大半个世纪。长征是人类战争史上的奇迹，它特有的魅力就像是一部最完美的神话，突破时代和国界，在世界上广为传扬。

回首风雨来时路，漫漫征程，说不完的艰难困苦，道不尽的严峻险阻。冰封的皑皑雪山、人迹罕至的茫茫草地、峡谷急流、有乌江天险、有弯弯赤水、有大渡激流……加之蒋介石百万大军的围追堵截、粮食的严重短缺，每一条都足以让人恐惧、绝望。可长征中的人，却利用自己的两只脚，长驱直至两万余里，纵横十一个省。他们血战湘江、四渡赤水、巧渡金沙江、强渡大渡河，飞夺泸定桥，翻越大雪山，攻占腊子口……二万五千里长征路，二万五千里血与汗的洗礼。所到之处，哪里没有浸透着红军战士的不散热血？哪里没有谱写着一曲动人的壮歌？长征向全世界宣告，红军才是英雄好汉。他们排除万难，经历了九死一生的激烈战斗，战胜了任何人都难以想象的艰难困苦。他们在一条布满荆棘和鲜血的道路上一步步艰难地走来，走向了光明和胜利。

那，是什么让长征中的人们明知征途有艰险，却毫无畏惧、万死不辞，前仆后继地奔向一个目标？是什么让他们突破国民党军队的围追堵截，跨越万水千山，战胜无数艰难险阻，创造了无与伦比的英雄业绩，谱写了惊天地、泣鬼神的伟大革命篇章？是坚定不移的信仰、不屈不挠的求索、无所畏惧的前行、向着理想勇敢奋斗的精神。是老人们口中述说的长征精神。

巍峨的雪山掩盖了革命烈士的躯体，却埋藏不了他们满腔为国为民的赤诚之心；茫茫的沼泽地吞噬了革命烈士的身躯，却掩藏不住他们的信念；如雨的子弹夺去了革命烈士的生命，却夺不去他们的精神。

岁月的年轮沉淀了斑驳的痕迹，冲天的狼烟留下了悲壮的回声。时值长征胜利 70 周年之际，我们回顾历史，不由感慨万千。红军长征的壮举已经成为历史，但是，长征精神却具有永恒不变的历史价值和光照千秋的缤纷异彩。那烙印在中华儿女灵魂深处的"长征精神",与我们党和人民在我国革命、建设和改革的壮丽进程中创造的西柏坡精神、延安精神、奥运精神、三峡移民精神、抗"非典"精神、"神五""神六"精神一样,是中华民族自强不息、艰苦奋斗精神的延续与升华,是中国共产党人与时俱进的时代创造。长征精神已成为中华民族意志与品格的注脚;成为中华民族追求光明与理想的象征;成为中华民族发奋图强、坚忍不拔、战胜一切困难的支柱。

现在,党中央领导集体正在率领全党和全国人民,为把我们国家建设成为伟大的社会主义强国,让人民都过上幸福美满的生活进行着新的长征。我们仍然需要在21世纪里,争取实现中华民族的全面实现社会主义现代化、实现民族腾飞这一现代历史主题。为此我们相信,在建设社会主义现代化的新的伟大征程中,我们仍然需要努力实践长征精神的时代价值;我们相信,在新的历史时期,同时代精神结合起来的长征精神,将激励中华民族实现伟大的振兴。

一段岁月,波澜壮阔,刻骨铭心。一种精神,穿越历史,辉映未来。长征那英勇的足迹镌刻在为人类追求解放的历史中,始终为中国人民铭记;长征那革命英雄主义的精神,始终是中国革命和建设夺取成功的基础,始终激励着中国人民朝着一个坚定的方向辉煌前进。

范文:纪念"九一八"演讲稿

历史老人孤零零地守望着岁月的变迁,当年的硝烟弥漫化作了今天的静默无言,他的臂膀依然坚强地背负着飞驶的火车,他的眼眸一直饱含着未干的血泪…

1931年9月18日,这是一个令中华儿女痛彻心扉的日子。日本关东军炮轰东北军驻地沈阳北大营,发动了对我国东北的大规模武装进攻,策划并制造了震惊中外的"九一八"事变。由于国民党政府的不抵抗政策,东北三省大好河山风云失色,沦于敌手。

从此,3000万东北同胞在此后的14年中过着饱受凌辱的亡国奴生活。

然而，对一个民族最严重的摧残不是摧残他的肉体，而是摧残他的文化，文化是一个民族唯一的根与魂。今天，在和平年代的今天，我们能否清醒地坚守自己的文化家园？

三尺讲台是我们平凡而狭小的岗位，三尺讲台却是我们文化战场最广阔最坚定的阵地。我，就是这个阵地上又一位新的战士！毕业典礼上的那一幕，至今还深深地映在我的脑海里。面对鲜艳的五星红旗，我举起握紧的左拳庄严宣誓："为教育事业奋斗终生！"言到此时，泪水夺眶而出。是对母校的眷恋，是对恩师的感激，是对同窗的不舍但更多的是一种强烈的神圣感和使命感！"奋斗终生"就意味着一辈子吗？是的，就是一辈子！

我很幸运，这一辈子的起点是在这里，在育才这片热土上！这里有我钦佩的前辈、师长，这里有优良的光荣传统，这里有一种朴实而伟大的精神，叫作奉献！这一个月的工作让初为人师的我尝到了苦头。身边的同事都把疲倦藏在微笑的背后，我还有什么理由说累呢？这一个月的工作让初上讲台的我尝到了甜头。夜深人静，一盏台灯，一个闹钟，一支钢笔……可是，孩子的一次漂亮作业，家长的一个感激电话就会让我精神百倍，困意全无。

这就是一个新教师最真实，最朴素，最舒心的快乐！耐得住寂寞的人生才是充实的人生！没有哪一个岗位能像教育这样聚集了全社会的关注与期待；没有哪一个工作能像教育这样深刻地影响着民族的未来；更没有哪一项事业能像教育事业这样清醒地坚守着文化家园。

又到"九一八"纪念日，再谈血泪史。纪念"九一八"是为了不忘国耻，是为了不忘落后就要挨打的历史教训，是为了坚定中华民族伟大复兴的信念。

总有一种力量让我们感动，总有一种精神催我们前行。历史老人依旧在前行，我们依旧需要努力，只是为了那段不容忘却的历史……

第八节 悼念词的实际应用

范文：福煦《悼念拿破仑》

福煦，法国元帅。本文是他1921年5月5日纪念拿破仑逝世一百周年时，在拿破仑墓前发表的演说。

只要想一想，1796年，拿破仑年仅27岁已经崭露头角，就不难知道他天赋非凡的资质。他把自己的天才不断地用于建立一生的丰功伟业。

由于禀赋这种天才，他在人类军事史上走出了一条光辉的道路。他高举战无不胜的鹫旗从阿尔卑斯山进军到埃及的金字塔，从塔古斯河之滨到莫斯科河两岸。在飞扬的军旗下，他建立的赫赫武功超越亚历山大大帝、汉尼拔大将和凯撒大帝。这样，他以惊人的天才、不甘守成和好大喜功的本性成为胜过一切其他人的最伟大的领袖人物。这种本性，有利于战争，但对维持和平的均势却很危险。

他把战争艺术提高到从未有过的高度，而这就将他推到了令人眩晕的巅峰。他把国家的伟大视为他个人的伟大，他要以武力控制各国的命运。他以为一个个人能够以惨重的牺牲为代价得到一系列的胜利，换来本民族的繁荣；以为这个民族可以靠光荣而不是靠劳动获得生存；以为那些被征服而失去独立的国家不会一朝奋起，列出阵容强大、士气高昂、战无不胜的义师，推翻武力统治，重新赢得独立；以为在文明世界里，道德公理不应比完全靠武力形成的力量强大，不管这力量有多大的天赋才能。由于这样的企图，拿破仑走了下坡路。不是因为他缺乏天才，而是由于他想做那不可能的事。他想以当时财枯力竭的法国使整个欧洲屈膝，岂知当时欧洲已经总结了失败的教训，很快就全面武装起来。

当然，每个人都有自己的责任。但是，比指挥军队克敌制胜更为崇高的是，按照祖国的需要为祖国服务。正义应在一切地方受到尊重。和平应高于战争。

的确，在处理人的问题时如果只依赖个人的见识与才智，歪曲为尊重个人而制定的社会道德法律，歪曲作为我们文明基础和基督教本质的自由、平等、博爱的原则。那么，即使是最有天才的人，也肯定会犯错误。

陛下，请安息吧。你英灵未泯，你的精神仍然在为法兰西服务。在每次国家危难的时刻，我们的鹫旗依然迎风招展。如果我们的军队能在你建造的凯旋门下胜利归来，那是因为奥斯特利茨的宝剑为他们指引了方向，教导他们如何团结起来带领军队取得胜利。你高深的教诲，你坚毅的劳动，永远是我们不可磨灭的榜样。我们研究思索你的言行，战争的技艺便日益发展。只有恭谨地、认真地学习你不朽的光辉思想，我们的后代子孙才能成功地掌握作战的知识和统军的策略，以完成保卫我们祖国的神圣事业。

范文：恩格斯《在马克思墓前的讲话》

恩格斯，马克思主义创始人之一，国际无产阶级和劳动人民的伟大导师，马克思的最亲密的战友。恩格斯是伟大的演说家，他一生讲演甚多。这是恩格斯1883年3月17日在伦敦海格特公墓安葬马克思时的讲话。

3月14日下午两点三刻，当代最伟大的思想家停止思想了。让他一个人留在房间里总共不过两分钟，当我们再进去的时候，发现他在这安乐椅上安详地睡着了——永远地睡着了。

这个人的逝世，对于欧美战斗着的无产阶级，对于历史科学，都是不可估量的损失。这位巨人逝世后所形成的空白，在不久的将来就会使人感觉到。

正如达尔文发现有机自然界的发展规律一样，马克思发现了人类历史的发展规律，即历来为繁茂芜杂的意识形态所掩盖着的一个简单事实：人们首先必须吃、喝、住、穿，然后才能从事政治、科学、艺术、宗教等等活动；所以，生产直接与生活有关物质用品，会为一个民族或一个时代带来一定程度的经济发展，物质用品的生产和经济发展的程度又构成了该民族的国家制度、法制观念、艺术以至于宗教思想发展的基础。因此，我们必须从这个方向来解释上述种种观念和思想，而不是像以往所做那样，作相反的解释。

不仅如此，马克思还发现了现代资本主义生产方式和由此产生的资产阶级社会的特殊运动规律。剩余价值的发现，使前此一切资产阶级经济学家和社会主义批评家在黑暗中摸索、探求的问题上豁然开朗，得到解决。

一生中以有这样的两项发现，该是很够了。甚至只要能有一项这样的发现，也已经是幸福的了。但是马克思在他所研究的每一个领域，甚至是数学方面，都有独到的发现。他研究的领域很广，对其中任何领域他都不是肤浅地研究的。

这位科学巨匠就是这样。但是这在他身上远不是主要的。在马克思看来，科学是一种在历史上起推动作用的、革命的力量。任何一门理论科学中的每一个新发现，即使它的实际应用甚至还无法预见，都使马克思感到衷心喜悦，但是当有了立即会对工业、对一般历史发展产生革命影响的发现的时候，他的喜悦就完全不同了。例如，他曾经密切地注意电学方面各种发现的发展情况，不久以前，他还注意了马赛尔·德普勒的发现。

因为马克思首先是一个革命家。他毕生的真正使命是以各种方式参加推翻资本主义社会及其国家制度，协助现代无产阶级得到解放。这些现代无产阶级有赖他才第一次意识到自身的地位和需求，意识到自身的解放条件。斗争是他的气质。他斗争时所具的热忱、顽强精神和成就，无人能及。他做过的工作有：在早期的《莱茵报》（1842年）、巴黎《前进报》（1844年）、《德意志—布鲁塞尔报》（1847年）、《新莱茵报》（1848~1849年）、《纽约每日论坛报》（1852~1861年）等报纸上发表的文章，许多富有战斗性的小册子，其后参与巴黎、布鲁塞尔和伦敦各个组织的工作，最后创立了伟大的国际工人协会，等等。作为这协会的创始人，即使别的什么也没有做，也足够以此成果为自豪了。

正因为这样，马克思成为当代最遭嫉恨和受到最多诬蔑的人。各国政府，无论是专制政府或共和政府都驱逐他；无论保守或极端民主派的资产者，都纷纷争先恐后地诽谤他，诅咒他。他对这一切毫不在意，把它们当作蛛丝一样轻轻抹去,只是在万分必要时才作答复。现在他逝世了,在整个欧洲和美洲,从西伯利亚矿井到加利福尼亚,千百万革命工人战友无不对他表示尊敬、爱戴和悼念。我敢大胆地说:他可能有许多敌人,但未必有一个私敌。

他的英名和事业将永垂不朽!

范文:老人悼念词

各位亲友,各位来宾:

今天,我们怀着十分沉痛的心情深切悼念离休干部×××同志。×××同志因患肺心病医治无效,于××年×月×日晚×时×分在市人民医院与世长辞,享年××岁。×××同志×年×月生于××县城南区,1949年6月参加革命工作。解放前夕在江南地下十一师、乡农协会参加全国解放运动。解放后,参加清匪反霸、土改、镇反三大革命运动和参加整风整社等工作,后在××粮食局等单位工作,1979年3月在××矿石公司工作,1984年6月调××市财政局房管所工作,1986年3月离休。少年时代的×××和许许多多同龄人一样,饱经了旧社会苦难生活的煎熬和考验。他十来岁时受生存和生活所迫,弃学投工。

在××等地工厂当童工,受尽了工厂资本家的剥削和欺凌,亲眼目睹和亲身体会了旧社会的黑暗,这使他幼小的心灵开始产生鲜明的爱憎分明的阶级立场,充满了对旧世界的无比痛恨和对新生活的无限向往。在此期间,他受进步思想影响,参加了××工人罢工等革命活动;解放前夕,他投身全国解放运动;解放后,参加乡农协会,积极投身土地改革。

由于他表现出色,被组织上选派到粮食干校学习,安排到粮食部门工作,在党的培养教育下迅速成长起来。在以后的革命工作生涯中,他热爱共产党,热爱新中国,热爱社会主义。在错误路线干扰下,受到极不公正待遇,蒙冤××年仍无悔坚持革命信念,其高尚的品格堪为后人楷模。××同志一生勤勤恳恳,任劳任怨。

他无论是在财会岗位,还是在管理岗位,他总是一心扑在工作和事业上,干一行，爱一行，精一行，敬业爱岗，默默奉献。他对财会工作认真负责，一丝不苟，所经管的财务账目日清月结，清清白白。他认真执行政策，敢于坚持原则。×××同志为人忠厚、襟怀坦白；谦虚谨慎、平易近人；生活节俭、艰苦朴素；家庭和睦、邻里团结，他对子女从严管教，严格要求，子女个个遵纪守法，好学上进。×××同志的逝世，使我们失去了一位好同志。他虽离我们而去，但他那种勤勤恳恳、忘我工作的奉献精神；那种艰苦朴素、勤俭节约的优良作风；那种为人正派、忠厚老实的高尚品德，仍值得我们学习和记取。我们要化悲痛为力量，努力学习和工作，再创佳绩。以慰×××同志在天之灵。×××同志安息吧！

范文：汶川地震哀悼演讲稿

2008年5月12日14时28分，四川汶川地区发生8级大地震，迄今已有32447名同胞遇难。苍生泣血，泪眼横陈，山河变色，草木同悲。

昨天（18日），国务院发布公告，为表达全国各族人民对四川汶川大地震遇难同胞的深切哀悼，国务院决定，2008年5月19日至21日为全国哀悼日。在此期间，全国和各驻外机构下半旗致哀，停止公共娱乐活动，外交部和我国驻外使领馆设立吊唁簿。5月19日14时28分起，全国默哀3分钟，届时汽车、火车、舰船鸣笛，防空警报鸣响。在哀悼日里，奥运圣火境内传递也将同时暂停。

这是自中华人民共和国成立以来，第一次就大规模自然灾害举行的全国性哀悼活动，也是第一次从制度上为自然灾害死难的普通百姓降半旗致哀。同时，5月19日14时28分，也是5·12汶川大地震中遇难者的"头七"。在中华民族传统的哀悼氛围中，举国降半旗致哀，我们用全民族的眼泪，悼念这次地震灾害中的罹难者、在救灾中的牺牲者，更用全民族的意志，昭示中国对每一个普通生命的极大尊重。

为此，我们举国致哀。

哀悼日是对民族情感的凝聚。在灾难发生后，各地民众自发捐款、献血，许多国人甘当志愿者，主动表示收养地震孤儿。当民众自发地用烛光哀悼死者，当民众自发地将赈灾物资运往灾区时，中华民族从来没有像现在这样，团结如一人。多难兴邦，作为一个有传统、也有担当的民族国家，我们需要一种国家行为，来重申全民族在这次灾难中的共同情感。

为此，我们举国致哀。

哀悼日也是对国家责任的重申。国家有为生民立命之任，有解民于倒悬之责。当自然灾害来袭时，一切生与死之间的选择，其实是每一个中国人的基本责任担当，更是国家作为民族集合体的承诺。国家有哀民生之不幸的义务，尤其是这场改革后死难人数最多的自然灾害，已经成为了民族记忆中的一道伤口。许多公民失去了亲人，失去了家园，失去了他们所有美好的回忆。

为此，我们举国致哀。

哀悼日还是对民众呼声的响应。灾难发生后，不少民众通过各种渠道表达呼声，希望能够通过国事行为，确定国家哀悼日，下半旗致哀。这既是许多国家的通行做法，也是民族国家认同、成熟和发展的标志，更代表了公民和国家荣辱与共的信念。国家现在响应他们的要求，就是保护公民生命的基本尊严，肯定公民爱的权利。

为此，我们举国致哀。

在哀悼日中，我们更不应该忘记，瓦砾废墟下可能还会有奄奄一息的灾民。我们的眼泪是为死难者流，我们的汗水和决心，为那些生命奇迹流淌。在这个持续三天的哀悼日中，我们还要尽最大的努力，去换取哪怕只有一个生命奇迹的出现。与地震后的空间坍塌争夺生命、与地震后的时间争夺生命。这也是哀悼日的沉默里，我们真正需要勠力同心的最重要事情。

往者灾犹降，苍生喘未苏。在这个苍生泣血的日子里，整个民族用哀悼日的方式，树立我们拯救生命的决心，伸张我们的爱和信仰，书写我们生命的荣耀。此刻，我们已经打通了通往灾区中心的道路，生命的孤岛不复存在，而当整个中国降下半旗、鸣响警报和汽笛时，爱的孤岛也不复存在。

因此，为苍生泣血，让我们举国致哀。

第八章
节日演讲词

第一节 节日演讲的适用范围

常见的节日有很多：元旦、春节、妇女节、劳动节、青年节、儿童节、建党节、建军节、国庆节、教师节、端午节、重阳节、清明节、中秋节、元宵节，等等。

节日演讲是在庆祝节日时所发表的演讲。在节日演讲中，演讲者一般都会根据节日的特点来确定主题，通常在演讲中要进行历史的回顾，这是因为只有总结历史，才能实现立足当下展望未来的目的。一般节日都是喜庆的日子，所以节日演讲的目的就是使听众轻松愉快。

第二节 节日演讲的写作要求

节日类演讲是在庆祝节日时所发表的，根据不同的节日拟订不同的演讲主题，这同时也是一种回顾和反思。通常节日演讲都是积极向上的，为听众营造出一种轻松愉快的氛围。

不同的节日因为其代表的意义不同，所以演讲的情绪、主题、感情都是不同的，但是即使这样也还是能够找出节日演讲的几个共同点。

（一）内容都具有纪念性

节日演讲的内容必然离不开相关的节日，一般篇幅很短，但演讲者仍是将主题扣在了节日上,可以这样说,所有的节日演讲词内容都有纪念色彩。

元旦演讲是在欢迎新年时,同时在纪念过去的一年,端午节是为了纪念爱国诗人屈原,西方群众性的传统节日圣诞节,是为了纪念耶稣诞生。

(二)节日演讲都具有丰富的感情

没有感情的演讲是不能成功的,节日演讲就更应该具有丰富的感情。通常节日演讲的情绪都是受到它所要表述的节日的影响。因为节日本身色彩纷呈,风格各异,所以导致了演讲词中情感的多样性和不固定性。

(三)节日演讲的目的具有明确性

演讲都是有其目的的,节日演讲的目的就是通过在节日、纪念日里发表演讲,阐明自己的主张,明确自己的观点立场,弘扬相应的精神,鼓动和激发听众的情绪,发出具体的、正义的号召。无论称节日也好,称纪念日也好,它们都具有一定的纪念意义。

第三节 节日演讲的实际应用

范文:元旦节演讲

在本周的日历上,有一个特殊的日子——1月1日,这标志着华夏神州又增添了一道年轮,标志着时代的航船乘风破浪,伟大祖国又迎来了充满希望的一年。

1月1日又称元旦,"元"是开始,第一之意;"旦"是早晨,一天之意。"元旦"就是一年的开始,一年的第一天。从字面上看,"旦"字下面的一横代表着波涛澎湃的海面,一轮红日正从海上喷薄而出放射着灿烂辉煌的光芒,这个象形字生动地反映了旭日东升的形象。把"元旦"合在一起,就是要人们以蓬勃的朝气和奋发的斗志来迎接崭新的一年。同学们,时光老人的脚步在悄悄挪移,我们不是都有光阴似箭、日月如梭的感觉吗?东晋诗人陶渊明曾有过这样的感叹:"盛年不重来,一日难再晨,及时当勉励,岁月不待人"。我们也不乏这种紧迫感。我们是青年，青年是生命中的春天，是早晨八九点钟的太阳。我们是跨世纪的一代，成学业于本世纪，成事业于新纪元，我们将成为时代洪流中搏击风浪的勇士。生逢此时，荣幸又艰巨。读书，是一切成大事者的必由之路，是一切创造的基础。认真读书是时代的要求。我们要用勤奋和汗水夯实学业大厦的地基，用拼搏向时光索取价值，用双手为鲜艳的五星红旗添彩。只有这样，才无愧于华夏子孙，才能肩负起承前启后、继往开来的历史使命。

同学们，我们正满怀着希望和信心来叩响人生这扇奥妙的大门。生活是那样丰富和广阔，有无数宝藏等待我们去挖掘，有无数险峰等待我们去攀登，有无数蓝图等待我们去描画……在这生命的春天里，播撒下希望的种子，辛勤地耕耘吧！

范文：春节演讲

驻地中国人民解放军、武警、边检、消防部队的全体指战员，全市烈军属，革命伤残军人，转业、复员、退伍军人，军队离退休干部：

在2008年新春佳节即将到来之际，我们谨代表全市人民向你们致以节日的慰问！

过去的一年，我市坚持以"三个代表"重要思想为指导，深入学习贯彻党的十六大、十六届四中全会、省委九届二次全会精神和胡总书记考察广东时的重要讲话精神，积极实施"四个××"发展战略，突出新型工业化、农业产业化、农村城镇化、旅游产业化四个重点，落实招商引资、民营经济、国企改革、基础设施建设和优化软环境五项措施，经济社会各项事业取得了新的成果。工业、农业、旅游业、城建、基础设施建设全面提速，人民生活水平进一步提高，教育、科技、文化、卫生等各项事业进一步发展，精神文明建设和党的建设进一步加强。

在过去的一年里，驻地部队按照"政治合格、军事过硬、纪律严明、作风优良、保障有力"的总要求，从严治军，全面推进部队革命化、现代化、正规化建设。广大指战员继承和发扬拥政爱民的光荣传统，大力支持我市经济建设和社会公益事业，主动承担各种急、难、险、重任务，在保卫国家安全、维护社会治安、保证口岸畅通、抢险救灾、支持学校军训、扶贫帮困助残等方面为人民立下了新功。全市军队离退休干部，烈军属，革命伤残军人，转业、复员、退伍军人继续发扬人民军队的优良传统，为我市的改革和经济建设建功立业。在此，我们代表全市人民向你们致以衷心的感谢和崇高的敬意！

2008 年是我市实施"四个"发展战略、加快实现经济跨越式发展的关键一年。我们要按照市委四届二次全会提出的总体要求，认真贯彻省委九届四次全会和书记、省长来考察的重要讲话精神，全面落实市第四次党代会的各项工作部署，树立全面、协调、可持续的科学发展观，坚持以人为本，加大"四个"发展战略实施力度，突出发展县域经济、建设山区文化强市、开展"绿满"行动、实施民心工程、提高执政能力五个重点，积极落实好投资亿元以上的重点项目，推动我市各项工作再上新台阶。与此同时，我们要努力做到经济建设与国防建设协调发展，进一步增强军政军民团结，不断巩固和发展"同呼吸、共命运、心连心"的新型军政军民关系。

让我们紧密团结在以胡锦涛同志为总书记的党中央周围，统一思想，坚定信心，深入贯彻党的十六大精神，全面实施"四个"发展战略，为加快改革开放和现代化建设步伐而努力奋斗！

祝同志们身体健康，工作顺利，家庭幸福，新春愉快！

范文：三八妇女节演讲

岁月奔向希望的曙光，当历史踏上开拓的征程，我们迎来了第×个"国际劳动妇女节"，在这大家欢聚一堂，共庆佳节之际，我受县妇联、县总工会之托，向各位交流思想，学习和工作。此时此刻，我心潮澎湃，感慨万千，我向大家交流的内容是："女人、自己、大家"，以此共勉，希望领导和朋友们指正。

女人：女人不是弱者，女人是伟大的。因为没有母亲就没有人类，就没有社会。女人是整个社会的重要组成部分，在人类自身生产中付出了极大的代价，创造了巨大的社会价值。大千世界，女人就像一朵花，一只鸟，一首诗，千千万万个美丽的女人组成一个争芳斗艳的美妙世界，使人爽心悦目。世界文豪高尔基赞言道："没有女人便没有英雄"。他的经典名著《母亲》传遍了全世界。看中华大地，女杰辈出，花木兰替父从军，驰骋疆场杀敌，也成千古佳话；江姐、赵一曼宁死不屈，慷慨就义，浩气贯长空；邓亚萍雄踞世界乒坛冠军宝座，令世人瞩目；美籍华人靳羽西闯荡天下，独创世界一流的羽西公司，誉满全球；湘女成之凡三次竞选法国总统，被誉为"华夏女杰，翱翔在法兰西政坛上空的中国凤凰"。翻开一页页历史的史册，记载着多少女人可歌可泣的光辉历程，人们不会忘记她们，世界不会忘记她们，历史更不会忘记她们。女人是中华民族的骄傲，是全人类的骄傲，女人的功德与日月同辉，与天地共存，这是人类的共识，世界的认同。随着人类的发展和社会进步，作为21世纪的女人，时代赋予我们更加光荣而神圣的职责，我们从家庭中解放了自己，完成了女儿、妻子、母亲的角色转变，尽其所能地倾心于全面建设小康社会的各项事业，这是时代的呼唤，这是历史的必然，更是我们新时期女人的骄傲和自豪。

自己：我是农民的后代，大山的女儿，有着23年工龄，16年党龄的局级女领导干部，也算是××县公众女性中的一员。回首往事，艰苦创业，雄关漫道真如铁；辗转过去，披星戴月，山穷水尽疑无路，柳暗花明又一村。我曾在××乡教民办，后报考财政干部做××镇的出纳和会计，后调××镇做会计，到县财政局工作，下派到××镇做党委副书记，再到审计局做副局长，到收费局做局长，到统计局做局长。在整个工作阅历中，在从乡镇到县级部门的工作地点变换中，在上挂、下派的锻炼实践中，都曾有过悲哀、彷徨、绝望。因为自己是女人，付出了艰辛劳动，做出与男人一样甚至超越男人的业绩而得不到组织、社会认可，反而迎来的是打击和诽谤。

但是，共产党员要经得起历史和时间的考验，特别是党的基层领导干部，其先进性更是要体现在默默无闻的奉献中，做好工作是女性勤奋、包容、美德的体现，于是自己摒弃了思想上的种种怨气和障碍，在2003年初县上换届时，毅然决定到没人想去的县统计局做局长。世上无难事，只怕有心人。谋事在人，成事亦在人。我想，到条件差的单位也不一定就不能干成事业，通过这两年的实践证明，自己的决策没有错，虽然辛苦一些，清贫一些，工作中付出的可能比条件好的单位多一些，但一分耕耘，换来的仍然是一分收获，做到了各项工作一年一个台阶。2003年我局统计业务工作考核，由2002年的全市第3名上升到第2名，农调工作由全省倒数第2名（39名）上升到第21名，在县上目标考核中名列全县第5名。2004年，我局统计业务工作考核全市第1名，农调工作全省第12名，山区县中排第2名，获得了二等奖，在全县的目标考核中名列第4名，2004年还成功地创建了文明行业，被市委、市政府命名为最佳市级文明单位，同时，2004年我本人被评为全县"十佳"局长，据说，海推的票数还较高，职工××被评为全国农调系统先进工作者等。

全局呈现出人心思齐，人心思向，团结拼搏，永创一流的工作、学习风貌，不论是局内职工，还是社会民众，都认为县统计局旧貌换了新颜，我自己也觉得付出的一切有了回报，回想起来，我认为是充分发挥了女性执着、包容、友善、协调、细致等特性，同时将多年来在多岗锻炼和从不间断的学习中学到的经验派上了用场。两年来，我局坚持"事以人兴，绩以才显"的以人为本的治局方略，紧紧抓住了"班长和队伍"这个关键，"党员先锋模范作用"这个中心环节，牢固树立了"求真、奉献、团结、创新"的统计精神，以提高数据质量和服务水平为重点，以信息调研和统计宣传为突破口，以精神文明建设为结合点，以争创一流业绩为目标，各项工作均取得了一定成绩，全体党员的党性修养取得了一定进步。但与党和人民的要求还有较大差距，与兄弟单位相比，还有不足之处，我个人的思想、工作、学习等与姐妹们比也还存在诸多不足，我将在今后的工作中，用共产党员先进性的条件严格要求自己，在"举旗帜，抓班子，带队伍"上再下工夫，把我县统计队伍带成一支特别能战斗的队伍，把我县统计事业推上新的更高台阶。

大家：在座的大家都是各行各业的精英女人，都是共同走过炎炎的夏，走过萧萧的秋，走过那漫漫寒冬，一起走到了花开的今天的××县商界、政坛的女人们，××县人民因有我们而精彩，××县的事业因有我们而阔步向前。在全面实现小康目标、构建和谐社会的今天，大到治国安邦，小到家庭和睦，都有我们的舞台。但是在男权社会、男性文化没有完全消失的今天，我们只有坚持"自尊、自立、自信、自强"，才能创造出美好的明天。首先，我们要识大体，顾大局，全县女同胞要团结在县妇联周围，为我们自己呐喊，为我们自己歌唱。要摒弃那些女人诽谤女人、女人嫉妒女人的行为，让"三个女人一台戏""女人是祸水"的流言不复存在。其次，我们要加强学习，提高素质，不断进取，完善自我，增长才干。从我做起，从现在做起。第三，我们要坚定信念，选好自己要走的路。摆在我们面前的是两种选择：一是完善自我，努力拼搏，自强不息，接受挑战；二是依附他人，寻求安逸，不思进取。而后者绝不是我们现代女性所选择的。常言说得好，机遇是留给有准备的人的，只要我们能够坚定不移地走下去，我们都将会是"风雨彩虹，铿锵玫瑰"。姐妹们，巾帼不让须眉，让我们携手并进，共铸××县女人美好的明天！

范文：清明节扫墓献词

"清明时节雨纷纷，路上行人欲断魂。"今天是清明节，我们又来到了令人景仰的烈士陵园缅怀先烈。看着眼前一座座墓碑，听着关于烈士一段段感人的故事，我心潮起伏，激动的心久久不能平静，我的心酸了，我的眼睛湿润了……

"青山绿水长留生前浩气，苍松翠柏堪慰逝后英灵。"历史的长河记载了多少英雄的事迹，有多少人为了保卫祖国和家乡献出了宝贵的生命，烈士们走了，但他们的事迹会幻化成永不磨灭的丰碑高高矗立在我们后人的心中。

我们常听老人们讲红军万里长征的故事，我们也记得抗日战争和解放战争战场上那一幕幕感人至深的画面，我们忘不了先烈们，我们更忘不了为了保卫祖国而牺牲的烈士。

是革命烈士们，"魂魄托日月，肝胆映河山"。是你们使我们过上了幸福的生活，给我们创造了一个和平的环境，你们是祖国的优秀儿女，你们是我们学习的楷模。

今天，在这里，

让我们为逝去的亲人找一块永久的空间吧，

让世界每一个角落的亲友都可以凭吊祭奠。

今天，在这里，

让我们尽情道出对亲人缱绻的思念吧，

洒下所有的泪，再次体会人世间的爱心与温暖。

今天，在这里，

让我们庆祝每一个生命特有的璀璨吧，

让英雄的故事作为时代的缩影在世间永远流传。

苍天在上，英魂永存！

同学们，我们是21世纪的青年，我们是党的儿女，我们不会忘记先人的遗志，"继承先烈革命传统，发扬前辈爱国精神"。我们要传承这种伟大的精神，我们要弘扬这种不朽的民族之魂，听党的话，永远跟党走，保家卫国，用丰富的知识武装自己，为实现中华民族的伟大复兴而奋勇拼搏！

同学们，少先队员们，让我们庄严地举起右拳吧，面向烈士重温我们的入队誓言：

我志愿加入中国少年先锋队，坚决拥护中国共产党的领导，遵守少先队的章程，执行少先队的决议，履行队员义务，严守少先队的纪律，勤奋学习，积极工作，吃苦在前，享受在后，为共产主义事业而奋斗。

范文：卫生日演讲稿

今年的4月7日，是第60个世界卫生日，在这一天快要到来之际，你是否曾经想过自己处于怎样的环境之中？是清幽洁净或是垃圾四处满天飞。当你背上书包踏入校园时，不经意间看到有人乱丢纸屑，你会劝阻他吗？还是视若无睹，反正不关自己的事，又不是自己家，管那么多闲事干吗？但你是否想过，一片小小的纸屑能反映出一个人的道德水平与环保意识。如果我们每个人都随地乱丢垃圾，那我们的校园不就成为垃圾场了吗？

当你上课时，四周充满了垃圾的恶臭，你还能安心学习吗？在这样的一个学习环境下，你如何学习呢？其实我们每个人都希望生活在一个干净的环境下。走进校园，地面上干干净净没有任何垃圾，树枝绿叶繁茂，一股青草味迎面扑来，沁人心脾，令人整天充满好心情。

地球是我们大家共同的家园，只要每个人尽到自己的责任，注意自己的行为，不随意丢东西，不随地吐痰，那么我们得到的不仅是视觉的满足，更是精神上的满足。美好的环境能令你微笑地面对每一天，生活变得多姿多彩。

同学们，当你手中握有一张废纸或一个食品包装袋，一块西瓜皮，想一想如果你丢到地上的后果，会不会令周围路过的人感到厌恶，会不会破坏整洁的校园环境，会不会给他人带来麻烦？其实只要你多向前走几步，伸手将垃圾投入垃圾箱中，一切只是几步而已，但换来的却是他人的赞赏和钦佩的目光，于人于己都有益，你会为自己的行为感到骄傲，会有美好的心情度过快乐的一天。

范文：五一国际劳动节演讲

春风送爽，万象更新。沐浴在温暖的春风下，我们迎来了又一个工人阶级和劳动人民的光辉节日——五一国际劳动节。

每次过"五一"的时候我都会想起初中学到的那篇杨朔的《荔枝蜜》："多可爱的小生灵啊！对人无所求，给人的却是极好的东西。蜜蜂是在酿蜜，又是在酿造生活；不是为自己，而是为人类酿造最甜的生活。蜜蜂是渺小的，蜜蜂却又多么高尚啊！""这天夜里，我做了个奇怪的梦，梦见自己变成了一只小蜜蜂。"

我们讴歌劳动，是为了记取过去，我们崇尚劳动，是为了开创未来。放歌新世纪和美好的春天，我们讴歌劳动，歌唱祖国的美丽河山，展示劳动者的风采。祖国的大花园中到处都是我们勤劳的蜜蜂。

近年来"劳动光荣"价值观受到挑战。一些人由此变得很浮躁，一直在寻求机会"搏一搏"，痴想哪天一觉醒来就变为富翁。"一夜暴富"确实存在，但概率极小。人活着不能"守株待兔"，而是要奋斗。从人类社会来说，不管什么制度，基础还是劳动创造世界。有了人们的体力脑力支出，才有财富产生的可能。至于非劳动收入只不过是人类剩余的价值的分割而已。无论什么情况，无论哪个年月，我们都要坚信"劳动光荣"。

劳动创造了世界，劳动创造了人类，劳动创造了财富。尊重劳动就是尊重人本身。当今时代，强调尊重劳动应克服片面性，既重视创造性的复杂的智力劳动，又重视在平凡岗位上兢兢业业、默默奉献的体力劳动，使各种劳动有机统一于社会主义现代化建设事业中。

一个人的劳动态度、习惯、能力，以及对劳动的认识，对劳动人民的感情，对劳动成果的珍惜意识，对劳动创造幸福、劳动创造一切的理解，对劳动光荣，劳动没有高低贵贱之分的认识程度，往往是检验这个人思想道德、意志品质的有效标准。

让我们都来发扬勤劳勇敢的精神，为真理我们团结斗争，经风雨意志坚韧。辛勤劳动建设自己的国家，我们的力量无穷会像海涛奔腾，祝愿我们的祖国永远光辉灿烂，永远繁荣昌盛。

范文：五四精神演讲

梁启超先生说得好："少年智则国智，少年富则国富，少年强则国强，少年独立则国独立。" 从伟大的"五四"爱国运动起，青年就站在爱国的前沿，凭着一股力量，学生们首先站了起来；凭着一股力量，他们勇敢地游行示威不怕军警的镇压和逮捕。这股力量，是从筋骨里迸出来；血液里激出来；性灵里跳出来；生命里震荡出来的真纯而可贵的爱国思想。这股力量是多么伟大啊！在它的面前，人的爱生之念，畏苦之情，算得了什么呢？

　　我们作为跨世纪的中学生，该怎样去弘扬"五四"精神呢？同学们，你们说"天下兴亡"的下一句是什么？——不，是"我的责任"。如果今年中考高考每个人都额外加10分，那不等于没加吗？"天下兴亡，匹夫有责"等于大家无责。"匹夫有责"要改成"我的责任"。"天下兴亡，我的责任"，唯有这个思想，我们学校才有希望。如果教室很脏，假如一个同学站起来说："老师，对不起，这是我的责任。"然后马上去打扫。灯管坏了，哪个看见了，自己就会掏钱去买一个安上，窗户玻璃坏了，同学马上买一块换上它——也许有些人说这是吃亏，我告诉你，吃亏就是占便宜，这种思想要牢牢记在心里。校园不干净，就应该是大家的责任。你想，这么大的一个校园，你不破坏，我不破坏，它会脏吗？脏了之后，人人都去弄干净，它会脏吗？别说："我是来读书的，不是扫地的。"——这是什么观念？你读书干什么？读书不是为国家服务吗？眼前的务你都不服，你还能为未来服务？当前的责任你都不负，未来的责任你能负吗？水龙头漏水，你不能堵住吗？有人会说："那不是我的事，那是总务处的事。"这是错误的。一般人最坏的毛病是这样：打开水龙头后，发现没水，又去开第二个，第二个也没有，又去开第三个——这样的同学，连举一反三都不懂，第一个没水，第二个会有吗？你就没想到水会来吗？人无远虑怎么能行？作为一个学生，都要想到后果，后果看得越远的人，越是一个成功的人。一个只管眼前，不顾将来的人，不是一个好学生，不是一个有用的人。水管不关，来了水后让它哗哗哗满池子去流，仍不去关注："反正是学校的水，不是我自己的！"——浪费学校的资源，就是不爱校！你为什么浪费国家的水？你为什么浪费国家的资源？我们每天洗脸都为学校省一盆水，一年省多少水，你算算，我们学校二千多学生，每个每天节省一盆水，一年省多少水？省水就是省电，就是节省学校资源。国家用那么多百姓纳的税来供你读书，你还浪费国家的财富，你良心何在？从自己身边做起，我们学校才有希望。

　　天下有大事吗？没有。但任何小事都是大事。集小恶则成大恶，集小善则为大善。培养良好的道德，是从尊敬老师开始的，是从那很小很小的事开始的。这种道德是慢慢建立起来的，而不专门找到大事才干。我们每天早上把校园打扫干净，早读一下课就有同学乱扔纸屑。谁丢下这些纸屑就是不爱校，就是不爱国，天下无大事，请先把自己脚下的纸屑捡起来——这就是我们的终身都要学的最重要的"课本"。好的，同学们请你马上捡起自己脚下的废纸，这就是爱校的开始。

我给大家讲一个故事。美国有个福特公司，福特是一个人，他大学毕业后，去一家汽车公司应聘。和他同应聘的三四个人都比他学历高，当前面几个人面试之后，他觉得自己没有什么希望了。但既来之，则安之。他敲门走进了董事长的办公室，一进办公室，他发现门口地上有一张纸，他弯腰捡了起来，发现是一张废纸，便顺手把它扔进了废纸篓里。然后才径直走到董事长的办公桌前，说："我是来应聘的福特。"董事长说："很好，很好！福特先生，你已被我们录用了。"福特惊讶地说："董事长，我觉得前几位都比我好，你怎么把我录用了呢？"董事长说："福特先生，前面三位的确学历比你高，而且仪表堂堂，但是他们的眼睛只能看见大事，而看不见小事。你的眼睛能看见小事，我认为能看见小事的人，将来自然看到大事，一个只能看见大事的人，他会忽略很多小事。他是不会成功的。所以，我才录用了你。"福特就这样进了这个公司，后来这个公司就扬名天下，福特把这个公司改为"福特公司"，也改变了整个美国的国民经济状况，使美国的汽车产业在世界占据鳌头，这就是今天美国福特公司的创造人福特。大家说，这张废纸重要不重要？看见小事的人能看见大事，但只能看见大事的人，不一定能看见小事，这是很重要的教训，亲爱的同学，我们都不应该忘记。

我们正在学校受教育的，我们肩负着学校的荣辱啊，人家看到我们就看到学校的希望！同学们由"天下兴亡，我的责任"！你是否应该记住"学校兴亡，我的责任"！

范文：端午节演讲

各位师生：

大家好！

今年的5月28日是农历五月初五，中国的传统节日——端午节。人们会通过赛龙舟、包粽子、喝雄黄酒等形式来纪念屈原。

据《史记·屈原贾生列传》记载，屈原，是春秋时期楚怀王的大臣。他倡导举贤授能，富国强兵，力主联齐抗秦，遭到贵族子兰等人的强烈反对，屈原遭谗去职，被赶出都城，流放到沅、湘流域。在流放中，他写下了忧国忧民的《离骚》《天问》《九歌》等不朽诗篇，独具风貌，影响深远。公元前278年，秦军攻破楚国京都。屈原眼看自己的祖国被侵略，心如刀割，但是始终不忍舍弃自己的祖国，于是在五月五日写下了绝笔作《怀沙》之后，抱石投汨罗江身死，以自己的生命谱写了一曲壮丽的爱国主义乐章。

屈原死后，楚国百姓非常哀痛，纷纷涌到汨罗江边去凭吊屈原。渔夫们划起船只，在江上来回打捞他的尸体。有的渔夫拿出饭团、鸡蛋等食物丢进江里，希望鱼龙虾蟹吃饱了，不会去咬屈大夫的身体了。有的拿来一坛雄黄酒倒进江里，希望晕倒蛟龙水兽，以免伤害屈大夫。后来怕饭团为蛟龙所食，人们想出用楝树叶包饭，外缠彩丝，发展成为粽子。

郭沫若评价屈原为"伟大的爱国诗人"。他开浪漫主义诗歌之先河，创立了"与天地兮同寿，与日月兮同光"的楚辞文体；发明了"惟草木之落兮，恐美人之迟暮"的香草美人传统。他奔流肆意的想象，源源不绝的才情，似河流汇聚成海一般，浩瀚无垠。我国文史上最长的抒情诗——《离骚》，就是他集毕生心血所成的作品。

屈原去世已有2300年了，今天我们来纪念他，主要是学习他爱祖国爱人民、坚持真理、宁死不屈的精神和他"可与日月争辉"的人格。屈原作为一个改革家，他的政治理念，他的改革期望，都因当时客观残酷的社会条件而失败了。但作为一个伟大的爱国者、思想家和文学家，他却成功了。"举世皆浊我独清，举世皆醉我独醒"是他的气节，"路漫漫其修远兮，吾将上下而求索"是他的伟岸。他如菊的淡雅，如莲的圣洁，强大的精神力量，为后人颂扬，激励感染了无数中华儿女前行的脚步！

屈原的伟大，不仅是他刻骨铭心的诗句，更是他矢志不移的爱国精神，不与奸佞小人同流合污的高风亮节。五千年中华文明史少不了屈原，灿烂的中国文学史少不了屈原。

屈原的精神是不朽的。不管时光如何变迁，他永远生活在岁月的长河里，永远铭记在人们的心中！

范文：六一国际儿童节演讲

亲爱的同学们：

在这个阳光灿烂、姹紫嫣红的日子里，我们又迎来了你们最快乐的节日——六一国际儿童节。在这欢乐的时刻，我代表全校老师衷心祝愿你们节日快乐、学习进步、身体健康！同时真诚感谢一直关心、支持、帮助××学校的上级领导、各界朋友和广大家长；更要对为同学们的成长付出艰苦劳动、倾注无私爱心的全体老师表示由衷的感谢和崇高的敬意！

同学们，当你们背着书包兴冲冲地来到了××学校读书以后，××学校的校园变得生机勃勃、充满活力：朗朗的读书声是你们求知的回声；健美的广播操是你们健身的韵律；追逐嬉戏的笑声是你们快乐的音符；运动会上矫健的身影是你们拼搏的勇气；方方面面的进步是你们汗水的结晶……

为了你们的快乐童年，为了嘉奖你们的进步，学校千方百计让你们过好六一国际儿童节。为此学校投入了一定的资金，老师们倾注了大量的精力，举办了丰富多彩的"艺术周"活动。这一星期来，校园里到处充满着喜气与欢乐,到处充满着生机与活力,仿佛花草树木都在载歌载舞,欢庆"六一"。"面向全体、重在参与；大胆表现、体验成功；以艺养德、以艺促智、以艺促乐。"这是我们举办艺术周活动的宗旨。在整个艺术周活动中你们不辜负老师们的希望，充分展示了自己的才华：如，歌声甜美的班级歌咏比赛，滑稽幽默又富有教育意义的课本剧表演，色彩丰富又极富创造力的儿童画创作，蕴含着同学们智慧与美感的"扇面设计"和"水果拼盘"，给人鼓舞、催人奋进的阵阵鼓乐，热闹非凡的校园小超市等，无不表现了同学们的智慧和才华。可以说，在我们这所新兴的××学校，同学们在老师的循循善诱和无微不至的关怀下，变得越来越聪明了；而我们××学校也因有了你们，显得充满生机和活力。××学校是你们成长的摇篮，大家要像爱家一样爱学校。

同学们，今天的你们还是含苞待放的花朵，我们每位老师都愿化作阳光，温暖你们；我们愿化作甘雨，滋润你们。总之，我们愿化作你们成长所需要的一切，只要祖国的花更美，祖国的明天更灿烂。

同学们，在阳光雨露的滋润下你们渐渐地长大了，看着自己辛勤浇灌的花朵慢慢开放，越开越美丽，老师们更是乐在其中。如果过去的时间，你们的幸福是父母、老师、亲戚、朋友给创造的，那么今后的幸福则要你们通过自己的努力去获得——不断获得学习的进步，多多练就为他人、为祖国服务的本领，朋友越来越多、友情越结越深……总之，学习是快乐的、幸福的，你们要在学习中获得幸福、享受快乐。当你们长大成人的时候，要用你们的智慧和双手为别人创造更多的幸福，报答所有为你们的成长付出心血的朋友们。

可爱的同学们，昨天是值得我们赞美的，因为已付出了努力；今天是应该好好把握的，因为把握好每一个"今天"，就意味着把握好了今生；明天是充满竞争和希望的，你们是否应该夯实基础、信心百倍地去面对呢？

在今天这个你们最快乐的日子里，作为校长，我再一次衷心地祝福你们，愿你们的每一天都像鲜花般灿烂！

范文：中秋节演讲

晚上好！欢迎大家出席我们的中秋联欢晚会。

在华人的传统节日中，中秋节是欢庆丰收的节日，也是阖家团聚、把酒邀月的喜庆之时，更有"嫦娥奔月"的美丽传说，将中秋月夜点缀得浪漫迷人。每年此时，总商会都会举办五彩缤纷的活动，欢度中秋佳节，不仅是加强会员和朋友们之间家庭的融合及生意的交流，我们也承此机会，让大家加深对悠久的中华文化的了解，并使不同种族、语言和宗教的同胞相互交流，增进认识，进一步加强种族和谐与社会凝聚力。

庆祝像中秋这样的华人传统节日已成为我们的常年活动，当然这只是总商会为保存和发扬中华文化所开展的许许多多活动之一。随着中国经济的迅速增长，总商会将负起更重大的使命，更加注重自身新的定位，并实现新的发展，以帮助新加坡人、特别是年轻一代更好地了解中国的文化、历史和当前的发展状况，在同中国的经贸往来及开发中国市场方面增加竞争优势。

多年来，我们一直积极支持"讲华语运动"，并一如既往地组织或赞助与中华文化及华语有关的各项活动。我们将继续开展这些活动，同时也开发一些创新的、具有实用价值的文化活动，比如主办一系列"中国古典名著给现代企业管理的启示"方面的讲座，将中华文化知识与经商紧密结合起来。

此外，我们的附属机构——新加坡中华总商会企业管理学院开办商业华语课程已有多年。这些课程广受欢迎，现在，一些放眼中国市场的本地非华族专业人士也开始青睐商业华语课程了。我们将进一步增加与办好这些课程，以满足快速增长的需求。

总商会也曾投入大量的经费和精力，帮助新加坡人了解中国的历史及其对东南亚的影响。本会充分认识到晚晴园所蕴含的深厚历史意义，对其进行了修复和扩建，重新命名为"晚晴园—孙中山南洋纪念馆"，并于去年底重新向公众开放。这座见证了孙中山南洋革命活动足迹的建筑，现在已成为一座普及国民教育的纪念馆，使到访者对中国的历史及近代发展有基本的了解。

今晚，非常荣幸地邀请到××政务部长参加我们的中秋联欢晚会。我谨代表新加坡中华总商会，向您及您的家人致以真诚的祝福，并祝各位嘉宾中秋愉快，身体健康，家庭美满，合家幸福。

谢谢！

范文：教师节演讲

"学高为师，身正为范。"

多么朴实的八个字，却是对教师道德示范作用的最好评价。

父母之爱，让我们感受到养育的艰辛；朋友之爱，让我们体会到互助的温暖；教师之爱，让我们享受到了不求回报无私关爱的博大。

教师是爱的传播者

教师为什么令我们难忘，是因为我们的心田里倾注了教师的爱。教师为什么令我们感动，是因为我们的灵魂深处凝结了教师的真情。

"捧着一颗心来，不带半根草去。"这是教育家陶行知的真挚感言。教师的爱是一种无私的爱，他们对学生的爱从不求回报。在工作中，无论遇到什么样的不理智和被误解的事情，他们决不因此而影响到对学生的教诲和关爱，他们绝不会把对学生的爱与自己的个人目的和利益联系起来。

一日为师，终身为父。教师的爱是一种最高尚的爱。教师的爱不仅是出于他们职业本身的责任和义务，教师们更是把学生看作他们自己的儿女，倾注全部的心血。教师的爱更肩负着祖国的未来和民族的希望，肩负着振兴中华的重任。

教师的爱是一种理智的爱。教师思考的是学生未来的长远发展，他们从不因眼前的不理解而放任迁就。教师的理智是超人的，他们对芸芸众生能够区别对待，因人施教，做到对好学生不溺爱，对差学生不操之过急、循循善诱。教师的爱包含母爱且胜于母爱，在于这种爱是严格要求和精心施教的完美结合，在于它突破了母亲的那种一味的溺爱。

有人说："疼爱自己的孩子是本能，而热爱别人的孩子是神圣！"我们的教师所给予的爱恰恰就是这种神圣。"教育没有爱就成了无水之池"，教师用自己的汗水辛勤耕耘，不断浇开一朵朵美丽的心灵之花。

对教师的爱，学生的感触是最真切的：

你给了我整片的星空，/好让我自由地去来。/你给了我一盏知识的明灯，

/为我照亮了前方的道路。/我知道，/我享有的是一份博大宽广的爱。

报效国家是我们中华民族传统文化的第一要义。对于报国，人们首先想到的是冲锋陷阵的战斗英雄。对于报国，人们还会想到维护国家名誉和地位的政治家、外交家。然而，教师却用另外一种方式担当起了教育报国的重任，不彰显，只尽责。

教师是赤心报国者

人才是国家发展的栋梁，人才是民族强盛的中坚力量。人才的成长源于良好的教育，教育的繁荣要靠教师的辛勤劳动，靠教师的赤子报国情深。

从我国古代著名教育家孔子开始，国家的命运时刻牵挂着众多教师的心。孔老夫子为了诸侯各国的发展与民众的利益，他奔走讲学、传播德政。孔子的政治、教育思想不仅影响了当时国家和民族的命运，而且形成了影响中国数千年社会发展的主流思想。

近代中国处在民族危机之中，康有为、梁启超等一批甘愿肩负国家重任的有识之士开办学堂，传授救国思想。

中华人民共和国成立后，百废待兴，急需大批建设人才。这时包括华罗庚等在内的一大批有着当时学术领域先进水平的教授们，他们看到新中国建设的需要，毅然放弃国外优厚的生活和工作条件，回国投入到培养祖国急需人才的行列。

在美国加州理工学院深造毕业的博士唐有祺，本来可以留校任教，但一听到中华人民共和国成立的消息，立刻表现出了难以抑制的兴奋。想到民族历经的磨难，他迫切地想承担起时代赋予的重任。

当他接到清华大学的回国任教邀请时，毅然放弃国外优厚的生活条件，决定回国。1951年，朝鲜半岛上的战火越烧越旺。美国政府对他正常回国途径进行种种阻挠，也没有挡住他报效祖国的步伐。克服重重困难、种种阻挠，1951年，唐有祺教授绕道欧洲，历时三个月回到祖国。

在长期担任教学工作过程中，他在物理、化学和结构化学领域中为国家培育了一大批优秀人才。他的夫人张丽珠女士，则被称为"神州的试管婴儿之母"。

像这样的教师数不胜数,他们把祖国的召唤当作自己前进的命令,他们把民族的未来当作义不容辞的责任。

现在,随着西部大开发对人才的需求,又有一批批年轻的教师们到西部贫困边远地区的教育一线,默默地奉献着他们的青春。

报效国家是我们教师的又一高尚品格!

一根火柴的力量是微不足道的,但它可以点燃一堆熊熊的烈火。教师的工作是普通的,但却可以唤起无数学子渴求知识的激情。我们的教师就是这样不求自己的壮丽人生,只求在平凡中让学生们一步步长大。

范文:重阳节演讲

尊敬的老师、同学们:

大家早上好!今天我的讲话题目是"尊老、敬老、爱老、助老"。

今天是中国的又一个传统节日——重阳节。九九重阳,因为与"久久"同音,九在数字中又是最大数,有长久长寿的含意,况且秋季也是一年中收获的黄金季节,重阳佳节,寓意深远。1989年,我国把重阳节定为"老人节",此后每年农历九月初九又成为尊老、敬老、爱老、助老的日子。

中央电视台《东方时空》栏目在前年重阳节作了一个非常有意义的调查:请问,你是否知道父母的生日?在10个小时内,有1840人投票,其中回答"知道"的有1274票占69.24%;"都不知道"的有338票占18.37%;"知道父母中一位"的有228票占12.39%。说实话,看了这些数据,实在是有些刺眼,实在令人担忧。

中国已经步入老龄社会,进一步倡导尊老敬老的传统文化尤其显得必要。有数据表明:中国60岁以上老年人口已经超过了1.3亿,占全国人口的10%以上。到本世纪中叶,中国老年人口将达4亿,占全国人口的1/4。

"花无重开日,人无再少年。"总有一天我们也会成为老人。作为××学校的学生,我们应该发扬尊老、爱老的优良传统。在重阳节这天,向爷爷、奶奶、外公、外婆致以节日的问候,感谢他们为自己所做的一切;在平时,帮助他们做些力所能及的家务活,关心照顾他们,多陪他们聊聊天,从每一件小事做起,做他们的乖孙子。同时向社会的爷爷、奶奶伸出关爱、帮扶之手。

当然,尊老敬老绝不是重阳节一天的事,应该是在日常生活中,帮助老人解决生活的困难,多给老人一些心理慰藉。因此,我提议,每一位少先队员都要用实际行动向老人们献上我们的一份心意,为自己的爷爷奶奶或者邻居老人做些力所能及的事,比如帮他们洗衣、洗碗、扫地、叠被,多为他们着想,少让他们做那些本来应该是我们自己做的事,把好吃的让给他们,把有趣的事告诉他们,对邻居长辈有礼貌,外出礼让老人。"岁岁重阳,今又重阳。"希望我们所有的人都从现在做起,都能尊老、爱老。在天高云淡、秋风飒爽的季节,让我们共同祝愿天下所有的老人都能幸福、安康。

愿所有老人都过上和我们一样幸福的生活!

我的讲话完毕。谢谢大家!

范文:国庆节演讲

永远的爱人啊,看,全中国正以春天般明媚的心态为您庆祝60周岁寿诞呢。在这里,我要以满腔真诚为您献上火红的玫瑰。

俯首沉思,坎坷几多。

曾经,您好似一头睡狮。在被欺侮的岁月里,沉默了多少年。您听任了岁月的磨砺,但又不为之低下身躯。您经历了太多太多,经历了痛苦的洗礼,也经历了奋斗的欣慰;经历了成功的喜悦,也经历了等待的寂寞。但不管怎样,您是英雄。"雷霆之所击,您无摧折,万钧之所压,您无泯灭!"

因而,在您60岁诞辰上,我要为您献上60朵玫瑰,让每一朵玫瑰承载您的历史与记忆。

手起琴响,春雷轰鸣。

听,您的一颦一笑,就是一首《义勇军进行曲》,"起来——不愿做奴隶的人们——把我们的血肉筑成我们新的长城——"

再听，一声春雷，为您展开了新篇章。以前的一切悲哀被击碎。您终于醒了，这一醒便注定了千年的美丽！

您的鲜血使荆棘开花，您的激情就像向日葵永远朝着太阳生长……

今天，您是快乐的，我们是幸福的！

因而，在您60华诞上，我要为您献上60朵玫瑰，让每一朵玫瑰珍藏您的美丽与笑容。

风华正茂，挥出大手笔。

三叠九折，岁月无痕。历史永远是历史。

我们与您一起靠着传统农业走了2000年，20世纪的最后20年里，我们与您终于开始了现代化的历程。您的巨变让世人刮目相看，世界银行《2020年的中国——新世纪发展的挑战》研究报告中这样夸您说"中国只用了一代人的时间，就取得了其他国家用几个世纪才能取得的成就"！

历史的今天，全世界人民亲眼目睹了您的成功，自豪与自信。香港、澳门的回归，标志了西方对亚洲殖民统治的彻底结束。2008年的"绿色奥运"，更是体现了您的经济实力与国际地位。

21世纪里，我们在党中央的领导下，为您"研墨""蘸笔"，您泼墨而下，乘兴而起，在天地间笔如行云，锋似蛟龙，挥写着永远的明天。

因而，在您60岁生日的宴会上，我要为您献上60朵玫瑰，让每一朵玫瑰呼唤您的未来与希望。

永远的爱人，永远的玫瑰。

"碧海青天夜夜心"，我要为国庆献礼，献上永远的玫瑰。我要与亲爱的祖国一起去追溯，追溯"我们的未来不是梦"！

第九章
校园演讲词

第一节 校园演讲的适用范围

校园是一个微型的社会，相对于真正的社会，校园是一个充满了激情和希望的场所，她是清新纯净的。所以校园演讲通常都是非常有激情的，同时校园演讲的听众都是具有一定文化素养的，对于他们即使用些比较复杂的成语、典故也是能够被理解的。所以在做校园演讲时，风格要是积极向上的，充满青春的热情的。

校园演讲主要包括以下几类。

（一）开学典礼演讲

开学典礼是一个学校每学期伊始的必备工作，在开学典礼上，校领导为了迎接新同学的到来、鼓励老同学更加努力，一定要做一篇演讲，这就是开学典礼演讲。

开学典礼演讲，通常是介绍学校的历史、教师情况、办学宗旨、取得的成绩等等内容。

（二）毕业典礼演讲

毕业典礼和开学典礼演讲正好相反，是学生们离开校园时，由校领导、特约嘉宾甚至可以是学生自己对于自己的在校时期的生活做出的总结和对未来的期望。

这样的演讲一般都是抒情的倾诉心声，表达情意，给学生的在校生活画上一个圆满的句号，并对于他们的未来提出殷切的期望。

（三）同学聚会演讲

同学聚会演讲可以是在校时的联欢会，也可以是毕业后的重逢相聚。不同的时期，表达的主题也是不相同的，前者，一般是畅谈理想和未来。后者这时怀念过去，重述友情。同学聚会演讲一般是自由自在，无拘无束的。

（四）学生干部竞选演讲

学生干部是在学校中，帮助教师进行校园管理的重要人员，随着社会的发展，学生干部的选择越来越民主、自由。成为一名学生干部的第一步就是做好学生干部的竞选演讲。

（五）校庆演讲

校庆对于每一个学校来说都是至关重要的组成部分，它关系到了学校的文化和历史。一般校庆演讲都是由校领导、来访嘉宾、成功校友等人员，在校庆的庆祝典礼上发表演讲。

校庆演讲的内容一般是祝贺学校，感谢来宾，回顾学校的发展史，畅想学校的未来规划。

（六）校园建设演讲

在全社会提倡和谐社会的当今，校园当然也要提倡和谐校园，对于如何构建和谐校园，就是校园建设演讲要讨论的问题了。对于学校，这其实就是要从如何规范管理来谈，对于学生和教师就要从自身修养方面来讨论。

（七）园丁风采

歌颂老师的演讲是一个永恒的题目。但同时要注意不能只是说一些套话，要有发自肺腑的真情实感。

第二节　校园演讲的作用

（一）校园演讲是传播知识的有效途径

当今，尽管科学技术高度发展，知识传播的途径增多，但作为直接运用语言进行传播的演讲，由于现场的作用，能对人体感受多重的综合刺激，高度调动人们的注意力，促进思维活动，并且使听众在情绪、情感、意志等方面同时受到影响，从而加深对演讲所传播的科学知识的理解，增强学习效果，因而它始终是传播科学文化知识，提高文化素养的有效途径。

学校是传播文化科学知识的基地，虽然一般的课堂教学不能算作演讲，但它毕竟具有许许多多演讲的因素。因此，从某种意义上讲，课堂传道授业，也可以说是演讲功能的体现；同时，在学校教学活动中，作为课堂教学的辅助和补充，经常开展的各种类型的学术讲座，却是非常正规的演讲。这种演讲通常是由具有一定修养和造诣的学者、权威担任主讲，能造成良好的心理定势，引起学生的兴趣。这种演讲对深化课堂教学内容，繁荣学术研究，促进科学的普及起着十分重要的作用。此外，学校广泛开展的读书演讲、电影故事演讲、专题辩论演讲、调查访问演讲以及其他专题演讲，对培养学生的观察能力、分析综合能力、表达能力也都具有十分积极的作用，可以促使青年学生向多学科的领域迈进。

（二）校园演讲是思想教育的最佳形式

社会的发展从各个方面以各种不同方式影响着人们的心理状态和精神面貌。特别是青年，受时代的影响表现得更为明显。当代青年兴趣广泛，思想活跃，乐于探索，勤于思考，勇于进取，也敢于标新立异，且十分自尊、自信，不喜欢空洞的说教和粗暴的训斥。演讲的魅力正在于"晓之以理，动之以情、授之以知，导之以美，明之以实，联之以身"。因此，对群众，特别是对青年一代进行前途、理想、道德、纪律的教育，演讲是最理想的形式。古希腊学者、唯物主义哲学家德谟克利特有一句名言："用鼓动和说服的语言来造成一个人的道德，显然是比用法律和约束更能成功。"运用演讲的特殊手段和魅力来"鼓动和说服"听众，正符合当今思想政治工作的要求。

再者，积极开展演讲活动，也是青年自我教育的好形式，事实上，青年演讲者从产生演讲动机、组织演讲材料，到当众演讲的整个过程，也就是自我教育、提高认识的过程。同时，由于青年人之间有着许多共性，青年人自己现身说法，听众能在心理上产生亲切感，在思想上产生强烈共鸣，从而取得"频率共振"的良好效果。

第三节 校园演讲词的实际应用

范文：布什在耶鲁大学的演讲

我很荣幸能在这个场合发表演讲。

我知道，耶鲁向来不邀请毕业典礼演讲人，但近几年来却有例外。虽然破了例，但条件却更加严格——演讲人必须同时具备两种身份：耶鲁校友、美国总统。我很骄傲在33年前领取到第一个耶鲁大学的学位。此次，我又为荣获耶鲁荣誉学位感到光荣。

今天是诸位学友毕业的日子，在这里我首先要恭喜家长们：恭喜你们的子女修完学业顺利毕业，这是你们辛勤栽培后享受收获的日子，也是你们钱包解放的大好日子！最重要的是，我要恭喜耶鲁毕业生们：对于那些表现杰出的同学，我要说，你真棒！对于那些丙等生，我要说，你们将来也可以当美国总统！

耶鲁学位价值不菲。我时常这么提醒切尼（现任美国副总统），他在早年也短暂就读于此。所以，我想提醒正就读于耶鲁的莘莘学子，如果你们从耶鲁顺利毕业，你们也许可以当上总统；如果你们中途辍学，那么你们只能当副总统了。

这是我毕业以来第二次回到这里。不过，一些人，一些事至今让我念念不忘。举例来说，我记得我的老同学狄克·布洛德翰，如今他是伟大学校的杰出校长，他读书时的聪明与刻苦至今让我记忆犹新。那时，我们经常泡在校图书馆那个有着大皮沙发的阅读室里。我们有个默契：他不大声朗读课文，我睡觉不打呼噜。

后来，随着学术探索的领域不同，我们选修的课程也各不相同，狄克主修英语，我主修历史。有趣的是，我选修过15世纪的日本俳句——每首诗只有17个音节，我想其意义只有禅学大师才能明了。我记得一位学科顾问对我选修如此专精的课程表示担忧，他说我应该选修英语。现在，我仍然时常听到这类建议。我在其他场合演讲时，在语言表达上曾被人误解过，我的批评者不明白：我不是说错了字，我是在复诵古代俳句的完美格式与声韵呢。

我很感激耶鲁大学给我们提供了这么好的读书环境。

读书期间，我坚持"用功读书，努力玩乐"的思想，虽然不是很出色地完成了学业，但结交了许多让我终生受益的朋友。也许有的同学会认为，大学只是人生受教育的重要部分，殊不知，"大学生活"这四个字的内涵十分深厚，它既包含丰富的学科知识和学术氛围，也蕴含着许多支撑人生成败的观念，还有那丰富多彩的生活以及诸多值得结交的朋友。大家常说，"耶鲁人"，我从不确定那是什么意思。

但是我想，这一定是含着无限肯定与景仰的褒义词。是的，因为耶鲁，因为有了在耶鲁深造的经历，你、我、他变成了一个个更加优秀的人！你们离开耶鲁后，我希望你们牢记"我的知识源自耶鲁"，并以你们自己的方式、自己的时间、自己的奋斗来体现对母校的热爱，听从时代的召唤，用信心与行动予以积极响应。

你们每个人都有独特的天赋，你们拥有的这些天赋就是你们参与竞争、实现人生价值的资本，好好利用它们，与人分享它们，将它们转化为推进时代前进的动力吧！人生是要让我们去生活、而不是用来浪费的，只要肯争上游，人人都可当总统！

这次我不仅回到母校，也是回到我的出生地，我就是在几条街之外出生的。在那时，耶鲁与无知的我仿佛要隔了一个世界之遥，而现在，她是我过去的一部分。对我而言，耶鲁是我知识的源泉，力量的源泉，令我极度骄傲的源泉。我希望，将来你们以另外一种身份回到耶鲁时，能有与我一样的感受并说出相同的话。我希望你们不要等太久，我也坚信耶鲁邀请你回校演讲的日子也不会等太久。

范文：黑格尔海德堡大学演讲

黑格尔，德国哲学家，德国古典唯心主义哲学的完成者。著有《逻辑学》《哲学全书》等。本文是1816年10月28日在海得堡大学教授哲学的开讲词。

诸位先生：

我所讲授的对象是哲学史。而今天我又是初次来到本大学，所以请诸位让我首先说几句话，就是我特别感到愉快，恰好在这个时机我能够在大学里面重新恢复我讲授哲学的生涯。因为这样的时候似乎业已到来，即可以期望哲学重新受到注意和爱好，这门几乎消沉的科学可以重新扬起它的呼声，并且可以希望这个对哲学久已不闻不问的世界又将倾听它的声响。时代的艰苦使人对于日常生活中平凡的琐屑兴趣予以大大的重视，现实上很高的利益和为了这些利益而作的斗争，曾经大大地占据了精神上一切的能力和力量以及外在的手段，因而使得人们没有自由的心情去理会那较高的内心生活和较纯洁的精神活动，以致许多较优秀的人才都为这种艰苦环境所束缚，并且部分地被牺牲在里面。因为世界精神太忙碌于现实、所以它不能转向内心，回复到自身。现在现实的这股潮流既然已经打破，日耳曼民族既然已经从最恶劣的情况下开辟出道路，且把它自己的民族性———一切有生命的生活的本源——拯救过来了：所以我们可以希望，除了那吞并一切兴趣的国家之外，教会也要上升起来，除了那为一切思想和努力所集中的现实世界之外，天国也要重新被思维到，换句话说，除了政治的和其他与日常现实相联系的兴趣之外，科学、自由合理的精神世界也要重新兴盛起来。

我们将在哲学史里看到，在其他欧洲国家内，科学和理智的教养都有人以热烈和敬重的态度在从事钻研，唯有哲学，除了空名字外，却衰落了，甚至到了没有人记起，没有人想到的情况，只有在日耳曼民族里，哲学才被当作特殊的财产保持着。我们曾接受自然的较高的号召去作这个神圣火炬的保持者，如同雅典的优摩尔披德族是爱留西的神秘信仰的保持者，又如萨摩特拉克岛上的居民是一种较高的崇拜仪式的保存者与维持者，又如更早一些，世界精神把它自己最高的意识保留给犹太民族，使它自己作为一个新精神从犹太民族里产生出来。（我们现在一般地已经达到这样一种较大的热忱和较高的需要，即对于我们只有理念以及经过我们的理性证明了的事物才有效准。——确切点说，普鲁士国家就是这种建筑在理智上的国家。）但是像前面所提到的时代的艰苦和对于重大的世界事变的兴趣也曾以阻遏了我们深彻地和热诚地去从事哲学工作，分散了我们对于哲学的普遍注意。这样一来坚强的人才都转向实践方面，而浅薄空疏就支配了哲学，并在哲学里盛行一时。

我们很可以说，德国自有哲学以来，哲学这门科学的情况看起来从来没有像现在这样坏过。空洞的词句、虚骄的气焰从来没有这样飘浮在表面上，而且以那样自高自大的态度在这门科学里说出来做出来，就好像掌握了一切的统治权一样。为了反对这种浅薄思想而工作，以日耳曼人的严肃性和诚实性来工作，把哲学从它所陷入的孤寂境地中拯救出来——去从事这样的工作，我们可以认为是接受我们时代的较深精神的号召。让我们共同来欢迎这一个更美丽的时代的黎明。在这时代里，那些向外驰逐的精神将回复到它自身，得到自觉，为它自己固有的王国赢得空间和基地，在那里人的性灵将超脱日常的兴趣，而虚心接受那真的、永恒的和神圣的事物，并以虚心接受的态度去观察并把握那最高的东西。

我们老一辈的人是从时代的暴风雨中长成的，我们应该赞美诸君的幸福，因为你们的青春正是落在这样一些日子里，你们可以不受扰乱地专心从事于真理和科学的探讨。我曾经把我的一生贡献给科学，现在我感到愉快，因为我得到这样一个地方，可以在较高的水准，在较广的范围内，与大家一起工作，使较高的科学兴趣能够活跃起来，并帮助引导大家走进这个领域。

我希望我能够值得并赢得诸君的信赖。但我首先要求诸君只需信赖科学，信赖自己。追求真理的勇气和对于精神力量的信仰是研究哲学的第一个条件。

人既然是精神，则他必须而且应该自视为配得上最高尚的东西，切不可低估或小视他本身精神的伟大和力量。人有了这样的信心，没有什么东西会坚硬顽固到不对他展开。那最初隐蔽蕴藏着的宇宙本质，并没有力量可以抵抗求知的勇气；它必然会向勇毅的求知者揭开它的秘密，而将它的财富和宝藏公开给他，让他享受。

范文：爱默生演讲

爱默生，美国诗人、散文家和演说家。本文是他1837年8月31日在美国大学优秀生全国联谊会上的讲话。

迄今为止，我们的节日一直只是一种友善的象征，表示我们这忙碌得无暇顾及文学的民族，仍然对文学存着一点爱好。因此，这点爱好有极宝贵的意义，显示我们对文学一种永不泯灭的本能。但是，也许应该有点变化，而且必会发生变化的时刻到了；这大陆上沉睡的知识分子早应觉醒，睁开沉重的铁眼皮，向世界提供一些比机械技术更美好的事物，满足世界期待已久的愿望。我们在学术上依赖别人，长期学习别国的日子快结束了。我们周围的千千万万人，正投身在火热的生活中，不能总吃外国文化的残羹剩饭。我们也有许多事变与活动，要我们去歌唱，它们也要歌唱自己。谁能怀疑诗歌在新时代里将复兴？它像正在天顶熠熠闪耀的天琴星座那样，据天文学家报告，终有一天将成为光照千古的明星，指引我们前进。

我怀着喜悦看到未来的种种吉兆，它们已经透过诗歌和艺术、哲学和科学、教会和政府闪现出来。

这些征兆之一就是所谓国家最底层的阶级已通过运动提升了地位，这运动也同时令文学呈现出值得注意和良好的态势。人们着意发掘并谱写成诗的，不是崇高优美的阳春白雪，而是发生在身旁的、卑微而平凡的事物。那些为束装远游、寄情异国的人踩在脚下不屑一顾的事物，忽然被人发现其实远比一切外国事物更绚烂多彩。穷人的文学、童稚的感情、街头的哲学、家庭生活的意义，都是当代的题材。这是一个跃进。生命的暖流已经流入手指脚尖，身体四肢都已活跃起来，这难道不是一种新的活力迹象吗？我不奢求伟大的、遥远的、浪漫的事物，不追求意大利或阿拉伯的成就，不追求希腊的艺术或普罗旺斯的吟游诗歌；我拥抱平凡，我要探索人所共知的平凡低下的事物。你们尽可占有古代和未来的世界，让我洞察今天的生活吧。我们要从哪里去真正了解意义呢？那就是从桶中饭菜、锅里牛奶、街头小调、马路新闻、目光一闪、身材形体、走路姿态——把这些微末琐事的终极道理写出来，把隐藏于其中最崇高的精神因素写出来吧，因为最崇高的东西往往隐藏在自然界最偏远最微末的地方。让我看到每件日常琐事都直接联系着一条永恒的法则。一间店铺、一把犁耙和一本账簿同样会引起光波荡漾，值得诗人讴歌，这样，世界就不再是一间堆满零乱杂物、死气沉沉的陋室，却是井然有序。世界无所谓琐事细节，也无所谓疑案难题，最高的与最低的天地万物联成一体，有着同一的生命设计。

哥尔德斯密斯、彭斯、柯珀以及近代的歌德、华兹华斯、卡莱尔等的天才，就是由上述观念激发出来的。他们从不同的角度遵循上述观念，各取得不同成就。同他们的著作相比，蒲柏、约翰逊和吉本的文体显得冷冰冰地带学究气。而他们的著作却都是热血沸腾的。人们惊异地发现，身边的事物并不见得不如远处的美丽与新奇。近的事物解释遥远的事物。一滴水就是一个小小的海洋。一个人联系整个自然界。从平凡事物中感受价值，可以结出累累硕果。

范文：梁启超清华演讲

问诸君为什么进学校，众人会答为求学问。再问为什么求学问，各人答案就会不同，或者竟自答不出了。诸君啊！我请替你们答一句吧："为学做人。"在学校学的各门学科，不过是做人所需一种手段，不能说专靠这些便达到做人目的，任凭你把这些件件学得精通，你能否成个人还是问题。

人类心理有知、情、意三部分。这三部分圆满发达的状态，我们先哲称之为三达德——智、仁、勇。为什么叫"达德"？因为这三事是人类普通道德标准，总要三者具备，才能成一个人。三件的完成状态如何？孔子曰："智者不惑，仁者不忧，勇者不惧。"所以教育应分为知育、情育、意育三方面。都应以这三件为究竟。

怎么样才能不惑？最要紧是养成我们的判断力。第一，须有相当的常识，进一步，对于自己要做事须有专门智识，再进一步，还要遇事能断智慧。假如一个人连常识都没有。听见打雷，说是雷公发威，看见月蚀，说是蛤蟆贪嘴，那么，一定闹到什么事都没有主意，碰着一点疑难问题，就靠求神问卜看相去解决，真所谓"大惑不解"成了最可怜的人了。学校里小学所教，就是要人有了许多基本的常识，免得凡事都暗中摸索。但仅有点常识还不够，我们做人，总要各有一件专门职业。这就是专门学识。但专靠这常识和学识还不够，还须养成总体智慧，才能得有根本判断力。这总体智慧的养成：第一，要把我们向来粗浮的脑筋着实磨炼他，叫他变成细密而且踏实。那么无论遇到如何繁难的事，我都有可以彻头彻尾想清楚他的条理，自然不至于惑了。第二件，要把我们向来昏浊的脑筋，着实将养他，叫他变成清明。以上所说常识和总体智慧，都是智育要件，目的是教人做到"智者不惑"。

怎么才能不忧？为什么仁者会不忧？想明白这个道理，先要知中国先哲人生观怎样。"仁"之一字，儒家人生观的全体大都包含在里头。仁是普遍人格之实现。孔子说："仁者仁也。"但人格不是单独一个人可以表现的，要从人和人的关系上看来。即彼我互感互发，成为一体，然后我的人格才能实现。讲人格主义，当然归宿到普遍人格。换句话说，宇宙即人生，人生即宇宙，我们人格与宇宙无二无别。体验得这一道理，就叫仁者。然则他为何不忧？大凡忧之所从来，不外两端，一曰忧成败，二曰忧得失。我们得着"仁"的人生观，就不会忧成败。为什么呢？因为我们知道宇宙和人生是永远不会圆满的，所以《易经》六十四卦，始"乾"而终"未济"。

正为在这永远不圆满的宇宙中，才永远容得我们创造进化。我们所做的事，不过在宇宙进化几万万里的长途中，往前挪一寸，两寸，哪里配说成功呢？然则不做怎么样呢？不做则一寸两寸都不挪，那可真真失败了。仁者看透这一理，信得过只有不做事才算失败，肯做事便不会失败。故《易经》说君子以自强不息。

换一方面看，他们又信得过凡事不会成功的，几万万里路挪了一两寸，算成功吗？所以《论语》说知其不可为而为之。你想有这种人生观的人，还有什么成败可忧呢？再者，我们得着"仁"的人生观，便不会忧得失。为什么？因为认定这东西是我的，才有得失之可言。连人格都不是单独存在，不能明确划分，然则哪里有东西可为我们所得？既无所得，当然无所失。我只是为学问而学问，为劳动而劳动，并不是拿学问劳动等做手段来达某种目的——可以为我们所得的。所以老子说生而不有，为而不恃。你想有这种人生观的，还有何得失可忧？总之，会觉得天地与我并生，而万物与我为一。自然会无入而不自得。其生活纯然是趣味化艺术化。这是最高情感教育，目的教人做到"仁者不忧"。

怎么样才能不惧？有了不惑不忧功夫，惧当然会减少许多了。但这属于意志方面的事。一个人若是意志力薄弱，便有丰富智识，临时也会用不着，便有优美的情操，临时也会变了卦。然则意志怎么才会坚强呢？头一件须要心地光明。孟子说浩然正气，至大至刚。行有不慊于心，则馁矣。又说自反而不缩，虽褐宽博，吾不惴焉；自反而缩，虽千万人，吾往矣。一人人要保持勇气，须要从一切行为可以公开做起，这是第一着。第二件要不为劣等欲望之所牵制。一被物质上无聊的嗜欲东拉西扯，那么百炼钢也会变为绕指柔了。总之，一个人意志由刚强变柔弱易，由柔弱返刚强难。自己做不起自己的主，还有何事可做？只有奋斗，才可得自由。孔子曰，和而不流，强哉矫；中立而不倚，强哉矫；国有道，不变塞焉，强哉矫；国无道，至死不变，强哉矫。做到这一步，非时刻做磨炼意志的功夫不可。意志磨炼到家，自然是看自己应做之事，一点也不迟疑，扛起来便做，"虽千万人吾往矣。"这样才算顶天立地做一世人，绝不会有左支右绌的丑态。这便是意育目的，教人做到"勇者不惧"。

诸君呀！你千万别以为得些断片的智识，就算是有学问呀。如果想做成一个人，智识越多越好；如果做不成一个人，知识越多越坏。……天下最伤心之事莫过于看着一群好好的青年，一步步地往坏路上走。诸君猛醒啊！现在你所厌恨的人，就是你前车之鉴了。

诸君啊！你现在怀疑吗？沉闷吗？悲哀痛苦吗？觉得外面压迫你不能抵抗吗？我告诉你，便是你因不知才会惑；你悲哀痛苦，便是你因不仁才会忧；你觉得你不能抵抗外界压迫，便是你因不勇才有惧。这便是你的知、情、意未经过修养磨炼，所以你还未成个人。我盼望你有痛切的自觉啊！有了自觉，自然会自动。那么，学校之外，当然有许多学问，读一卷经，翻一部史，到处都可发现诸君的良师呀！

诸君啊，醒醒罢！养足你的根本智慧，体验出你的人格人生观，保护好你的自由意志。你成不成人，就看这几年哩！

范文：北大百年校庆演讲稿

记得《北大往事》里有这样一句话："什么是文科生和理科生的分别，就是文科生踩在银杏落叶上有感觉，理科生则无动于衷。"

我不知道别人是否赞同这句话，我倒觉得理科生踩在落叶上应该有更多的感觉，因为整日埋头于书本的我们走路时能用脚感受一下情趣，不也是很难得的吗？——我说用脚，是因为耳朵、眼和手还得用来记公式和背单词呢。

这或许是个笑话，却反映了一种看法。在不少人看来，我们理科生的燕园生活要比文科的同学单调得多。当我刚进入北大时，我也是这样想的。甚至我们的班主任也是这样想的，记得他在第一次班会上写了这样一副对联："世事洞明皆代数，人情练达即分析。"

后来的生活似乎证明了这一点，我面对的是每周30多节的必修课，厚厚4大本的习题集，放下的是写了5年的诗集，读了10年的红楼。我们学了3个月，总算明白了一个300年前的定理，而此时在昌平园的同学来信已大谈特谈"我是杯清水，北大是坛老酒，爱情就是酒药"了。我不觉有些不平衡了，彷徨中我写了一封信给我高中时的班主任——正是在他的鼓励下我报考了北大而且填了"全部服从"。他的回信只有一句话："北大精神是做出来的，不是说出来的。"

是啊，北大精神是做出来的，当我们在清晨第一个进入自习室，当我们在深夜最后一个离开图书馆，当我们熄灯后打着手电继续寻求一个公式的另一种证法，当我们为一个定理的强化条件和老师争得面红耳赤，我们不都在实践一种北大精神吗？

我们没有能力舞文弄墨，却能用我们的语言——数字谱写诗篇。这诗篇比一切推敲之作都精炼，也比一切朦胧诗都朦胧——不信你来读读看？

我们没有心情浅斟低唱，却能在科学中发现自然界最深刻的美。对哥德巴赫猜想，我的一位同学是这样想的：

"哥德巴赫说／两人之爱，总可分成两部分／我爱你，你爱我／无数人想去证明／可无人能够证明／只因为你我的爱／永远也分不开！"

我们没有条件花前月下，不要紧。万有引力定律告诉我们，吸引别人的最好方法是充实自己。

其实，文科生和理科生是北大的两只眼睛，角度不同，看到的却是同一个北大。就让我们用这另一只眼来看看北大吧。

学了地理学，我们知道，北大是一条河，前进时难免泥沙俱下，但进入社会的大海时，泥沙终将沉淀。但如果这条传统的河在某个重要地点淤塞了，就将腐败发臭，毒害而不是清洁靠近它的人。所以我们要继承传统，更要发展传统，才能让北大之河奔腾不止。

学了生态学，我们知道，北大是片森林，只有保持多样性，才能永葆生机。所以我们要坚持兼容并包的传统，才能让北大之林永远茂盛。

学了物理学，我们知道，能量越低越稳定，结构越规则越稳定。所以北大的同学们，请少一些浮躁，多一些严谨吧。

学了相对论，我们知道，速度越快，时间越慢，也许这就是日出而作，日落不息的北大人永葆青春的奥秘吧。

学了化学，我们知道，北大是个大化工厂，用知识之料、实践之火，将我们百炼成钢。而其中核心的催化剂，也就是北大精神，正是北大这最高学府的商业机密。

学了统计学，我们知道，我们每一个人都是北大的一个样本，别人往往就通过我们来认识北大。所以我们要时刻牢记："我就代表北大！"

两只眼或许彼此看不到对方的存在，但必将比一只眼睛看得清楚。北大的两只眼都是明亮的，就更具有敏锐的目光。正是用这两只眼，我们首先看到了"德先生"和"赛先生"，首先看到了马克思主义，首先看到了人口问题，首先看到了股份制——但是文理科不仅仅是北大的两只眼睛，还是北大的两只耳朵、两只手、两半大脑——而让这两只眼永远明亮、两只耳永远敏锐、两只手永远灵巧、两半大脑永远清醒的，是一颗永远跳动的共同的北大心，是一种永远传承的不变的北大魂。这北大精神到底是什么？不同的时代，不同的人，都有不同的理解。也许它只是一个元素的众多同位素，一种单质的同素异形体，一个晶体在阳光下灿烂的色彩，而那元素的名称，那单质的分子式，那晶体的真正结构，永远没有人能够说得清。也许有人要问了：那你今天来这儿干吗？我的意思是：我们来到北大，就像一张张软盘，到北大这台计算机上来拷走了知识，也拷走了精神。四年的时间是有限的，但是我们面对的却是全国最大的硬盘。我们应该把探寻北大精神的工作留给像在座的各位评委这样的专家和除我而外的选手这样的未来专家去做，我们该做的是抓紧时间拷走我们该带走的，然后用一生的时间去慢慢解压缩。但是要注意，千万不要传染上自由散漫、眼高手低的"北大病毒"。在拷走的同时，我们还要问问自己，我给北大留下了什么？

从红楼到燕园，百年北大，谱写了壮丽的一页，在历史的坐标系上画下一道光辉的轨迹，这条北大函数线是处处连续的，纵然有起有伏，却终于保持了向上的趋势。我希望，在下一个百年，这条线能长有正的斜率，换句话说就是：

苟日新，日日新，又日新！

范文：北邮校长开学典礼上的演讲

各位同学、各位老师：

大家好！

在历经了艰辛的高考和辉煌的北京夏季奥运会与残奥会后，今天你们来到了北京邮电大学，在这金秋的时节，我们在宁静的宏福校区隆重举行北京邮电大学2008级本科新生开学典礼。在这次百年企盼的北京奥运上，五个福娃构筑了一句简洁、经典又亲切的话语，——"北京欢迎你"！在此，我想再添上四个福娃，构成"北京邮电大学欢迎你"！对于这四个新福娃来说，我不准备再用"优优""点点"这样的谐音来赋予他们名字，我要起用的是"厚德""博学""敬业""乐群"这四个名词。之所以用这四个词语，是因为"厚德、博学、敬业、乐群"是北京邮电大学的校训，也是我今天演讲的主题，在此，我郑重地要求你们每一位同学要记住这个校训。

一、厚德。"厚德"语出《易经·坤卦·象》："坤厚载物，德合无疆"。就是说大地因宽广深厚而能承载万物，故能以好的品行造福万物而无所不包容。《易经·坤卦·象》曰："地势坤，君子以厚德载物。"清华大学的校训"自强不息、厚德载物"即源于此。

可以看出，"厚德"是要求我们当以大地为楷模，胸怀宽广，以高尚的德行来包容万物。今年，汶川大地震重重地撞击着我们的身心，有超过八万七千七百多人死亡和失踪，一千多万人失去家园。在你们当中，也有来自灾区的同学。从地震发生后，全国人民一同感受了汶川大地震的悲壮，也一同见证了风雨同舟、生死与共的强大的民族精神，更一同弘扬了五千年中国文化的生死相依，不离不弃的厚德积淀！为保证灾区新同学入学不受影响，学校采取了建设绿色通道、募集灾区学生专项基金、提供补助等一系列措施，以多种方式来传递关爱。而你们的学长们，更向社会诠释了灾区大学生的风采。

上个月《中国教育报》专门报道了来自北川的北邮大四学生张正洵的事

迹：5·12汶川大地震使他失去了十多位亲人，但他还是参加了今年首都大学生暑期社会实践团，到位于龙门山断裂带的什邡市，走进了师古镇云西小学，开始了他们暑期服务灾区的实践生活。他向孩子们说："我接受了太多人的帮助和关爱，所以我选择坚强，我都能站起来，你们也一定能……"。他把自己所得到的爱又传递给了灾区的孩子们。这就是北邮的大学生——永是赋予自己服务社会、奉献社会的强烈责任感！"厚德"中的这个德字，古代写作"上直下心（悳）"，直心即德也，就是说"德"指的是一颗天真率直的心。真心谓之德，真情谓之亲。大学的宗旨不仅在于教授科学文化知识，还要培养人的高尚品德。在大学中，同学们不仅需要收获知识，更要加强自我修养，净化自我心灵，陶冶自我情操，做一个品德高尚、胸怀博大的人，做一个人格健全、和谐发展的人！

二、博学。"博学"语出《礼记·儒行》："儒有博学而不穷，笃行而不倦"，就是说学者应该学无止境，锲而不舍。其核心是要求我们通过刻苦学习和实践，以获得广博的知识。《论语·子张》云："子夏曰：博学而笃志，切问而近思，仁在其中矣"，复旦大学的校训"博学而笃志、切问而近思"即源于此；《礼记·中庸》亦云："诚之者，择善而固执之者也：博学之、审问之、慎思之、明辨之、笃行之"，中山大学的校训"博学、审问、慎思、明辨、笃行"即源于此。可以看出，这些都是古人对学者应该如何增进学业、修养人格所提出的基本要求，其中，强调的是以博学为先。同学们，入学以后，你们会接触到各种各样的国内乃至国际大学生知识竞赛，以展现大学本科生的相关技术能力，这也是展示诸位之博学的舞台。在这方面，你们的学哥学姐们让北京邮电大学一直保持在领跑者的方阵中，让学校老师感到非常的自豪和骄傲！我可以随手拈出几个例子：去年，我校在全国智能机械挑战杯赛中，获得北京赛区冠军，全国总决赛第二名；在微软创新杯全球学生大赛嵌入式开发专题中，我校1个队进入全球前15名，5个队进入全球200强；今年，我校在北京市"eb杯"大学生电子设计竞赛中，有22个队获竞赛一等奖，名列北京市高校第一；在国际大学生数学建模竞赛中，有1个队获特等奖，4个队获一等奖，名列各高校前茅；……我在面试一位外校来的保研的学生时，他告诉我他过去不参加各类竞赛，因为他觉得不太可能拿到名次。但后来他发现一些参赛的同学原本对所参赛的内容并无基础，通过参赛之后对该内容有了极为深入的见地，才意识到对自己来说参赛重要的在于过程，结果只是对程度的衡量，因而他也开始关注于大学生竞赛了。随着类似的赛事年复一年地举行，参加拼搏的队伍也一级接一级地接替，你们很快将是主力军，你们当中许许多多富有才华的同学，也一定会惊艳北邮，在你们的身上让北邮的声誉再续辉煌！希望你们在北邮的四年里既要夯实专业基础，注重知识上的积累，又要开阔视野，博览群书；既要重视学习能力、思辨能力、创新能力的提高，又要敢于质疑，富于挑战，突破常规，力争一流。

三、敬业乐群。请大家注意，我之所以把"乐群"发音为"要群"，是因为"敬业乐（yào）群"是一个古成语，古音为"要"，语出《礼记·学记》中关于隔年考试的说明："一年视离经辨志；三年视敬业乐群；五年视博习亲师；七年视论学取友，谓之小成。"就是说，第三年就要考察学子是否能够潜心学习、融入群体。我们强调敬业乐（yào）群，就是要求我们的学生能够专心学业，热爱自己的专业；能够团结同学、相处融洽，诚信宽容、厚生益众，热爱集体、同舟共济。宋代大儒程颐曾说："所谓敬者，主一之谓敬；所谓一者，无适之谓一"。就是说，凡是做一件事，便要专心于一件事，将全副精力集中到这件事上头，一点不旁骛，这便是敬。

梁启超先生说："所以敬业主义，于人生最为必要，又于人生最为有利"。《庄子·达生》中孔子评价一老者："用志不分，乃凝于神"；《礼记·中庸》中说："君子素其位而行，不愿乎其外"，这都是讲敬业的方法与道理。敬业包含爱业、勤业、精业、创业等多种境界，意谓热爱岗位、忠于职守、笃学求精、献身创新，具备为社会发展而奉献的价值追求和勤恳作风。在北京奥运会的闭幕式上，同学们可能会注意到国际奥委会临时增加了一个仪式，由新任国际奥委会运动员委员向中国各地的7万名赛会志愿者、40万名城市志愿者和100万名社会志愿者的代表献花。

我要让你们知道，这些接受鲜花的志愿者们也代表了北京邮电大学以本科生为主的2411名各类志愿者。我校作为国家会议中心击剑馆的主责单位和奥林匹克公园公共区、奥林匹克博览会等其他非竞赛场馆和服务场所的参与单位，累计参加各类志愿服务三万多人次，平均每人累计服务时间超过一百小时。

你们的学哥、学姐们，高擎"奉献、友爱、互助、进步"的志愿者旗帜，不辞辛苦，用微笑和细致的服务，将敬业精神淋漓尽致地展示给了世界人民，为北邮赢得了无上的荣耀。在城市志愿者服务站点的评选活动中，我校的枫蓝国际站点被评为最高的五星级。应该说他们是我校志愿者的光荣代表，更是全体志愿者无私奉献的缩影和写照。我们本科生中06级的冯时、07级的赵文乔还有幸当选为2008年北京奥运火炬手，他们以其独有的敬业精神充分展现了北邮人的魅力风采。这些人都在你们的身边。同学们，你们从中学校门踏入大学校门，这是人生的一个重大转折。你们将从家庭生活转变为集体生活；从家庭中的王子、公主，转变为群体中的普通一员；从衣食住行皆有家长照料，转变为独立行事的自主生活模式。因此，你们要适应这种转变，要多参加集体活动，学会与大家共处，用开朗、乐观的态度对待生活与学习；要本着与人为善的原则、本着"乐群"的精神，相互理解、相互尊重、相互宽容、相互帮助、相互支持、相互提高，努力去营造北邮宽松和谐的人文环境。

同学们，贝贝、晶晶、厚德、博学、敬业、乐群、欢欢、迎迎、妮妮，这九个福娃对你们充满了期待，北京邮电大学欢迎你！祝贺你们通过了时代的遴选，也感谢你们选择了北邮！北京邮电大学因你们的追求和理想而存在，让你们在德智体美劳诸方面全面发展是北京邮电大学的责任。同学们，期待你们能以实际行动来实现自己的梦想，用你们的收获来回馈赐予你们生命、给予你们幸福的人，通过你们的奋斗和创造使北邮变得更加精彩！谢谢大家！